U0716932

金陵全書

甲編·方志類·通志

康熙江南通志（五）

（清）于成龍 王新命 等修
（清）張九徵 陳焯 等纂

南京出版傳媒集團
南京出版社

圖書在版編目（CIP）數據

康熙江南通志 /（清）于成龍等修；（清）張九徵等纂. -- 南京：南京出版社，2017.7
（金陵全書）
ISBN 978-7-5533-2005-2

Ⅰ.①康… Ⅱ.①于… ②張… Ⅲ.①江南（歷史地名）-地方志-清代 Ⅳ.①K928.649

中國版本圖書館CIP數據核字（2017）第272969號

書　　名　【金陵全書】（甲編·方志類·通志）
　　　　　康熙江南通志
編 著 者　（清）于成龍　王新命等　修　（清）張九徵　陳焯等　纂
出版發行　南京出版傳媒集團
　　　　　南　京　出　版　社
　　　　　社址：南京市太平門街53號　　郵編：210016
　　　　　網址：http://www.njcbs.cn　　電子信箱：njcbs1988@163.com
　　　　　天貓1店：https://njcbcmjtts.tmall.com/　　天貓2店：https://nanjingchubanshets.tmall.com/
　　　　　聯系電話：025-83283893、83283864（營銷）　025-83112257（編務）

出 版 人　朱同芳
出 品 人　盧海鳴
責任編輯　崔龍龍　楊傳兵　王松景　凌　霄
裝幀設計　楊曉崗
責任印制　楊福彬

製　　版　南京新華豐製版有限公司
印　　刷　南京凱德印刷有限公司
開　　本　889毫米×1194毫米　1/16
印　　張　407.5
版　　次　2017年7月第1版
印　　次　2017年7月第1次印刷
書　　號　ISBN 978-7-5533-2005-2
定　　價　10400.00元（全八册）

天貓1店

天貓2店

江南通志卷之第三十八

名宦

在官不矜赫赫之名去後多令人思古循吏得民固有踰於形聲之表也故勳勒鼎鍾名藏太室代豈乏人而求黃童白叟每飯必祝焉亦希遘矣班史之傳良吏於江南盛稱大司農朱邑觀邑自言云後世子孫不若桐鄉民愛我則南人之能戴其長上非天性乎用是前遡周漢至我

皇清凡保釐握節以及綰綬分符威惠素著繫人謳思者臚其前事爲吏道之師焉志名宦

總部

周

孫叔敖楚令尹相莊王有聲嘗作芍陂大興水利楚王德之

黃歇楚相號春申君開申浦置田民賴之初封壽春後徙封吳

漢

董仲舒武帝時爲江都王相王素驕仲舒以禮匡王王甚敬重焉

張廣國武帝時渤海膠東盜起除膠東相盜悉平

魏相爲揚州刺史考案郡國守吏多所激揚後爲名相

何武漢宣帝時由京兆尹左遷楚內史性仁厚好稱獎人士爲揚州刺史二千石有罪應時舉奏每行部必先詣學宮試其誦論問以得失已乃問墾田頃畝五穀美惡始延見二千石以爲常

黃霸以賢良擢揚州刺史後遷九卿爲丞相

王尊成帝時爲徐州刺史潔已砥節不避豪強聲稱大著

楊秉震中子由侍御史出爲徐州刺史有能名計日受俸餘祿不以入私門故史齎錢百萬閉門不受桓帝初遷尚書

欒巴魏郡內黃人安帝元年以光祿大夫與杜喬等

使循行州郡觀省風俗已按徐州所察無寃滯

百里嵩 徐州刺史境內旱嵩行部所至甘雨隨注東海兩縣僻在山谷嵩未到無雨父老請嵩入境即雨百姓立祠祀之

鮑永 為揚州牧時多寇永以傷痍之後誅其强橫鎮撫其餘百姓安之

張禹 建初中為揚州刺史行部察枉訟郡邑㴱幽之處無不畢到多所明舉

嚴遵 揚州刺史行部聞道傍女子哭聲不哀繫問果淫殺夫者按正其罪

歐陽歙 字玉思千乘人建武六年仕揚州牧推用賢俊政多異績李憲餘黨淳于臨等衆數千殺安豐令歙遣兵討平之

黃琬 字子琰江夏人靈帝中平間為豫州牧時寇賊陸梁州境凋殘琬討平之威聲大振政績為天下之最

劉馥 獻帝時為揚州刺史單馬造合肥建州治立學校廣屯田又立堰以溉田數年恩化大洽

三國

孫韶 字公禮吳人伯父河為將軍屯京城被殺韶年十七收河餘衆繕治京城起樓櫓修器備以禦敵孫權聞亂從椒丘還過丹陽見部甚器之即授承烈校尉統河部曲食曲阿丹徒

二縣自置長吏一如舊

呂虔伍城人仕魏徐州刺史檄王祥爲別駕民事一以委之時寇盜充斥祥頻討破之州界以寧民爲之歌曰海沂之康實賴王祥邦國不空別駕之功位至太保

晉

王渾太原人沈雅有器量先爲越騎校尉武帝加揚烈將軍遷徐州刺史時歲饑渾開倉人賑百姓賴之

胡威咸熙中徐州刺史廣農積穀有兼年之儲與父質皆以清慎著聞武帝謂威曰卿清孰與父威對曰臣不如也臣父清畏人知臣清恐人不知是臣不如者遠也

庾亮成帝初輔政蘇峻平求外鎮自效假節豫州刺史鎮蕪湖率兵同陶侃討平郭默不受爵賞

謝尚永和間以衞將軍鎮牛渚多政績卒于歷陽贈威亭侯

蔡謨字道明陳留考城人咸康五年以征北將軍領徐州刺史假節時聞石季龍于青州造船數百掠緣海諸縣謨統七千餘人所戍東至土山西至江乘鎮守八所城壘凡十一處烽火樓望三十餘處隨宜防備

王蘊爲晉陵太守有惠化百姓歌之後授都督京口諸軍事左將軍徐州刺史

謝安以尚書僕射鎮廣陵

時以方名伯名其所築埭爲名伯埭

謝玄領徐州刺史苻堅入寇玄爲前鋒都督鎮淮陰以八千人敗之

南北朝

吉翰嘗監徐兗二州軍事吏民畏威莫敢犯法

劉景素仕宋爲南徐州刺史歲饑散秩粟俸帛繼民之乏雪理冤疑民甚德之

沈慶之宋元嘉中以南兗州刺史鎮盱眙有功

劉義欣宋宗室元嘉中鎮彭城宋遣將伐魏到彥之棄軍走彭城時青兗大擾將佐皆勸委鎮還都義欣不從

王懿太原人苻氏之敗時年十七及兄叡同起義兵與慕容垂戰被創困卧林中有童子饋食白狼御渡之異武帝受命遷徐州刺史凡三臨徐州威德宣著

王弘仕宋爲鎮軍諮議參軍晉彭城太守造次必存禮法凡動止施爲及書翰儀體後人依倣謂爲王太傅家法雖歷仕藩府而不營財利既薨家無餘業

檀道濟宋南兗州刺史鎮廣陵屢立戰功威名甚重

徐湛之宋南兗州刺史在治威惠並行風雅亦著

垣護之

宋徐州刺史有善聲

張暢 暢為安北長史元嘉中魏太武南征江夏王義恭欲棄彭城南歸暢曰今城內乏食民無固志但以關局嚴欲去莫從耳若先去以為民望則各客正命欲至所在何由可得軍食雖寡猶未罄竭豈可舍萬安之謀而就危亾之道若此計不用暢請以頸血汙君馬跡孝武聞暢議謂義恭曰長史言不可易也義恭乃止城果獲全

蕭鏗 齊高祖子封宜都王為南豫州刺史時有盜發桓溫女冢得寶甚多既獲欝林王以賜之鏗曰今取往物後取今物如此循環能無熟念自往修復之

蕭秀 武帝弟中興間為南徐州刺史京口累被兵革民戶流散秀招懷撫納惠愛大行值年饑以私財贍百姓所活甚多

蕭子雲 梁大同二年領南徐州大中正其書法雅為高祖所重嘗曰筆力勁駿心手相當與元常並驅爭先其見賞如此又嘗謂子雲曰子敬之書不及逸少近見特迹遂逼于卿

裴邃 梁豫州刺史鎮合肥居身方正為治寬明能得士心

夏侯亶 梁南豫州刺史輕徭薄賦務農省役

元顯和 少有

節操北魏司徒記室參軍司徒崔光每見之曰元
參軍風流閑雅宰相之器除徐州安東府長史刺
史元法僧叛顯和與戰被擒執手命與坐顯和曰
顯和與阿翁同源異派皆磬石之宗一朝以地外
叛若遇董狐能無慙德遂不肯坐法僧猶欲慰諭
顯和曰寧可死作惡鬼不能生爲叛臣及將殺神
色自若 劉渴侯負性剛烈魏孝文太和中爲徐州後
軍適寇至力戰不敵遂被獲瞋目大
罵不屈爲賊所殺贈立忠將軍上庸侯賜絹千疋
穀千斛軍校尉嚴季亦同被執不肯降後逃還除
立節將軍賜 房謨徐州刺史先是州兵屬僚佐驅
爵五等男 使饑寒病死無筭謨至皆令以
休假番代洗沐又使傭賃令謀衣食終歲還家
無不溫飽時梁魏和好使入其界咸稱嘆之 蘇
瓊南清河太守郡多盜及瓊至盜輒屏息北齊皇
建中賜爵安定縣男領徐州行臺時城内五級
寺忽被盜銅像一百軀有司徵驗無從得蹤跡連
繫數十人瓊一時放遣後十日忽抄賊姓名及贓
處收掩無遺
人皆驚服

〔隋〕楊榮爲宣州刺史請析南陵西五鄉及石城廢地置秋浦縣　元胄濠豫二州刺史有佐命功　房兆徐州總管有勇畧以禦海著功

〔唐〕盧祖尚武德中爲蔣州刺史有能名　張鎭周武德中自壽州都督移舒州旣入舒市酒餚名親故酣飲如布衣時凡十日旣而贈金帛泣與之別曰今日鎭周猶得與故人歡飲明日則舒州都督治百姓耳諸公以禮隔不得復爲交遊自是親戚故人犯法一無所縱境內肅然

李光弼肅宗時爲都督鎭徐州軍旅之外衆務悉委判官張傪傪吏事精敏區處如流軍中肅然境內以寧　劉晏爲江淮轉運租庸常平使晏即鹽利催備分吏督之隨江汴河渭所宜舊轉運船由潤州陸運至揚子由揚州至河陰殊苦煩費晏命囊布載舟爲歇艎及江船每船受千斛十船爲綱減費數十倍未數年人習河險轉粟無升斗沉溺晏始于揚子造轉運船每船錢十貫或譏妄費晏曰大國不可以小道理凡所創造須謀經久凡五十餘年船無破敗餽運不闕其後議

減之船遂竄壞晏理鹽鐵榷置官于出鹽之鄉取鹽鬻於商任其所之不出鹽州縣不復置官利逾十倍人不厭苦

杜佑以尚書右丞出爲淮南節度使決雷塘以廣灌溉海濱斥鹵地盡爲良田士馬整飭四隣畏焉嘗計租賦相民利病而上下之

杜亞淮南節度使治漕渠以溉田民賴其利

李吉甫以平章事出爲淮南節度使奏蠲逋租數百萬築富人固本二塘溉田萬頃以漕渠卑下不能居水乃築堤蓄洩江淮旱吉甫自以時救卹帝急馳使分道賑之後召秉政

李珏淮南節度使江淮旱請發倉賑民以軍羨儲粟半價糶之

崔衍大曆中宣歙觀察使宣舊貢金錫十八品皆倍值市他州民困多逃去衍請蠲之在鎮十年節嗇用度府庫充牣而清簡自處祿賜悉周親族及卒貧不能葬表諸朝賻帛三百段米粟稱是謚曰懿

張建封貞元間爲徐泗濠節度使鎮徐州政有紀綱所辟僚佐若韓愈李藩許孟容李博馬宿皆一時名士在鎮十年一軍大治十三年入朝帝宴于曲江特令建封與宰臣同榻而坐以示殊寵及還鎮帝賦詩以送更

使左右以所持鞭賜之曰卿節誼歲寒弗渝故用此爲況元和初名爲工部尚書

盧坦 元和中授宣歙觀察使時江淮旱穀湧貴或請抑其價坦曰所部地陿穀來他州若價賤穀不至矣不如聽之已而米商坌至

崔從 淮南節度使蠲除苛政市估遂平民得不饑及卒民有刲股以祭者

杜悰 淮南節度使武宗使監軍選揚州娼女十人以獻監軍請悰同選悰不從監軍怒奏之上歎其得大臣體敕勿復選

李鄘 初李懷光辟致幕府懷光反鄘辭氣不撓懷光囚之及懷光平鄘罷歸洛會徐州張建封卒後兵亂囚監軍廹建封子愔主軍務帝擢鄘宣慰使持節直入軍中集士卒諭以禍福脫監軍于桎梏衆不敢動後以太子少傅致仕

李德裕 贊皇人大和中以兵部侍郎出爲檢校尚書左僕射潤州刺史値王國清作亂德裕留州財以贍兵雖儉而均故士無怨在鎮諭孝慈止詛誘過奢僭絕妖妄停貢物民被其澤

路應 元和中遷宣歙觀察使歲祲發廩粟下其估周濟饑者痔李錡反江淮亂應練營兵以爲備權德輿善之爲鑱記于山石

薛溫

武宗時宣歙池觀察使威行部中

李紳 淮南節度使治尚剛嚴而能自伸其才以功名終

杜審權 咸通年間爲潤州刺史鎮海軍節度使蘇常杭等州觀察使審權清重寡言性長厚時賊龐勛據徐泗大擾淮南審權遣浙西軍破之

五代

殷崇義 以文章名世南唐時制誥皆出其手以平章事出領潤州節度使撫軍治民衆情胥悅

盧絳 南唐潤州節度使時宋師圍金陵後主遣絳出援丹陽絳出舟師突圍至京口舍舟登岸麾兵三戰有功

郭全義 南唐濠州觀察使有能名

宋

慕容德豐 昇平都監以廉潔聞

趙賀 江淮發運使蘇州太湖塘岸壞及並海支渠多堙廢賀與兩浙發運使徐奭伐石築堤自吳江東赴海流民歸宅者二萬六千戶

薛奎 江淮發運使疏治眞揚漕河廢三堰舟楫便之歲致八百萬供京師

張綸 江淮發運使奏蠲通泰鹽戶宿負又築高郵漕河隄修泰州捍海堰堰成流傭歸者三千餘戶

范仲淹 吳縣人安

撫使詳建炎中知鎮江浙西安撫使杜充
著人物　**胡唐老** 降金建康失守潰卒戚方等趣鎮
江唐老度力不敵因撫之無何方欲犯臨安唐老
不從諭以順逆禍福方衆環脇之唐老怒罵被殺
判建康兼行宮留守請高宗幸建康浚迎拜
張浚 道左風釆隱然軍民皆倚以爲重高宗將還
臨安勞浚曰卿在此朕無江淮發運使白
北顧憂矣尋節制鎮江　**吳中甫** 洪澤鑿渠六十
里以避長淮建炎初駐軍京口諸將懦怯
漕運之險　**韓世忠** 莫敢渡江世忠獨請控扼經
理移屯楚州劉豫遣兵入寇輒敗却之豫援兵四
集世忠以五百騎被圍奮躍大呼潰圍而出乘銳
進擊遂攻淮陽僞守皆降尋敵犯淮西楊存中　**岳**
令張俊戰鍾離不勝命世忠赴援敵乃宵遁
飛 建炎四年遷知泰州飛辭乞淮南路乘機漸進
以圖恢復會寇攻楚三戰三捷楚州陷飛退保
柴墟戰于南霸橋號　建炎間宣撫江東駐
岳家軍寇不敢近　**劉光世** 節太平張浚視師江
上至太平撫光世軍無不踴躍紹興末金主
躍思奮戰屢捷稱一時良將　**虞允文** 亮兵及建康

允文參江淮軍事拊諸將勉以忠義敗金人於采石

眞德秀 嘉定中爲江東轉運副使寧宗曰卿力有餘到江東爲朕撙節財計以助邊用江東旱蝗德秀大講荒政以便宜發廩賑給竣事還百姓數千人送之郊外指道傍叢塚泣曰此皆往歲餓死者微公我輩亦相隨入此矣

李道傳 嘉定中爲江東提舉賑饑于宣池徽三郡隆冬行風雪中徧歷村谷全活者甚衆因命攝宣州守行朱熹社倉法諸郡多倣行之

趙范 紹定初與弟葵破李全于揚州全死詔加淮東安撫副使復進兵大破餘黨于淮安詔進官五等賜錢百萬理宗嘗圖其形觀之

夏貴 寶佑年總領淮東屯戍軍馬統舟師自宿州而上五奏捷

趙善相 紹定中爲江淮安撫制置使復泰州淮安鹽城淮陰四城及策應京湖皆有功

耿世安 淮東總管北兵至賈似道調往漣水至漁溝以三百騎奮擊身被七創猶能追殺潰兵還至數里沒事聞贈官立廟賜額忠武

姜才 德佑元年以通州副都統從孫虎臣與元戰于丁家庄既敗收兵入維揚元兵乘勝來攻才爲三疊陣逆之

三里溝敗之又戰楊子橋流矢貫肩才拔矢揮刀所向辟易二年宋亾元使招之不降益王以保寧軍承宣使召至中途爲元兵所執死之

元張晉亨至元中從伯顏南征授總管駐鎮江以鎮靜爲務民賴以安

董士選江南行御史臺中丞廉威素著有大臣風

高睿皇慶中爲南臺御史中丞務持大體有儒者之風

郝彬至元間任揚州路討擒叛賊雪理寃獄人服神明

羅璧淮西宣慰司請荒閑之田給貧民耕墾三年而後量收其入得數十萬斛

鄧文原延祐五年僉江南浙西道廉訪司事明年改江東道徽寧廣德三路歲入茶課鈔三千錠尋增至十八萬錠竭山谷所產僅充其半餘皆償之民間轉運司官復聽鄉里狡獪以犯法誣民專制州縣文原請罷其專司俾郡縣領之

趙璉至正十三年兩淮賊起立淮南江北行省于揚州以璉叅知政事會張士誠陷泰興命知府李齊招諭士誠請降因移璉鎮泰州趣士誠治戈船遡濠泗士誠疑不肯發四鼓縱火登城璉馳

驅奮擊瞋目大罵遂被害

姚天福淮西按察使剪除豪猾將吏爲民害者政化大行

福壽江南行臺御史大夫明兵圍集慶數督兵出戰力屈而死明太祖命立廟祀之

明

繆大亨以元帥鎮揚州洞民情抑强扶弱剖斷若流時兵火燬民居室公給木助之駐鎮江亦有頌聲

張德林以功授江淮元帥取揚州同耿再成守之居民寥寥招集流亡軍民輯睦以舊城虛曠截西南隅築而守之今府城即德林所創造

王彬建文間巡視江淮蒞揚州燕兵至躬巡城上爲守禦計不屈遇害

陳瑄平江伯永樂初總督海漕喜覽典籍禮賢惠下人心翕服後建議疏鑿會通河築高郵湖堤濬眞揚諸港條畫丁夫國計不匱永世爲利卒謚恭襄廟食淮徐子豫孫銳俱嗣理漕務

夏原吉爲戶部尚書永樂初兩浙水詔原吉往治令僉都御史俞士吉持水利集賜之原吉至延詢耆老講究法制身先而勞之役兵民數萬人人樂趨疏壅滯築堤塍淪溝洫葺杠梁導滙水以入於海水患遂平

周忱宣德五年巡撫南畿總督

糧賦忱與知府況鍾議奏減蘇州糧額七十餘萬石創置水次倉塲每歲塡注各戶夏稅秋糧則例分給之俾人戶照帖赴倉輸注不涉里胥又以往時軍民分運民失農時乃議於淮安瓜州對船交兌又歲運南京倉糧轉給北京武職月俸者每石加耗費六斗忱曰彼能於南京關支獨不可於三府支乎既免勞民因得省耗六十萬請立濟農倉於六縣移此實之用以濟農悉從其言又言驛夫馬役之弊及奏遷吳縣學肇立太倉衛學治崇明塗蕩修吳淞顧浦諸處水利重建寶帶尹山夾浦諸大橋起百廢墜不能指數而公帑民財初不知費人謂其善計似劉宴云蒞江南凡十九年遷位尚書而巡撫如故民尸而祝之

羅汝敬

宣德初爲工部侍郎奉使看詳蘇郡歲賦二百二十餘萬天下無與比郡民不勝困弊卒之官存其數實未完足列請於朝得赦常賦三分爲數七十萬宿逋爲清久之戶部復舉舊負況太守鍾抗言不可失信於民詔復賜免自是民力稍紓

王來

宣德間巡按蘇松時中官陳武奉太皇太后旨路經江南勢張甚獨爲來所折及歸訴之上上問都

御史顧佐蘇松巡按爲誰對曰王來上命記之及代還臨軒慰勞賜宴光祿

曹弘 宣德五年巡撫淮南山東時連歲凶荒人多餓死弘治驗其地之肥瘠豐凶均徭役儲粟穀俵牛種簡孳牧殺婚禮民德其施

賈諒 正統二年巡視淮濟所賑活饑民十餘萬督築固安隄功成而民不知勞

薛希璉 正統八年奉勅清理鳳陽等處軍民田地發摘奸伏無敢欺隱所造文冊役人遵以爲式興利除害軍民樂業

耿九疇 正統十四年巡撫鳳陽等處時歲饑盜起九疇招徠流民七萬餘戶一方晏然官吏素聞清操莫不砥礪抑强扶弱軍民咸得其所

孫鼎 以御史提督南直學校教人以躬行爲本行已以聖賢自期作止語默不逾矩度學者感其德化多所造就

王竑 淮揚巡撫景泰間淮徐饑竑與周忱先發漕米以賑上書自劾所活十萬餘人天順初督兵陝西事平復任淮徐之人如赤子之得慈母焉

陳泰 由舉人歷官應天巡撫有富室田多輕額而貧下者顧重泰始均之上下咸便而富者不怨

鄒來學 景泰間巡撫應天時吳中水旱

頻仍來學乞以今年輸京米二十萬石悉予貧民來秋償官庾國賦不虧小民得濟上從其請又言往年蘇松等郡俱軍兌輸京項因邊警調軍往守令民自輸遂至役民十五萬民以重困今邊境頗寧請仍令軍運上可其奏著有定例民至今德之

李秉 天順初以都御史巡撫一守陳泰之制民益安之

崔恭 天順間巡撫時吳中米價騰踴恭出倉米給民而取其值以充義役費米價遂平吳淞江堙塞八十年恭督工開濬又浚曹家溝至今爲利民稱爲都臺浦

高明 成化三年官僉都御史揚州鹽寇大作奉勅往捕幷理鹽法明造巨艦率兵勦賊有中官鬻私鹽籍鹽入官劾之陳利害十餘事俱報允

陳濂 成化六年督理漕運禮賢下士立均徭之法人賴其利請免運船帶磚納鈔軍民永便之

馬文升 成化間總督漕運法令一新紀綱大振

李裕 成化十一年總督漕運揚善遏惡風裁稟然官吏慴服綱運刷弊興革殆盡數運之後人人稱便張秋南旺湖淮安西湖諸防舊用樁木以捍衝激屢修屢壞裕易之以石利垂永久

李綱 成化

間總督漕務居淮數月後靡之風頓息歲餘運事畢舉民用大和居官二十餘年家無百金之產

陳翼 南京戶部侍郎總督京儲故事廪庾廢壞咸取具軍役官有餘材則委積待敝翼曰廪有用之材困無告之民吾不爲也即以便宜從事人謂翼一舉而除數十年之弊云

陳選 初授御史疏救羅倫劾學士及尚書諸大臣後董南畿學政一時官吏動色相戒曰是糾劾百僚不避權倖者何可犯也以身爲教力變浮華嘗曰居此官必盡此職行此事必盡此心註小學孝經冠祭禮儀等書行世

王恕 成化間巡撫南畿恕素嚴正貪吏聞風解綬去中官王敬挾千戶王臣以妖術取中旨收市圖籍珍玩搜括財寶官府供億不貲恕盡列其罪狀三劾奏之王臣伏辜人謂恕有回天之力

劉魁 成化十七年巡按南畿不爲崖岸而風裁自振時淫雨爲沴連郡田稼滅沒莩死萬數征歛如故力陳於朝謂財賦資人以成人者財之本也今欲取其末而先絕其本可乎假令民窮爲盜或至狡竊於時誅討則所費不止若逋稅之數也會魁代去不果行民追思之

戴

珊成化間以御史督學南畿嚴考較抑奔競約束簡明品題精覈能以文藝占心術器識及修短榮枯十不失一經其賞拔者後多知名

婁謙成化十四年視學南畿名其堂曰畏天執範端肅以身先之中官汪直新幸銜謙不與通使邏校文致其短竟莫能得

彭韶成化二十年巡撫江南爲政務大體不爲苛細奏折兩京文武俸糧省轉輸之費公私便之

朱瑄弘治間巡撫應天請立太倉州疏陳六利上報可凡所營度皆受成於瑄焉

白昂巡撫淮揚諸郡奏濬瓜眞壩口及揚州運河又因高郵湖險請開內河四十里以便牽挽工成賜名康濟河至今賴利之

李充嗣正德間巡撫南畿東南水利久廢不講充嗣躬履濬治三月而功成自是旱潦有恃

歐陽鐸巡撫應天總督糧儲鐸曰蘇彈丸地耳而漕餉當天下半吾不能減而能均乃請於上權其重者爲遞減耗米折除之輕者爲遞增耗米加乘之革濫費定收納凡數十條惠政遍十郡於蘇尤著

雷應龍嘉靖五年以御史理兩淮鹽課見義勇爲不顧利害禁戢私鹽究官捕之

倚法爲奸者下令撤某司徒廟像改祀胡安定廢天妃宮以葺鈔關公署毁淫祠無數僧道惑衆者悉抵於法士論稱快

董邦政嘉靖間以僉事專領海防駐上海時倭賊至穴民樓俯瞰城内邦政登陴督戰用神鎗手擊之賊解去尋與同知任環合擊倭于界嘴西庵新莊沈莊等處皆勦滅之論功爲趙文華所抑不竟其用

翁大立嘉靖八年巡撫應天諸郡會寇嘯聚三沙兵部郎中唐順之來視師因共設方畧大破之後任總河徐州大水湮没大立倣鄭俠爲圖以進時穆宗好觀燈採珠大立疏曰願陛下以觀燈之心觀臣之圖以採珠之心採臣之言疏入不報中外爲大立危我有旨發粟大賑人以爲自大立一疏救之也

徐節任淮徐道故事驛馬辦自富室弊則責富室補償厲民莫甚節酌定上中下之値聽各邑自買與富室無涉九嚴差役之序民大稱便其裁石山驛開新河皆節主其議也

海瑞隆慶中巡撫應天讜直剛正平賦役開水利行條編法遂爲永利

王宗沐萬曆初任總漕故事漕船以五月渡淮宗沐請以正月起運春末過

洪故轉輸無虞又立條鞭法因丁因地輸財僱役貧富無不均之嘆

李三才 萬曆間巡撫江北榷稅使者誅求四出江淮騷動三才極言民生困敝三疏不報時徐賊趙古元倡亂畫策擒之

周孔教 巡撫江南時遣中使征榷行旅苦之戶部建議漕折徑輸邊鎮孔教言其害皆得罷免三十六年大水孔教條上荒政一緩征一緩解一弛榷又奏請改折漕米百五十萬并請留榷稅及漁課諸銀二十餘萬以賑奏上未報孔教先發倉濟貸并括公帑羨金至荆襄市粟方舟相濟米價頓平

丁賓 萬曆間操江都御史清幹有爲凡諸利弊無不究心自江寧至丹陽行道不治每霖雨泥濘行者苦之賓爲經營修築遂成康莊

馮叔吉 萬曆間任池州兵備江洋有警議立保甲增池州城立池陽荻港水陸二營列戰船於江上盜賊屏息沿江安堵又於城外築千柳隄所至品題山川更折節賢士刻有名世文宗行於世

熊廷弼 萬曆間督學南畿取士前後纖毫無爽凡所收錄皆次第成名故雖嚴厲而士不怨

陳玉輝 萬曆間爲屯馬御史水清

自矢嘗云屯號十萬我若取一文者不得還故鄉與鄒元標同時以理學著回籍時行貲不辦同寅醵百金助之而去

鄭二陽 崇禎八年備兵維揚流寇震動二陽簡練士卒戰守俱備鹽政日壞竈丁欲爲亂二陽扁舟撫之皆流涕歸服後擢安廬巡撫時賊革裏眼等五營受撫至太湖二陽移書戒監軍楊卓然勿輕信且枕戈待境上未幾五營果叛皖以有備無患人服其先見

倪元珙 崇禎年間視學吳中時吳中人士爲文會有指其謀爲不軌者朝議欲治之元珙抗言諸士修名節講文藝無亂狀柄國者以爲黨遂左遷去

周起元 天啟間巡撫吳中爲政持大體尚清淨性剛介不畏彊禦織造內監李實倚魏忠賢勢貪暴不法誣劾蘇州同知楊姜起元申救因疏實侵尅罪忠賢怒嗾實劾起元及周順昌周宗建等七人俱被逮斃死獄中人皆寃之

徐標 崇禎六年任徐州兵備流賊窺城率文武士民晝夜死守威聲震疊賊不敢攻隨遣將士襲之于馬家村俘馘而還

鄭崑貞 崇禎中巡按應天時楚帥左良玉失律縱兵東下去蕪湖僅二十里

勢孔亟崑貞爲修尺一諭以順逆禍福及人臣無將之義左得書立還師又捐俸治黃山釆石道塗行者稱便郡人爲勒石於路曰鄭公堤

史可法

崇禎間任池太兵備道駐蕪湖流寇陷廬和烽烟相望可法調兵守汛刁斗精嚴寇不得南渡賊嘗犯安慶可法率兵趨戰坐卧風雨中左右以幕進却之曰我何恐獨燠也丁丑巡撫安慶立三大營以圖大舉賊憚其威名江左賴以無恐後進兵部尚書督師揚州死於梅花嶺監軍應吉士吳爾壎主事何剛同死之

張國維

崇禎間初奉巡撫之命巡按祁彪佳言於百姓曰張公至吳民其艾乎至則簡廉黜貪懲猾吏絕虎差民稍安念民有父母而不知葢爲立廣孝阡民有子弟而不知教爲立社學民有凶豐而不知備爲立常平倉民有孝弟而不知興有鄰里而不知睦立鄉約所講聖諭六言歲凶民饑則興工濬河以濟之民愚吏弊則刑易知單以明之運軍棼虐則具疏申禁以絕之去之日吳人立祠於虎丘堤上

祁彪佳

巡按蘇松吳中大猾以造訪爲民害彪佳博訪得其最者忽一日約士大夫及父老

畢集圓妙觀四一八至請罪由畢以諭士大夫及大夫曰可以詢父老父老曰可遂杖殺之如是者凡七八遠近靡不稱快創立易知由單以清賦弊捐俸置役田以甦徭困善政不勝書至今人稱真御史

黃希憲 崇禎間巡撫吳中廉靜有守時蘇民困於役最重者爲白糧解戶其次爲收頭希憲請於朝以白糧委縣佐而收銀屬之吏重困盡釋其法至今不變

凌義渠 蘇松兵備性廉約嚴肅吏民不敢欺勉諸士子砥礪文行勿事虛名故士庶歌誦不衰

馮元颺 任蘇松兵備選材官募技勇別設一營號中權軍聲大振

王象晉 崇禎間任揚州兵備副使摘奸剪慝狐鼠一清巨盜王虎子嘯聚海濱象晉援桴執綏親掃其穴通州民變焚刦象晉擒其魁立寘之法暇則招致諸生闡發經旨亹亹不倦圖書外一無所嗜好

袁繼咸 崇禎間任揚州兵備副使潔已愛民吏治清肅中涓楊顯名驕蹇繼咸抗不爲禮因誣劾之罷官歸士民擁道扳轅十餘日不得行

路振飛 崇禎間任漕撫蒞任之日時勢艱難民心洶洶振飛訓練鄉兵招集義勇

百計籌畫以圖保全故他郡多爲賊掠而淮獨安堵

皇清

洪承疇同安人順治二年以內院大學士經畧江南撫循蚩庶綏定反側功烈丕著

馬國柱遼陽人順治四年總督江南時八旗駐防與民雜處國柱盡心撫戢令行禁止民若不知有兵至今父老追思不置

馬鳴珮遼東人順治十二年總督江南有幹濟才遇事精明果斷區畫允當百姓賴焉

蔡士英錦州人任淮安漕撫興利除弊毅然自任百務具舉爲政務崇大體不屑察察之明遠近悅服去之日民扳轅滿道祈其再來未幾果復任惠愛益至

李日芃遼陽人任操江都御史時江中寇盜充斥日芃令每五里設一汛撥兵防察於是羣盜屏息行李晏然至於禁驛騎清僑蠹定經賦全書創立書院恩及士民無何海寇作亂日芃控扼京口命將堵勦多擒馘功

郎廷佐遼陽人順治間總督江南值海寇入犯廷佐殫心捍禦督率將吏咸得其用故雖民心惶懼恃以無恐卒奏大捷

周國佐遼東人由吏部侍郎奉命巡撫

蘇松恬靜不擾三吳之民愛戴之謳歌載道時創建撫署不煩民而辦人咸服其有爲有守

馬祜字篤周滿洲人順治壬辰賜進士第三擢江南巡撫受命飲氷正己率屬不事苛細江南舊多逋賦有司畏考成法率那移報完前後相蒙無虛歲祜分別吏侵民欠疏請銷追又密疏請蠲康熙元年至八年舊賦一百九十餘萬九年淮揚蘇松等六郡水災奏請蠲賑咸奉

俞旨民生不至流離他如疏濬劉河以宜蓄洩請清田以豁賠累一切措置皆闢至計撫吳六七年間百姓有樂易之風屬吏無苛猛之政由其大廉而小法也康熙十五年霪雨淹沒田廬憂惶成疾而卒臨終自草遺疏極陳水災民困言不及私吳民思之至今感泣

梁化鳳字翀天榆林人丙戌武進士自寧國總兵官移鎮崇明時海疆伏莽出沒無時化鳳收復平洋平安大安聯福等沙先是鎮兵皆寄居民間化鳳請於制府創建營房以處將士兵民稱便順治十六年海逆犯江寧省會震動化鳳奉調援勦衝圍入城與城中守兵合化鳳率精兵從間道出奮勇搏戰軍聲大震力復

潤城保護內地提閘陞蘇松提督予世廕

石廷柱　滿洲人順治十三年以鎮海大將軍駐鎮江綏乂百姓嚴飭兵伍民間稱之為石佛

周維新　遼東人以副都統駐鎮江廉靜和易鎮撫兵民禮敬士大夫歷八載卒於官鎮人懷之

哈哈木　滿洲人任江寧將軍忽逢逆入犯直薄省城與總督郎廷佐同心殫力固守封疆有保障一方之績

額楚　滿洲人鎮守江南都統戢兵安民閩郡愛戴值吳逆之亂提兵援江右諸處所至軍律嚴明

郎賽　滿洲人以都統駐鎮蘇州時初設滿兵吳民震恐賽軍令嚴肅市肆不驚

王之鼎　遼東人以伯為鎮海將軍駐守鎮江戢兵安民好賢禮士人咸頌之

李嵩陽　字元佩封丘人順治七年以御史督學江南時士習靡譎尚辭章棄義理嵩陽痛革其習非遵傳註者不錄文體自此復歸於正

秦世禎　字瑞寰廣寧人順治八年以御史按吳首除貪墨威稜震列郡大憝沈季遠操有司柄禍福起眉睫間世禎立斃之於郡廟前人人稱快斷獄明決嘗貽雪數千事有水心鐵面明鏡止水之稱漕卒為

横石米索賠二三錢世䄂條奏立官賠五米五銀法迄今著爲令力在江南不可泯没云李森先字琳枝平度人順治十三年以御史巡按江南先是豪猾胥吏倚官爲虐民甚苦之森先至捕其尤者十一人寘之獄又舉孝子節婦數人賞善罸惡萬民稱快姜圖南字淮思大興人成進士順治十三年視兩淮鹽政時引滯課逋奸僞滋弊圖南至釐剔立疏羨羸無鋏禁商人竄附綱名以分利馮如京順治十一年江南右布政正者鹽政整肅已率屬丰采爲一方重尤振興文教立五經文會訓勵陳培禎號心盤襄平人由貢士歷任江南左布政使時兩江尚未分藩培禎以一人綜理多士一時絃誦之風極盛通省上不廢公下不病民以廉明敏幹著順治十六年海寇困城城中糧匱人心惶惶培禎請開聚寶門聽民出城運米全活甚衆時賊營環列城外培禎建議濬開小東門同崇明總兵梁化鳳引兵突出繞賊營後向小東門閉塞已久出賊不意故一戰破之制府李猶龍號紫函陝西人原任兵部上其功於朝主事於順治二年投誠授

以憲職招撫安池等郡調度有方反側望風歸附平白雲大溪諸寨尤有功期年改巡撫天津皖人懷其德立祠祀之

張文衡號巨烜遼東人順治三年擢徽寧兵備蒞治清嚴嘗自箴其前楹曰戒怒省刑禮遇紳士摘治豪胥人畏而信之遷江南按察使

李來泰字石臺撫州人初督江安學政所拔皆單寒知名士尋任蘇松督糧道漕政肅清再任蘇松分守道清慎持大體不事威嚴而所部懾服凡三蒞江南每任皆有政績

張獻捷遼東人任蘇松兵備慈祥愷悌和易宜人士民戴之

胡亶字蓀林仁和人任常鎮道以清執見稱

宮家璧遼東人任蘇松道有幹畧事至即決以明敏著聲

佟康年任淮揚道甫蒞任諭示嚴切民有罹法者原情寬宥未嘗輕置諸法郡有利害無不委曲籌度未期年而歌頌遍道去之日百姓攀送數百里不絕

劉國靖分巡淮揚值歲饑加意撫循申請各憲題免逋賦設廠賑濟全活甚衆奉委修學竭力佐工未幾卒於任祀名宦

方國棟字干霄大興人由舉人歷陞蘇松常道律已清

嚴莫敢干以非義時撫軍馬祜以廉肅鎮靜持於上國棟仰承弗懈部內諸豪猾咸斂跡儹服王師南行道經郡境濱河諸岸歲久廢潰國棟督率修築由是堤堅廣大軍可結陣而前滿洲蒙古暫駐吳門力請撫軍相度城南隙地建立軍營凡糗芻之屬無不預備民間安堵未幾有採木之役入宜興深山中以勞遘疾甫三日歿民哀慕之祀名宦

石珍字璜公大將軍廷柱子以廕歷官江鎮道廉靜慈惠與民休息尤愛士以振起教化爲急於革弊興利不憚勞瘁卒於官士民哀號如喪考妣爲輓詩數百章共捐貲建祠祀之

江寧府

【周】伍尚 楚人世以忠顯食采於棠爲其邑大夫尚爲人廉慈仁孝政多惠愛時稱爲棠君費無極譖其父奢於楚平王殺之尚死其難

【漢】李忠 建武六年爲丹陽太守是時海濱江淮多擁兵據土忠悉平之乃爲起學校習禮容

春秋鄉飲選用明經墾田增多流民占著者五萬餘口三公奏課爲天下第一

潘乾 光和中爲溧陽長有惠政崇禮興教郡人爲立校官碑稱其履孤竹之廉蹈公儀之潔自漢至今千餘年碑多刓闕不可讀尚家藏而人誦之焉

鍾離意 建武中舉孝廉遷宋邑令仁於用心縣人防廣爲父報讎繫獄其母病死廣哭泣不食意憐傷之乃聽廣歸家廣殯母訖還入獄意密以狀聞廣得減死論光武嘗以良吏稱之

蔣子文 漢末爲秣陵尉逐盜至鍾山下被傷而死後見子文於道侍從如平生以爲神而祀之代著靈異

晉

劉超 爲人忠謹清慎元帝時補句容令推誠於物百姓懷之

范廣 舉孝廉元帝承制以爲棠邑令邑丞劉榮坐事當死家有老母至節廣輒聽暫還榮亦如期而反縣堂爲野火所及榮脫械救火事畢還自著械後大旱米貴廣散私穀賑饑人至數千斛遠近歸之增戶口十倍

溫嶠 王敦欲謀逆深忌嶠請爲司馬嶠恐見害佯善事王敦陰結錢鳳爲援鳳悅薦嶠爲丹陽尹嶠恐

去後爲鳳所間乃於餞別時僞醉與鳳隙後鳳果短嶠敦以有隙不聽及敦搆逆王含錢鳳奄至都下嶠燒朱雀橋以挫其鋒賊不得渡率衆與賊夾水戰擊王含敗之復督劉遐追錢鳳於江寧事平封建寧縣開國公進號前將軍

褚翜爲丹陽尹值蘇峻亂後翜收集散亡甚有惠政時有遷都之議因翜言而寢

劉惔永和中遷丹陽尹爲政清整門無雜賓奇桓溫才而知其有不臣之志後果有驗年三十六卒於官孫綽爲之誄云居官無官官之事處事無事事之心人以爲知言

庾龢亮之子升平中爲丹陽尹表除重役六十餘事

羊曼少以文行知名蘇峻作亂加前將軍丹陽尹守雲龍門或勸曼避峻曼曰朝廷破敗吾安所求生勤衆不動爲峻所害

王雅孝武時累遷左衛將軍丹陽令丕著政聲性好接下敬愼奉公孝武深加禮遇

劉穆之從劉裕起義事平遂受心膂之寄義熙八年加丹陽尹裕擊劉毅以諸葛長民監留府留穆之輔之加建威將軍遷尚書右僕射尹如故十二年轉左僕射仍爲尹入居東城穆之內總朝政外供軍旅決斷

如流事無壅滯間暇手自寫書尋覽篇章校定墳籍十三年卒於官

南北朝

徐羨之 宋高祖時繼劉穆之爲丹陽尹朝野推服

謝方明 宋永初中尹丹陽不易前人之政宜改者則以漸移變使無迹可尋

蕭摹之 宋元嘉時爲丹陽尹上言佛入中國形像塔寺糜損無極無關神祇有累人事請自今欲鑄銅像及造塔寺皆待列言須報乃得爲之文帝從其請

何尚之 宋元嘉中爲丹陽尹立宅南郭外置元學聚生徒海內碩彥竝慕道來遊謂之南學

劉秀之 宋元嘉十六年除建康令遷丹陽尹時宮禁市物不時給值秀之以爲非宜陳之甚切

袁粲 宋明帝時領丹陽尹負才氣家居負郭每策杖逍遙當其意得悠然忘返郡內一家頗有竹石粲率爾步往不通主人直造竹所嘯咏自得主人出笑語款洽俄而車騎羽儀至門方知爲袁尹齊高革命粲義不事二姓謀舉兵被害

顧憲之 宋元徽中爲建康令發姦擿伏時號神明性儉彊力爲政甚得民和時飲酒得醇旨輒號爲顧建康言清且美焉

鮑照以詩名嘗爲秣陵令**陸徽**以尚書都官郎出補建康令清平無私爲太祖所喜**樂法才**梁天監中爲建康令不受俸秩比去任縣曹啓輸臺庫武帝嘉其清節曰居職若斯可以爲百城表矣**袁樞**家世顯貴產充積而樞獨居處率素非公事未嘗出遊榮利之懷澹如也陳天嘉中領丹陽尹在官清愼門無雜交而性復周密每有舉薦多會文帝意外人無知者**司馬申**陳大建九年除秣陵令以清能見紀有白雀巢於縣庭**蕭引**陳後主時建康多盜乃以引爲令民懷附之宦官李善度蔡脫兒等多所請屬引一切不許族子密諷之爲身計引曰吾立身自有本末安能爲李蔡改行就令不平不過解職耳竟坐免

隋

達奚明大業初爲溧陽令盡心民事嘗疏鑿溼瀆以備旱潦

唐

顏眞卿肅宗時爲昇州刺史清嚴正直丰采凜然人不敢干以私時劉展有異謀眞卿選將訓卒以備之李峘以爲生事密奏之及展舉兵渡淮峘敗沒議者始多眞卿而怨峘**岑植**

文本孫爲句容令明　陸偘大曆中爲溧陽令岑仲達善斷尤悉民情　有政聲陸贄父也

林中書令文本孫爲溧水令以政績著聞苻兄羲令金壇仲翔令長洲皆有聲而仲林尤見表樹宰相宗楚客囑監察御史日勿遺江東三岑

竇叔向以左拾遺爲溧水令優於治善屬文政績爲諸邑冠

白季康嘗令溧水以誠信化人不尚威嚴而性淸介邑人至今思之

孟郊舉進士調溧陽尉縣有投金瀨平陵城林薄蒙翳下有積水郊往來坐水傍徘徊賦詩

宋

賈黃中太平興國二年知昇州爲政簡易得金寶數百萬於府署表上之太宗謂侍臣日非黃中廉恪則亡國之寶將枉法而害人矣賜錢三十萬以褒異之

呂蒙正太平興國中通判昇州陛辭有旨民事不便者許置郵以聞

張詠眞宗朝以禮部侍郎知昇州鄭志誠使昇州還言黃雀飛蔽日又聞空中若水聲眞宗因出書示王旦曰此皆民勞之兆張詠在彼吾無慮矣城中多火詠廉得不逞之人潛肆燔爇者斬之乃絕三年春州民以詠秩滿願借留郎授工部

尚書令再任仍賜詔褒奬**蔣映**初通判昇州累遷樞密直學士知州事學藝吏術俱優時官以牛賦民出租牛死租不得蠲映上章言之眞宗瞿然曰朝廷豈知此耶因令諸州條奏悉蠲之**李若谷**明道間加集賢院學士知江寧府多惠政史稱若谷性資端重治民多智慮愷悌愛人去後益見思**沈遘**通判江寧府以文學致身而長於治才嘗奏本治論仁宗曰近獻文者率以詩書豈若此十篇之書爲可用也**元絳**明道初調江寧推官時江淮旱災絳躬自給視饑病者數萬皆得以濟攝上元令摧眞豪民王豹子於法負妻告夫爲人所殺廉得姦狀安撫使范仲淹表其材除秘書省著作佐郎**黃度**嘉定初知建康府兼江淮制置使金陵罷科糴輸送之擾活饑民百萬口除見稅二十餘萬擊降盜卞整斬盜胡海首以獻招歸業者九萬家**蘇頌**慶曆三年知江寧縣釐剔夙蠹化行一邑簡而易行**張奎**慶曆八年江寧府治火擇才臣繕治遷奎右諫議大夫知府事奎簡材料工一循舊制不踰時而發鋤姦植良恩刑並施江表稱治**包拯**嘉祐

初知江寧府性峭直惡吏苛刻務敦厚雖甚嫉惡而未嘗不推以忠恕與人不苟合不爲辭色悅人平居無私書故人親黨皆絶之

王琪嘉祐間知江寧府多火災或託以鬼神人不敢救琪召各廂邏察爲作賞捕法未幾得姦人誅之火患遂息

馮京嘉祐五年知江寧府諸縣公事至即訊究之不以付獄人服其敏

曾肇元祐間知江寧府文學法理咸精在郡多善政

程顥舉進士授鄠縣主簿嘉祐間調上元攝縣事嘗言一命之士苟存心於愛物於人必有所濟以故治多善政

陳景周嘉定進士授溧陽尉溧陽民負氣喜鬬獄多滯因景周謂察獄在初而初情惟尉能得故職所當親雖猥不憚言有可證雖微必察邑是以無冤民

傅堯俞熙寧中知諫院改知江寧一遵條約曰君子素其位而行司馬光以清正勇稱之

朱定國神宗時知六合縣事王安石方興水利有建議開馬昌河通滁州者提舉官從之定國言壞民田廬勞民筋骨工費甚大獲利甚微固以爲不可使者以定國首沮所論不悅屢困之卒不變定國因請於朝願得

管庫以自便而他使者奏留不行定國歎曰居可以仰祿而不知者數見困去可以遠害而知我者反見留吾命何窮耶直道以事人殆不可爲枉道以全身非我志也未幾致仕

鄭驤元符中知溧陽縣歲饑民轉徙他郡漕司按籍役稅驤曰稅出於民民亡稅何從出今不捐逋賦民亡愈多使者不能屈時又議鑿河渠自建康導太湖水入江壞民田廬丁役費萬計驤力言其害議遂止

沈錫大觀三年以徽猷閣待制知江寧府張懷素誅人有怨家指爲懷素黨誣告者郡獄爲滿錫至案其妄者罪之因疏於朝他郡繫者皆得釋

楊邦乂建康府教授改知溧陽會叛卒周德執府帥宇文粹中邦乂設計擒之以勞授通判建康府事建炎三年死節事聞贈直祕閣即死所立廟賜額襃忠

趙鼎紹興二年代李光知建康府有剛正之風高宗嘗謂王庶曰鼎鎮撫建康回鑾無患他人所不及也

李朝正紹興間知溧水有異政秩滿民泣留高宗曰近時縣令以政績被薦輒別除差遣莫若進秩久任之庶幾民安其政乃召對遷一官賜五品服遣還陛辭乞易

所得章服封母從之李植乾道初知建康府上防江十策孝宗奇之趙時侃慶元四年爲句容令初縣增科和買大爲民害侃白郡守奏罷歲出府帑萬三千緡爲之代輸又修學宮取沒官田以養士邑人祀之學宮周必大教授建康府純篤忠厚爲文溫醇典雅士論宗之

馬光祖寶祐三年以寶章閣直學士知建康府減租稅養孤寡招兵置砦給錢助諸軍婚嫁興學校理賢才及去建康民思之不已開慶元年復以資政學士再知建康士女相慶光祖益思寬養民力修建明道南軒書院及上元縣學建平糴倉以利民修飭武備防拓要害境賴以安移書賈似道言公田法非便乞不以及江東必欲行之罷光祖乃可後以沿江制置江東安撫使知建康郡民爲建祠

元

岳天禎大德十年爲建康路總管歲饑賑濟民賴以全郡中立碑紀遺愛王蒙大德間知江寧修築堤圩以政績聞趙靖至大中爲句容縣尹首建學校縣額歲辦紅花若干

民苦之請於上官獲免

程恭 泰定二年尹句容以撫字爲政諸所不便於民者亟除去治後有廢址乃植桑萬株民趨效之有古良吏風

元明善 爲安豐學正改建康頴悟絕出讀書過目輒記諸經皆有師法而尤深於春秋以文自豪出入秦漢間在金陵每與虞集相切劘遂漸精詣

明

楊元杲 應天知府練達政體智慮周密爲時所稱

鄭沂 明初爲監察御史洪武三年上言改南京知府爲京尹四年遂以沂爲府尹

王公亮 洪武初以能書舉任吏科給事中陞應天府治中以卓異聞遷府丞

盧何生 洪武間知溧陽縣以洗寃澤物自任治事朞月刑政爲清有剌事官校過縣挾勢索賄賂何生容以聞上立誅之

高謙甫 洪武初知溧水以廉能稱

郭雲 洪武中任溧水持躬廉潔士民咸悅

陸梅 洪武初由貢士爲六合令果敢有爲時天下初定首以興學爲務次建壇局亭塔百廢具舉而民不告勞

許存仁 名元以字

行祖謙學於金履祥得朱子之傳明高帝訪求謙後召存仁至與語大悅即除京學教授仍命入傳太子諸王轉國子博士存仁與上論用人論洪範休咎皆合上旨嘗問孟子何說爲要存仁曰勸國君以王道省刑薄稅乃其要也

秦約洪武初召試慎獨箴擢禮部侍郎以母老辭歸再徵詣京疏陳乞復書院書堂義學例慎守令之選因年老難任繁劇授溧陽教諭

張紞洪武中應天教授歷至吏部尚書靖難兵至死之

顧佐永樂十八年爲應天尹公廉有威重當官嚴毅風采凜然

薛均永樂中授應天府尹廉明持正買地種蔬而食文帝密使人廉之得其狀笑曰人皆行樂惟朕與均苦耳

陳奐永樂中知扶溝有善政擢督府都事以赤縣煩劇須幹理吏乃改令上元朞月大治

鄺埜宣德十年由陝西副使陞應天尹以養民爲務凡市征田稅皆酌其平豪猾不得爲輕重公私便之

鄔璹宣德間溧陽丞能修其職尤鋤抑强梗使不得暴良善百姓立祠祀之

熊達由進士任溧陽始建鄉賢祠於學捐置義塚以絕水葬開濬澡車涇以通水利

民感其德**楊榮**以御史謫知溧陽有丰采濬百丈溝八百餘丈中存九壩以利灌漑又建義倉於城南**嚴廸**宣德中爲江浦令氷蘗以持已敦篤以撫民歷任九年終始一節考滿歸囊惟圖書家仍茅茨人皆高之**李文煥**宣德九年授江浦丞拳拳以興廢救弊爲務如奏徙壇壝大修庠序治績懋著弘治中知縣胡昉祀於尊賢祠**黃淵**正統中爲六合令首新學校歲暵懇禱暵不爲災臨事執法不通關節時人以板黃稱之**于冕**忠肅謙之子景泰初以父功廕府軍千戶歷陞應天府尹興利鋤弊一以仁愛爲心雖罹家難而聲問不隕人皆稱之**劉義**明察曉吏事景泰間爲句容丞以政績優異進知縣**彭烈**景泰進士授御史以劾巨奸出知江浦清操勁節奕然有聲**林春**天順中以鄉貢授應天府馬政通判清操自勵攻駒考牧恪盡乃心公平不苛民受其惠**曾崇志**成化中爲應天尹七邑阻饑勸貸以賑貧者擒治奸民拒絕中貴愷悌詳雅不苟取予尤加意青衿令儒學櫺星三門猶其創建云**徐廣**成化間知句容抑强

扶弱作養士類有聲畿輔間李澄由進士爲句容令心存仁恕政尚清勤燕壽成化間知溧水臨下以莊蒞薄書秩然唐詔成化中由貢士知六合初至謁城隍廟誓於神以貪汚爲戒蒞任九年食不重簋時稱廉吏第一吳雄弘治中爲應天尹風局嚴整以肅清爲任時大璫恃勢裁之以法嘗曰怨吾不辭但不至瘠吾百姓耳符觀弘治間知溧陽勸課農桑輕徭薄歛王震弘治十六年任應天府尹奏罷上元江寧花園夫省諸官寺獄具銀覈江灘蘆葦佐赤縣里甲費柴奇正德辛未進士歷應天府尹清查官占地還之民間積科試羨餘開拓貢院規模爲之一新孫懋正德時爲南吏科給事中毅帝南幸懋與叅贊喬宇悉心調護嘉靖間任府尹以鋤强暴抑兼幷爲務內府織造爲民累力爲裁省鋪戶供應貽害蔬輕其役爲政嚴明有體苦節自持閱三十年如一日寇天叙正德戊辰進士爲寧波知府政績卓異超陞應天府丞一意民事興學均賦休息地方甲申歲大饑竭力賑濟尋瘟疫大作給藥以救萬廷

珵正德間知六合立九等法酌量應役至今稱便

王道正德中教授京學精研理學闡傳端醇

王嬪嘉靖初應天尹應天賦徭繁重牘奏革織匠銅竹匠守庫薪夫等議罷京邑種馬議發內帑絲織神帛議內府局監不當索用紅站船隻議輕荒稅蘇流亡議科田出賦均貧富蔬數十

上皆剴切時病又拔諸生異等者課之有京兆遺愛錄傳於金陵

劉自強操持嚴峻人不敢干以私嘉靖中任應天尹歲旱步禱甘雨如注民賴更生甲子試士有私札即火焚之

劉啓東嘉靖間知高淳性精敏善經畫憐民間養馬之苦欲均之宣城因令代出驛傳銀一千八百兩及斷還馬場田七千餘畝民賴以安又建學宮創制各署設壇社築七門百廢具興淳治郁然改觀

龐嵩居南海弼唐鄉學者稱爲弼唐先生嘉靖中由鄉舉授應天府通判晉治中先後八年大京兆缺屢攝府事歲大旱督賑委悉實惠霑洽全活六萬七千有奇部民苦役重嵩議寬之八邑皆蒙惠焉時江寧葛仙永豐二鄉苦水患爲築堤闢萊得田三千六百畝召貧民佃之流移盡還人目爲龐

青天　徐九經一名九思嘉靖中知句容清介有惠
云　政嘗圖一菜于壁曰民不可有此色
士不可無此味歷　程爋嘉靖間知上元廉幹有治
九載去民祠祀之　材善政為諸邑最考滿日
囊止俸金七兩自騎一驢二蒼頭隨之糧長許翺
等持八十金進之爋笑曰好良民民恐父母饑死耶
持歸訓子孫讀書可也　房韞玉嘉靖中任上元令
取其馬鞭鞭驢而去　力申諸司節省坊
廟諸費民得蘇息　樊垣由嘉靖癸丑進士授句容
建惠澤祠祀之　令句無城垣設法創造卒
免倭寇蹂　呂光洵嘉靖中為溧陽令遂於理學在
踐之禍　任三年以學道聞初置田以贍
貧　沈鍊嘉靖間知溧陽性嚴明疾惡至甚有犯立
士　捕治不少貸民間惴惴會奸猾畏罪造飛
語中傷之　甘惠嘉靖中令高淳有善政治西　有何
尋調去　渡造為梁民稱之曰甘棠橋
宏嘉靖中令六合以身率民正風俗闢淫屠懲奸
扶善邑以大治清修苦節蒞事詳明京兆黃公
稱其清慎勤　鄭汝舟為京學教授寮友中有講學
一字不少　者汝舟曰六經語孟聖賢心

印熟讀而躬行之即學也何從學陳憲章
以唇吻標異爲其持論如此 **鄧德昌** 以古道自任
任應天訓導不責修脯日士始入贄舍如處女然
而我輩首以利導之欲成人材正風俗得乎時尚
書湛若水霍韜望重一時與德昌爲同志友毎造
德昌昌必屏騶馭徒步入即談道問政移時乃去德
昌或乘驢與兩公偕行都市 **汪宗伊** 隆慶初應天
不知六卿廣文之崇卑也 府尹仁心爲
質視民如傷而吏 隆慶辛未進士爲句容令
事精敏綜覈無遺 **丁賓** 首建義倉行鄉約清田賦
減徭役谿羨餘歲省民供本折各 **劉應雷** 隆慶中
七千七百有奇治七年以卓異聞 知溧水
時傍邑有以糧數千石倖嫁溧水雷力爭當道以
勝氣臨之執益堅決事竟直又丈量田畝因高下
制賦見於歌謠被召去 **林大黼** 萬曆元年授上元
卒於塗民立祠祀之 令聽明仁恕聽斷
如神華坊廂浮費民 應天府尹釐 萬
感其德立祠祀之 **方良曙** 剔井然有條 **徐中** 曆
丁丑進士歷陞應天尹增置錢局鼓鑄以贏金抵
御府龍旗諸費而民不擾省不經諸費六千餘金

省科場供應千餘金增號舍三百而民不知役又奏減丁銀嚴繩詐冒禁止鋪行勒諸石爲永惠以礦稅歸有司且裁其額帑藏錢糧出入故稱難核中立指掌冊躬自會計綱目井井釐昌邪移一切無所中數延見鄉先達問民疾苦興利害興革所宜故能周知而善應云

黃承元 萬曆丙戌進士歷陞應天府尹下車之始首咨民瘼亟議興革請增科舉入學數又蠲府帑增號舍二百間使士無篷號輸號之苦爲尹僅踰年而德化

姚思仁 萬曆癸未進士爲應天府尹剛毅淸正風裁凜然風行士民思之不忘有生祠在貢院左朔望謁廟後必與諸生立論時務次及德行文藝

談自省 萬曆甲辰進士爲應天尹以去家畜邇謝絕私交革弊剔奸典歲蝗災設法賑給全活甚衆

劉餘祐 萬曆丙辰進士留心民事勸課耕農歲祲積穀救荒全活者數萬人舉百務

衛一鳳 萬曆中應天府丞自奉寒儉嚬笑不苟錢穀出入一覽洞然嘗恙晝卧見一女子爲煑藥詫而問之女子長跪泣訴曰妾前任張公婢也爲嫡所斃埋後園東牆下䰟滯官舍不得

往生以公正直神鬼所欽求移葬郊外庶游魂得歸耳言訖不見一鳳令人如言啓視果得其屍頗如生治棺改葬焉

李棠 萬曆中擢判京兆轉治中嘗攝理刑及兩縣事於訟獄多所平反民稱爲神明

劉大川 任應天推官愛民如子好士下賢不事鞭朴請託盡謝同官敬而畏之

余若楠 萬曆中授應天府推官加意學校爲政剛柔互劑清正不私左右手皆能書或兩手並用批決如流勸民息爭止訟人服其化有余青天之稱

賈應龍 知上元縣民有溺女之俗應龍戒之始多存活有以賈女名者推坊廂丁銀入田畝丁困始甦又至誠愛士士民感之

李光祖 萬曆間任溧陽令訟無留獄獄無留民教民築圩捍水催輸先予以期民懷其德表章先賢徐文英乃洪武時所稱窮御史也

徐良彥 萬曆戊戌進士知溧水縣應天八邑俱有解京皇磚之役歲僉富戶轉解多至破家良彥請于田糧少增分毫悉付蘇州府慣燒匠作總解以免駁換之弊議行而民便

張錫命 萬曆丙辰進士授溧水縣邑有改折田糧事力請于上得改折

知高淳例萬曆十四年爲高淳令性明察合邑歡呼

董岐鳳萬曆時大水諸圩盡没廼懇訴於京兆許孚遠得疏請内帑銀三千兩修築買當塗湖灘作遮浪埂以捍南蕩圩田一萬七千餘畝至今賴之

宋祖騰萬曆甲戌進士由鄖城調高淳令三十六年大水民居湮没沿鄉救撈兼督丞尉吏役各拯多命又力請于上悉緩諸徵發常豐倉穀三千石平米價不致湧貴各鄉特祠以祀

米萬鍾六合令行事務持大體簿書之暇不廢清課書畫皆臻能品鼓勵學校賑濟饑民有水鏡慈母之稱

甄偉璧六合令聽斷如神邑紳以筐籮餉拒不納曰無謂我可貨取也邑東有貧士婦殉節者偉璧率教官佐貳式廬哭奠闔邑感泣歲旱步禱隨車需足遂以有秋

鄭璧萬曆中任應天府丞天啓中任府尹仁惠廉明清賦雪枉德政丕著

徐石麒天啓壬戌進士歷陞應天府丞清理學校士風丕變

李覺斯崇禎初爲應天府丞與大京兆詹士龍立公館于城東會諸鄉約修明六諭進民間之秀而教之一時佻達之習頓改

錢士貴崇禎中爲

應天丞歲屢不登勸諭積穀張瑋崇禎中應天丞
力行賑濟貧民得以更生時大旱公私交
詘米價石至三兩有奇瑋悉心賑濟活數十萬人
辛巳又饑瑋踵行不倦經理荒政精悉無遺仍以
餘力興學造天啓乙丑進士崇禎間應天府
士人文一振金蘭丞早蝗大作力行荒政踵張瑋
之後而加詳焉蘭初督學江南憐才愛士虛公詳
愼於試卷後刊云竊國名器以媚私交已干國憲
違天天休命而淹寒士必崇禎間爲應天治
有天天殃其秉志如此趙其昌中訟詞立決案無
留牘流寇北犯江南震恐其昌以廉由進
能受委修城隍詰奸宄地方賴之彭期生士歷
任藩臬崇禎中謫授應天推官崇禎中令
居官清介遇事明了毫無停滯周光霽高淳歲大
旱儲積皆盡民間屑榆爲粥掘白土以食稱觀音
粉斗米千錢而上督漕急時負圩諸鄉尚有薄收
光霽自立印券貸之輸將如期明崇禎辛
歲秋登悉還無逋人稱其才畧楊以任未進士
自以學仕未優請改應天教授摟引諸生實行月
課一二高年知名者忘分引交絕不以師長尊行

自居日手一編呷唔諷詠不分晝夜卒日歸殯遠近服心喪以送者千人

趙三薦崇禎閒教諭溧水整躬教士率諸生講明理學敦說詩書每月刻期課士文學興起申講鄉約勸諭里民俗歸淳茂督學御史金蘭有領袖儒家之薦歷官至九江兵備道卒迄今五十餘年溧水士民猶謳思不已

皇清李正茂順天人順治三年任江寧府時百務草創正茂竭力經營撫循百姓保全善類革減重刑地方安堵民至今思之

趙廷臣字君鄰遼東人順治初任江寧江防同知仁厚明斂吏不敢欺江防轄運務酌定時值軍衛無擾荷允　題請永著為令又優恤士子列名庠序者復其父兄子弟槩不僉運士民頌德操院陳錦練水師於直江口廷臣訓練有方江瀅帖然會十年編審廷臣署篆江寧精心查核至今遺愛猶在人心

崔掄奇河南夏邑人由進士順治四年令高淳淳舊有盧糧八千石賠累滋甚掄奇知淳民坐困力請巡按上官鉝特疏　題復奉

旨永折賠累獲甦淳人立碑頌焉尤加意課士淳之得雋者皆其拔識後陞戶部主事

王鼎應 山東進士順治四年任溧水令有神明之譽時値丈量奸民藉爲訟端應槩置不理民獲以安奸胥侵蠹財賦莫可稽覈應嚴爲清算纖毫無容欺隱

郭士賢 遼東人順治六年任上元令八年歲大祲申請將各院罰贖銀兩糴米入倉不足則以已俸益之二年之中一水一旱皆用此法民不困而國儲足最爲善政

閔派魯 祥符人順治十年任溧水崇儒禮士多善政先是里糧多寡不齊每遇徭役照里分派民苦不均派魯編審力爲剷平誓于神勒成一書曰均里平徭冊溧民獲甦縣西南濱湖田嚙於水者十萬餘畝民苦虛賦派魯申請具題邀恩永折著有復折全書

饒應元 蘄水人順治十七年任溧水天資長厚而事有執持有妖婦曹民以邪教愚民應元摘其奸申請殲之邪教頓息初民間戶役不均應元審編定三十八石爲一排兩石爲一丁從此無偏重偏輕之弊

蘇州府

〔周〕孫武齊人以兵法見吳王闔閭王以爲將破楚入郢威齊晉以顯於諸侯武之力也　伍員字子胥楚人楚王信讒殺其父奢員奔吳爲行人將兵伐楚楚掘平王墓鞭其尸時吳用員謀破楚威齊晉服越吳太宰嚭讒於王乃賜員屬鏤之劒以死取其屍盛以鴟夷革浮之江中吳人憐之爲立祠於江上命曰胥山

〔漢〕陸烈漢初爲吳令旣卒吳人思之迎葬於胥屏亭子孫遂爲吳人　顏駟漢武帝至郎署見一郎鬚眉皓白問爲郎幾時對曰臣自文帝時爲郎上曰何人不遷對曰文帝好文而臣善武景帝好美貌而臣貌醜陛下好年少而臣已老是以終身不遇上即擢爲會稽都尉　郎宗善京氏易安帝時除吳令時卒暴風宗古以爲京師有大火後果如宗言表上博士徵宗耻以占事就辟夜閒忽會稽都尉時年七十九到郡先遣懸印綬遁去　任延祀延陵季子聘請高行嚴子陵

等待以師禮吳有龍丘萇吏白召之延曰龍丘先生秉原憲之節都尉埽其門猶懼見辱召之可乎餝候吏相望於道

彭修

仕郡爲功曹時太守以微過收吳縣獄吏將殺之主簿鍾離意力諍守弁收意欲案之修排閤直入拜曰明府發雷霆於主簿請問其過守曰受教三日日初不奉行豈非過邪修曰昔任座面折文侯朱雲攀毀闌檻自非賢君焉得忠臣今慶明府爲賢君主簿爲忠臣守遂原意罰貰獄吏罪後州辟從事與太守俱出討賊飛矢雨集修障扞太守爲流矢所中死太守得全賊素聞其恩信即殺弩中修者餘悉降散曰爲彭君故降不爲太守服也

鍾離意

少爲郡督郵時部縣亭長有受人酒禮者府下記案考之意封還記言於太守曰政化之本由近及遠今宜先清府內直闊略遠縣亭細微之愆太守甚賢之

第五倫

會稽太守躬自斬芻妻執爨受俸裁留一月糧餘皆散與貧民俗常以牛祭神前後郡將莫敢禁倫曉百姓妄屠牛者吏輒行罰風俗以變後坐法徵父老攀車馬號泣相隨日裁行數里乃僞止亭舍夜半乘船去

慶鴻

慷慨

有義節與廉范爲刎頸交仕至會稽太守有異績

張霸 永元中會稽太守郡人處士顧奉公孫松等並表用之郡中爭厲志節民語曰城上烏鳴哺父母府中諸吏皆孝子

馬稜 援族孫也永元中轉會稽太守稜素威嚴治郡有聲

劉府君 永建四年爲守始奏分會稽郡置吳郡

許貢 吳郡太守時孫策方起貢表聞漢帝云策驍雄與項籍相似宜寵召還京邑若賓於外必爲世患策候吏得表以示策策遂殺貢貢少子與客亡匿江邊候策單騎出擊傷之策負創死

三國吳

吳展 吳郡太守吳平還鄉里閉門不交賓客郡人蔡洪曰士季忠足矯非清足厲俗誠聖世之老成

賀邵 景帝時爲吳郡守强族輕之題府門云會稽雞不能啼邵索筆足之云不可啼殺吳兒因檢校顧陸役使官兵及藏逋亡悉以言上奉公守正罪者甚衆

晉

傅咸 吳國内史顧榮與親故書曰傅長虞勁直忠果雖非周才亦足貴也

鄧攸 守吳載米之郡俸祿無所受唯飲吳水而已後稱疾去百姓牽攸船不得進攸僞駐小亭中夜發去

顔

合元帝時爲吳郡太守簡而有恩明而能斷王導嘆曰顏公在事吳人斂手矣　張茂字志康少與同郡孔愉敬康丁潭世康俱著名號會稽三康大興中補吳國內史　蔡謨蘇峻構逆庾冰出奔乃以謨爲吳國內史與張闓等共起義兵迎冰還郡　虞潭爲吳國內史時軍荒之後饑饉載道潭表出倉米賑救又修滬瀆壘以防海警百姓賴之　王洽丞相導第三子兄弟中最知名歷吳國內史爲士民所懷　王珣洽子孝武時歷吳國內史與父洽並爲士庶所悅　王薈導子歷吳國內史年饑粟貴薈出私米作饘粥以飼饑者所活甚衆　荀羨爲吳國內史時年二十七中興方伯之少未有若羨者　刁彝協子斬讐人黨以祭父墓由是知名歷吳國內史

南北朝

何叔度宋義熙中爲吳郡太守以潔已稱子尚之爲吏部郎告休定省傾朝送別叔度聞之笑曰此是送吏部爾非關何彥德也　王韶之好史籍私撰晉安帝陽秋序王

氏過惡爲吳郡太守時王弘刺揚州韶之在郡常慮爲弘所繩夙夜勤厲政績甚美弘亦抑其私憾文帝兩嘉之

丘淵之 傅學有才識宋文帝即位以舊恩歷吳郡太守

劉損 宋元嘉中爲吳郡至閶門入泰伯廟室宇隤毀損愴然曰清塵尚可彷彿衡宇一何摧隤即令修葺之

羊元保 宋吳郡太守三吳舊有鄉射禮元保舉行之爲政雖無殊績而去後常見思

謝莊 侍中弘微孫七歲能屬文文帝見之曰藍田生玉豈虛也哉宋大明中除吳郡太守

王延之 少靜默不交人事宋明帝時爲吳郡太守罷郡歸家產無所增益

陳珉 爲吳令發摘姦伏境內以爲神明

何子平 少有志行事母至孝宋元嘉末除海虞令縣祿供母不以及妻子人疑其薄子平曰希祿本在養親不爲已也

孔琇之 仕齊爲吳令有小兒偷刈隣家稻一束琇之付獄按罪或諫之琇之曰十歲便能爲盜長大何所不爲縣中震肅

傅翽 祖祐山陰令父琰仕武康山陰二縣令並著奇績時云諸傅有理縣譜家傳不以示人翽仕宋爲吳令人問曰丈人

發姦擿伏惠化如神何以至此答曰無他也惟勤而清清則吏不能欺勤則事無不理

蕭順之 梁武帝父也齊高帝時歷吳郡太守郡人張安之緒嘗曰文武兼資有德有行吾敬蕭順之

陸昭王綌 建元元年爲吳郡太守有能名竟陵王子良與之書曰竊承下風數十年來始蘇未有此政

陸蒙 事梁爲吳令節操甚高

李元履 幼有操業甚嫺政體入梁爲吳郡太守

王規 梁大通二年爲吳郡太守簡文帝爲作謝章曰臣令駕吉祥之車入勾吳之境驅緹扇之馬撫奉德之鄉製錦何階勞緣方始王書芮珍宗家在吳前守宰皆傾意奉之規獨遇之甚薄珍宗奏規不理郡事召還郡境千餘人詣闕請留不許求於郡樹碑許之

何敬容 普通間爲吳郡太守勤恤民隱辨訟如神治稱天下第一

江革 梁武帝時監吳郡值境內荒儉劫盜公行革至郡唯有公給仗身二十人百姓皆懼不能靖寇革復省游軍尉百姓愈恐革乃廣施恩撫明行制令盜賊靖息

何達 監吳郡在官好開涂巷修葺墻屋市里所過若營家焉田秋俸錢一

無所取特疾强富如仇讐視貧細如子弟故爲豪右所憚俗士所疾

謝舉 梁大同間爲吳郡守先是何敬容有美績世稱何吳郡舉聲跡略相比

沈君理 陳高祖受禪爲吳郡太守時兵革未寧百姓荒散軍國之用咸資東境君理以幹理稱

隋皇甫績 蘇州刺史開皇十年高智惠作亂州民顧子元發兵應之因以攻績相持八旬子元遺人奉牛酒於績績遺子元書曰吾是隋將何容外交易子析骸未能相若況足食足兵高城深塹坐待强援綽有餘力何勞踵輕弊之俗作虛僞之辭以此見期必不可得卿宜曉諭黎元能早改迷失道非遠子元得書頓首陳謝楊素援兵至合擊破之

劉權 少有俠氣重然諾藏亡匿死後折節好學動循法度開皇間授蘇州刺史於時江南初平物情尚擾權撫以恩信甚得民和

唐吳從衆 開元中爲蘇州刺史割太湖洞庭三鄉與吳興互換

趙居貞 天寶九載爲吳郡太守立春申君廟碑又奏割崑山嘉興海鹽地置華亭縣又於海鹽置海寧鎮

劉太

眞行義修潔詞藻瑰異與李棲筠表爲常熟令到官朞年一邑自化

王綱 爲崑山令始作學舍置博士弟子員民興於學有不被儒服者莫不耻焉

盧東美 大曆中爲吳令梁肅稱其外寬内明敬事而信與韓會張正則崔造謂之四夔

蕭定 大曆中遷蘇州刺史有司差天下刺史治最定爲第一

李丹 爲蘇州刺史著蘇州聖賢冢墓記一卷

栢良器 年十七在太尉李光弼幕中大曆初以左金吾衛將軍兼蘇州別駕刺史問其年對曰二十有四問戰陣幾何曰六十有二因泣涕言遭時喪亂父歿家破誓棄性命以除寇讐祖志未立豈敢求明公之知邪後至將相圖形夌烟閣

林披 蘇州別駕有九子皆爲刺史號九牧林家

韓滉 代宗朝刺史蘇州安輯百姓均其租稅

章應物 貞元初爲蘇州刺史在郡未踰年境内稱治與秦系丘丹顧況相倡酬性高潔所居焚香掃地而坐

于頔 蘇州刺史吳俗事鬼頔罷其淫祀惟存泰伯子胥二廟

崔衍 天寶末蘇州刺史簡靜儉約祿俸周於親族妻子僅免饑寒及卒不能喪葬詔贈賻

帛米粟

韋夏卿 大曆中爲蘇州刺史布令日矜老疾活鰥困凡在庶物令趣其本於是鄉計之而自於縣縣上之郡夏卿乃條其歲差並與蠲放

李素 刺蘇州至境十二日李錡反素將左右與賊戰州門不勝賊入素崇立責以義皆斂兵不敢逼賊將姚志安送素致錡軍中未及京口而錡敗素脫械走還州民抱扶迎之居三年州稱治

王仲舒 元和中蘇州刺史變其屋居以絕火延堤沿江路以絕阻滯秋夏賦調與人以期吏不及門

崔倰 性介潔覗贓負者若讐寇宗朝爲蘇州刺史破壞豪黠除去冗費歲中廩藏皆羨溢

白居易 貞元中刺蘇州政理之暇時多燕遊嘗賦紀遊詩云領郡時將久遊山數幾何一年十二度非少亦非多最長工詩頗以規諷得失

劉禹錫 蘇州刺史以政最賜金紫素善詩與白居易酬復推爲詩豪

盧商 蘇州刺史吏以鹽法求贏貨民愈困商令計口售鹽人便之

皮日休 咸通間爲蘇州軍事判官與陸龜蒙友善雖風雨晦冥蓬蒿翳薈更相唱和未嘗暫輟

滕遂 長洲令縉吳縣時人

歌曰朝判長洲暮判吳道不拾遺人不孤人謂有漢叔輔之遺風**李覿**元和中爲常熟令開常熟塘**劉綺莊**崑山尉研窮今古纂記浩博作類書百卷名崑山編**權立**敏於學行薄於宦情爲崑山簿兄德輿作序送之**張搏**刺蘇州辟陸龜蒙以自佐重修羅城刪正吳地記并繪郡圖**成及**乾寧初蘇州刺史楊行密圍蘇州及被執行密閱及家所蓄惟圖書藥物賢之與歸淮南將署爲行軍司馬泣曰及百口在錢公所願以一身易百口之命引佩刀欲自刎行密遽起持之館於府舍具禮遣歸鏐迎勞郊外把袂而泣**周思輯**咸通間爲常熟令歲旱禱於破山龍祠得雨皮日休記其事

宋

閻象吳越納土被命至蘇安撫遂知州事能知其風俗而操以善政或摩以漸或革以宜推上之所欲施寬民之所不堪恩涵澤沛民以蘇息**許袞**雍熙中通判蘇州時吳地始歸朝廷宿政如棼絲袞善理之**宋瑨**淳化中三吳歲饑民疫擇長吏治養之命瑨知蘇州瑨素病足

州地卑濕疾益甚或勸其謝疾北歸瑫曰天子以民病俾我撫綏我又以病辭非臣子之義也

陳省華至道初知蘇州時遇水災省華復流民數千戶詔書褒美

裴莊眞宗時移知蘇州莊有吏幹慷慨敢言太宗獎其忠讜多所聽納

羅處約太平興國中知吳縣有惠政時王禹偁知長洲相與賦詩篇什播誦作吳郡圖經禹偁爲序

王禹偁知長洲縣自敘云去年多稼不登編戶艱食賦斂之入有乖其期而民部督成於郡郡倿歸罪於縣鞭箠之人日不下百數輩萊色在面而血流於膚讀書爲儒胡寧忍此因出吏部考課磨納質于巨商得錢一萬七千市白粲代輸之明春民盡歸其直

胡瑗景祐初范仲淹知蘇州奏請立學延瑗爲教授嚴立條約以身先之學徒千數庠序不能容其子弟皆循循雅飭其言談舉止遇之不問皆知爲瑗弟子也

王逢博學能屬文尤長於講說慶曆中蘇州士人從轉運使乞逢王其學學者嘗數百人與胡瑗最善著有易傳乾德指說復書等書

趙球居開封蓄書萬卷祥符中秘藏火四庫書皆盡球上

其家書授三班借職用薦知長洲縣多吳江縣武弁爲邑自球始

劉立言 過客或求發民以輓舡一人不與景祐中知崑山前此郡官爲移書亦不聽

張方平 豪民占田積訟數十年不決方平詢以所輸租幾何大率百緡一二乃悉收其羨田以賦貧民而訟亦息

王庭堅 吳江尉與令議率民輸錢數百萬建長橋橫截江湖間民甚利之

丘與權 崑山主簿時議修崑山塘與權陳五利且言事或不成請以身塞責卽列其議以聞塘成至今爲利

韓正彥 嘉祐中知崑山縣捌石隄疏斗門作塘七十里以達於郡又鳩作塘餘財爲縣倉以儲賦民大悅

孫冕 知蘇州斷訟如神吏畏而民愛之嘗病蘇州人爭詣佛寺祈福甫及引年大書一詩於廳壁因謝事

徐奭 天聖初通判蘇州時東南大水詔奭督治奭與周視盡得水利舊跡乃築石塘九十里建橋十八所復良田數十萬畝疏隱田者二萬六千戶得苗三十萬

章岷 天聖中爲平江軍節度推官時知州盛度黃宗旦多以事委之岷時名籍甚聽解記刻多岷文

章岵 知蘇州鉏

治姦吏飭厲衆職人目爲章硬頸

王質 通判蘇州知州黃宗旦得盜鑄者百餘人以詫質質曰事發無跡何從得之曰吾以術陰鈎之質曰仁者之政以術鈎人寘之死地而又喜乎宗旦不覺身去坐榻謝曰微君言吾幾失矣

吳育 仁宗朝通判蘇州知州黃宗旦負材自喜頗以新進少育議事則曰少年乃與丈人爭事育曰受命佐君有事當爭職也宗旦雖屢屈而政常無失頗德育助已爲之加禮

滕宗諒 慶曆中移知蘇州未逾月江浙間喧然稱有神明之政

鞠眞卿 慶曆中知長洲縣有威名嘉祐中知蘇州政事無他施設而人自憚之

司馬光 寶元中父池仕於杭光求僉書蘇州判官事以便省親許之

蒲宗孟 蘇州推官英宗以水災求直言孟上疏言極剴切

沈兼 通判蘇州能名籍甚性剛遇事果敢與守爭可否不少屈除名免官怡然無戚容

李禹卿 通判蘇州築隄太湖八十里爲渠益漕運其口蓄水溉田千餘頃歲饑出羨粟全活萬餘人

孫覺 治平間以民曹掾權吳江有江橋延袤二百餘丈役

大難集覺募民修治之又市石增築河塘兩岸葺如歸垂虹兩亭詮次邑中留題百餘篇爲松江詩集後知蘇州

王覿知蘇州州有狡吏善刺守將意以撓權前守用是得譏議覿窮其姦寘于法一郡肅然

林肇熙寧間知吳江始至覽江湖之勝緬懷古人慨然有歸歟之興乃即松陵勝處作鱸鄉亭繪三高像于其中肇宦情既淡政令清簡士民愛之

王幾知長洲縣平其政弛張以時治聲聞京師

范擴爲常熟主簿曾鞏稱其博學能文尤通經術以母老家貧樂仕鄉土

常安民元豐間知長洲邑中權豪肆橫安民求亂政者三人杖而屏之縣故多盜籍嘗犯者榜其門約能得他盜乃除盜爲之息催科預爲信限揭實數於縣門使自輸輒先他邑辦納

郟浩晉陵人元豐間爲吳縣簿

洪彥昇調常熟尉奉母之官既至前尉欲中期三月以規薦而中分俸入彥昇處僧舍郤俸不納如期始交印

郭三益元祐間爲常熟丞常平使者調蘇湖常秀之人濬青龍江分地程役三益所部先期告辦使者留其人使助他邑三益徑率衆歸

石公轍紹聖間爲吳江令刱學宫在縣治西南阨
于兵轍改建東門外又置田給士即今學
也向子韶元符間知吳江縣郡人私鑄錢流布一
路郡將聽自便子韶以爲不可騰書極
言之下令禁其部無敢犯者已而詔繩故縱之吏
諸邑皆曰太守命也吳江令嘗力爭書具在知州
意子韶必以抗論不從虞賓知長洲縣歲大祲部
爲詞子韶卒無一語 使者猶急宿負檄下
日必辨賓閣東文書不問程俱元符中爲吳江簿
言於使者使者驚謝之 政平訟理後簿高
文虎以曾懋及俱咸爲此張克戩大觀中知吳縣
官作曾程堂以寓景仰 靖康初金人攻
城克戩畢力捍禦外援不至朝徽宗朝自正
服南面引決一家死者八人 陳瓘 言遷司諫數
言事政和元年再被謫陸宲政和中知長洲縣政
主吳江簿士無不稱之 從父棽宲從容如無事
而事趙訓之知吳縣朱勔怙勢役州縣訓之不爲
大治 屈勔嘗執數人詣縣請治訓之悉縱
不賈公望通判蘇州疾奔競朱勔門者爲詩自勵
問 時勔子爲浙西路賜金帶公望亦衣三

品服嘗以朝謁同集天慶觀勔從者睨公望佩魚公曰此是年及得來非緣花石左右皆錯愕

唐充之 監蘇州酒稅務知州李孝壽治尚峻猛不任僚屬充之爲辯論曲直州人多賴之

莊徽 知平江時朱勔挾寵蔑視州縣中貴人緣勔而使者冠蓋相望皆能禍福人官吏傾身事勔之徽獨不少假借　舉相畏憚迄不敢譏

湯東野 建炎間知平江兼兩浙路兵馬鈐轄時苗劉作難赦至東野疑之因與張浚密謀取故府所藏登極赦書置輿中迎登譙門讀而張之即捐其階禁毋輒登而散金帛如常時郊賚之數人情晷定會張俊提兵薄城下東野大喜夜開城納俊師未幾間使持僞詔令東野斬二張東野慮俊武人易動即先攜見俊與借謁浚斬使者而焚僞詔於是招韓世忠劉光世世皆以兵會軍中百須皆東野主之

趙彥倓 爲平江節度推官攝宜興縣時預徵二年後稅彥倓請諸司奏釋舊逋禁須借百年弊事一日遽絕

胡松年 知平江府未入境貪吏解印歛迹以與興利除害十七事揭於都市百姓便之

李光 崇寧間知常熟縣朱

勔父沖倚勢暴橫光械治其家僮勔怒光不爲屈後知平江會朝廷措置和糴數以萬計光曰主上屢有約束戒科歛令米或可得第未知本錢安所取辦疏入隨有旨降本錢和糴不踰月而畢蔣燦知平江府諸軍有牧馬廐屋數百區茨以茅竹歲一更財力皆出於民燦請出內帑金佐其費掄材陶瓦覆之堅壯可支數世章誼守平江時駕將臨幸供億繁多誼處之皆理當名對賜帶笏帝曰此不足以賞卿之勞其勿謝向子諲知平江御書薌林二大字賜之陛辭奏曰陛下除學士待制衆人所同拜賜薌林散人之號則臣所獨其榮至矣願納祿歸舊隱上弗許及之官金使以議和入境子諲不拜金詔忤秦檜意遂乞休致周葵紹興十年知平江時兩浙轉運使李椿年行經界法郡故田租不滿四十萬椿年披榛莽按倉碉欲以七十萬爲率葵曰記中所言歲儲穀若干今法以穀二斛得米一斛正今數也可強增邪椿年遂以圖經三十萬爲準王㬇紹興中知平江公署學校靡不興葺又令小舟出必載瓦礫以培塘岸石之頹者績而焚之以泥官舍不

賦於民而用有餘洪遵知平江時步帥李捧請斷吳江橋以限敵騎遵曰審爾是將棄吳以西邪凡符移皆留不行車駕幸建康衛士旬索無藝他郡隨與不饜至吳乃相告曰內翰在此勿復然沈介命知平江上曰平江輔郡極難其人知卿政事特加遴選沈虛中紹興間爲平江儀曹掾攝郡事會郡中有謀變者虛中挺身造其營語以禍福白郡守開府庫贍給之皆懽呼投甲鄭穆常熟丞攝縣事有潰兵絕江由福山闖入穆單車撫諭遂皆革心曾慎紹興中宰常熟立縣令題名碑王伯廣稱其智足以知勇足以行御吏若西門之治鄴愛民如子產之治鄭云謝浚甫調崑山丞爲浙漕考官一時士望皆在選中柳楹乾道初宰吳江作松陵漁具圖刻石存縣堂西垣徐侶道吳江尉受知范成大聞彈疏以舟載菖蒲數盎書兩篋翩然就道王萬樞崑山尉得海盜吏請出郊以應親獲之文萬樞却之據實以聞沈度知平江召赴行在上曰甲申之歲委卿守吳未幾治行昭著果如朕所料可謂得人矣趙

公廣淳熙四年知吳江縣重建廟學凡郵亭使館橋梁祠宇皆一新之 葉延年知吳縣有豪族數十人爲患閭里延年悉寘於法 孫應時從學於陸九淵爲黃巖尉有惠愛朱熹重之改常熟縣旣秩滿郡將以私憾撫縣積逋三千斛詰之士民相率擔負詣縣代償 呂祖憲祖謙弟嘉定初知吳江重修學宮有記刻石 高衍孫嘉定初置縣衍孫知縣事剏建治廨城隍防陌壇壝學校靡不周飭 孫沂常熟丞民有淹滯不決之訟皆請於臺府願以屬沂旁縣亦然臺府既以爲常沂亦不復計彼此 項公澤由長洲丞擢崑山爲政廉敏百廢具舉嘗修玉峯志 王文雍寶祐中尹常熟重修城闉及譙樓濬市河福山塘 黃震寶祐末調吳縣尉縣界有焚屍亭議復建震白府謂史傳所書罪盈惡極乃有焚滅遺骸之事然殺者常刑焚者非法非法之虐且不可施於誅死之罪人況父母骨肉乎傷敗風俗莫此爲甚其亭宜勿置判府韙之 韓彥古世宗子兩知平江時酒禁甚嚴門卒捕一婦人有輿中藏斗酒入彥

古詰門卒曰何從獲之卒曰其僕告我彥古曰人奴而訐其主乎杖僕而遣之郡有士人時吏短長州將下車必先投狀以占能否彥古將至其人亦來彥古曰此狀汝不能爲必有吏人教汝者其人錯愕即以實告追吏杖之一郡以爲神明

謝師稷知平江撙節浮費未滿歲積四十萬緡以郡城圮壞奏請修繕遂爲壯觀

陳希點任平江府觀察推官守丘崇屢以職事爭辯崇或陽怒折之睎點退立屏息俟其少霽執論如初至於再三竟不能奪自爾睎點書擬望而許之

沈作賓知平江招海盜餘黨皆錫以衣物又得強勇者幾千人置將統之號曰義士復募境內惡少亦幾千人號曰壯士衣糧器械皆視官軍而輕捷善鬬過之於是海道不警市井無譁

李寶浙西路副總管駐平江與守臣督海舟捍禦將啓行軍士爭言西北風尚勁寶下令敢沮者斬遂入大洋風甚惡忼慨曰天以是試李寶耶寶心如鐵石不變矣酹酒自誓風即止明日大破北軍遣使報捷上喜曰朕用李寶果立功爲天下倡矣書忠勇李寶四字表其旗幟

陳造爲平江教授士

被教養咸恨師承之不早范成大平江府曰使遇歐蘇盛名當不在少游下**李大有**教授講行前賢鄉約鄉儀風示學者習俗用勸知府趙希懌將舉大有或勸往叩之大有曰求而得之不如勿得**趙愍夫**權知平江府有婦人投狀於愍夫告其姑私事愍夫問婦曰汝事姑孝乎曰極孝愍夫曰既能盡孝可代姑受杖有民家再從弟廹於寒餓預書其從兄違法數事束之腰間投水死驗尸初無傷愍夫判生前窮窘無賴妄訴族人死後陳述有司亦難斷理諭其民量與葬資郡人莫不稱頌**李芾**累遷浙西提刑時所部多盗羣穴太湖中芾跡其出沒按捕之盗駭散虎丘有書院祠尹焞芾加修葺置學官爲規約以教之學者甚盛**趙與篡**嘉熙三年知平江四年郡中饑分場設粥全活者數萬人**趙彥橚**知平江郡時海盗出沒莫可蹤跡彥橚奏分崑山之半置嘉定縣屯兵以守**王遂**知平江以崇學校寬民力抑豪强正風俗爲務時村民徐汝賢自號水仙太保乃毁其壇祠投之水中曰如有妖怪願以身當之七月十五日俗多設盂蘭盆會作

文禁之謂孝子順孫以時思親當祭諸廟由是汚俗爲之丕變

吳樵 淳祐中平江節度推官敏於吏事嘗曰吳人尙奢寧拚百萬錢嫁女不能拚十萬錢教子弟寧捨十萬錢遣婢妾不能捨十萬錢延好師友致貽子孫不肖之害

包恢 知平江至郡閱迎官供帳皆敷抑市肆以所得供堂緡錢盡償其直郡中酒課常時爲守者以公費之餘自歸恢節縮冗濫以其羸補九任度支逋欠去官之日府庫剩錢六百餘萬

趙順孫 咸淳四年知平江先是郡庾空乏率以夏初徵民租順孫謂古者十月納禾稼今先期半載民何以堪以以俸入及例卷所供助糴本迄免預徵

常懋 知平江府故事郡守得緡錢十五萬懋悉以助民食軍餉將代有送還事例懋悉不受吏驚曰人言常侍郎不愛錢果然

文天祥 知平江府獨松關告急留夢炎等議棄平江趣天祥入衞乃委印於通判王矩之責王邦傑以城守天祥去平江數日邦傑開門迎降都人大駭議天祥去平江罪天祥由兩府制牓之朝天門衆始定後以資政殿學士詣伯顏軍前講解留不遣唆都問曰何以去

平江天祥曰有詔趣入衞問兵若干對曰五萬咬都嘆曰天也使丞相在平江必不降但累城內百姓耳

許應元 授平江司戶參軍文天祥辟置幕下國亡不娶不仕教授以終

〔元〕**劉印** 爲平江總管問俗察情發奸摘伏延祐初詔經理田糧印威信素孚詭寄者悉自實郡守臣欲槩定田賦印爭曰地有肥磽厥賦宜不齊一旦更改民病何時瘳乎由是得仍舊貫

師朶利禿 爲平江路總管先是賈人貨黍草入城匿稅事覺併及城外餘積刈禿謂物不入城不應當匿稅法悉以還之

道童 平江路總管郡多寓公喜持短長道童至一切繩以法推官汪澤民謂其持身嚴蠲理明決事斂待人直又謂家甚貧來平江一無所取

汪澤民 爲平江推官任法允恕獄多平反淮寇闖境倡鄉人保里閈城陷遇害

月里海牙 任崇明州達魯花赤皇慶間兩淮運司僉民爲竈丁運使臨之甚嚴海牙曰吾州孤立海心民鮮而貧豈堪若事乎寧斷吾臂弗能發一丁也夏旱禱宿於寶慶觀書方病不顧家人曰夫人死矣海牙曰吾爲民禱雨

未獲乎應汝等自歛之吾不可歸也未幾雨大霈洽

孔文貞 至元丁亥尹常熟是歲大潦饑莩流離文貞發廪拯溺全活甚衆明年躬督郊民疏港浦洩積水而注之江秋乃大穫邑賦數千石故困於世家文貞覈實其數勢家感其誠遂盡輸納去任邑人立石刻銘

王安貞 至元閒遷崑山知州適州初遷安貞規畫搠建費鉅而不擾

盧克治 大德閒爲常熟令沉敏仁恕獄無寃濫好施勸分教育言氏子孫覈實學田築社稷壇恢拓公宇增修邑志多所興舉

哈剌哈孫 大德間知吳江州事歲荒疫留粟救之曰寧咈上意以受責毋令民失所也

高仁 知吳江州行省賑杭饑民增糴三萬石仁抗言州小數已溢不可增鹽運司課畸省委仁取諸民補之仁言民貧不可安動動且有外虞皆不能奪

張顯祖 泰定元年爲吳江州判官重建長橋凡石竇六十二每竇布杉枋於水底築址以防傾圮遂爲永利

史文彬 領崑山州事時海寇犯太倉官軍入海勦捕文彬出官帑餽餉無擾於民前此兵出所過剽掠民驚駭罷市俄有卒肆譁

綦文彬取撻於市置諸獄衆乃戢

孟集至正間知崇明州州有三沙東沙視兩沙爲最貧地不宜五穀故米價常倍集置常平倉於州南以時糴糶物價價用平人無饑餒

虞鎮常熟知州雖起武弁而崇奉儒術延邑士修琴川志時兵民雜居戢而不肆鎭之力也

八里顏至正間任崇明州州址爲潮呑嚙相地遷之

明

何質吳元年爲蘇州知府郡久被張氏割剝質至勞來安集民有更生之慶時詔徙蘇民嚴督特甚質從容裁處民若罔知朝旨以爲怠遠至闕下將寘極典質曰殺一郡牧以活百萬生靈質含笑入地矣上特宥免復增秩以旌之

劉秩吳元年任崇明州始赴任渡海誓曰苟犯民秋毫者有如此水既至奏減酒稅鹽課及塗田未成而有賦者凡三萬石有奇邑民感其惠建生祠於寶慶觀之東

吳禎洪武初以靖遠侯開府太倉總督海運凡公館船塲公宇亭臺之設皆其建置讀書好士惠愛猶存

張田家藏書甚富田工文詞通胡氏春秋洪武初聘爲蘇州訓導讀

書自娛以種學名齋

王行洪武初蘇郡學延爲訓導時訓導無常祿循著儒生衣巾弟子員多易之以五經雜沓問難行隨問辨荅刪潤課業刃迎縷解衆始驚曰王先生非詞章之學也

袁銘隱居東海倡明春秋學得申屠仲權之傳洪武初舉經明行修之士銘與焉召對陳春秋尊王之義上曰如此人可先試以教官除蘇州訓導爲經生所宗

鄭閎少慕嘉禾鮑恂負笈從遊精其易學洪武中以薦授長洲訓導與袁銘齊名

王璲常從楊廉夫魯道源講春秋中江淛鄉試乙科時年十七洪武初力穡養父暇則與高啟輩詩文唱酬尋爲有司所辟攝訓蘇州府學

魏觀洪武五年知蘇州府鋤暴樹良寬而且肅敬老卹民建學舍闢孔子廟舉鄉飲酒禮遴郡士校定儀節命諸生習行之及三載風化興洽課績爲天下最名還賜晏奉天門命宋濂等各賦詩紀之以蘇非觀不可命仍爲守

王興宗洪武七年知蘇州府政尚寬簡愛民之心若保赤子爲蘇郡守之冠

李亨洪武間爲蘇州知府性樂易事不苟爲爲之輒有惠利上賜勅獎勵曰恪

慎廉謹以奉憲章古　王觀　洪武間授蘇州知府有
稱循吏不足過也　奸吏錢英屢搆陷長官
觀至便捶殺之百姓稱快事聞上嘆賞遣行人賜
勅勞以酒時洊遭菑凶民遠無所償乃延諸富家
集郡衙飲食之風使出儲積　金綱　為蘇州守時官
以補不足衆驩然適乃給　民田則數不齊
上疏請減重額　李彰　知常熟縣洪武二年邑人朱
田得罪賜死　蝦蟇劫官庫作亂居民升屋
以死禦之賊斃翌日蘇州太倉二衛兵至彰出境
逆之謂其將曰民不反盜已滅矣遂令兵還民指
謂子女曰爾輩　孔克中　知吳江縣重建縣治及垂
李公活之也　虹亭三高二忠二祠政治
聿　芮翀　洪武中除崑山知縣首葺庫子祇候諸蠹
新　治者後坐事發遣化州鐵老人王榮率衆
伏闕懇奏詔遣馳傳還任奏除包荒田糧十八萬
有奇五年以母憂去服闋吏部奏崑山固劇邑翀
素得其民俾再還舊治前後
在崑一十八載幹理彌著　柳敬中　洪武中為常
熟令崇儒敬
士開闢田野孔氏子孫及范文正公之裔流落邑
中敬中曰烏可使聖賢之孫無後為娶妻築室給

水陸之産遣入邑庠其政事有方類如此

高瑞知常熟縣嘗著敝袴縣人戈孟遠竊見之納絹二疋瑞諭而鞭之加絹於頂而遣之出

王瑛洪武中知崇明縣時徙建城郭創縣治定坊巷構公宇相度經畫其功居多後從于銳亦知崇明審驗人戶定其徭役貢賦之法治績相踵

徐厔洪武間蘇州通判奏發粟二十萬以活饑民春漲病堤厔相度原隰大興築捍之役部使者以爲妨農勞民厔言他役誠妨農水不退則田不可耕妨農孰甚焉卒就其庸屬邑有樓貞婦奏乞旌表禮部謂前朝事不允厔言死生有間則比干之墓誰封禮官不能奪從之

林鍾洪武間授崑山學訓接引後進惟恐弗及士人皆翕然宗之每相語曰見林先生覺意表言外別有箴規

姚善洪武三十年擢知蘇州府洞達政體周悉人情張弛寛容各協事宜又數造請郡中賢哲商畧民生休戚俗尚淳漓以施因革繇是吏民好善趨義風美物安治爲列郡最靖難師起善募兵勤王被執不屈死

練達建文間知嘉定縣視事甫三月會靖難師渡江從父子寧被誅達知不免

載妻子永樂間除蘇州教授初至觀學署傾廢慨任興舉時泮池方池二橋並伐木爲架歲常朽腐孟浩乃自捐俸薪先建泮池石橋訓導馬壽錢紳韓陽繼之不日工成既廵按御史陳敏措處築石梁于方池之上位置精整爲吳中巨觀

赴海死**陳孟浩**

劉幹永樂初從夏尚書原吉治水攺長洲丞兼理農事幹周行塍壠呼老叟問所苦慈孺之色溢於眉面所至民歡迎歲饑民輸後期上官譴責以身當之曰此丞之怠職也請代其罰縣居不障風雨敝服惡食處之泰然卒於官邑人詔其衣冠葬之名曰劉公墩

況鍾宣德初以雄劇郡缺守愼擇良牧尚書胡忠安公等舉鍾典蘇郡復請勅以便宜行事乘傳赴郡吏胥抱案牘請署鍾弼弼若無能既三日吏復請署鍾曰若謂吾不事事耶歷舉三日牒執爲故出及故入無一遺者因取勅庭宣之立撲殺一二輩僚屬股栗鍾因按僚屬貪虐者立黜之勢家侵恣不法鄉里武斷者咸取杖殺之置善惡二簿察民善惡籍其名以示勸懲民畏而感無不從令郡田有官民之別官田稅額特重鍾奏減重額田糧七十餘萬

免舊欠糧草鈔數百萬錠濬瀹淤塞水道辨明平民誣入軍者千八百餘家招復逃亾三萬餘戸凡所施行皆綱紀大務民到於今受其賜朝廷累有褒勞遣職陛辭上爲錫宴賜詩恩寵甚至而以蘇人仰倚不遷其官遂再遣任後無疾卒於位吳人至今稱況太守不衰

祖述 宣德時以福建叅政左遷嘉定知縣邑田産稻少歲辦漕皆取給他邑民苦督責多竄徙述請改折議上報可

李從智 正統間蘇州知府郡人信巫覡多淫祀署小廟於門交遍衢巷從智出行見之一日毀去

朱勝 正統間知蘇州府廉靜中和而吏法精練胥徒惟奉行文書隸皂拱列而已嘗曰吏貪吾詞不付房隸卒貪吾不行杖獄卒貪吾不繫因在官數年鎮定不擾民安而化之

李謨 正統間蘇州訓導自守甚嚴諸生執贄者峻却之有生莫鉉以古畫時苗圖乞尚書楊翥題詠以贈謨曰如此吾爲市名矣錄其書而返之

黎擴 蘇州教授學者聽其講議如坐春風中較錄諸士云吳門英俊雖多惟吳寬當魁天下卒如其言

林智 正統間蘇州教授智歷教職三十年所至

作人爲多在蘇課士得王鏊卷許爲鄧林一枝果鄉會第一**張憲**少從吳興鄭講學爲蘇州訓導日坐齋舍集諸生講格致誠正修齊治平之道四方藩臬聞其名遇大比聘幣迭至**朱晃**正統間爲崑山教諭性剛毅方正巡撫周忱行縣至崑方抵岸怒撻一隸晃進曰恐損觀仰請至行臺行法忱改容謝焉已而設太倉鎮海衛學忱薦爲教授謂兩衛官曰我爲爾子弟得一良師宜隆重之**龍晉**天順間以御史改知嘉定縣善政甚多疏吳淞以利田得石刻於水其文曰得一龍江水通績果用成**姚堂**天順四年守蘇州忠厚清簡敬賓愛民雍然長者時林鶚知鎮江有聲巡撫劉孜請對易之人頗惜其去檄至卽行什器帷帳一無所取民攀送塞路**林鶚**天順五年知蘇州動用禮法衛身甚嚴雅好文學以儒飾吏對胥吏小民言必涉經史威儀之盛望之肅然**邢宥**成化初知蘇州有通變才乙酉郡大饑宥賑貸甚勤流人之在境者得不失所而公帑不空富室無擾論者謂荒政之最善者**賈奭**以御史巡按南畿有聲成化四年知蘇州府一

遵前政不事改作郡不勞而治

雍泰 成化間知吳縣愛民多績西華鄉田濱湖水浸齒歲罹災傷泰躬履審視築長堤兩月告竣又鑿竇釃纍以洩上田鄉民始獲芟穫耨膺名去里老造樓船餽之雍固却民爲歌曰時苗留犢雍公返舟

胡經 成化間授蘇學訓導條列當世可危行者數事建白於朝都中傳須比至蘇刻勵廉潔善教人士大夫道其行詣不置

吳哲 成化間嘉定知縣誠心質行愛民如子常以六事作箴置之座右

梁矩 弘治中吳江教諭爲人廉重嚴潔訓導其有心疾遇長官輒詈辱之獨見矩則敬如嚴師

李端 弘治十年立太倉州端以御史出知州事時兩衛弁爭長軍伍仍故習侮鄉民端平以法皆歛手欽服

王儀 正德間守蘇州釐剔錢糧諸弊以原額稽其始以事故除其虛以分項別其異以歸總正其實以坐派起其運以運餘撥其存以存餘考其積以徵一定其則及商稅酒醋房地魚課一切清理郡人至今稱王儀太守焉

賀府 正德間知長洲縣值太守王儀糾度田畝平均縣賦府捜隱去僞平其輕重田制由此畫

一

吳世艮　正德間知長洲縣舊學宮地隘請於御史移置城東萬壽寺經畫規置役不淹時

王應鵬　少從王陽明先生遊正德間知嘉定縣清慎端方一介不取被名去行至淮有持金二鎰布百疋以獻者應鵬驚問其故曰感恩耳應鵬笑曰有是哉乃受布一疋以賞篙工其清介類如此

蘇祐　嘉靖五年知吳縣好士愛民百廢具舉縣向無志祐聘楊循吉刱纂之

安謙　嘉靖間知吳縣適當倭難繕城垣修橋路刱建樞橋木瀆兩敵樓據險增勝功實不磨

曹自守　嘉靖間知吳縣值兵荒後民人流散自守殫心袵席之三年不製一衣不宴一客署中惟蓆頭一人門不扃笥不鑰有慮及家計者自守嘆曰吾他日居鄉賣藥足以自給何復他求自守固知醫者也去後吳民往來都中過荏平路遇醫以驢負藥籠隨覘之則自守也民驚拜道左

李資坤　嘉靖中知嘉定縣以作人爲先建忠孝貞烈祠修周況二公祠封孫趙諸公墓立社學十有六皆圖永久

王重賢　嘉靖間以戶部主事淸理江南德逋疏言吳民凋敝方當蠲貸豈宜

重困以傷國本忤旨謫官

熊桴　知太倉州倭寇入犯桴出入矢間多軍功倭退若早復請免一歲稅糧子遺始得全活

陳如松　知太倉州負高才有強力訟無劇易立解州例官放衙筦庫吏治具進如松叱去臺司至供帳簡略詰責亦不動嘗試童子卷千餘一日夜榜發有遺斥者求署如松問姓名隨誦其疵句大驚而退

任環　蘇州同知倭寇東南躬披甲冑率兵力戰徧身書姓名曰死綏職也爲二親記此髮膚與士同寢食俸入悉犒戰士士樂爲死既晉僉事備兵太倉疽發聞賊至急褁創出擊賊俘斬百餘級賊望環旌旗輒遁去甲寅賊犯蘇民爭避入城扃門不許入環曰納敵之有我在勿慮遂活數十萬人時勦倭之功環爲最

彭蓋臣　嘉靖倭變時以宣慰司奉調來援與倭遇轉戰至盛墩斬倭三千餘力竭被創死而倭亦敗退人改其地爲勝墩

馬麟　嘉靖間知嘉定縣嚴重無敢干以私邑有桀黠患害名其魁令自相摘訐出袖中罪狀按之人皆叩頭伏罪常濬練祁塘自治城至外岡鎮止舍於外七日而畢

張守直　嘉靖間知

嘉定縣故事賦入皆例有羨充收頭者無不破家守直罷不復用一切庫子里長民所不便者皆罷之

萬思謙 嘉靖間知嘉定縣倭薄東城乘風焚倉合城幾陷叩頭籲天風返火滅乃解去慮邑城土堞難守請易以甓明年城成賊果大至恃以無患

錢德洪 從王文成中天閣講肄其中父悳曰爾固得師矣如妨試事何對曰兒聞教以來心目開朗以應科第正如打蛇得七寸耳登第以親老乞恩便養得教授蘇州至則定祀典申學規日坐道山亭講學士人翕然興起稱爲緒山先生

朱燮元 萬曆間守蘇州治務簡易不事深刻人莫敢欺時郡丞及司李皆朱姓有政聲人稱三朱

韓原善 萬曆間知長洲執法不撓然春風穆如士民不知長吏之尊也力請均役花詭悉清

胡士容 萬曆間知長洲治事有經濟又能折節下士邑東抵崑山沙湖浪湧爲行旅患士容築致和塘五十里陸道始平稱爲胡公塘

葉成章 萬曆間爲長洲令甫至渾穆不省事舉呼爲葉木頭三越月利弊燭照其奸之尤者重創之徵比不輕差一人聽訟

不輕議一重辟胥吏屏息有衣敝踵決者民德之立祠縣治東

沈應奎 萬曆間授崑山教諭應奎故宿學崑士翕然宗之凡諸士之生無養歿無葬舍館無定者孤貧不能奮於學節烈不能表於世者必多方周濟之表揚之去之日無堂前衞洗馬故石嘆曰相友五年今且別去爲賦奇石歌以自況

傅光宅 萬曆間知吳縣精心吏事案無留牘輒延文士談讌竟日善榜書榜縣堂曰親民榜捕承聽事曰保民榜水簿曰惠民榜糧簿曰裕民寓勸以正之意焉

袁宏道 萬曆間知吳縣一以簡靜爲治字小民如慈母佐領無所事事日嘗閉門六曹吏聽其別營生業有所命則呼之縣庭寂然定徵賦法命里長分贊五甲以恤經催之勞民便之永遵爲制

韓浚 萬曆間知嘉定縣催科之令向以十日爲期浚易之以月苟輸將如約則終歲不至縣庭建明德書院與士子講習其間纂邑志藏之笈庫俾後人得詳考焉

江桂馥 吳縣丞性剛守潔兼饒幹才人呼爲江鐵頭上官多倚任之

江盈科 知長洲縣持身廉潔戴星出入不辭勞瘁事亦隨理

民甚安之高才能文與吳令袁宏道一時共推風雅

鄧雲霄 性明察事至不留毫無假借點審徭役犁然允當及築塘履畝事事俱畫一可垂久遠故以廉幹稱

盧復元 萬曆間崇明知縣督築海岸民爲建祠岸旁稱盧公廟

劉時俊 萬曆間知吳江縣甫下車即令民具浴門冊摘大憝歷舉其隱而罪之人以爲神凡征輸先分緩急賦完而民不病公退每微服輕輿講道學舍雅好琴瑟聲徹公廨

祁承㸁 知長洲縣歲大荒邑民幾爲魚鼈議賑議蠲苦心調劑民免於災又憫邑田半爲宦戶細民肩役獨苦條議更張以蘇赤戶故人有去后思

方豪 知崑山縣適大水郭門之外一望巨浸民皆逃死不能催徵豪脫帶自詣郡獄在獄具奏請如漢文減租兼停一切錢糧俟豐年次第帶徵朝廷特從其請

祝乾壽 知崑山縣才猷敏練能通其土俗而緩急布之甲寅倭寇攻城急乾壽執金鉦鼓之督守甚力忽見一老者曰但沸桐油雜廁穢沃之賊可擒也如言試之果得渠魁二大王縛旌竿射殺之賊乃解圍去及巡城愬土神卜將軍祠其

像即老者也遂上其事春秋祀之

王用章 知崑山縣定僱役清暁兌免儲總絕飛詭役均弊絕民皆樂業焉會海忠介濬吳淞工役浩繁用章應機立辦民間若不聞有役聽訟晨至夕鞫絕無留滯公堂閴然嘗與士大夫從容山水間一以私請則毅然正色去有某公者父子懷嫌適名令酒令用章忽曰今日欲罰一公事問何事曰即公父子間事也呼其子出因數其平生以至情開諭舉家感泣其子請罪誓終身慈孝因復命酒飲極歡爲題其堂曰遂初言遂爲父子如初也

聶雲翰 萬曆間知崑山其治以抑豪强祛蠹弊爲主而才術足以副之將編賦役先總其戶履畝而校之造爲虎頭鼠尾冊按等定役於是賦役均平常繕修城隍所度丈尺工費屈指可得人以爲神崑人尸祝之建祠文筆峯上

樊玉衡 萬曆中授商城令政尚清簡調崑山或謂崑劇邑不可以商治治之玉衡曰惟煩也故當臨之以簡初至崑即取前令聶故牘視之喜曰我願爲曹參時當編審陰覆萬狀玉衡以三日畢毫髮無爽時方責逋賦玉衡惻然曰民逋賦時吾數齡耳今其人

少者壯壯者老老者死吾何愛吾而窮此不可寃詰之逋哉其姑緩之然民皆服其恩信輸負恐後在崑六年聞父疾即告歸養乘夜戒行邑人建祠馬鞍山民有疾走禱輒應

陳祖苞 知崑山縣遇事果斷不避強禦其所措注於賦役蠹弊之際尤加意焉嘗一署太倉再署常熟兩地之民無不頌之如崑邑

楊璉 萬曆間知常熟縣生而耿介嫉惡如讐初至與城隍神約如不秉公而猶情有如日竟璉之任竿牘絕跡築雲和塘堤修文廟樂舞創設義塾百廢具舉

金華 爲崑山丞委勘災傷至鄉見百姓貧苦流涕不食曰民如此何以辦秋徵乃以荒白曰脫有罪華自任之是歲得准災民不告饑

紀智 崑山主簿質實有守官舍寂然如僧舍舉家食糜時或不繼不少變也

石肯搆 崑山縣丞操守剛介未嘗受一菜之餽人亦莫敢有饋者

李三省 崑山縣丞頻年苦潦三省乘小艇自携米粟巡行阡陌間便宜修救未嘗受民一鮭一菜大冢宰嚴清稱之曰居官如李丞天下豈復有墨吏哉病亡時縣令劉應龍視其含殮顧見床第無幃爲之流

溺

蔣弘憲 吳江教諭先是令至學宮教諭必出迎弘憲謂禮義由學宮出教職非幕僚遂不迎令重之凡邑務皆往造焉

王廷舉 嘉定教諭嘗言吾非能以文藝相成所可砥礪者行耳邑令知其賢數咨以政人謂與侯矖欲嘗以事見其顏色輒慚沮而退

馬希尹 太倉訓導攝學政時州大夫朔望謁廟青衿環列言事希尹約束嚴無一人敢以私請

楊姜 蘇州同知廉謹有執持時織造太監李實恨其不行屬禮以缺供劾之罷官去吳民數萬人曰此我楊大夫與宦官爭吳儂之膏血而以放逐去也望其行咸以爲榮

謝三賓 天啟間知嘉定縣剖決如流人稱神君角巾訪友刻婁堅李流芳唐時升程嘉燧集爲風雅宗

陳文瑞 天啟間知吳縣實心任事豪貴莫敢撓而於煢獨時加惠焉徵賦編役均平可爲後法

陳洪謐 崇禎間知蘇州時考成嚴切咸勸其亟催科洪謐笑曰百姓有餘力自樂輸將吾寧以一民命博一官哉東南蝗旱頻仍洪謐處以寧靜蠲一切煩苛吳民安之流寇犯安慶督撫檄撤閭門傍城民居萬家爲防禦

計洪謐曰撤恐擾民郎蘇有變願以百戶保卒不奉檄其鎮定如此

熊開元知吳江縣性機警決獄多平反以南北糧運役法不均乃以南馳孔定爲側困少甦陞給事以直言廷杖

王鑑主吳江簿守己廉潔常祿之外一介不取每公晏同僚皆衣錦鑑獨衣布有規之者嘆曰吾見世之黷貨者歸則隨手蕩盡惟留醜聲於世耳且朝廷使吾作官不使吾作盜也言者愧服

李玉森崇禎間嘉定丞甫至謁直指其僚俱叩頭襲不典之稱玉森獨長跪呼大人直指怒玉森極論大人之名美而未易踐不典之稱乃輿臺小人所宜丞至卑亦能得此於下隸不足貴丞奉事上以禮耳直指改容禮之

劉士斗崇禎間守太倉州常時不取下一物值生子市吳紬四尺人以爲奇

錢肅樂知太倉州嚴峻不畏强禦常以孝友勸導人有母訟子責其子令跪母前諭曰爾子雖不孝罪不至死且子死將誰依母感動泣謝去有兄弟訟者曰汝小忿奈何傷天性親盡退思三日憾不釋再來越數日兄弟果來謝且持物以獻曰微侯不及此肅樂取一物曰相尤而復相

好所以識也

牛若麟吳縣知縣時旱荒饑民倉卒蜂起若麟設法先賑而後治其首難變遂息捐俸修學宮建正修講院葺吳邑志至今賴焉

倪長圩蘇州府推官剛明嚴毅遇事敢爲其政以抑豪强鋤奸猾爲務與太守陳洪謐同事陳以慈倪以嚴恩威互濟以盡協恭之誼士民立雙清書院祀之

李實崇禎末任長洲令一以至誠待人遇徵輸泣下曰彼獨非父母體膚乎何忍横加敲朴也以善言勸諭而國課亦未嘗缺

文祖堯爲太倉學正修整學宮拮据祀典不憚勞瘁士見者諄諄以聖賢之道相勸勉已而移寓荒寺中以青烏術自給既卒門人即寓室爲祠曰思賢廬

皇清

丁允元字右海日照人順治二年知蘇州府庶務草創允元練習典故因事釐正綱紀燦然時反側未靖寇盜充斥大兵勦撫在郡者恒以萬計一切軍資器用皆仰給焉悉心籌畫軍無乏用尤加意人材所識拔多知名士

吳道煌字瑶如宛平人順治己丑進士康熙二年守蘇

蘇故煩劇前守茲上者治事日不暇給道煌則飲酒坐嘯有孔北海王東亭之風上官及吏民多擬其委廢然察其政無不治性寬厚政尚清淨有投牒者輒緩其勾稽或悔而不願終訟則悉聽之蘇民困於賦八邑積逋累數百萬郡符下屬邑率絡繹相望道煌悉停止曰吾寧以一官緩民須臾死卒坐逋賦報罷去後民思之立祠於虎丘山麓祀名宦

師佐 字靖公永寧人順治壬辰進士歷任有聲由福寧州知州陞郡督糧同知貧不能就道士民設櫃助資始得蒞蘇勅法廉靜不拄受一詞董理漕兌釐弊端剏規例與糧戶約日爾等省一釐旁費則完一釐正務本廳矢志天其鑒之請托無私徇聽斷一持以法公忠任事三督漕白解餉江廣疏濬吳淞勘荒履畝咸盡厥職督撫兩疏薦之病卒闔郡痛悼

白登明 字林九蓋州人太倉州知州初蒞任立四禁一衙蠹一地棍一賭博一奸滑犯者置重法境內肅然浹旬試諸生令言地方利弊纖悉畢陳故摘發無不中隣境有冤抑者輒愬上官願下州爲理其爲政以誅强暴全善類爲務奸民某通寇事覺總督檄州捕

之某袖出狀一通言某某皆其黨凡州中大家富民無或遺登明知其誣笑曰若欲生乎欲死乎民對曰欲生登明曰若非寇何知某某皆寇黨吾以若狀達憲死無赦矣若欲生當即毀狀吾爲文申憲言若良民不幸俘於寇乃得生耳民感悟遂燬其狀登明代爲申辯州之大姓皆獲全州田高仰需蓄洩自劉河湮塞歲苦旱潦乃先濬朱涇後及劉河凡六十里不兩月告竣州及崑嘉二邑咸賴其利在任六載以逋賦去其爲州時建院講鄉約朔望必至去後民思其德就院祠之

沈恩舉字謙能汀州人順治丁酉舉人除長洲知縣履任之先吳中水患稽天飄廬沈稼鄉民以草根雜糠粃爲食恩舉念重賦之地罹此鞫凶加意撫綏徵比不施鞭朴而課亦辦邑隷素横惡乃立需索單於里甲每月一塡報輿皂歛跡是歲旱蝗爲災恩舉齋肅步禱蝗翔而不集集亦不害稼俄得雨士民咸頌曰此神君膏雨也以隣邑失盜累去解組日百姓揮涕攀送爲邑中三十年未有之事祀之前令葉成章祠題爲雙清祠葉亦福建人

郭文雄字鳴上文水人以拔貢授崑山令其

徵比也摘欠之尤者揭之縣門不遺一役而民皆趨令收銀盡革火耗輸者恐後錢糧解放有扣除鹽引開秤有公費槩謝却之以崑俗囂訟多借假命為囮令凡毆死人者必里隣公舉得實即坐毋許一人首告奸宄歛手時軍旗肆横結盟嘯呼不為動積勞成病城内外為設醮祈禳者不約而舉日每數處至禁屠十日有願以身代者病竟不起卒之日僅一布衾藉草而卧見者無不慨涕士民醵金葬於馬鞍山之南立祠墓前祀名宦

于宗堯字二巍廣寧人以父廕除常熟令年十九人皆少之宗堯勇於為治興利剔弊雖老吏弗及也邑素苦于漕視事三月盡除其害自是漕不為民困性孤介屏絶餽遺搏擊豪强而待民仁慈三年如一日卒於官邑為罷市男女皆巷哭醵金治其喪負販者皆投一錢以去比柩歸百姓遮道留之遂葬虞山南麓題其阡曰萬民留葬瞿式耜捐宅為祠在慧日寺西康熙十九年祀名宦

潘師質字敏慎宜春人知嘉定縣日食蔬糲官舍蕭然憲府吏奉檄至者多不為禮時邑蠹與衙弁表裏為奸私加漕耗若干師質置弗應群蠹逞其

故態訟之憲府邑民忿怒殛其爲首者餘黨訴之憲府下臬司詰其事師質不勝憤投秦淮河死以書繫臂極言加漕之困願以死謝百姓聞者感之

程邑字翼蒼江寧人順治壬辰進士由庶吉士爲蘇州教授蘇學自鼎革以來堂廡悉燬祭器圖籍俱散佚邑力爲修葺煥然復舊按古式製籩豆簠簋樂器舞衣丁祭日觀者稱盛事植桃李於道山亭下花開繁郁與諸生講課諷詠其間作人之風於斯爲盛陞國子助教奉

旨纂修國史尋卒

江南通志卷之第三十八終

江南通志卷之第三十九

名宦

松江府

漢顧雍吳人州郡表薦爲婁令有治迹

晉袁崧博學有文著後漢書百篇歷顯位出爲吳郡太守孫恩作亂吳國內史桓謙出奔崧築滬瀆壘緣海爲備恩寇攻滬瀆崧遇害部人李祥收葬之

南北朝陸慶少好學知五經尤明春秋左氏傳節操甚高除婁令值梁季喪亂棄官歸

唐趙居貞天寶九年遷吳郡太守以嘉興海鹽地廣奏并割崑山置華亭縣　張聿宰華亭治政凜然民吏有犯初必恕之許以自新書姓名罪縣于籍名定命錄再犯必舉籍勘照杖之凡有額外之需量所直榜邑門事不虛張期必前辦民感其誠供輸無敢後因指其示爲赤心榜

〔宋〕

劉惟一 天禧初任華亭縣時學舍介梵剎間惟一始遷於縣治之東陳執古有遷學記

葉清臣 宋進士以策擢高等自清臣始寶元初爲兩浙轉運副使時盤龍匯爲患釃爲新渠道直流速其患遂弭又建議疏滬瀆入於海民賴其利清臣遇事敢言陳九議十要五利皆卓然可行

錢貽範 慶曆間知華亭縣講求民間利病皇皇如不及時康定以來歲旱頻仍貽範議開顧會浦以時蓄泄萬民賴之

吳及 皇祐間知華亭時浙西旱蝗蘇秀尤甚及禱於橫山之神天大雨蝗亦避境至秋大稔又教民預修水利以待淫雨明年大水阡陌堅完溝洫通利復稔如初比三年家給人足

李餘慶 判秀州境多鹽盜餘慶作華亭海鹽二監俾業鹽者歲入常緡以杜私販

劉鵬 元祐四年爲華亭令甫下車即修庠序立教誡以至簿書期會各有條理作絃歌堂三山亭艮閣于縣齋之東以吳及所建環碧亭爲思吳堂從民望也

姚舜明 政和間知華亭縣以元豐元符斷獄制書揭之獄又葺琴堂爲聽政之所

王珏 安石孫也提舉浙西茶鹽

開華亭灦海河二百餘里　劉頴紹興間提舉浙西
自是鹽得通流田資灌溉常平疏澱山湖溉
吳淞江之水禁民　劉俁紹興間知華亭邑賦亟率
侵築民田賴之貸諸豪民豪民撓政前令
少善去俁謁臺府願寛假三月乃治酒政損關征
不三月課入自倍逋賦以償濵海有秦山鹽鐵蚌
港三堰不治俁早夜督　李遹監華亭稅被檄視潦
作堤城灌田六萬畝舟行民田中有監司
圭田吏不敢以潦聞遹曰水潦為患上供且應　楊
復況圭田乎盡復其舊常平使者聞而奇之
樗年　知華亭縣盡蠲賦入之無藝者提點刑獄司
檄繫平民千餘為盜樗廉得其情即釋之吏
請須報樗曰民以盜繫少稽則生理蕩　羅點淳熙
矣寧以故縱獲戾不忍見民之殆也年除
浙西提舉先是崑山華亭之間有澱山湖以洩諸
水豪强之家占為田水繇是壅點奏請開濬且為
圖以獻上　丘崈乾道中知秀州時華亭海堰廢鹹
從其言潮歲入並海田皆被其害崈奏築
之三月堰城斥　汪文振淳熙間提點浙西刑獄時
鹵復為良田督逋急繫者纍纍文振録

囚夜至華得四百餘人悉釋去令俟秋始償徵諸邑如之民藉以活

徐民瞻慶元間知華亭縣問民疾苦表章先賢嘗買國子監書以惠鄉學爲堂於學之東廡繪陸氏機雲像俎豆其中顔其堂曰二俊

楊瑾紹定間攝華亭縣綱胥吏白納錢寬民戶積欠弛酒稅無藝之征吏民大悅守請於朝遂使郎真於是修經界立義役遷廟學辦前令所不能辦父老謂建邑以來未有也

孫子秀開慶初爲浙西提舉奏省華亭茶鹽分司綱其非法多取者於是流散復業

施退翁淳祐間任華亭縣以風化爲已任興學校建講堂改創齋廬中置詠仁亭觀熙堂七月告成民不知擾

黃震寶祐間調吳縣尉攝華亭以華亭水鄉大究塞圩之法中府請修田塍萬民賴之

孟文龍監華亭船塲時賈似道柄國百僚悉靡法守文龍獨盡職不少怠晚年著易解大全門人稱曰潛心先生

元

呂謙從丞相伯顏南征鎮守上海當春勸農召父老謂曰善牧羊者先去敗羣善治民者

先除民病繇是里胥畏憚境內大治**趙知章**以兩浙都轉運鹽使分司松江以廉律巳諭富者出財貧者傭力財力相資課以大集亭田歲有科糧爲請於省罷以活民之饑者**僕散翰文**至和末知松江府事奏析華亭爲上海縣**張之翰**知松江府事民苦荒租額以十萬計之翰力陳其弊咸除之嘗建西湖書院在官著述甚富有西巖集**季祿兒**至大間知松江府性廉貞豪民有懷金贄見者竟送爲官物人稱清太守**張國英**延祐間尹華亭有威名而敏于政時郡將恃世守陵轢有司欺細民國英以法制之民藉以安**張如砥**尹上海潔巳愛民有民負人租以嬰兒病死訟某索租毆死如砥曰不毆爾而毆嬰詐也乃呼獄卒引民詣獄而示之曰某以人命染人被繫某以故殺子孫被繫汝勿改亦猶是也民始驚悔**鄧巨川**至治初爲上海丞建言改科苗糧爲豆麥民被其利語人曰改科皆郭八都刺公平章江浙深知民病適進中書故從斯請予何力焉**俞師魯**至治中授松江府知事多有政績民爲之歌曰俞公

未來案牘紛披吏饞而欺俞公既來官僚怡怡吏飽而嬉惟我黑幘使我心惻

何蒙泰定間知上海縣貧而廉家人十餘口胥麥作粥舉無慍歎

劉輝至正五年知上海縣因宋季公田虛徵及罪人貲產稅額加數倍役人往往破產輝設法誘勸賦役遂均瀕海民挺暴有司莫敢詰輝撫其孱弱而諭以禮義衆遂帖服邑無社學創置百六十餘所舉鄉約名耆民及小吏觀之使知敬老尊賢之義

張德昭至正七年尹華亭時歲澇都水使者勸有秋狀德昭固爭欲投劾去使者悟而止

鄭銖至正中任松江等處稻田提領所大使先是徵民無藝歲有羨糧萬餘斛銖至即命還民吏以無主名爲解乃計家口數分之望門而拜者以千數稻田所素號米穀府銖日糴于市猶貧人

王艮官江浙行省檢校官時松江民徐瑁等告有占種湖田草地者行省委艮體覆民詳考本末謂松江一府在宋止納秋苗十一萬有奇今已至七十四萬餘石其于國計已非小補縱有微末未科零星無幾瑁等所言蓋販夫鬻婦校計錙銖豈知爲國之體不宜信從以長無竆之

害議上行省從之

魯淵 元季任華亭縣丞佐治公廉以道學自重郡之學春秋者多出其門稱爲岐山先生

胡存道 至正丙申爲松江府學訓導是年寇至將焚學宮存道曰吾與學存亡吃賊曰若寧殺吾學不可毀也兵怒殺之先是存道題詩於壁曰領檄來司教臨危要致身及難果守死

明

湯和 洪武初封信國公太祖謂之曰日本屢擾海上卿雖老强爲朕行視要地築城增戍固守備和乃建金山衛又迤東建青村所又東北建南滙所增制守禦千戶所於府城經畫周密世守其制

祝挺 洪武初知上海縣時盜錢鶴皐倡亂遣衆逼縣治挺欲詣府謀討逆聞府城陷乃仰天嘆曰縣我死所也効死弗去密諭巨室以順逆聚義兵斬僞帥復縣治時右相國徐達遣偏帥破錢鶴皐將移兵縣境挺星馳詣帥曰苟降罰罰我如撫民民已定矣無煩大軍往而鶴皐忿邑人不附者指爲逆黨帥逮捕甚急挺潛使報狀於達達爲上聞按問得實乃釋時鄰邑以詿誤死者

相枕藉而上海獨晏然挺之力也

王文貞　洪武六年以府同知署華亭縣時兵後教弛文貞復學故址築射圃建觀德堂舉行鄉射禮又時臨講堂以勉諸生議者方之文翁

胡儼　洪武問授華亭教諭時年尚少抗顏以師道訓勵諸生講說經史寒暑不廢

蕭九萬　洪武間爲華亭知縣嘗書容忍思慮四字疏其義揭門屏間以誨訟者疏陳民弊五事忤旨被逮臨刑嚙指血錄詩報母云微臣斬首丹心在尚有英魂返故鄉

甄庸　建文元年爲松江知府醇謹嚴重以廉自防雖所得俸貲苟欲易一衣具一食必於他郡營之常曰人非古人不可不避嫌也

黃子威　名輅以字行永樂二年知松江府公勤剛果不惑儉邪郡罹水患子威跋履鄉邑撫綏賑賚民藉以存活丁母憂去其後郡吏三守而民念之猶一日朝廷知之俾復任操履如初

魏驥　永樂間授松江府學訓導以成就人材爲務諸生讀書學宮常夜攜茶粥勞問諸生益感激自奮驥清德雅望爲海內宗而尤得松人士心松人雖長子孫猶日吾祖吾父魏公門人也

侯端　永樂間擢

金山衛指揮同知值倭寇登岸端與同知衛事郤某分兵出戰郤全軍皆覆賊遂入據城斷橋端孤軍不能支仰天嘆曰城亡吾分必死安可偷生遂策馬躍過河入西門與賊巷戰身被箭如蝟戰益力賊驚曰好將軍也乃以布橫於街欲生致之端以劍截而斷之得馳出東門奔於楊家橋鳴鼓招散卒得百人令人持草一束與砲俱進至海灘焚賊船十餘艘賊不得歸遂殲之端有勇力騎射刀槊皆過人故能立功

趙豫 宣德間知松江府時戍兵驕甚豫擇其尤者杖而配之衆遂帖服居恒忍嗜欲絕游燕每誦范文正先憂後樂之言曰吾輩所當法也

王源 洪熙時爲松江同知奏罷重額糧二十四萬餘石逋負糧三十九萬餘石

張禎 初爲上海丞巡撫周忱至上海耆民相率詣忱言禎公勤和緩撫字有方請補本縣知縣忱具以聞吏部以禎未九載例不當遷英宗曰民情不可拂也特從之

甯祥 景泰中仕松江同知嘗浚蒲滙塘建盤龍塘諸橋歲旱奏免徵兩邑稅糧十九萬石

劉孜 天順六年巡撫江南松江有積荒田四千餘頃久廢不耕稅加於見

戶孜召民開佃不論原額肥田畝稅米三斗瘠者二斗謂之官租不加耗民歡趨之蕪穢盡闢不二年見戶加耗皆復舊吏歲積羨米二十萬以備凶荒**吳則**天順間華亭主簿明察善斷巡撫滕昭雅善之遣署上海清負租一萬八千石賑饑民八千餘戶值海溢爲災復請蠲租六千餘石士民作借賢育民詩**何灝**成化間授松江府推官明允清慎門無私謁知府王衡贈詩云開門共惜寒儒苦斷獄爭誇老吏明**郭綸**成化中知華亭明察嚴整未明出廳治事逮暮始休民一見即識其姓名諸吏行文書外無敢出一語時中貴人至從人多需索綸按其驛券無名者叱左右收縛之中貴人惶恐謝過去自是豪强屏跡**王衡**成化間由御史出知松江方正清嚴止息嚚訟囹圄數空民運至瓜洲淮安交兌者苦官軍摧剝衡奏請就支於本倉奉旨停運去任時府舍物皆命吏籍之以待繼者**樊瑩**成化間繼王衡知府事時運夫折閱逋欠積纍而倉場書手尤侵盜害人瑩乃請華民夫俾糧長自運寬其財用以資之運糧者既無敢輕費掌記者又無可蔽藏積弊

十去成化間知華亭縣華亭自郭綸去後咸八九汪宣謂難繼宣通練明察庭無留事衆翕然稱之董綸知上海縣以邑中東西鄉高下迥絶高者之利浚卑者利防而防爲艱請築西鄉田圍捍水患都御史吳世光賢之傅鼎弘治間署華亭曰凡吏吳者以上海爲式鼎教諭經學通邃尤長於易作易髓八卷嘗爲江西考官郡守子就試遣吏授以一盒啟啟封乃豬蹄四也蓋隱謎云鼎堅却弗受吳廷舉松江同知知故事太守升堂後諸佐各歸署視事廷舉獨側坐不去視守事有未當者輒正言規之徐潭弘治間上海知縣故事區里長歲有例輸潭斥不受先是訟者苦遣役逮捕潭造木人付訟者令持所訴之家人抱木人自詣無敢後者置路迎少學王文成既知松江府嚴申保甲擒賊至者賊證具即與衆共棄之有以左道惑世者各自首發不舉者坐由是悉得盜王卿知上海縣敦重質實不爲赫赫魁邪術亦息名或干以私即面賴直視不答其人流汗走武宗南巡諸邀索一不應第曰車駕至日供不供有令在何先事自擾爲聶豹

正德間知華亭縣頻年水災游饑豹勞來安集發諸奸所侵盜金萬六千用代逋賦濬塘港三萬丈復塘之廢者萬二千丈民不苦水復業者三千餘戶

鄭洛書 正德間上海知縣慈惠明敏凡訟聽自息有不息者折之以理平情而退暇則垂簾屏坐進諸生論經史較文藝建社學九十六區又建倉積穀準常平治更以賦法久弊議均田爲三則役巡撫林潤定爲三鄉本洛書議也

方鈍 嘉靖初知華亭縣大書榜懸門教民省費忍事時有郡大夫延客作長夜飲取辦於縣役民供具鈍俟其升席執杯操箸以從還理縣事畢又趨至飲所候送客郡大夫不自安宴會遂稀

黃潤 嘉靖中知松江府以八事定賦稅九事攷里甲二事正均徭至今守其法

許拱 華亭訓導端軌正儀不嚴而肅與知府黃潤同鄉里拱從諸寮旅見公庭外未嘗私謁郎潤名之弗往也

黃華 遂寧人和松江府時同知李綦通判張叔宣推官黃洪毗稱一時良吏皆嚴事華華每晨必與綦等同升公座畫卯畢偕各還署視事郎封東西兩夾道及未申間復聚郡堂問所施行共議可否

有兩造質成邀僚佐或縣官共鞫之刁猾無敢以游詞進士大夫亦無從干請也臨行惟來時敝篋不置鎖鑰令吏民簡視始發

何繼之 嘉靖間知松江府時當災饉安集流亡不遺餘力自奉儉約臥敝榻服澣衣五年如一日

許鑰 松江教授屏俗學以身教先之日士猶處女不女於聞而歸於室者無之又日言佻而華本之先撥雖有才末矣士皆佩服之

劉存德 嘉靖間自御史出知松江府時苦旱六載逋賦至二百餘萬有司督之不集特設叅政主之存德請於使者寬期以俟秋成是歲大穰使者欲盡徵及額存德又請緩兩載帶徵自後洊歲大熟遂補積逋什五六乃建顧豐堂於署後

方廉 嘉靖中知松江府時倭寇入犯廉用顧從禮議築上海城明年春寇攻上海以城固弗能克又條上使民間得自募鄉勇保聚殺賊立賞格爲勸減客兵十七故寇五年民猶得休息云

韓崇福 松江教授倭寇薄城崇福登陴分守發二矢皆殪其魁尋奉檄出浦守禦所統不滿數百人寇蜂至矢集如雨崇福弗動徐還射之無不命中斬馘而旋

劉東

陽上海丞蕭顯入寇東陽追擊之遇賊衆皆潰走東陽挺身獨戰遂遇害先是鎮海衛指揮武尚文同建平縣丞宋鰲統所部駐兵上海衛賊至尚文擊敗之追賊伏發死鰲亦力戰死之與東陽並祀群忠祠

俞大猷以副總兵駐金山始至見兵不滿三百乃權集河船上兵扼險守要防遏內突旋擊賊於平望又戰於六金墹皆大捷

鄧光先嘉靖間上海知縣深沉有才幹時運漕官多横索一日率數十人持挺露刃入縣門光先手執衛弁叱輿隷盡縛其從卒趣吏具狀申督府弁請罪數四乃釋之下令驅漕艘出浦外魚貫而出先官軍唯唯無敢譁不三日事竣

臧繼芳嘉靖中知松江府每日以應理事揭屏上以次而行從容有餘暇盜丁彪聚衆數百販鹽湖海間巡撫將議剿繼芳請不用兵而諭令自歸諸脅從竟縛彪獻踰年適有事吳門聞母喪不返署立解印綬歸

陳邦顏嘉靖中華亭知縣盡心撫字丙夜不寢或勸之少逸曰吾身逸矣如吾民何

黃文煒嘉靖中知上海縣建群忠祠以祠死事者

朱茹知松江府時徐文貞階當

國蒼頭有犯必以法繩之董傳策言朱守錚錚鐵骨也

聶廷璧 知華亭縣敏幹執法不畏權勢或諷之少貶曰榮進有數吾不能爲饒指柔也

鄭元韶 初爲松江同知練習吏治會巡撫林潤奏請履畝均糧元韶以才望轉僉事賜勅專理元韶身至田間區畫經界繪形版籍書其步積之數乃量其腴瘠分上中下以定賦復請以五年一編徭役自是民戶一年力役得五載息肩云

袁貞吉 隆慶元年遷松江知府當新鄭高拱修郄於徐文貞階監司承風旨多所株引貞吉獨中立持平不爲動人稱其有執

石繼芳 青浦知縣時方議徙治言人人殊繼芳度道里所均以庶行鎭建邑築城濬池立官司置學校設倉廩壇壝及市肆衢路皆先爲區畫事已而質之不懲於素

屠隆 萬曆初令青浦邑故庳下値大水諸堤且潰隆徙行泥淖中督吏民修治而躬禱於神自是水不爲災時有履畝之令吏率增餘畝以阿上隆以丈出餘田仍附原號大府怒罵之隆正色曰原田譬之衣領挈之始明餘田譬之衣帶非衣不附豈可使衣自爲衣帶自爲帶乎

喩

均萬曆間知松江府能以儒雅飭吏治嘗有容投詩干謁答之曰於今梁國移民日不是彝門結客時其風致如此

許汝魁萬曆中知上海縣嘗簡輿從出行郊野與細民相接周知土田高下人戶登耗故所定踐更最善減省斗級櫃首諸役遠近尤德之

項應祥萬曆中知華亭縣單舸赴任寂無知者吏民皆驚比視事取錢穀籍定其緩急條示諸鄉爲期會公私不擾賦悉辦舉卓異第一

卓鈿青浦知縣清苦自甘食無兼味南北運糧戶例獻錢數百緡屏弗納

畢自嚴字景曾淄川人松江推官用法稱平庭無留獄性狷潔菜羹糲食家人啖麥屑糠粃或諷之慨然曰吾豈以口腹累吾民耶屏謝干請雖鄉里不爲通一日郵亭中有布衣草屩至者以一器付津吏使呼畢司理出則其叔父也自嚴趨出拜庭下叔訓之我有事姑蘇而父使我迂道過汝寄語汝愼自愛爲良吏語畢遂去

徐可求萬曆間知上海縣才稱廉辦而謙和下人不自崖異

許維新萬曆間知松江府下車首嚴游惰之罰衣服器用示貴賤有等由是貴游子弟

陸

博狎邪並皆歛跡僕隸無履絲曳縞者與士夫伍還必訪政事得失閭閻疾苦或論說文藝終不及私去之日父老設生位道旁供明鏡止水以送之

龐尚鴻 以言事謫上海典史剛執不畏強禦知府許維新越衆委任尚鴻能盡其職時論並美焉

能劍化 知華亭縣廉介自立常書箴簡于屏墻以自朂卒踐其言

章允儒 萬曆間令華亭強毅有守威嚴若神時加徵邊餉允儒殫心籌畫省粡布加編修河米折以充之民不益賦而軍需弗匱

張宗衡 天啓間知松江府強毅有幹畧常微服夜出遇偷兒輒自擒縛亡賴飲酒陸博者或破壁求之道路爲之屏息

鄭友元 天啓間青浦知縣崇禎初調知華亭兩邑案牘繁劇友元剸決如流兩造盈庭口酬手批曾不移時里長苦督賦友元使十里均任輸及額者勿詰縣其督而弗應者別爲項戶攝而懲之故刑罰不加而課畢登踐更之期里胥多詭名以匿上戶產友元獨勾得其實輒責問曰某有田若干而以賄隱乎皆驚愕首服公退嘗延攬儒生談說文藝設義塾于求忠書院禮名士爲師郡人士翕

然崇尚古學

方岳貢 崇禎初爲松江知府明敏彊記案牘過目成誦每以片言折大獄治尚嚴肅令行禁止又謝絕餽問罷諸徵索廉能之聲騰於遐邇積久不調士民安之

彭長宜 崇禎時上海知縣科條寬簡而摘發中隱微先是縣巨室蒼頭乘浙東民變聚黨刼主人因焚廬取金帛撫軍以兵擒斬數十人亂遂定乃修怨者告捕日衆長宜以爲首惡既誅宜停追攝又遣兵戍川沙防亂長宜日民變非盜賊比也有司治之足矣撫軍爲撤兵去所治多逋賦長宜徵收悉省其羨入不如額者弗予杖笫勸令再輸知府讓之謝曰與其督責而飽隷橐不如寬之使悉入公家民間益感悅賦登獨最家去治所二百里月載酒米自給雖汲水于河猶予荷擔人傭役以遭亂去官

皇清**李正華** 字茂先獻縣人順治十年知松江府精明彊幹風采一新胥役無所容其奸郡東南蔣庄有盜猖獗偕同知崔宗泰躬往偵察不半月間劇盜就縛亟引諸盜面訊皆首伏立斃之觀者額手稱慶去之日兒童婦女競以東蔬尺布稽首號泣投其舟中而去

李復興 字瑩

斗濱州人康熙三年緜舉人知華亭縣時松郡苦里役民逃亡相繼婁縣尤甚復與詢得其困苦之狀乃與孝廉吳欽章等精思審計立爲均田均役之法悉罷年首甲首小民一時如出湯火知府張羽明請于巡撫韓世琦以其法推行遍郡松人盡解倒懸而賦亦以最官民交利松人建祠於白龍潭初縣胥馬天奇盡心佐理以成此舉民并祀之於旁

常州府

漢 **袁玘**爲陽羨長始造長橋以利涉至今便之 **何敞**錢塘人漢末隱居五湖時大蝗旱太守請爲無錫令敞慨然歎曰民苦旱災如此安得不救之往修六事行彈災之術未幾雨蝗盡死敞乃遁去

晉 **張闓**元帝時爲晉陵内史有威惠所部四縣旱築曲阿新豐塘溉田八百餘頃 **殷仲堪**父師爲晉陵太守嘗表秦伯墓仲堪繼領郡禁產子不舉久喪不葬所布教條甚有義理 **吳**

隱之晉陵太守在郡清儉妻自負薪　劉敬宣牢之子拜晉陵太守興諸葛長民破桓欽於芍陂　謝泉丞相安從子丞有名譽爲義興太守　劉超明帝時爲義興太守遷射聲校尉時軍校無兵義興人多義隨超因統其衆號君子軍　賀循陽羨令以寬惠爲本不求課最

南北朝

羊欣宋新安太守謂子弟曰人生仕宦至二千石斯可矣稱疾歸　王僧達義興太守元嘉末自郡中赴義孝武以爲長史　王儉僧綽子大明中補義興太守任昉序儉文集云風化之美奏課爲最　謝朏齊永明中爲義興太守在郡不省雜事悉付紀綱日吾不能作主者吏但能作太守耳　褚翔繼其祖蓁爲義興太守省繁苛去浮費百姓安之郡西亭有古木枯死纍歲比翔至復生咸以爲善政所感　高爽博學多才劉蒨爲晉陵令爽經塗詣蒨蒨了不相接俄而爽代蒨爲令蒨迎贈甚厚爽受之曰彼自餉晉陵令耳何關爽事　王瞻梁晉陵太守潔已爲政妻子不免饑寒　孫廉天監初爲晉陵守居官平直以善政稱時從父

謙為五部太守有惠化武帝曰東莞二孫廉謙而已**蕭昱**普通間為晉陵守下車勵名節明憲法除苛戢姦不旬日郡境肅然**蕭曄**文帝孫為晉陵太守乘折角車被儒服名盛海內為宗室推重**張盾**無錫令死之日家無餘財惟文章千卷酒米數甕而已**劉孺**少聰敏叔父瑱為義興郡攜之官每謂客曰吾家明珠也大同中為晉陵太守和理為吏民所稱**范岫**梁晉陵太守居官廉介在郡時惟作牙管筆一雙猶以為費**任昉**梁義興太守歲荒以月俸治粥活饑者禁民產子不舉有孕者輒助其資全活數千家及被代登舟有絹七疋米五石而已**王勱**陳晉陵太守當兵饑後為政清簡吏民便之太建中東境大水命再領郡威惠尤著**孔奐**晉陵太守晉陵自宋齊以來為大郡前後二千石多侵暴奐清白自守妻子並不之官輕舸造郡所得秩俸分贍鰥寡號曰神君**陰鏗**博通史傳尤工五言詩天嘉中遷晉陵太守**蔡凝**歷中書侍郎遷晉陵太守將之郡更勅左右修中書解宇謂賓友曰庶來者無勞**王猛**本名

勇太建中爲晉陵太守威惠兼舉姦盜屏息人以比趙廣漢 **倪啟**至德初爲江陰太守徙江陰治于夏浦爲艦浦城

唐 **姚崇**開元名相初爲常州刺史有治聲 **李嘉祐**天寶中爲江陰令淳雅不苛民庶親服寓遊多題詠爲唐詩人 **李棲筠**肅宗時拜工部侍郎魁然有宰相望元載忌之出爲常州刺史歲旱編甿流徙乃浚五渠通江流溉田歲大稔興起學校堂上書孝友傳示諸生以治行進封贊皇縣男 **獨狐及**代宗時遷常州刺史治尚平易民皆安之甘露降其庭手植三檜世比之甘棠 **敬澄**無錫令爲政有方民歌襦袴疏泉引瀑增勝惠山又其餘事也 **蕭復**常州刺史以清操著大曆中有司差天下刺史治最與潤州蕭定濠州張鎰俱第一 **王棲曜**大曆間授常州別駕浙西都知兵馬使時內常侍馬日新以汴滑軍五千來鎮中人暴橫賊蕭廷蘭乘衆怨執日新刼其衆棲曜方游奕近郊挺身擊走賊還定常州在州凡數年嘗習强弩手三千人號淮

淮弩士敵望見之輒遁去**韋夏卿**常州刺史爲政簡易不事條教**李巽**常州刺史長於吏事吏有過秋毫無所縱股慄脅息常如與巽對**孟簡**元和中爲常州刺史未朞年績立風行歲課郡政毗陵爲最浚導孟瀆溉田千頃又浚無錫泰伯瀆**楊虞卿**由給事中出爲常州刺史白居易送別詩云無嗟別青鎖且善擁朱輪劉禹錫詩云曾主魚書輕刺史今朝自請左符來**趙和**江陰令能以片言折獄楚州淮陰有不能直者越江來**張蘊**江陰令嘗奉牒云宰千里之邑寄百里之命巽懦則絲棼繩亂用剛則土曠民離苟得適中庶幾可守**徐延休**攝義興令勤卹民事初郡守督事多遣小吏巡縣爲民患延休箠而遣之刺史王彥章服其剛正貽書謝過

五代

睦昭符南唐保大中爲常州刺史常當吳越之衝屢交兵城邑荒凉昭符爲政寬簡招納逋亾未幾富實**趙仁澤**保大中爲常州團練使吳越兵犯境力戰被執歸錢塘見

王不拜責以背盟王怒抉其口竟不屈

柴克宏仕南唐爲龍武都虞候保大間吳越遣兵襲常州克宏請効死行間其母亦表稱克宏有父風可爲將唐主乃使救常州克宏所將數千人皆羸老李徵古復以鎧仗之朽蠹者給之衆皆憤恚克宏恬然引兵趨常州徵古復遣使召之克宏曰吾計日破賊汝來召必姦人也命斬之使者曰受李樞密命而來克宏曰李樞密來吾亦斬之竟斬使大破吳越之兵斬首萬餘級遂解常州之圍

李處裕爲義興令從王茂章拔爲軍鋒與梁苦戰被執朱全忠欲釋之處裕請死不得瞋目大罵乃被害

張令鐸後周世宗時爲常州防禦使性仁恕嘗語人曰我從軍三十年多摧堅陷敵未嘗妄殺一人及卒人多惜之

宋

柳開太平興國中知常州招誘群盜以俸金給之又解衣與賊首置諸左右推以赤心未半歲境內輯寧

馬亮至道中通判常州民有亾失官錢者籍其貲不足償連逮至數百人亮縱去綏與之期不踰月盡輸所負

李若谷知宜興縣官市湖洑茶稅率取足貧下若谷置籍備

勾檢茶惡者舊没官若谷使歸之許民轉貿以償其數

崔立天禧中知江陰軍屬縣有利港久廢立令民浚治溉田數千頃又開横河六十里以通漕

郭申錫晉陵尉民訴弟爲人所殺申錫察其懼而不哀曰吾得賊矣非汝乎執而訊之果然

李餘慶天聖中知常州精地理術乃創開後河且曰三十年來有魁天下者後果如其言

張其知江陰軍吏盜錢三萬既久其發其奸捕繫數十人轉運使趙光謂此應賞典願以聞其日殺人以求賞可乎悉召吏諭以償錢則貸死吏親屬爭出錢以十日具乃推死者二人爲首餘悉貸不問趙愧謝曰公長者殆非予所及

謝絳天聖中通判常州時天下大旱蝗起絳上疏極言時政

王罕知宜興縣縣多湖田歲訴水輕重失其平罕躬至田處列高下爲圖明年訴牒至按圖示之衆皆服西方用兵年科箭羽價踴貴富室預貯以待鬻罕白郡守倍其直市之而令民輸錢常州聞之皆願如罕法

許恢知晉陵縣周審江湖之可以溉田者得申港戚墅籬子三港皆久堙不治遂圖以諭衆役不加擾而

三港俱濬治

王安石知常州專以道義訓廸多士使知所造詣

阮洪嘉祐間宜興尉深明水利屢上書監司乞開百瀆得請遂疏四十九瀆是年大稔又請開長橋東市中創一橋使運河南通荆溪既鑿得泥中柱乃知昔人已設橋於此

司馬旦知宜興縣民舊好訟旦痛繩之民始以誣冒爲耻長橋廢壞旦勸民葺之不勞而成時王安石守常州開運河調夫諸縣旦言役大而急民有不勝請緩之安石不聽會秋大霖雨民苦之多自經死役竟罷

陳襄嘉祐中知常州郡庠隘窄乃創新黌宇晨入坐授諸生經義旁決郡事由是毗陵學者盛於二浙

吳遵路知常州嘗預市米吳中以備歲歉已而果大乏食民賴以濟

張汝明主江陰簿縣尉貧病市物不時予直部使者欲繩以法汝明爲囊槖中裝代償之

趙伾知無錫縣英毅不畏强禦號趙鐵頭

范純粹仲淹子坐元祐黨人奪職徽宗立加龍圖閣直學士尋以言者謫常州別駕

方允武宜興巡檢建炎三年金人入邑之金泉鄉武率土軍迎敵殺獲數級尋於梅嶺

村力戰而殁

王棠紹興中知江陰軍軍故有學廢爲屯營棠請於朝復之復請以軍間田充士廪上嘉與之

鄭應中江陰軍教授有文名蒐抉載籍網羅散亡作江陰志

葉顒知常州初至郡無旬日儲米一年餘緡錢二十萬或勸獻羨餘顒日羨餘非重征則横斂是民之膏血也以利易賞心實恥之

辛棄疾江陰僉判乾道中孝宗召對延和殿棄疾持論勁直不爲迎合作九議并應問三篇美芹十論獻於朝

貝欽世知江陰縣縣有運河堙塞欽世浚治之大家爭捐金相助不踰月而成

葉衡知常州時水潦爲災衡發倉爲糜以食饑或曰常平不可輕發衡日儲蓄正備緩急可視民饑而不救耶

徐蔵知江陰軍時江陰認納臨安府和買紬絹四千餘疋民甚苦之蔵請蠲其半田是流逋日歸

樓鍔淳熙中知江陰軍以儒雅飭吏以仁愛字民人多稱慕

鄒補之常州教授譔毘陵志十二卷

林祖洽淳熙間知常州尊禮耆儒延見秀士激勸學校河堙没重浚治之

高商老知宜興縣建社倉十一區是歲

浙西饑流殍滿路宜興民獨有賴焉

趙彥橚知晉陵縣歲饑彥橚賑恤有方所活幾二十萬人又以羨錢爲五等戶代輸焉

王聞禮十朋子慶元間知常州爲治能守家法

丘壽儁知武進縣值犇牛閘久壞壽儁修復之凡舊用木者皆易以石開禧中通判常州

范炎知晉陵縣時民賦多弊炎乃剔吏奸以疏其源裁經費以制其用民期會不爽科斂不橫而民瘼以瘳父老謂炎之政數十年所未有

袁燮江陰尉浙西大饑常平使屬令賑恤燮命每保畫一圖具列田疇山水道路而以居民分布其間名數治業悉書之合保爲都合都爲鄉合鄉爲縣徵發追胥披圖立決以此爲荒政首

趙必愿知常州才周器博心平量廣而又早聞家庭之訓故所立卓然可稱

唐璘知晉陵縣隣州有訟咸泣愬諸使願送晉陵可否

史能之咸淳初知常州不數月州治清理重修郡志其義例精審爲世所稱

姚訔知常州元伯顏兵至訔守城數月不下伯顏攻陷屠之訔及通判陳炤等皆死

王安節德祐初爲兵馬副都監與守臣姚訔

等列柵拒守元兵攻之城陷安節揮雙刀率死士巷戰被執不屈遂遇害

元

呂師聖 元貞初爲常州路總管時郡學久毀師聖經營改建規制一新

史壎 延祐中爲常州路總管興教勸學即郡庠建尊經閣以儲書籍俾學者得觀覽

曹晉 許文正門人爲常州路總管政以不擾事無矯揉振作士風禮義之俗日益以盛

賈禧 至正中爲常州路總管視學校倣臨撫而新之由是廟學冠於浙右

劉溶 武進縣尹至正壬辰寇陷常州官軍潰散溶獨率民兵力戰於葛橋南死之

明

湯和 與徐達克常州奉命鎮守其地先是常州城廣袤四十里大而難守和斂其東西南三面重築之屹然重鎮

吳良 爲指揮使領兵鎮守江陰時張士誠據姑蘇上諭之曰士誠詐我以誠宜無不克愼固封疆約束士卒毋輕與爭鋒良受命於是明斥堠礪器械嚴部曲敵畏不敢犯上親帥師下江西底定荊襄而無東顧憂以良爲扞蔽也

高復 明初任常州知府外寛內

明爲政有方歲大旱齋宿禱於城隍祠夜夢神告日雨至矣黎明果大雨歲有秋

孫用洪武三年知常州府廉能儉素治政清平先是郡學廢於兵燹用首務創建

李德善洪武中知常州府寬恕廉愼歲終閱獄有江陰民二十餘人以鬻鹽械繫亡爲首二人故未決德善謂曰爾輩皆吾良民無知誤觸憲網獨不念父母妻子乎吾縱爾還家期十日諭爲首者來衆感泣及期果引亡者二人至決遣之

方文洪武中知武進縣治尚敦大設再思亭於縣門之左條陳憲章仍諭以理無情者多自悔訟風頓革

張宗璉宣德間以大理寺丞改常州同知時淸軍御史嚴刻括民爲軍宗璉持正不阿民賴以不寃

莫愚宣德五年大臣奏蘇常等郡繁劇難治上親簡況鍾及愚等授以璽書假便宜從事愚到郡興革咸中事宜聲與況鍾埒

劉鈺成化間守常州廉愼勤斂爲吏民所敬憚母喪幾無以殮

熊翀成化間知武進縣立均田法以抑兼并又因田定賦奸慝無所欺

謝廷桂成化間同知常郡力興文教刻薛文清集於郡齋繕修郡學鐫

朱文公同安四齋銘於壁善政甚多至今頌之

袁道 成化間知宜興縣民苦西沈風波乃循沈之南鑿夾河延袤三十餘里舟行便之名曰後袁河謂與漢令袁玘同功也

王鏇 知宜興縣時太湖盜發剽劫焚燬鏇聚衆備禦訪宋元木寨遺址立堡二十建警樓十二募丁壯三千番守之寇至則鳴桴合勦去則歸農兵不知勞盜不入境

張汝華 成化七年新立靖江汝華來知縣事凡經始諸務悉心謀度經理四年營建畢成而縣廨獨覆以茅其急民緩身若此

金洪 弘治初知靖江縣性聞敏事無鉅細一閱無留民居島嶼中不知醫藥惟尚祠禱多橫死洪廣購善藥病者輒施之先是沙田之圯於江水者官猶斂其租洪盡豁之民患以甦

孫顯 知靖江縣招流亡墾荒蕪開七十二河葺一百餘橋旱潦有備民無病涉

呂鏜 洪治間知武進縣凡有裁畫務取其宜民者故令不苛而治不勞

伍文定 弘治間司理常州以氣豪忤督學督學顧視諸生群向前競擊之文定整步而出後撫南畿諸生向擊之者前謁謝文定怡然曰諸生是故人

喜相見耳何論往事

劉鉉 忠愍公球四世孫正德丙寅知江陰癉不勝衣言簡若訥然決事如流勾稽里書飛詭之姦毫髮無隱頑民弊賦爲之一清

李嵩 正德間由御史出守常州時群盜出没淮北尚在千里外而嵩亟修城濬池咸謂過計寇竟浮江而至距事㚬纔三越月耳賊犯江陰嵩擐甲禦之江上將卒望見嵩勇氣益壯斬獲百數十人又令死士泅水中沉其舟賊乃退後賊復來勢張甚嵩令偃旗鼓示弱而陰督戰寇諜知遂奔狠山爲邊兵殲焉捷聞嘉嵩功進三品俸

劉秉仁 正德間知宜興縣治崇簡靜去之日行李蕭然郡倅傳某歎曰趙清獻尚有琴鶴劉併無之矣

王教 正德間守常州清廉豈弟邵文莊贈之惠泉以況其清

陳實 嘉靖間守常州事無大小必劑量情法賦役以時病士習敝建道南書院祀楊龜山鄒道鄉諸賢以風士其言日學莫先於辨義利其要莫切於養心養定則於義利處灑然矣歿於常士民留衣冠葬於東郭外

張大輪 夙遊章楓山之門以治行調守常州革白糧餘費萬緡武進宜興二邑坐加賦民久

困大輸請以雜稅抵充額
數損三之一宿患頓除　**應櫝**守常州性廉峭才亦明敏御史行部
郡守進見必長跪櫝獨長揖御史曰公膝下有金
乎櫝曰腰間有金耳初縣賦無定額吏緣爲奸櫝
定爲本折二徵官民五則一稅糧二義役三里甲
四均徭五驛傳名目與民周知冊於是富者不得
隱漏貧者不受飛灑巡撫歐
陽鐸上其事於朝遂爲永利　**符驗**由御史出守常州不攜家持二
敝簏一蒼頭至任日供惟蔬人目爲符青菜銳意
鋤強凡横於鄉者雖豪匿期必得之苟奉法而至
亦不深求也歲大旱蝗日循行督捕每出以
筐盛米數升柴數束自給不勞民供億也　**彭簪**
判常州不以聲利自汙視篆宜興里胥貢側金簪
革去之曰祿外私一錢不可也或謂恐病來者簪
曰吾知自盡耳來者賢必不我咎　**王愼中**由驗封郎謫判
其或非賢吾又安能爲之地乎
常州愼中處之沖然善治劇與唐順之輩　**黃潤**嘉靖
力興古學根極理要學者稱遵巖先生
間知武進縣清介絕俗巨璫涉境輒稱疾弗出無
從肆其誅求馭吏以嚴積蠹肅清故得盡心於民

事

馬汝彰　知武進縣政務塡委決之若神然悃幅無華有善不居毛憲贈以詩曰一鶴不隨心似水片言能折獄無囚

王嘉元　知武進縣性簡樸不善何候人意始至當道挫抑之亦恬不為意久之廉能益著唐順之贈以詩曰無言似桃李有志笑鷹鸇得暇即開卷長貧不受錢稱實錄云

徐艮傳　少有志聖賢之學嘉靖間來知武進刻二程要語以教士務以淳風回俗不拘拘於簿書學者尊之曰少初先生

李畫　武進知縣才高氣銳勇於任事初蒞任吏胥卒多以意相欺詰之則曰此故事也欲得舊案則曰積之充棟莫可稽查畫乃翻閱卷案分曹別類得所錄凡五十二條名曰武進掌故一縣事如指諸掌吏胥無所售其術

楊巍　知武進縣時毘陵民俗頗淳巍以仁厚治之民至縣庭如入其家見吏如見其家人催賦均平敲朴幾廢

岳相　知武進縣律身嚴苦不畏強禦邑人稱之曰氷心鐵骨古彊項吏也

謝師嚴　知武進縣勵精求理廉財賦之弊起於縣總操緩急之權苛舉毛察一時震慴賦役聿青

何全　常州推官有治

劉才與華大故多決於全當道雖盛氣得全一言旋解

李幼滋 常州太守以風化爲已任每月率諸生及孝廉之有志者會於城南永慶寺每令人尋孔顏樂處謂人心惟虛則能與物爲體故樂實以已私則觸處與物忤矣何樂之有又築精微亭於寺南之高埠以爲游息之所謂微即虛也精其微所以致虛也一時士人多欣欣向學

丁謹 嘉靖間知宜興縣志存與華國初以討張士誠缺軍餉權借次年秋糧併徵一斗七合後遂爲定額謹因具本末奏請均派乃以本府轄下餘米補額田賦民困遂甦

馮惟訥 知宜興縣嘗患東氿風波險惡開浚通澤河十餘里至今舟行者感之

萬虞愷 知無錫縣時徭役不均愷猝於三老庭謁時令其互書大姓差等不能避匿又畫丁糧十段冊人皆稱便有讒廉簿於直指者將以壘論愷爭之曰簿實廉如念民宜留簿如謂令言不信寧黜令輒解印綬置庭中趨出直指知不可奪簿竟獲全

王其勤 嘉靖中令無錫時倭內訌錫城久壞其勤涖事甫三日即召父老謀築城令仕宦家與民分任版鍤親督

視之不三月工甫竣而倭從福山港至矣錫人得憑城爲守又丈田豁免無田之糧數千石錫人立祠於惠山

錢錞嘉靖壬子任江陰令時倭賊入犯鄉民避寇者望城檣而泣錞啟門盡納之賊圍城急援兵不至錞曰睢陽何人哉吾惟以死報國耳於是集千人突圍出戰兵潰錞馬陷泥淖伏寇起身被十餘鎗顧謂左右曰吾死國分也遂遇害巡按上其事於朝立祠祀焉祠名愍忠

王輕靖江教諭篤於倫理務以躬行程士靖江立縣以來爲師儒中第一

孟世威武進訓導溫雅可親多士歸之與仁和衛銳並祠泮池左

易幹嘉靖間知靖江縣先是黠民囂於訟農業俱荒膏腴數畝價不及銖幹蒞事一年黠黨悉創民始歸農荒蕪盡闢

施觀民隆慶五年守常州濬玉帶河曰後此當人文日盛建龍城書院選諸生之秀者月課之與其選者以爲榮

茹宗舜隆慶間知武進縣性敏慧吏民曾一見之其姓名里居百呂無一忘然寛和不嚴故法所當持莫之能奪人亦不怨

穆煒萬曆初知常州時郡有二兇有司莫敢詰煒次第擒治之人皆

稱善禕因是轉用寬和蓋性本和平不得已一用斧鉞耳吏民相習訟獄希簡朝衙旣罷門庭寂然爲觀稼亭于城東日邀賓從

錢守成 知常州事嚴明有執常曰雅歌談笑賦詩飲酒於其中曰吾寬於署門之外嚴於署門之內奸吏斂手政治肅然

邊有猷 萬曆間先爲常州同知治尚嚴於時民畏之不敢欺後復來知府事全用寬和於時民愛之不忍欺常郡二千石賢者有猷爲首

閔廷甲 萬曆間常州推官敏練爲一時最嘗自言始至時誤斷一獄至今悔不能已自茲以往或可無罪於民矣

歐陽東鳳 常州知府初下車即闢龍城書院舊址以祀郡之先賢建傳是堂經正堂集郡賢以講學論道就學皆名流云

羅華袞 天啓間調繁武進勤敏精練爲卓異冠與太守曾纓推官吳麟瑞同時並稱

馬嘉植 崇禎時令武進時邑賦繁重糧長之害尤劇嘉植議變爲圖收任輕而役均宿患頓除漕兌軍丁多耗外邀索嘉植痛抑之至露刃鼓噪不爲動

陳函煇 崇禎時尹靖江多所肇造凡有利於邑者無不竭蹷成之爲靖百世

利

皇清夏一鶚遼東人順治三年任常州知府時疆圉初定山湖藪澤尚多伏莽一鶚悉心勞來威惠兼著祀名宦

崔宗泰遼東人以松江丞擢守常州嚴毅有幹畧發奸摘伏吏人驚爲神明順治十三年征閩大兵十餘萬駐郡牧馬人情恇擾宗泰時時單騎按行城內外遇有小剽遣一隷傳呼曰崔太守來則錯愕引去然有求輒應將卒亦以是德之漕卒橫甚宗泰稍以法繩之卒聚而譁宗泰盛騶騎臨倉呼衛弁曰若縱卒凌太守若且得罪弁惶恐謝久之曰若亟兌漕無病民吾貰若於是漕卒無一譁者

王迎山西太平人康熙七年同知常州却暮夜金日供僅青菜數觔人比之符青菜

駱鍾麟臨安人康熙八年知常州爲政簡易近民九年大水遍歷窮鄉勸賑十年又大旱葛衣草履步禱數日不應自詣郡獄日食糲飯一盂菜一匕每自引咎言與淚俱聞者感動與延陵書院率士大夫會講其中尋以艱去士民思之

鎮江府

（三國）顧茲 吳曲阿長有政績秩滿士民歌頌之 顧雍 自合肥長轉曲阿有治迹 吾粲 吳郡烏程人孫河爲縣長粲爲小吏河甚奇之河後爲將軍得遷長吏治有名迹雖起孤微與同郡陸遜卜靜等齊名

（晉）郗鑒 咸和元年領徐州刺史蘇峻反鑒與後將軍郭默還丹徒立大業曲阿庱亭三壘以拒賊峻敗死降男女萬餘人時賊帥劉徵聚衆數千浮海掠東南諸縣鑒遂城京口率衆平之

（南北朝）沈巑之 丹徒令以廉自守不事左右浸潤日至逮繫尚方難曰得一見天子足矣上召問之曰臣坐清所以獲罪上曰清何以獲罪曰無以奉要人上問要人爲誰指曰此赤衣諸郎皆是上知其無罪復除丹徒令 祖沖之 爲南徐州從事公府參軍明曆法解鐘律又特善算嘗造指南車又造欹器千里船等器 范雲 竟陵王子良爲南徐兗州雲爲主簿每陳朝政

得失於子良良爲求祿齊武帝曰聞雲詔事汝政當流之對曰雲之事臣動相箴諫諫書存者百餘紙帝索視言皆切至咨嗟良久

丘仲孚爲曲阿令著美績後人立廟祀之

到洽爲南徐州西曹從事時謝朓領南東海太守行南徐州事文章盛於一時見洽深相賞好日引與談每謂洽曰君非直名人乃亦兼資文武

蕭洽天監初爲南徐州治中從事淸身率職饋遺一無所受妻子不免饑寒

蕭淵藻太淸二年南徐州刺史侯景亂淵藻遣長子彧率兵入援景據京口或勸奔江北淵藻曰吾國之股肱旣不能誅賊當死朝廷安保餘生因不食死

江子一爲梁曲阿令著美績帥師禦侯景與弟子四子五竝見害

唐

謝元超武德初潤州刺史重開南北謝塘以漑民田

李嶠官給事中白狄仁傑等枉狀忤武后旨出爲潤州司馬

齊澣爲潤州刺史徙漕路由京口埭治伊婁渠以達楊子歲無覆舟又減運錢數十萬

劉延嗣爲潤州司馬徐敬業攻潤州延嗣與刺史固守俄城

陷不屈繫江都獄敬業敗錄其忠敘遷梓州長史

尹元貞文明中曲阿令徐敬業起兵攻陷潤州元貞率兵赴援戰敗被擒不屈死之

畢構神龍中仵武三思疾之出爲潤州刺史政有惠愛

武平一名甄以字行明皇時以上書極諫被譖徙金壇令既譖而名益起

裴寬景雲中潤州參軍刺史韋詵嘗登樓見寬於後圃有所瘞藏因問狀答曰寬義不以苞苴污家適有人餉鹿致而去不敢自欺故瘞之詵嗟異

李元紘潤州司馬去任時士民號泣遮路烏鵲之類飛擁行車有詔褒美之

陸象先潤州刺史李德裕甚稱之曰近世二千石象先量納百川

閻敬之丹陽郡太守永王璘反敬之拒戰於伊婁埭死之

杜佑過潤川刺史韋元甫元甫不加禮適有疑獄決於佑佑爲辨處無不盡元甫奇之署爲司法參軍

韋損永泰元年領潤州刺史畱意民事丹陽縣練塘被百姓築堤橫截自觀察使韋元甫闢之民刻石頌德

韓滉建中二年潤州刺史李希烈反滉乃閉關梁修塢壁起建鄴抵京峴樓雉相望又造樓船

戰艦三千艘時陳少游在揚州以甲士三千臨江大閱滉亦總兵臨金山與之會希烈不敢東至於緩輯百姓均租調不逾年境內稱治時淮汴震騷而漕路無梗完靖東南滉功居多

王緯 潤州刺史初州縣有韓滉特罰錢米未入者十八萬緡府史請哀爲進奉緯上疏願蠲以紓民詔聽之

宋

劉師道 咸平中范正辭薦其才堪長民徙知潤州敏于吏事治有能聲吏民畏愛之

許元 知丹陽縣縣有練湖法盜決湖者罪死會歲大旱元請借湖水溉民田不待報決之州遣吏按問元曰便民罪介可也竟不能詰由是溉民田萬餘頃歲乃大豐

范仲淹 知潤州親學校請賜閒田具經史傳疏聘處士李覯以教士政尚寬厚

許渤 潤州觀察推官范仲淹舉渤清心至行不求聞達復通經術長於議論

吳中復 慶曆二年知金壇登第時仁宗賜群進士詩卒章有清修字因築清修亭於廳事西以自勵

沈周 守潤州爲治簡易訟有可已者輒諭以義廉靜寬愼外和而內有守臨事精敏民甚懷之

張昪 皇祐中守潤州有報井中有屍

者一婦人往覘曰此吾夫也昇命其親鄰覘驗莫可辨昇曰皆不能辨何以獨婦人知之收付所司鞫問果婦偕姦夫謀殺一郡稱神

孫立節爲條例司屬官以議論不合出爲鎮江軍書記新法之初監司不以禮遇士大夫而獨敬憚立節日是抗丞相不爲條例司者

程珦潤州觀察支使侍禁曹元哲挾勢爭田州守畏逼囑珦右之珦弗爲撓潤當衝途州事煩劇多賴以濟

曾旼元豐中任教授又監潤州倉曹采諸家之集始自東漢終於南唐得歌詩賦贊五百餘篇爲丹陽類稿十卷

强翊元豐中調金壇簿章惇少與翊善時惇居潤翊任屬邑不通一書不投一謁知交譏翊失策翊怡然自若

王覿熙寧中爲編修不樂久居職求潤州推官二浙旱郡吏承監司旨不敢多除稅覿受檄覆按歎曰旱勢如是民食已絶倒廩贍之猶懼不克濟尚責以賦耶盡除之元祐三年知潤州

蘇京以父頌蔭爲承務郎紹聖中令丹陽募民重浚練湖易置斗門十數

虞奕宣和中知鎮江愛民好士折節往見丹徒處士李迥時論美之

劉寧止建炎

初爲浙西轉運判官苗劉之變自毘陵馳詣京口見呂頤浩劉光世勉以忠義退而具軍需佐勤王以功進直秘閣修撰知鎮江軍府兼沿江安撫

章夏 紹興七年知丹陽縣廉明惠愛士民歌頌之蘇養直贈詩云絃歌武城宰遺芳嘆好官莫懷千載憂且畢今日歡亭午百吏散曲肱謝喧煩況看古錦句落筆酬江山

汪藻 紹興中知鎮江建炎之亂鎮江歲輸米率不如數轉運使按視扃鑰而去軍食不繼官吏憂窘藻適至命破鑰給之曰官軍張頤代哺米在廩中而不與之食群黠饑餓無聊雖錮南山猶有隙也太守重得罪不敢辭

劉公彥 家金壇紹興中倉廩空虛軍無見糧交相攘奪公彥進足兵食策於劉光世即檄公彥權府事調度有方軍民安妥

蔡洸 知鎮江時久旱郡民築陂瀦水漕司檄郡決之父老泣訴洸曰吾不忍獲罪百姓郤之已而大雨漕運通歲亦大熟民歌之曰我瀦我水以灌以溉俾我不奪蔡公是賴

熊克 鎮江府教授集開寶以來詩文二十卷又補丹陽類藁

耿秉 淳熙十年知鎮江軍府事嘗上所遺入十餘篇爲京口集

疏曰如遇亢旱聽民車河水孝宗問大臣曰水豈可不令百姓灌田對曰恐人使往來水淺故不許孝宗曰稼穡事大可從秉請

汪綱　淳熙中鎮江司户叅軍馬大同鎮京口强教自任綱言論獨不詭歷知金壇等縣所至有聲

陳居仁　紹興中歷煥章閣待制知建康鎮江大旱移居仁守之請緡錢四十萬給兵食間遣雜運於荆楚商人商人曰是陳侍制耶爭以粟就糴居仁區畫有方所存活

傅伯成　嘉定三年知鎮江軍府全活饑民瘞藏野莩不可勝數數十萬計

趙善湘　嘉泰二年金壇縣丞攝丹陽令嘉定十四年知鎮江十七年再知鎮江善湘教浮水軍伍百人制多槳船五百艘無問風勢逆順疾捷如飛赤馬白鷂二大舟每舟可載二千人每一蒐閱諸軍履波濤爲部伍角伎奏樂如涉康莊

孫子秀　淳熙四年知金壇縣嚴保甲釐經界結義役與民休息豪黠有犯痛繩之不少貸新茅山書院以待遠方遊學之士

陶居仁　鎮江錄事參軍元兵攻郡守臣舉城降居仁見執居仁曰詎可失忠義求苟生耶以死報朝廷復何憾不

屈遂見殺

李成大德祐二年知金壇元兵至與潘大同大本率民兵巷戰不勝大同兄弟死之成大乃潛與吳用存謀復金壇事泄繫獄榜掠不屈殺其二子以懼之終不屈笑曰子爲父死臣爲君死死復何憾卒遇害

元

張晉亨至元中從伯顏南征以總管戍鎮江兼與民政以鎮靜爲務戰焦山瓜洲皆有功

張炤至元十五年任鎮江府總管蒞政有方吏民畏服

艾去病爲西津廵檢掩骼埋胔以千計病餓者給以粥藥全活甚衆遷金壇尉

黃中大德八年任金壇尹有公田無徵之稅萬三百石中抱檄申省叩頭以死自誓卒爲奏免邑嘗大水圩田盡沒中爲民告蠲得准豁免

太平也里可皇慶初鎮江路總管府達魯花赤在郡革海漕吏姦復豪貴所占學田

段廷珪皇慶初鎮江總管首戢强猾禁譁訐奏免新增夏稅鈔二百八十七定秋糧米三萬七千有奇

阿思蘭也皇慶初任金壇縣達魯花赤廉能愛民縣有拋荒田糧四十餘

石民無從辨嘗建言豁免**沈德華**泰定初任鎮江府路知事大旱民饑德華陳救荒之策擬將所撥松江赤秈米四萬石擇其甚貧驗口賑濟爲便省府從其請遂以八千賑濟餘復平糴民賴以生**薩都剌**天曆元年任錄事司達魯花赤始至設闤闠制權衡俾市物者各得其平歲大祲白太守盡發倉廩以濟所全活八十餘萬有媼訟其子都剌盡誠開諭卒化爲慈母孝子都剌擅高才工詩於京口山水多留題詠**阿赤**天曆初任金壇縣達魯花赤嘗貢馬助米以食貧民

檀讓至正中任金壇尹有惠政重建學校功尤多

明

耿再成明初以元帥守鎮江浚湟築城甃以磚石**安民善**洪武元年知金壇縣招徠流離勸課農桑民安其業**孔克忠**洪武元年任金壇主簿廉約有才幹擒戮宜興溧陽界劇盜百餘人以殄民患**蔡原臣**洪武間任金壇知縣修葺學校百廢俱興**楊勉**洪武間知丹陽縣公勤有爲興學校勸農桑平賦役聲績甚著**徐誼**洪武中守鎮江賄賂不行政理

甚著入覲治績推循良第一

胡孟通丹徒知縣洪武十八年以事當就逮民數千餘人詣闕訴其撫民有方特命釋之仍遣使勞以酒

王秉彝知丹徒縣公廉愛民嚴而不刻科差獄訟各當其平民咸德之陞本府同知

李思進洪武中金壇縣丞有惠政嘗以事就逮民詣闕白其枉特命復任仍勞以酒

薛巖守鎮江沉毅剛果在郡有冰蘗聲豪强屏跡

劉辰建文中由監察御史守鎮江嚴辦有聲號清白吏境內閘堰廢壞者悉修復之宗忠簡墓蕪穢不治墓田爲守僧所侵皆復其故

董復昌令丹陽修築練湖人感其惠

羅觀初爲丹徒令治稱最永樂初擢守本郡聲績益著學宮及城隍祠頹圮悉加完葺郡志散佚纂輯梓行

袁庸知丹徒督民開墾野無荒田有蝗入境庸禱曰令無狀民何罪焉蝗悉飛去時閩寇起軍餉夫役一呼而集民不知擾

劉訓正統年知金壇建預備倉數十楹積穀備荒修縣治建明倫堂及應祀諸壇壝祠廟親行郊野勸課農桑給諸生王豪錢潤貲遺之游學卒登上第性儉素琴

書外無長物暇即躬治蔬圃巡撫周文襄忱爲僉魚菜戶各一輪供以助其廉三年考績治行爲天下第一

蔣忠 正統中知丹徒縣優才幹尤長於撫字閩浙有警邑當要衝軍需旁午忠與太守張巖協力籌應措置有方民賴安堵

張巖 景泰中由御史出守鎮江性剛果有幹局先是鎮郡麗譙爲戎司所據昏曉失度巖奏隸有司郡學隘陋不稱奏請遷學報可迺度地於日精山人文蔚興

林鶚 初授御史英宗復辟命擢前日諫官得大體者俾知大郡鶚得鎮江爲政簡肅吏民畏服尤以變風俗爲首務立清風大節祠於郡學祀范希文陳少陽陸君實三賢復訪境內先賢之後遣入鄉塾教養之郡漕河經孟瀆頗險請按京口牐甘露壩故迹因而浚之以通舟楫春夏以牐秋冬以壩則道里近而功力省大吏從其言民果稱便鶚在郡五年隨方綏輯治化爲一時稱首

姚堂 天順中由蘇州改知鎮江政尚平易尤崇風化嘗集郡中先哲最著者彙其行履爲潤州先賢錄以勵流俗

劉觀 成化三年知金壇縣廉靜公恕誠於愛民甚有惠政朝夕所食惟虀

粥妻曰此好清官飯耶覲一笑而已每遇旱禱雨輒應嘗題壁曰私意半毫無地入公心一片有天知

楊璡 化成中知丹徒縣性慎密溫厚境中大水壞民隄防竭力蠲賑時中貴以事搆巡撫大臣辭連及璡毅然不爲動

黎福 成化中守鎮江嘗農月稍旱禱雨出坐事輕繫者若干人夜分即雨會巡撫坐誣被逮詞連福幸執政素聞其賢爲直之福在郡久訟獄清簡恒執書燕坐門庭寂然

孫紘 成化中任鎮江推官勤於政事雖按牘繁劇悉親書之吏無所用其奸

熊佑 成化中守鎮江歲大祲奏蠲逋稅平糶煮糜所全活者萬餘口修練湖石堰以便蓄洩鑿鮑村陳濆等港以殺丁角延陵諸水開爛泥洪以瀉吳家沙田若干頃

張賓 成化中知金壇時大水以全災報都御史怒曰如報賦安所出命他官驗實以九分災上賓抗言曰民重溺而匿之不仁告不以實不忠民將莩矣尚安言賦坐誤報全荒罰穀賓不爲僃句容有疑獄自請於直指願下金壇知縣治死不恨直指曰汝何以知其賢對曰清耳吾聞清者鬼神憚之何倩不得直指爲下其事

果得直

李容弘治五年令丹徒寬雅尚文不事苛察有母告其子不孝委曲諭遣之母子感化而去民犯細故輒貰之至豪橫恥法及奸吏舞文者痛治之弗貸

胡怡弘治中授鎮江府推官留心獄訟遇事詳審有兄弟競財積年不決怡曉以義訟遂息句容令被誣怡為直其冤令寄懷金以謝正色拒之令愧而去專精易學郡士從游者數十人卒於官貧無以歛

陳用明弘治中任金壇湖溪巡檢公餘率民築隄以備旱潦旁置榆柳以防衝決民享其利任滿器物悉封貯以待來者

張芮正德初由翰林侍讀謫鎮江同知芮見劉瑾長揖不拜瑾惡之遂坐謫

羅循正德六年知鎮江府饑饉凋敝之後百務俱弛循去奸胥縮浮費捐官洲淸夙弊積贖金甃垣壁備弓弩明年巨寇劉七等自金陵流入境循躬自乘城鳴枹鼓軍勢大振寇遙望不敢逼

周霖正德六年以御史左遷丹陽知縣賞善罰惡令行禁止流賊過江竭力保障

林魁正德七年守鎮江剛正清介不可干以私楊靳二家子弟足跡不敢入其門桂蕚令丹徒才氣橫溢魁稍

裁抑之去之日士民爲立生祠禁不許

劉天和以御史謫丞金壇安於吏事留心民瘼若志其爲遷謫者治行稱最歷本縣知縣清節夙成風裁素著縣築土城始於前令董桐六門兩關皆就於天和訪先正劉宰墓復龍山書院及建昌都圩三閘設稽弊冊置義塚邑人至今頌之

申理正德十年知丹陽鋤强扶弱歲歉多方賑恤

于旺正德七年爲金壇典史以清謹著考滿邑中贈之詞有三載官囊如鐵冷誰信起家刀筆之語

梁瑾嘉靖間任金壇簿居官清苦治園蔬自給剔馬政毒民諸弊時鹽寇騰江上奉檄進勦力戰勝賊手殪數人幾獲其魁忽暴風覆舟被害人以爲生厲清勤死忠國事舉祀名宦

張棐字體周直隸邯鄲人嘉靖壬辰進士知金壇敦厚不染乎易近民擢御史

張堯年嘉靖中繼張棐知金壇勤愼詳明不繁不激人有二張之稱然棐渾厚堯年精明下車人憚其風采既習而人安焉

林華嘉靖間知鎮江府直巳守道愛民如子尤加意造士暇卽名諸生質疑問難皆切問近思之學著有忠愛堂口義瀕江有洲田

民間相爭請於大吏立爲公庄收其租抵府縣坊廂之費姦民造謗謂擅徵斂有錢糧將致激變詔逮問士民送者塡衢萬人官校動色曰此可謂激變矣至京驗問無實釋之歸以壽終計聞京戸士民縞衣爲位哭奠之**茅坤**嘉靖間知丹徒縣會歲祲多方賑䘏民賴以生**黃朏**嘉靖間知丹陽爲人忠信慈祥輕徭薄賦嚴出納懲侵尅**鮑**省夫役裁支應陞大理寺評事去行李蕭然不阿恒**良規**嘉靖間任金壇教諭剛直自信不苟面折人過舊有學租盡推與諸生之貧者**徐一櫝**萬曆間知丹徒縣慈祥豁朗決**王事聖**萬曆斷如流在任數年百利俱興**許弘綱**萬曆間知鎭江府廉峻明確擒妖僧汪源洪等詞連數百人當事欲張其事以爲功事聖力持之但論誅首惡餘皆不問**范世美**萬曆間令金壇畫一賦役無所偏私與民休息張太守祥鳶稱其廉政如洗惠澤如流掾守空舍如貧家中知鎭江府清儉簡靜出於天性一物無所取於民不里絕追呼如畏壘蓋近代所僅見云屑屑以理訟爲事而曲直分明健訟之風一變

梁銓萬曆間知金壇經費出納弗以煩民每歲漕羨例以三之二給軍耗餘充縣公費悉除之濬城西濠令深廣城守有備曠鳴鸞令丹陽以地方利害爲念嘗據堪輿家言丹陽運河至昆陵水直瀉弗利遂建議開築轉河龐時雍萬曆間知丹徒縣性嚴介果於有爲康邦濟鎮江知府遇旱禱雨輒應有虎患檄於神虎自投河陸夢祖萬曆間知丹徒縣繼龐時雍後存心慈愛以平易爲治事上官獨無加禮一時有强項之目賀仲軾守鎮江時丹陽姜志禮以忤璫在籍部劄下府提勘仲軾竟不肯奉檄其守正不阿如此周廷鑨天啓間任鎮江推官年甫逾冠至郡即誓於神曰異日持地方一錢歸者有如日署丹徒縣事盡革火耗宿弊一清柯友桂崇禎間知金壇縣性機警敦節儉初至衣布衣嘗以公務入郡離邑十餘日詞訟壅滯歸而名數百人面決之耳聽手揮目覽口酬片刻而畢號於衆曰若有負屈者更自申衆無言乃退素能用鉤距法發人隱伏然性仁慈故人見德不見怨印司奇崇禎辛未進士

知鎮江府矢志澄清嚴繩奸吏一切舞文亂法者歛跡莫敢逞嘗以暮夜鞫訟庭燃雙燭吏胥立堦下寂無人聲民望之如神一見輒吐其隱隣郡有疑獄往往來質成焉

杜繩甲崇禎年任鎮江府同知濱江宿盜多通邏卒爲耳目繩甲出不意操小舟身入順江洲擒盜於卧內立正法江洋以清

皇清

蔣文運丁丑進士直隸人以都察院經歷改鎮江府同知清潔自持愛民禮士調伏駐防大帥上下帖然

張承恩昌平州人材力驍勇順治二年以副將佐守鎮江時疆宇初定承恩招撫反側地方寧靖無辜株連者盡釋不問

塗廓遼東人讀書負氣節善騎射順治二年知鎮江府時江南方用兵兼以浙閩兩粵大師絡繹取道京口廓振紀綱撫凋敝招流亡凡犒軍之費牽舟秣馬之役咸措給有方民賴以安爲政務持大端不爲煩奇用刑平允然法立必行不少撓以役賊死聞於朝賜葬廕一子

許宸河南內鄉人順治二年知丹陽縣居官清謹公退之

暇焚香賦詩

高來鳳 陝西西安人順治十二年守鎮江爲治清介寧謐不務蘄爲名流所重刻峭絶之行而人皆憚之聽訟委折務得其平時京口初設重兵民未與兵習來鳳竭力調劑地方賴之

羅明昇 南陽人鎮江巡江營都司以勇著順治十六年寇犯鎮江明昇陷陣死之

程康莊 武鄉人由貢任鎮江府通判兼攝大營理事官治訟委曲平直不少偏倚民甚賴之公餘與諸生賦詩

吳淇 睢州人由進士歷陞鎮江海防同知時江海晏清淇好註書賦詩論文無虛日兼精象緯樂律曆法爲考正孔廟樂器補其殘缺者積書萬餘卷日翻閱不輟

淮安府

漢汲黯 後元中爲東海太守治尚清淨凡事擇丞史任之責大指而已臥閤不出郡中大治

尹翁歸 宣帝時拜東海太守過辭廷尉欲有托終不敢發曰是不可干以私者至郡按籍徵奸東海大治

鄭弘 守淮陰時旱隨車致雨白鹿夾轂弘怪問主簿黃國曰爲吉爲凶國賀曰

三公車轓作鹿明府異日必爲宰相

于公 東海郡決曹決獄平恕罹法者皆懾服雪孝婦之寃境內大雨

張禹 下邳相北界蒲陽陂久堙禹引水灌溉遂成良田鄰郡歸者千餘戸

韓稜 令下邳多異政邳人德之立廟以爲尸祝和帝時位司空一日侍上而醉帝問稜對曰臣今日降旦邳人或奠獻耳遣使驗之果然

黃浮 桓帝時東海相時中官兄子令下邳强奪汝南守女歸舍殺之浮執中官盡收家屬按法棄市中官訴於帝髡鉗浮人皆惜之

徐璆 獻帝時爲東海相威化大行徵詣京師道爲袁術所劫授以上公璆歎曰龔勝鮑宣獨何人哉以死自守賊不敢逼

孫堅 熹平間除鹽瀆縣丞調盱眙下邳江表三縣黃巾賊起身當一面登城先入遂大破之拜司馬

三國

關羽 建安三年爲蜀守下邳行太守事

張飛 爲蜀守下邳行太守事

晉

垣崇祖 宋泰始年自彭城將部曲犇朐山蕭道成以爲戍主魏人襲之城中大懼崇祖

日敵非有宿謀者可急遣人于二里外大呼艾塘義人已破兵請成軍速往舟中果喜爭上岸乃引人據城遣羸弱入島人持兩炬登上鼓譟魏軍乃退

荀羡永和中以徐州刺史鎮淮陰始營立城池

祖逖建興初屯兵淮陰威著遠近

南北朝

袁粲東海太守清整有風操著妙德先生傳

蕭僧珍元嘉末守山陽會魏人爲寇僧珍蓄陂水令滿待至決灌之魏人不敢攻

馬僊琕天監中守朐山與士卒同甘苦常濳入敵境伺知壁壘村落攻戰多捷卒樂爲用

隋

張孝徵東海令築堰捍海民免水患

元暖東海令於境西南接蒼梧山東北至巨平山築兩堰外捍海潮內貯山水民獲灌漑

房恭懿任新豐爲三輔最每朝謁隋主呼至榻前訪問治術謂諸使曰恭懿存心體國愛養我民卿等宜師之擢海州

唐

宋璟南和人元宗在東宮太平公主謀傾之璟曰太子宗廟社稷主也安得異議與姚崇

白奏出諸王公主於外不用貶楚州刺史

李藏用 都統李烜以劉展亂將去潤州藏用曰虛位食祿臨難而逃非忠也兵食强富江湖險固不發一矢而棄非勇也請收餘兵拒守烜以事授乃得壯士二千餘立柵拒之展敗用爲刺史

李聽 憲宗時楚州刺史振勵軍士掩賊不虞遂取海州攻朐山降之懷仁漣海望風納疑

王光謙 淮陰令務清淨之化推誠明之本楚風丕變

李行言 大中時令涇陽上獵苑北遇樵夫得行言政事歸帖名寢殿柱除海州入謝賜金紫問曰卿知所以衣紫乎對曰不知上取帖示之

張訓 乾寧初楊行密拔漣水令訓據守行密與朱瑾拒汴軍楚州訓引兵會淮水大至汴軍駭亂以訓爲淮海遊奕使

杜令昭 海州刺史值海漲築永安堤防民患

〔五代〕

何敬洙 南唐楚州刺史常親出里巷察人疾苦有白事者剖析無不悅服

〔宋〕

喬惟岳 雍熙中淮南轉運使開沙河四十里創二斗門於西河設懸門以蓄洩水利漕

舟無滯

張傳 眞宗時知楚州歲饑貽書發運使求糴楚州不報曰民死溝壑報何待乎乃發倉以賑拜章待罪詔獎之

梁適 知淮安軍奏減京東預買紬百三十萬論景祐赦書不當錄朱梁後仁宗記其名

王宗望 江淮發運使楚州沿淮至漣風濤險惡開支氏渠引水入運河

李宣 知楚州決斷明敏時稱照天燭

趙槩 知漣水軍歲饑賑活甚衆罷魚池利以惠民歐陽修坐累對獄槩抗章言修無罪士論多之

石曼卿 名延年神宗時判海州廉能有爲公餘讀書石棚山下

孫洙 神宗時知海州免役法行常平使者欲加斂緡錢洙力爭之方春調民濬漕渠奏止其役旱蝗爲害禱朐山大雨蝗赴海死

孫長卿 知楚州糧料院郡倉積米五十萬陳腐不可食長卿爲新舊渫之吏得免罪

劉彝 知朐山恤孤惠民無有不至邑人紀其事目曰治範

韓世忠 紹興中以京東淮東路宣撫處置使屯楚州撫集流民通商惠工山陽遂爲重鎮

陳師錫 神宗時爲御史奉名習律言陛下方大闡經術不應以刑名之

學亂之望追寢其制使得悉意本業不用出知宿遷元祐中蘇軾三上章薦之

李清臣 通判海州以清儉自持居官奉法無敢撓以私者

米芾 守山陽治尚禮教任滿圖籍外無他物遇風舟危作詩矢諸神風頓止

沈括 沭陽主簿縣依沭水括疏水爲百渠九堰四境得成良田

田晝 徽宗時知淮陽軍歲大疫挾醫問救後卒民祀爲土神

應純之 嘉定年知楚州崇儒建學廣城堞深隍池寇不能害

侯畐 通判海州李松壽據山東突出漣泗畐鏖戰城下死闔門遇害詔立廟賜額日旌武

趙立 建炎初兵圍楚州急立奉詔以守立命撤城下廢屋然火軍士持長矛以待登城者鉤取投火中死士突入又搏殺之求假道立斬其使兵設南北兩屯絕楚餉道立遣使告急不應彼知無救圍益急爲飛砲所中死贈奉國節度使官子孫十人謚忠烈立顯忠祠

謝處信 知安東縣謹水利辨寃抑刊訓辭吏民化之

元

褚不華 至正年守淮安泗州賊攻城不華悉力捍禦賊因決塹圍城餉路絕城中食盡

城陷華猶踞西門力鬭乃死子伴哥殉　**沂川**沭陽尹規制縣治招徠流民風俗以變　**幹羅思**延祐年知桃源捐俸廣學宮撥膏腴田以贍貧窶　**苗澤**大德年知睢寧加意賑濟大河衝決置大舟以濟民渉

【明】**范中**吳元年守淮先是郡苦苛政中撫綏乂安公署祠宇漸次創造　**姚斌**洪武間知淮安府勤謹靜一郡稱治　**康盛昭**淮南行省照磨時張士誠據高郵行省遣昭諭士誠不聽拘諸舟中且授以兵脅使拒官軍昭駡不絕口賊先刳其背肉而後磔之　**潘傑**洪武間知淮安府剛正明斷吏民敬服　**陳天瑞**吳元年知鹽城創縣治建學宮　**陳葵**洪武年知邳州有遺愛百姓思之　**黃旺**洪武年知鹽城革弊除奸廉能有為　**馬希顏**洪武年知沭陽專務德化不施刑威治聲大著　**俞順辰**洪武年知鹽城興學重賢勸民立本咸安其德　**蘭輔**洪武年以御史出知鹽城勞心撫字　**孔克勲**洪武年知清河修廢舉墜　**俞有立**

洪武間知清河勤政愛民興學禮士。汪仁洪武年知桃源開創縣治祠廟壇壝。東贊洪武年知安東恤孤勸農有方。郎廷珪洪武年知贛榆百度創建。王孟洪武年鹽城諭博學善教。梁宗嶽永樂年知宿遷賦均訟平賙恤貧士。李信圭洪熙年知清河公正廉能秩滿邑人請留特陞知州攝縣事。彭遠宣德中淮安知府歲饑流民四至搆室給餉全活鉅萬。丘陵正統中任知淮安府崇祀典興學鑿池便民。葉瑾景泰間任安東諭士類仰其高風。楊杲天順間守淮募粟備荒發廩賑饑流民全活甚衆。鄭同天順間知安東德威並著邑民立坊。陶昺成化年知海州有守有爲衆務具舉。陸遠成化年知海州途遇怪風遣吏隨之有一人死樹下訪得謀殺者一訊而服正其罪叉途中犢鳴馬前驅之不去隨犢至坡有盜牛者殺其母驚愕而遁因於居家得之折問伏罪境內稱其神。周廣榮吉水人成化年知邳州文章政事俱優。王輿新泰人成化年知鹽城有鄉民耕地得金上之官輿厲色拒之涂昇成化年知鹽城寬平樂易甚得民心李尚達莆田人成化年知桃源賑饑修學民立像祀之劉魁成化年知贛榆秉心公廉政教俱舉王舉成化年知贛榆居官廉明歷御史何鼏成化年任睢寧蝗不入境瑞麥生曹卿成化間以御史謫判邳州興利除弊百務俱修張翔成化年鹽城諭條教嚴明士風丕變徐鏞興國人弘治中知淮安府時大祲積雪匃粟幾絕亟修羅賑之法又恢擴郡學士民祠之才寬弘治中知淮安府有盜殺人無名適蛛墮几上鷹下於庭覓日殺人者必朱英也按獲伏辜人以爲神李惟聰弘治間知邳州政平訟理雷爵弘治年任邳州政善民安郭郛弘治年知清河持身廉介處事明決郭韶弘治年任安東廉以持身嚴以繩下張瓛弘治年知宿遷百廢俱興政績甚著林廷玉弘治年由工科謫海州剛明果斷吳璉弘治年安東訓持身端謹立訓嚴勤霍恩弘治年任山陽改上蔡流賊破城不屈死黃成章弘治年任安東請改漕折羅循

正德年以守鎭江禦賊有功賜朱衣一襲調守淮餘寇尙熾衛用計殺之招懷撫輯民以大安**周**
尙化正德年知邳州盜賊犯境修築土城州賴保全**高巖**正德年任邳州不避權勢臨民
莊而禮士優**劉經**正德年任鹽城廉能有爲以非罪免後起歷甘肅僉事**歐陽周**
正德年知安東持身清慎歲荒賑恤**盛鵬**先知贛榆調沭陽均徭薄稅興學恤民**王相**
正德間知沭陽强賊犯境築壘濬濠民賴以安**易瓚**正德中知沭陽政尙寬仁逃民悉歸**路**
迎嘉靖年知淮安府郡久闕守姦人縱肆迎下車捕懲境內以肅**王鳳靈**嘉靖間領淮郡
爲政務大體擴龍溪書院以開後學學者祀之曰筆峯先生**孫繼魯**嘉靖中知淮安興學
墾田清稅濬河中官押貢道淮誣以闕供逮詔獄囊無寸楮士大夫醵金濟之百姓呼號詔使爲之
感動**陳治典**嘉靖年知贛榆招撫流移省刑簡訟**俞縉**嘉靖年任清河大旱齋戒祈禱
甘霖立應歲荒捐貲賑貸**郜元哲**萬曆年知淮安府城東瀾河通射陽湖入海爲輸灌咽喉

久淤白於上立疏濬之增築城西長堤堵黄河 劉下流之決建閘壩以通漕艘士民立像祀之

大文 萬曆年知淮安府時奸民妄奏江淮遺稅中使挾貂令來淮民洶洶大文力持不可卒邀旨免備倭警開淵河甦驛傳爭馬折至皇本困民大文爲計道里禁科擾民立遺愛祠

高捷 萬曆間任知府會東省饑民湧至捷大建粥廠全活數萬收贖子女表揚節義建社倉設官渡創浮橋修書院課士購書助婚恤貧民立祠于西門

宋統殷 萬曆年知淮安府河淮交漲城內外淹浸積薪塞決不遺餘力流賊鳴張親巡至徐賊望麾幟遁去

陳治本 萬曆年知鹽城有惠

政祀

名宦

皇清

穆爾謨 山海人順治四年任贛榆縣精明英毅聽斷如流羽冠猖獗謨親率鄉兵勦捕

王相呂 泰州舉人任睢寧教諭順治九年膠寇陷城抗義不屈遂被害事聞

諭祭贈國子監博士

李之實 延壽州人歲貢任睢寧訓導順治九年膠寇陷城抗義不屈遂

被害事聞

諭祭贈國子監博士**周祚永**西安人由舉人順治十一年知宿遷徵賦令自封投櫃嚴革火耗開墾荒田招徠流民無數米麥二稅收用制斛革行戶供應一介不取裁禁濫差村犬不吠諸所除弊勒碑縣前民永賴之崇祀名宦

揚州府

〔漢〕**董仲舒**武帝時爲江都王相王素驕好勇仲舒以禮匡王甚敬重焉嘗問粤大夫泄庸種蠡爲三仁仲舒曰三子是許而非仁人者正其誼不謀其利明其道不計其功王稱善**魏相**以茂陵令遷揚州刺史考案郡國多所貶退居部二歲徵爲諫大夫**黃霸**陽夏人舉賢良擢揚州刺史後爲潁州大守秩比二千石**馬稜**章和初廣陵太守時穀貴民饑奏罷鹽官以利百姓賑貧羸薄賦稅興復陂湖溉田二萬餘頃**張綱**漢安年廣陵太守時張嬰等寇亂揚徐十餘年莫可治綱單車詣嬰壘諭以逆順禍福賊感悟而縛歸降又於東陵村開渠引大石湖水灌利

農田至今呼爲張公渠云**荀曇**漢末廣陵太守時閹宦擅權傷害賢士曇志除奸黨至郡纖罪必治畧無避忌乃坐黨禁錮**張超**初平元年廣陵太守時董卓擅政郡功曹說超曰明府據大郡王室將危賊臣虎視此義士效命之秋宜起義兵以誅國賊爲天下倡超與兄邈及劉岱起兵討卓後爲袁紹所害**劉繇**興平年揚州刺史時袁術在淮南圖僭逆攻没諸縣繇遣樊能張英屯江邊拒之術力攻英等歲餘不下加繇揚州牧振武將軍二年下邳相笮融殺廣陵太守趙昱縱兵大掠繇破走之**劉馥**建安五年廬江雷緒等擁衆江淮郡縣殘破曹操謂馥可任表爲揚州刺史馥既受命懷綏緒等皆安集之恩化大行流民歸者數萬**陳登**字元龍初爲東陽長著荒政典漑鑿曹操表爲廣陵太守沉謀有威時亂臣紛擾登鎮是邦挺然自固於城西二十里濬源爲塘漑浸田疇用獲豐稔民名其陂曰愛敬陂後以軍功遷東城守民孩郡隨登老幼襁負而追之

晉

周玘 太安初令江都石水之亂同內史王矩顧秘勖陳敏等討平之後敏以廣陵相據江東叛玘復同顧榮合謀誅之

郗鑒 明帝時鎮廣陵咸和二年蘇峻反廣陵與寇密邇城孤糧絕人無固志鑒流涕設盟誓討賊以匡社稷峻平拜司空加侍中

南北朝

沈慶之 竟陵王誕據廣陵叛帝命慶之率衆討之誕遣人餉食悉焚之又於城上函表令慶之爲送叱曰吾受詔討賊不得爲汝送表每攻城身先士卒三月城破斬誕詔廣陵城中士民無大小悉殺之慶之請自五尺以下全之女子爲軍賞全活者無算

賀弼 山陰人爲竟陵王記室參軍初誕據廣陵叛弼固諫誕拔刀向之及兵屢敗或勸弼出降弼曰公舉兵事不可從然荷公厚恩義無違背飲藥自殺孝武帝聞之贈車騎將軍山陽海陵二郡太守

蕭景 梁天監中以安右將軍監揚州性明斷符教嚴整有田舍老姥嘗訴得符到縣吏未即發姥曰蕭監州符何敢留之其爲人畏服如此

祖皓 梁大同中拜廣陵太守侯景陷臺城皓起兵糾合勇士耿

光等百餘人馳檄遠近討景景大懼率侯子鑒等攻之城陷見執爲景車裂死

霍儁 梁時陵令侯景叛儁從邵陵王綸發兵討之綸敗儁爲賊所獲送廣陵城下遍令云王巳擒獲儁呼曰王小失利城中但堅守援兵尋至矣景脅以刃儁辭色不變義而釋之

盧勇 北魏太和中授揚州刺史韓木蘭等爲患勇大破之啓求還朝高祖賜書曰吾委卿揚州安枕高臥無西南慮矣但依朝廷所委表啓宜停

盧潜 北齊范陽人爲揚州刺史居十三年大竪風績時徵稅煩雜江淮騷擾潜隨事撫慰兼行權畧從徵爲兵部尚書揚民香華緣道流涕送之潜曰恐不久復來耳未幾吳明徹渡江侵掠復爲揚州道行臺尚書

隋

賀若弼 開皇元年爲吳州總管與史萬歲韓擒虎師兵平海寇郡人立祠忠義河側

馮慈明 大業中江都郡丞爲李密所執延坐謂曰隋祚巳盡區宇沸騰今將問罪江都慈明曰公歷事先朝榮祿兼備乃舉兵反噬一朝誅滅罪及祖宗僕死而後巳不敢聞命密怒縶之因潛

使人奉表江都致書東都爲寇將獲寇義而釋之出營門翟讓殺之

唐婁師德 爲江都尉揚州長史盧承業異之曰子台輔器也當以子孫相託詎論僚吏哉

李襲譽 爲揚州大都督府長史時俗喜商賈不事農業襲譽引雷陂水築句城塘溉田八百頃以收地利民歸本業所受廩祿盡散宗戚以餘貲錄書去之日止載書數車

第五琦 京兆長安人謁肅宗於彭原言江淮賦藪若假臣一職請悉東南粟飛餉函洛授御史勾當江淮租庸使始變鹽法國用以饒

姚崇 揚州刺史政條簡肅人爲紀德政碑

五代褚仁規 南塘爲泰州刺史開築城濠兼理縣事明察果敢民皆畏之

向拱 周顯德間權東京留守時揚州初平南塘出師境上潛謀收復韓令坤欲棄城去擢拱淮南節度使以令坤爲副時師久駐維揚驕恣横暴有劫人妻女者拱至即戮不奉命者數人軍中肅然周師圍壽春久不下江淮寇盜充斥吳立兵柵與城中烽火相應而舒蘄和泰復爲吳人所據拱上疏請徙

揚師併力攻壽春乃封庫付揚州使者遣將分部按巡城中秋毫不犯軍民感悅

宋**李處耘**知揚州兵燹後境內凋殘勤於撫綏奏減城中屋稅民皆悅服　**王禹偁**知揚州應詔上書言謹兵防通盟好減冗兵并冗吏愼選舉汰僧尼親大臣遠小人奏入詔還朝　**曾致堯**知泰州後子知如臯孫復知泰州三世守官海陵故有三至堂　**李溥**淳化間任制置江淮等路兼發運使高郵軍新開湖水多風濤患溥令漕舟東下者還過泗州載石輸湖中積爲長堤舟行無患公私便之　**胡宿**爲揚子尉時大水漂民舍令不能救宿乃率舟濟活數千人　**張綸**爲江淮發運副使築高郵等處湖堤二百餘里及范仲淹議築捍海堰請知泰州以督役又奏除通州鹽戶逋課數萬　**范仲淹**令興化海水爲患田不可耕乃請築堤通泰海三州長數百里以衞農田歲享其利　**滕宗諒**泰州判官剛直有能名　**孔道輔**仁宗時出知泰州其子亦知揚州以治著聞　**吳遵路**知通州時天旱蝗平糶價建屋給粟以處

流移及爲發運使於眞泰高郵軍置斗門以蓄泄水利廣常平倉以待凶歲

胡令儀 天聖中任發運使先是范仲淹請築捍海堰會大雨雪役夫旋濘而死讙言堰不可成令儀嘗令海陵熟知潮患力主之堰卒成州人增張范祠爲三賢祠祀之

韓琦 知揚州增置學田請蠲無名之斂又請常平倉米以備賑荒葺祭廩治武庫勸農興學民肖像祀之

歐陽修 知揚州寬簡不擾數日間事十減五六再閱月公府閒寂或問故日吾寬不爲苛急簡不爲繁碎非廢事也建平山堂據蜀岡臨邗江攜客傳花行酒常載月而歸

王素 以父旦恩知通州愛民勤政舉廢興賢

包拯 知揚州性嚴重不輕言笑民有事徑造庭下陳曲直所歷處民多驚服

王琪 江都主簿上時務十二事請建義倉置營田減度僧罷鬻爵禁錦綺珠貝行鄉飲籍田重制科興學宮仁宗嘉之

趙抃 令海陵崇學重儒不立異政以拂民情因俗施教惟以魚利爲本

沈起 令海門湖水溺民田舍築堤七十里引江水灌田民始復業

馮京 知揚州以仁厚存心遇事

立斷吏民畏服

鮮于侁 知揚州值青苗法行惟視民欲不强必從蘇軾稱其上不害法中不廢親下不傷民爲三難司馬光稱之曰此一路福星也

呂公著 知揚州勤政愛民理官有繫重囚置宴會者遣吏諭之咸悔懼各修厥職

羅適 江都令濬大石湖溉田千餘頃

劉敞 知揚州雷塘民田久爲官取瀦水敞壞舊劵悉還之

蘇軾 知揚州奏揚民積欠六條乞徃催理又奏舊發運司主東南漕聽操舟者私載貨物征商不得留難故所載率皆速達近歲一切禁之舟人困敝公私皆病請復舊皆從之

張次山 知泰州嘗有鶴集戒石前令侯甚飛時遣胥隨往止一大木見鄰側正烹食其雛拘其人訊之鶴與同至斷理訖始飛去

章綡 知揚州時鑄崇寧大錢行新鈔法小錢舊鈔盡廢百姓皇皇商賈有自殺者綡上疏極言忤蔡京罷職

劉蒙政 通判揚州江淮水患諸郡流移咸聚於揚蒙政曲加調恤得以存活事聞特遷一秩旌之

蔡伸 通判眞州火燔民舍闔寺宇官廨分處之發常平倉以賑守者不可伸日如得咎請獨當之

呂好問崇寧初治黨籍好問坐廢司揚州儀曹蔡卞爲帥欲攀附善類待好問特異好問以禮自持卞不得親及卞秉政同時掾屬擢殆盡好問獨久困卞曰子少近我即階顯列矣好問不答

胡安國知通州見義必爲民咸愛慕會敵警薄都城子寅在城中或憂之安國曰主上在重圍臣子方恨效死無路敢戀子乎

呂頤浩知揚州劇賊張遇聚衆焚掠頤浩單騎造壘諭以逆順悉歸降

馬尚泰興令修築城隍不擾于民擢判泰州巨寇王琳嘯聚合兵圍城尚晝夜巡禦率死士出戰殺獲甚衆進知泰州招徠軍民墾闢鹽塲

張鄴知儀真會詔令各郡上錢務利害鄴力言不可帝採其說奏建真城以固揚楚衝路亦如所請果只四旬告竣

李大有判通州歲苦旱大有鑿郎山麓引江水入河漑之自是歲大稔

尤袤紹興間令泰興以邵伯鎮置頓供金使及輸漕司蒿秸二弊爲厲袤力請免之縣城屢殘於寇修築甫竟寇至城下袤堅守獨全

莫濛紹興中知揚州奉命修城濛分撥諸將各刻姓名懸重賞激勸閱月而成

洪

興祖知眞州州當兵衝興祖撫綏流民復墾荒田至七萬餘畝　吳機以淮南轉運判兼知眞州創閱武亭鑿橫河濬重濠導塘水置堰閘匣濠三隅分兵五等補尺籍備器械畫城捍禦部分井然置運舟數百客艘不擾　方信孺知眞州即北山水匱築石堤二十里城以獲全　潘友文知眞州時兵燹後民無屋廬饑饉相望乃築翼城創屋又開賑局施藥餌全活三萬戶濬河渠民有所恃　林伯成教授高郵士服其教像祀四賢堂後知眞州築城有功　李道傳知眞州築石甃以護沿江居民浚三濠築陳公塘堤有警則決以阻禦眞民賴之　豐有俊知眞州時大旱計戶賑恤置贍軍莊創防城庫增置陶冶立小學士民德之　袁申儒知眞州上便宜十二事作翼城置營運庫開邗家山塘築堤置閘堰瀦水溉城以防敵後兵果至疑不敢前　徐景爲興化令胡德等寇掠縣治景諭以逆順賊怒欲害之景曰人誰無死死王事足矣但願勿殺百姓耳賊義而釋之　葉秀發紹定年知高郵軍事時湖高田下堤防不固秀

發建石埭以疏水勢　**陳垓**知泰州繫東西北外濠民搆祠於堤祀之　并浚南濠紹定年遷貢院新學宮營創樓臺亭館六十餘所　以運判權眞州事請改築翼城以衞城南

上官渙酉修社稷壇立常平倉修軍馬器械守備之需皆具

趙范寶慶三年范知揚州**趙葵**選民兵克雄邊軍建射亭於州學李全攻州與弟葵指授方畧協力戰禦尋遷安撫使六年葵知揚州紹定四年全置酒平山堂范率諸將麾兵並進全窘趨新塘陷淖中奪長槍刺死之

王鑑李全犯揚州鑑從趙葵迎擊之全軍識鑑旗幟曰淮東硬軍也明年趙范葵約出戰躍馬疾趨戰平山堂刺全於新塘後授團練使

丘岳知眞州守禦有方屢禦大敵未嘗少挫理宗御書忠實賜之

許堪知泰州建堡城浚城濠四角爲月河會寇至濠深不敢向

杜庶知興化軍朝辭言邊事稱旨後知揚州饑民嘯聚日吾赤子也遣將招諭降者萬餘

胡拱辰令興化城陷不屈死

李庭芝知揚州揚新遭火廬舍盡燬庭芝假之錢營築一歲皆具鑿河四十里入金

沙餘慶場以省車運釋亭戶負鹽百餘萬鹽利大興又築大郛以羅城募流民實其中大修學宫習射講禮郡有水旱即發廩以賑

崔與之 嘉定間發遣揚州主管淮東安撫司事既至浚濠開河易夾城以甓創五寨結義兵民得負山自固全活流民招撫叛卒諡淸獻

元

張弘綱 襲父秩授定遠將軍討賊有功自江淮移通州水軍招討使在州前後二十年號令嚴肅練軍撫民境內大治

詹士龍 宋都統詹鈞子世祖見而歎曰此忠臣子也以騎射薦中書始仕高郵興化軍知興化縣修范公堤掘土得一石刻有逢詹再修四字

張震 泰定初知真州新學宫鑄祭器教養人才繕陂塘以盡水利民知務本

李齊 至正年知高郵張士誠據高郵呼齊使跪齊曰吾膝如鐵豈爲賊屈士誠怒使碎其膝而咼之

郝彬 揚州路治中宋末郵賊顧聞侵揚州彬討擒之

明

張遇林 武洪元年知泰州創置衙署與學勸農修復橋梁坊巷士民懷之

王恩

旻正統間授泰州吏目陞州判九載陞州同署州事歲荒適巡按御史泰思旻迎於灣頭叩泣求題未允思旻曰忍立視百姓死而獨生耶抱籍躍入湍流巡按亟呼撈救爲具題如請益勵政事建鼓樓遷驛館造廣運望江二橋置預備倉廒八十間民至今思之

蕭盛成化間判通州修學宮濬河渠造橋梁築堤岸百二十里民享其利

陸愈成化年知江都會歲荒計口給賑貸以牛種饑民有鬻子女者捐俸贖之鑿花園港以蓄洩水利增築邵伯湖堤以禦衝患辦餘錢以儲賑粟民立碑頌之

劉廷瓚成化年令興化堰堤久湮歲苦旱潦糾工築之民賴其利號曰劉堤

彭福成化年知泰州巡河使者令泰州發濬夫代寶應役堅却之當事欲隳民居復鹽運司址福力言遂寢請折給兵豆草詔各郡縣遵行

徐淮弘治年知儀眞遇事敢爲不避權倖以裁抑中官夫價忿懟於朝被謫去

羅賢弘治年知泰興有僧與民爭田不得因獻於貴戚賢曰不可奪貧民恒業媢豪貴也執之愈堅

陳憲正德七年知江都時流賊猖獗隨事區處守禦甚備官軍

頓城下者數萬供億旁午咄嗟立辦民不知擾**黃璉**正德七年任泰興王等流賊經縣刼掠璉率民兵禦之生擒李南追至大橋西賊還戰璉被十餘創死之**成樂**正德十年知泰州政尚寬惠操持清謹三年卒於官**裴紹宗**正德年令海門時江坍民貧疲於賦役痛爲節縮奏豁坍糧以蘇民困**蔣瑤**正德間知揚州時上親南征將駐蹕維揚僚屬欲徵已免之糧以供儲峙瑤曰民胡可欺若有利害吾自當之比車駕至諸倖帥權璫百計需求不得璫矯上命欲刷民間女瑤密令三日內畢嫁娶又欲奪民舍以拓官店瑤曰民安居何可奪也璫計沮後遷去夫婦覓輕舟載原籍二衣槖以行**謝在**正德十六年知高郵執法抑强不畏權貴以公帑羨餘置田八百畝補官俸士廩之缺**張承恩**正德間知通州强禦無所避常有獻沙漲田於戚畹者弗爲理其人懾而止**劉恩**嘉靖元年知寶應適邑大饑疫死者相籍恩力請當道發帑糴穀分委義民各村坊設糜賑濟一邑賴以全活**周寵**嘉靖五年令儀眞甫下車袪里胥宿弊清鹽商包索

地租代償歲辦之賦審丁夫立九則一以宜民爲本毀淫祠正祀典治行著聞

聞人銓　嘉靖五年知寶應歲大旱蝗運河水涸漕運檄令蓄水通漕禁無啟閘銓曰啟閘利民獲譴何憾是歲旱不爲災邑有湖患力主開越河之議奏陳開河事宜邑人祠之

簡籍　嘉靖間任泰州訓導士稱得師州學田久被隱占籍力請當事歸之仍增義田五百四十畝

王臣　嘉靖六年知泰州浚闕河寬徭役移預備倉行保甲連坐之法撤淫祠毀銅像以鑄文廟鐏鉶增修樂器選樂舞生供祀廟庭朔望經閣立宋范仲淹胡瑗祠以化導斯民爲已任

侯秩　嘉靖十一年知揚州濬陳公塘以資灌溉他郡有與揚民爭沙田者殺揚民且誣以罪其有司偏護之秩會問據法忤其意遂誣秩罪當路共文致之院使者白其事得還

吳桂芳　嘉靖年知揚州倭寇江北募練鄉勇守禦策無不備議築海門泰興如皐瓜洲四城城成民得保全

石茂華　嘉靖年知揚州築外城捍環河商民親爲籌畫民爭趨事至今呼爲石城

朱公節　嘉靖年知泰州繕城郭浚河隍倭寇

不敢窺伺悉蠲不急之征却常例千金清白之風至今稱焉　朱袞嘉靖年任揚州同知倭寇犯境率兵同高郵衞經歷晏銳禦之咸戰死郎其地立祠祀之賜額雙忠　包檉芳隆慶年以貴州提學左遷通州運判初至值海潮大作議上運使築舊堤十六里堤成海民德之立祠范仲淹故堰呼其堤曰包公堤云　歐陽東鳳萬曆年知興化時水患堤決屢請蠲賑不應自草疏上之言甚懇切以越奏罰俸然蠲積逋改浮糧折色如所請　崔國裕萬曆年授泰州以撫綏爲事催科令下不施鞭朴輸者恐後杜胥保侵漁之弊州有夙逋悉爲請蠲編審里甲公平允當招徠流移至　李衷純萬曆年令如臯臯瀕江徙齧四千餘戶不時或他漲成洲豪家輒據爲業洲民爭之不得則以其田獻於勳弁每秋穫戈船旗鼓相接純單車諭解有大盜數百倚洲恣行衷純捕馘其渠魁餘醜盡散造戰艦募兵百名邏行江上萑苻盡匿　劉鐸天啓中知揚州時閹魏忠賢以煬竈肆虐公不爲下璫黨搜勾無所驗邏得僧人扇遂繫論死璫敗賜贈廕　王

徵天啓年揚州推官值三王就封徵求百出民不
堪命徵挺身直陳王爲折節餉侍衛者毋得擾
揚境及魏忠賢竊柄搆黃山獄連巨室數百人黠
者乘機搆煽人皆側目徵毅然曰某在必不廢法
求媚力爭之當事卒不能奪時建魏璫祠
成徵與來復獨不往拜人稱關西二勁

趙龍崇禎
初知興化盜賊蠭起高郵鹽城往來道絕龍率鄉
兵往捕獲渠魁三十七人悉斃杖下餘黨立散水
患頻仍民艱相望請緩徵于當事
不得即自拜疏上之被劾落職

姜埰崇禎五年知儀真清
介自持不畏强禦真爲掣鹽地御史委掣諸商盡
剔羨利時議開新城運河力陳弗便主者執不從
後河臣果以
無成得罪

李含乙崇禎年任高郵知州風度雅
飭剖決如流有掾以私餽者
斥曰汝敢以擅啖我耶人皆憚服
歲大旱疫煮糜設賑全活數萬

皇清

陳棐光州人順治二年知泰興時揚初定撫軍
疑邑人尚有反側棐力保無他乃已州有
伏莽與援將揭竿相抗棐守禦策
應盡協機宜兵民不擾萑苻頓息

王宇春遼東人順治五

年知揚州虛已和衷諮詢民疾苦勾稽會計手自考定不假掾吏每兵旅經過親至郊外設帳犒勞立銘坐右誓不受枉法一錢民皆德之

陳秉彝 海州貢士順治五年知如皋革弊興利善政多端順治九年霪雨淮泛民多流亡秉彝遴請邑紳冐襄設賑三月存活甚衆

趙汲 遼東錦州人順治八年知泰州涖任二月擒盜游三游四等民賴以安疏濬河淤修學宮設藥廠代貧民完漕欠訟獄衰息州被水災民田盡沒汲力請奏聞得蒙蠲恤子艮相官揚州太守

江南通志卷之第三十九終

江南通志卷之第四十

名宦

安慶府

周

皖伯 史逸其姓氏止以周大夫名其政蹟亦不傳然皖山之陽有皖伯廟

漢

桓寬 事宣帝爲郎歷廬江丞始元中以賢良文學徵廷論罷鹽鐵謇謇諫議更拾掇緒論推褒昔賢時人多之

盧植 桓帝時爲廬江太守務淸淨時大體尋遷尚書

陶謙 少舉孝廉除舒令在官以淸白著郡守張磐意殊親之謙恥爲所狎遂委官去

三國

吳呂蒙 孫策克皖城拜蒙廬江太守蒙築城壘於關隘皖人謂之呂蒙城蒙初不諳詩書孫權語之曰卿當塗掌事宜學問以自開益蒙遂就學不數月明悟練達有非復吳下阿蒙之譽

孟宗 吳望江雷池監魚官自能結網取魚嘗作鮓寄母母還之曰汝爲魚官以鮓寄我非

避嫌也子孝母賢人兩稱之

晉 陶瞻 咸和中爲廬江守後以蘇峻攻青溪與將軍卞壼丹陽尹羊曼侍郎周導帥兵拒戰同遇害

陶侃 鄱陽人吳平徙家潯陽侃早孤貧廬江太守張夔名爲督郵領樅陽令有能名遷郡主簿會州從事之郡欲有所按侃閉門部勒郡吏謂荀相逼不以禮吾能御之從事無所問而去後與溫嶠同舉義兵討叛寇歷有戰功加都督拜大將軍在軍四十二載卒贈大司馬謚曰桓

唐 張知謇 幽州方城人兄弟五人皆明經高第知謇於高宗時爲舒州刺史精曉吏治清介有守凡刺十有一州舒其一也所歷有政聲璽書存問

獨孤及 天寶末舉高第歷舒州刺史屬歲饑發廩粟賑貸時鄰郡多遁亡舒獨安土樂業以課最陽金紫從常州甘露降其庭因進甘露表至今傳頌卒謚曰憲

麴信陵 唐貞元中舉進士爲望江令有惠政邑歲旱信陵齋戒爲文痛引已罪以鐵板丹誓禱於神雨驟至及受代民遮留不得去後卒於官將輿櫬歸邑民號哭留

葬於縣市北隅題曰麴大夫之墓

張萬福嘗攝舒州刺史督捕淮南盜賊窮破諸黨德宗嘗謂萬福曰江淮草木亦知爾名

胡珦早孤能自勤學立節概以文章占進士上第貞元中歷任舒州刺史舒歲大熟麥一莖數穗閭里歌舞之累遷至大理詹事元和中進拜少府

鄭穀守舒州嘗因水旱小沴齋告山川輙應如響越歲秋熟齊楚蝗將及舒境穀夙與禱於潛山九天洞蝗旋退於他邑復爲雷雹糜爛老幼相慶於塗作歌曰禾稼美如雲實由鄭使君

張籍貞元間及第任舒州從事性狷介不容物早有文譽韓愈薦於朝自是名播人口

宋

馮瓚知舒州境內多菰蒲魚鱉之饒防禦使司盡征之瓚奏請蠲除無奪民利

李炳以殿中侍御出知舒州宋建隆初征金陵沿淮供億惟舒無匱

劉沆通判舒州有大獄歷歲不決沆立剖之章憲太后建資聖浮屠內侍張懷信挾詔驛騷沆奏罷之以讜直稱

李孝基知舒州所治繁劇判決如流吏受賂鬻獄以殺人罪加平民孝基覈治得其情乃抵吏罪

王安

石通判舒州以恬靜爲治文彥博薦乞名用以激奔競之風黃庭堅知舒州愛濳山谷之勝遂家焉自號山谷孫知微高宗時任舒州通判淮賊薄舒知微繕城郭治甲兵力抗不下及入舒被執又不屈賊怒臠而食之朝廷官知微二子李師中知舒州廉隅甚峻爲治不貴威罰務以信服人去之日民擁道遮泣馬不得行蕭服第進士調望江令治以教化爲本訪孟宗遺跡又刻魏信陵文於石碑民知趨嚮黃幹知安慶府適北兵震恐幹築城閱士會僚佐定計防禦賴以安堵旣而霖潦餘月巨浸暴至城屹然無虞舒人德之夏椅安慶通判元兵至境知府范文虎以城降椅乃飲藥卒衣襟中有遺筆云職當其劇厄逢其否負吾君親方寸亂矣命無所逃當死而死五十六年歸其天理

元

陳寧宋端平間講學有聲爲真德秀魏了翁所器重德祐元年元師下饒州寧匿山中伯顏素聞寧賢下令脅致之寧不忍以巳故殘害鄉里遂出見伯顏使送入京授沁州知州陞安慶同

知行府事嫗育噢咻六皖戴爲慈母

韓建至正中以宗正郎中知安慶入官三年穎六盜起隣郡邑城多陷建屢戰却之與民效死以守卒完其城建後爲總管被賊殺舉家死節

余闕至正間爲江西分慰副使守安慶六年羣盜環布闕獨居中屹爲江淮保障寇至輒敗去久之陳友諒合諸寇來攻四面蟻集外無應援闕提戈爲士卒先孤軍血戰斬首無算身亦被十餘創及城陷引刀自刎墮清水塘中妻耶律氏及子德承女福童皆赴井死從死者千餘人

明譚啓宗明初稱吳王時知安慶府寇至啓宗帥僚幕撫殘傷困守三越月城獲全陳友諒中流矢死吳王憫江夏屢年困於戰鬬不忍加兵謀命將諭之啓宗遂趨江夏宣明威德言論慷慨人爲之感動厚其禮遇復命還安慶

周濟安慶知府故事民役以三等九則準之濟易以什之法民以爲便郡中婚葬從奢濟約之使富不踰制貧無失禮歲時民間宴會甚張者罰如法政暇幅巾氅衣進艇圖池且酌且歌卒無廢事

鍾藩以進士歷知安慶藩治尚嚴明有侵官儲

者夜投火官舍燬其牘籍藩察知收訊其人果伏地請罪聞者驚爲神

胡儼任桐城令廉而有才民間逋欠悉與奏免賦役視丁胥吏不得爲姦政暇課諸生勸懲勤惰教民築陂堰力稼穡桐溪之開自儼始爲桐邑循良第一

袁慶祥成化間知潛山少有氣節嘗詣闕上書繫獄杖幾死及來潛勸農興學平賦息訟政績卓然潛多山民梗化豪右動以逋負兼并貧者慶祥治以一切之法境內帖然去之之日民相率遮道哭送之

姚岳弘治間知宿松愛民禮士一出衷懇布衣蔬食與妻子共甘淡泊往例北覲時有司多括取民財爲入京贄岳獨不攜一文及還郡守嘉其賢移署懷寧未幾疾卒民咸悲泣

胡纘宗正德間擢守安慶始至值宸濠兵燹之餘殘瘁心撫輯瘡痍獲甦皖每苦旱爲築壩開吳塘烏石堰以灌溉田畝民利之修文廟樂器祭器建射圃進諸士行鄉射禮講學郡齋人文彬彬稱盛

王誥知懷寧屢任纔旬日值宸濠之變宣明號令率軍城守賊犯之晝夜與戰賊敗去以功遷蘭州知州

吳之才由舉人任懷寧政尚惇大不苛索禁

火耗葦漕糧陋規歲苦蝗之才力捕之計石數給銀米癸丑水災議蠲議賑全活甚衆尤崇學校月有課以示勸一時人文如劉若宰宣國柱顏渾皆門下所得士於其去也士民流涕如失慈父母

石簡 知安慶爲治鋤強抑暴豪梗屏跡嘗節均賦役定爲圖籍省征斂之無藝者處僚佐謹然如弟昆優禮賢士至志勢分所得俸貯之外庫皖人立碑於名宦祠側曰郡侯石公民之父母

王宗徐 由南臺出守安慶端潔峭直忤當道去官徹廬蔬食樂道安貧尤精形家言於皖東郭外建浮屠七級以砥江流皖日益庶

董進第 嘉靖乙酉令太湖廉介卓絕一蔬一鮭不妄受也民歌之曰山風之清清猶有飛塵縣官之清不滓一塵

羅汝芳 嘉靖中知太湖專務以德化民設講堂時與諸生究明理學公事多於講座中判之吏民有過諄諄提誠使知悔悟刑設不用訟庭常虛時單騎尋勝牧豎不知其爲官也乃自作歌曰我馬飲清泉清清泉照我馬童子不知官紛紛來馬下

蹇達 萬曆乙亥任皖郡丞攝篆望江念邑無城請於御史中丞鳩工營築凡七閱月

城竣丙子城桐城達亦力**董常自裕**天啓辛酉任皖司李讞獄明允丁卯三王之國道經皖江先聲折毀河濱民居以開纜徑自裕抗議止之又取縴夫數千民間騷動裕復請於王一夫不擾民甚德之

來集之崇禎庚辰進士壬午授皖司李皖困兵荒十餘年催法者多集之慎讞獄凡薄罰小眚開三面宥之前後上蠲漕議災民賴以蘇息崇禎癸未秋左兵萬艘泊江掠婦女無算集之直入其營贖回民獲完聚至今尸祝不衰

羅用俊舉明經任安慶教授帥諸士子論文砥行故事歲時及諸生入學咸有贄贈用俊無溢取且賙給貧士解金推食無客學宮敝壞捐俸補葺不煩有司

朱應嘉崇禎時令潛痛疾時艱屢爲民請命獻賊盤踞桐邑嘉率尉沈所安父子居太平寺雪滿郊原賊尋蹤追獲彊項不屈賊索賄以贖嘉曰死即死矣我身膺城社不能掃清豺虎肯以賄免乎詈不絕口卒遇害所安父子嶄首受戮從死者十有一人

金應元以舉人知太湖乙亥賊寇潛山應元請兵不果越二日賊長驅入境應元

以死拒守賊執之加刃於頸脅令跪應元曰聚六州鐵鑄跪字不成賊怒殺之家人俱罹難聞於上贈太僕少卿蔭一子

皇清賈壯河南襄城人順治丙戌進士任懷寧縣時懷去兵燹未久空城瓦礫壯至一意拊循下令招集流亡惠通商賈省徭役蠲逋負减匹馬巡田間問民疾苦代爲請命時江右楚豫用兵懷爲八省孔道王師絡繹供應繁劇壯儲待有素應接有方郎羽檄紛馳莫不咄嗟立辦兵火之餘學宮茂草壯首倡割俸創建文廟煥然改觀又念懷邑無志裒輯舊聞勒成一書以存掌故後報最擢戶部歷任僉憲

趙世禎開原人順治戊子貢士由沛令陞任皖守清廉愛民如均地丁省徭役捕蝗禱雨皆有實政訟息民安者十年歿於官囊笥蕭然無以殮皖人肖像祠之

鄭適元直隸密雲人順治己丑進士任潛山兵燹後城元墟民散一意撫綏諸廢具舉公署儒學皆所創建元與鎮將梁大用襄築土城民得安堵

黃熙纘晉江人順治甲午舉人授安慶推官熙纘

精習吏事一時豪胥斂手民無寃獄署郡篆會海氛告急安慶以上游孤峙人情洶洶熙誓衆登降捍禦有持僞檄至者縛置獄中衆心始定已而大兵會勦熙又率各營水師追擊之於六皖有功事平擢刑科給事中世襲三等阿達哈哈番

常大忠 太原人順治己亥令灊山灊素苦里役不均畝多盈縮大忠履畝清丈照畝編里建三立書院捐買學田於邑治刱庫樓鄉立朓臺以備守望朔望親講六諭正已率下民至今思之

徽州府

（漢）**何比干** 爲廷尉正與張湯爭事所濟活以千數後遷丹陽都尉治歙獄無寃濫

（三國）吳**賀齊** 爲中郎將建安中擊丹陽黟歙等處黟帥陳僕屯林歷山齊以計取之列爲新都郡以齊爲太守立府於始新

陳表 嘉禾初諸葛恪領丹陽守計平山越以表領新都都尉開納降人得兵萬餘討破鄱陽家財盡以養士封陽都侯

晉程元譚 太興初爲新安太守民懷愛之受代請留不得去因家焉新安程氏自元譚始

宋羊欣 自右將軍爲新安太守在郡四年簡惠著稱文帝重之

齊蕭穎胄 以左將軍知殿內文武事出爲新安太守吏民懷之

梁伏暅 新安太守民賦不登者輒以太守田米助之時爲立祠 **任昉** 天監中爲新安太守曳杖徒行郡邑民通詞訟者就路決焉政尚廉儉吏民咸以爲百餘年未之有卒於官舍惟有桃花米二十石無以爲殮遺言不許以新安一物還都闔境痛惜立祠城南祀之

唐劉贊 大曆中爲歙州刺史政幹強濟觀察使韓滉表奏治有異行賜金紫 **陸傪** 以明道稱貞元中出刺歙州韓愈作詩送之謂其明仁義之道可以化人倫厚風俗 **崔元亮** 元和中遷歙州民多山處輸租者苦之元亮下令計斛輸錢民賴其利 **盧肇** 咸通中朝散大夫持節歙州諸軍事守歙州刺史柱國賜紫金魚袋 **呂季重** 宰歙縣縣東南有車灘湍悍善覆舟

季重以俸募工鑿之成安流因名呂公灘**路旻**元和中爲祁門令邑西武陵嶺監險鑿爲盤道人便之又閶門溪水善覆舟開斗門洩之今號路公溪**薛稷**少擢進士爲黟令功德及民政績著聞民感之立薛公祠**袁譸**爲黟令善政著稱民祀不忘

宋**李維**登進士獻聖德頌眞宗嘉之時兄沆爲宰相維欲避權勢請知歙州至郡起學舍行鄉射之禮**曹修古**祥符進士鯁直有風節禁中以翡翠爲服玩詔市嶺南修古以重傷物命論罷乞知歙州**歐陽頴**官歙州治盜如神歷治七州皆有聲**鮮于侁**景祐中第時天下大旱上書推災變所由言甚切直移黟令治爲諸邑最**王琪**皇祐初知歙州有惠愛及去人爲畫像立祠**魯宗道**舉進士爲歙州軍事判官遷諫議大夫爲人骨鯁臺中糾彈不避權貴時目爲魚頭參政**王薦**知歙縣事爲政務便民崇學校誘後進江淮發運使蔣之奇行部爲作歲寒亭賦嘉其治行**彭方**知歙縣愛養民力太守袁甫賢之發帑五百萬佐其惠政方悉

以代輸下戶折解之類始方父子皆學於朱熹至是即縣齋建祠并爲記

呂大防治平三年以太常博士謫知休寧事後拜相封汲國公

黃誥知歙州首謁宣聖升堂講周禮諭父老遣子入學聽講更創學舍

汪澥太學初成選爲錄神宗書其名屏間登第知黟縣專用靜治條教可法常築長堤除水害邑祀之

蘇轍元豐間知績溪縣適令江東諸郡市買廣西戰馬他縣括民馬吏緣爲奸有馬之家爲之騷然轍謂尉日取馬使者未到徐爲之備可也及州符日至縣督馬轍乃以夏稅違期爲由名諸鄉保正副詰之日誰爲有馬者衆皆以實對復諭之曰事止此矣取馬者至郡則馬出不至則已皆再拜曰邑人幸矣然取馬者卒不至

崔鷗登進士第徽宗時上書辨司馬光寃力詆時相蔡京列爲邪等坐廢政和中知績溪後召爲殿中侍御史

洪造黟縣尉方臘亂造拒之爲賊所殺璽書褒美

曾孝蘊政和中知歙州方臘起青溪孝蘊約教郡內分守阨塞人賴以安

郭師中宣和中知歙州廉潔愛民不受私謁方臘陷歙州師

中死

盧宗原　宣和三年知徽州睦寇既平奉詔修築羅城郎大甎隱起爲文以戒後人無忘寇難綜理有道民賴以安

毛栗　宣和中爲徽州司士參軍攝州事適睦寇陷城賊欲降之栗終不屈罵賊死全家被害

曾開　虔州人知徽州有善政

鄭升卿　紹興中知徽州奏罷預科錢及歙縣絹

曾統　紹興間以秘閣修撰知徽州禮士愛民績著循良

龔椿　紹興間知祁門歲大饑發賑不待報迨州案責語人日但活得一縣百姓雖失官無憾秩滿兒童遮道送之

趙師夔　乾道間鎮新安歲祲遣郡從事下邑計口授粟六邑之民向所不便者悉罷之修黌宮增士額振風化邦人祀之

祝禹圭　淳熙中知休寧縣爲政清簡常著東西銘解朱文公爲作新安道院記

李子宣　知婺源縣蠲免無名之賦百姓賴之

盛文昭　知婺源縣勤而能察囹圄未常妄置一人

張拱辰　淳熙間爲祁門介遇歲旱躬踐深山巖阡陌親所傷之處蠲租除賦以恤民隱

趙希遠　嘉定初守郡有飛蝗翳日禱之蝗散山谷間皆

鬻積荒米價騰踴卽發廩粟計口而給民爲立祠

袁甫 嘉定間守徽郡治先教化訪民所便事上之請豫蓄常平倉備荒積錢伐石甃漁梁夏絹定爲十兩講經迪士惠澤及下民

趙希愬 嘉定中爲徽郡判官江東道委鑿山取石結砌漁梁撥錢五千緡以爲將來修築費功成而民不擾

任艮弼 嘉定中令休寧時訪江東極弊策艮弼請本縣折帛一項減三分之一又請蠲積欠二十萬緡詔俱從之

謝采伯 紹定間知徽郡禱雨輒應虎豹遁跡六邑士民立祠祀之

劉炳 紹定間知徽郡減租耗蠲積逋罷巖鎮市權建育子局制活人倉徽人德之

王撝 淳祐中治徽州士民稱清白太守

魏克愚 淳祐中知徽郡政知先務闢貢闈作橋梁政恬事熙民安其化

王應麟 咸熙中知徽郡摧豪右省租賦民大悅

元

許楫 至元間爲徽州路總管上言所領郡無百金之家無千石之粟田翁梯山焚畬無平疇及頃者稔歲猶采蕨槀葛不粒食宰臣念其誠懇覩他郡銀減十八下糴估寬權議四民德之

郝思義徽州路總管以宰相子自畏衣糧來郡清風凛然躬奠謁升堂講課左廟右學易敝搆新刊朱文公語類於學刊農桑輯要頒之里社革去泛役蠲除酒課縣囚至府不留獄

宋節大德間爲歙令倡修縣學論父老遍立鄉塾訓子弟公餘則閉門讀書絕私謁

陳發知休寧縣開渠溉田各數千頃府檄收米豐倉廩料量平糴六邑之民感之立石臨溪

于文傳以進士知婺源州創晦菴書院及州學建文廟開南衢堂試以勵士

張毅大德間爲績溪隱歲洊饑勸分賑之復置義倉令富民入粟邑有飛蝗蔽空羣虎入境民甚苦之毅齋戒禱於忠烈廟神是夕風雨大作蝗盡滅又有猛獸如彪逐虎食之虎骸悉去邑民立祠以祀

張蒙完得天曆中爲祁門令歲饑道殣相望親詣各都廢義食社倉賑之勸富民兩平發糴旬日商旋米艘踵至又崇學校建門廓士民懷德

〔明〕鄧愈明初開疆至郡繕治城郭四境晏然好賢下士寬惠愛人嘗圖郡德之

魏君祥

明初以行省管勾知本府單舸隻僕赴任斥一切
苛峻務存寬恤作城濠修葺府廨官庾爲朱文公
祠以子弟配享　陳彥回洪武中領郡事篤誠愛民甫一歲
遭祖母喪承重當去父老數十詣
闕乞留不報爰葬祖母於歙北　董興明初爲黟縣
迪邊山令名其葬處曰太守山令時羅寇劫
掠興率民兵固守寇平以　王虎洪武初知黟縣時
功歸朝黟民繪像祀之羅寇擾攘街衢村
舍皆成草萊虎至招撫離　蔡美明初知績溪城南
散勸課農桑政事一新田千餘畝旱則無
穫美召耆老相視水源於上三里乳溪口　張齊明初
築堨鑿渠引水灌田遂得常稔民甚利之　吳遜四川
知歙縣兵燹後官民廬舍皆煨燼諭民復
業勸課農桑又建興學校搆紫陽書院
人知歙縣政務安靜獨立廉　朱珍明初知休寧有
操手植庭栢至今比爲甘棠政績建縣四門
終於任子孫因家焉　鍾友諒明初知祁門縣値兵燹縣境鞠
爲茂草諒至薙蓬藋開市井招
遺逃闢蕪田建立　余寶明初知祁門縣創察院鐘
廟學煥然一新樓及各官廨宇建坊巷額

扁造橋梁募民開新河爲横梁決水故道以便民

龍晉天順間知嶶郡撫民有方開艮堨灌田三千餘畝利澤及民時城外水勢衝演武塲將及民居晉設方畧障而西之水不爲害

閻曉幼授業於薛文清瑄以鄉舉任本府經歷慈祥清愼郡諸生授業於門者甚衆

張禎守嶶州廉正聰察臨學進諸生譚議不輟時學宮產芝大如箕明年科第甚盛嘗鳩工伐石銅羅山修漁梁石橋山且裂適報禎至皆傾穴出迎山遂崩得不死者三百人

劉庭梅知歙縣首禁訟師害民人皆感泣尋用高第徵以犢車載母徹衣羸馬從之父老奉壺漿遮道百里不絕

董復由進士知黟縣制豪猾抑兼併䘏貧施惠邑多山谷大雨壞民田廬築堤捍之闢田數百餘畝民爲作夫思亭

張魁知績溪縣廉謹愛民清理錢糧民無隱欺有陳顔讓兄弟叔姪爭地久不斷魁引普明故事作詩諭之幡然悔悟

又

彭澤守嶶州愷悌近民請鄉大夫士修郡志匯成憲典銳意教化葺學宮新紫陽書院課諸生拔其尤者登之郡齋科第盛一時築堨溉田千餘畝民甚德之

何歆守嶶州精敏强幹郡數火災歆至下教郡中五家爲墻里邑轉相效各治崇墉以居自後郡城遂無火災災輒易滅父老咸日此何公力也民祀於瞻淇鋪

張濤知歙縣始至大旱既復苦雨澇散倉賑饑請以贖鍰令富人買米平售全活甚衆作河西堤葺紫陽書院修孝子尚賢二祠繕霞山塔爲文峯還去民爲肖像祀於霞山

錢仁友知休寧縣有蝴蝶大如紈扇飛止人家變怪鳥散集鄉村居民設香燭禱禳仁友往視擊斃之怪遂息

杜銓知黟縣清操自堅冬月齋衙無炭令家人曝簷暉有進一魚者却而責之涖任三年不廢講論以政最召至京卒黟祀焉

屠存仁知黟縣政簡刑清愛民如子及解任惟敝衣兩篋士民懷之

敖鏜黟縣教諭博學多聞尤以忠孝爲先捐俸修飾學宮貧生一饋不受聞母病郎棄官歸七日而母逝得躬親湯藥皆孝思所致兩院移檄旌揚

留志淑由杭州守改嶶郡六邑旱然蘇郡飛派白糧於嶶力爲奏免杭人請于朝願還其守奏可嶶民思之祀于太守祠內

鄭玉知嶶郡事遣家僮至闕下

乞免皇木之征常出行春臨文學方靜之廬竟日講道悉歸其禮士如此

元

王繼禮任徽郡守會上遣眞人有事齊雲中官數輩來徵供億父老皆恐繼禮日是責在太守若魚肉吾民太守以身當之因謝父老自主辦事中官不得逞歲大蝗繼禮虔禱蝗入他境每課士焚香自誓不私一人

陶承學守徽郡聽斷明敏設爨具於廳事前兩造刻期至攜米自炊須臾曲直立判去民有半升賢太守之謠

洪應衡守徽郡首訪置數猾吏於法曰從來蔽官殃民卒此狐鼠輩郡中肅然時瑞案未定欽件纍纍戕及善類有以餘熖齕衡者衡曰吾不能殺人以媚人也斷然報罷每進所造士戒之曰毋浮夸毋滿假爾新安程朱遺澤存焉勿謂聖賢不可學也後乞休去攀轅臥轍者接於外境

宋國華知休寧性明敏決疑獄以十數邑志不修幾六十年國華延士開局編成全書

韓伯清知祁門縣善幹理重建明遠樓明倫堂及修平政橋立義塚民不知勞

黃彪爲黟縣丞縣故折收苧布後改爲棉布黟地不產棉民患之彪具實以聞詔許之卒

於官遠近灑涕

陸錫明天啓進士守徽郡値民窮賦缺錫明茹蘗飲氷與民休息節嗇調劑爲前人完積逋三萬野慶更生常語寮佐曰守官如守身身失而得官如衾影何一時屬吏從風士民公闢瞻淇館尸祝不衰

戴自成守新安時皇木官銅波害無辜自成請於上槩豁株連所活甚衆常謁直指於姑孰値建陽軍譁激變殺所胥脅寧郡丞趨教塲將轟鼓公單騎冒刃抗聲義諭自辰達未衆呼青天亂始定丞乃獲免直指亟稱曰殷太尉之定郭軍於公再見

翟敬由翰林院謫知休寧民稱爲翟青天一日民舍火廹治所敬向火再拜風反火滅邑治鼓樓門廡三思橋皆所創建以氣節聞於時民作遺愛亭祀之

陳斌知婺源縣勤信廉明尤篤學校凡殿堂書閣文公祠一皆新之

趙昌期任婺源縣甫下車建尊經閣修丁峯水口鐫綱目輯縣志

唐良懿崇禎進士涖郡四載正己率屬人不敢干以私歲歲値奇荒良懿多方賑恤活民數萬尸尤重道愛士歲歲時集生儒講學天都

金蘭婺源令置貧士田以書院今即以其堂爲之俎豆云

獎學校修廉惠倉以備旱澇擢御史

劉默　鄉進士貳守新安河西五魁山形家謂郡城所忌默捐俸特建蘭將軍樓為鎮聲施不朽尤清白自矢蔬布澹若告老歸惟圖書數卷而已

皇清

張學聖　滿洲人順治二年任徽州府時郡初定民多流離學聖招徠撫綏四民安堵與徽寧道張文衡總鎮張天祿加意輯兵愛民後皆陞任去時有挽不住三張弓之謠

竇士範　西安人順治八年以進士涖黟縣為政務持大體姦胥縮手豪滑斂迹人不敢干以私清賦稅興學校建杞秀橋於石山民利濟焉以疾解任去士民遮送載道

寧國府

漢

杭徐　有膽智初授宣城長悉移林藪獷民置諸縣下由是境內無復盜賊後遷長沙守

晉

鍾雅　宣城內史錢鳳叛率衆屯清弋江拒之斬其將鳳平拜左丞蘇峻作逆車駕幸石頭雅流涕步從明年為賊所害贈光祿勳

桓彝　明帝時為宣城內史有惠政築城濬池為蕃翰

討蘇峻反遂糾義兵首赴國難遣將軍俞縱守陶蘭石敗死彝固守經年辭氣壯烈城陷遂遇害

汪 宣城內史有幹畧招隱逸廣學舍士民知嚮方者並辟爲掾吏百姓歌之曰人當勤學得主簿誰復爲之陶明府

南北朝

羊元保 景平初補宣城太守廉素寡欲爲政雖無殊績而去後常思

王志 宋孝武末遷宣城內史清謹有惠政郡人張倪吳慶爭田累年不決至是父老慙曰王府君有德政吾鄉里乃如是爭耶倪慶相攜請罪所訟遂爲閒田

謝朓 詩文清麗齊明帝時爲宣城太守每視事高齋吟嘯自若而郡亦治境中多佳山水雙旌五馬遊歷殆徧至今稱謝宣城

何遠 梁天監中宣城太守郡經寇亂遠盡心綏理開塗巷葺墻屋民居帝里城隍廨庫所遇若營家務秩俸外幷無所取每歲暮擇民尤貧者免其租調公忠貞靖爲天下第一

唐

張路斯 景龍中爲宣城令墾土田通水利至今城北有張路斯田

裴耀卿 開元

中徙官宣州首務教化率父老行禮奏樂歌詩之白華華黍由庚等篇以明孝子養親萬物遂性之義時有感泣者

班景倩開元中爲宣州刺史兼江南江西採訪使有風力恤疾苦除貪暴爲政踰年黜贓吏以百計

竹承構開元中爲宣州刺史仍兼採訪使戢奸宄黜貪黷境內以清與班景倩同風時有班竹之謠

裴敦復開元中宣州刺史政務大體不事煩苛稱良吏焉

崔陵大曆中遷南陵令先是民私屠牛鑄錢賦殺吏卒莫可禁止陵嚴立約束有犯必刑盜遂解散吏籍民田糧失實賦多逋陵名諸父老言狀悉覈而得之積逋以完

沈傳師宣州刺史兼觀察使明習吏治民不敢欺尤愼重刑辟毋斷獄名諸幕平亭輕重盡合乃决定嘗擇郎吏尹倫遲魯不及事或白易之曰可闕事不可多事倫如是足矣故所至以簡易稱其僚佐李景儉蕭宜杜牧竝極時選

李孝偁天寶中由太平徙涇令溫恭清簡二邑民懷之遷宣州長史卒葬于涇子孫家焉廣德盜起頻陷城邑入涇獨不忍壞其廬

范傳眞元和初任寧國令攝

事南陵修復大農陂置石堰三百步水所及者六十里甚爲民利**王質**通五世孫也開成中爲宣州刺史兼觀察使清白謹畏政先風俗在郡有惠愛名奏聘崔珦劉賁裴希直趙哲陸紹李行方爲從事並一時名流云**裴休**大中戊辰刺宣州兼統團練觀察處置等使治不皦察民畏而信之**王凝**舉明經歷禮部侍郎乾符中拜宣州刺死兼觀察使王仙芝黨屠建德欲襲南陵時江南環境皆盜區凝輒用强弩據采石又遣別將馬頼解和州圍葺修戰守備會大星隕寢庭術家勸託疾不視事凝曰東南國用所出宣爲大府吾規免禍如一方何誓與城相存亡賊尋解去卒贈吏部尚書諡曰貞

〔宋〕**賈黃中**開寶中知宣州歲祲黃中出俸造糜飼之民賴全活者以千數又立弭盜法盜悉解散**胡宿**寶元初通判宣州民有被誣殺人者獄具當死宿疑焉俄而假寐夢人告曰殺人者吳也遂引因辟左右訊之因曰旦將之田吏執以赴官不知其他宿窮得婦與吳姓者姦因殺

其夫其精誠格物如此

李椿 知寧國府事歷寧國軍節度推官吏才精敏治豪民僞券還陳氏田人誦服之

李堅 嘗知宣城縣邑多山谿每暑雨暴漲輒傷禾稼堅峻爲之防稼以歲登

呂誨 慶曆中爲旌德簿政稱公平後入朝以直諫顯

彭思永 皇祐中知宣州時州政墮弛歲復大祲思永修紀綱撫凋瘵甦流逋奏課爲諸郡最

梅正臣 堯臣弟也嘉祐中知南陵民多以爭田訟乃先立版圖正經界吏民畏服囹圄爲空

孫覺 嘉祐中太平令政先禮教儒雅自飭嘗引鄉弟子於庭親爲講解經義改建學宮於縣東春秋釋奠民用知學風俗淳美

練悊 元祐初知旌德雅負清操民間凡飲酒清者輒稱練長官酒嘗建北渡橋人亦以練公名之

李光 建炎三年車駕移建康以光知宣州宣通行都光乃繕城隍立保伍選武健得甲士萬餘號精練軍分戍險要內外有警則率之以戰歲租輸邑者悉命輸郡贍軍養民城賴以全

張果 建炎中知宣州夜夢人告曰我陵陽山土神也明日午有大水没城郭公可抵横澗遇老人丐免果急抱

民籍至澗一老人橫笛乘牛來水暴至懇告弗答至再乃問何以知之具白以夢老人日吾奉上帝命不敢違果遂抱籍入水死城得不沒未幾册載一犛浮至城北鐵冶里而止郡人求果屍禮葬之祠城北

滕珙 婺源進士紹興爲邑簿重修鄭升卿所建景呂堂以表誨又考慶曆以來前任名氏作主簿廳記勒於壁

趙愷 乾道七年以慶王判寧國請增士人貢額朝廷從焉究心民事嘗築圩堤之隤圮者帝手詔嘉獎

李延忠 開禧間知旌德事創置學田八十餘畝捐縣市諸鄉地稅錢九千餘緡贍學宮弟子建縣東石橋及亭舍十餘楹易名日淳源行者便之

王栜 嘉定中爲涇令初縣治多水患栜遷建於賞溪東之留村民奠厥居修廢舉墜良吏稱最

杜範 嘉熙中知寧郡大旱範便宜發常平倉勸富民出粟助賑民賴以安初庾藏虛竭未幾積錢穀數萬悉以代輸下戶糧兩淮饑民渡江剽掠張世顯尤勇悍擁衆三千餘抵城下範遣人犒之令勿擾可俟處分世顯謀窺城範畫計擒斬之給其衆使歸

王遂 淳祐中守寧國首革故弊定斗斛置

義役奏罷蕪廢逃亡田稅嘗親詣學宮訓厲生儒及載酒出郊勞農民頌之曰作民父母前王後社

郭堯 淳熙中知南陵縣事政尚慈恕嘗除工山魏坑冶之患修復堰陂以資灌溉稱永賴焉

杞 魏鄭公之後爲涇令罷無名科費太平繁昌二縣共獲盜宰尉希功賞日加煅煉賊誣引涇民受寄贓物至檄取五十三家杞一無所遣已而眞盜與贓皆得之他邑被誣者乃白錢端禮薦入爲大理寺簿後拜相

文天祥 咸淳庚午知宣州振新廢務表式先賢嘗修梅都官墓爲文祭之振興學校自爲勸農文出郊與郡父老告語志意惓篤眞若慈母之於赤子

趙與穗 德祐元年知寧國縣癸酉元兵伯顏徇寧國與穗率衆城守出戰死之詔贈直文華閣吏楊義忠亦戰不

趙時賞 德祐間以南陵丞攝旌德縣事元兵至時賞擁民兵力戰以功陞直寶章閣軍器太監後從文天祥戰死

元

高睿 爲江東部使者部中盜竊陸梁聲言圍宣城郡將儒門晝閉睿曰寇勢方熾官先示

弱民何所憑恃治兵衞仍聽民出入自便寇以有備不敢進遂討平之嘗從教諭請淸復學址士論韙焉

王禎 元貞初爲旌德尹惠愛有爲凡學宮齋廡尊經閣及縣治壇廟橋道葺治一新施醫藥賑民貧疾有瑞蓮仁本生縣廨池中

吳師道 元統中調寧國路錄事歲大旱師道募粟三萬餘石又請於朝得粟四萬鈔三萬八千有奇以充賑所存活者十餘萬人

施正大 涇縣白塔里人至元間丞相伯顏下江南辟知本縣初縣在水西時苦漂蕩正大始徙治於水東迄今利賴又學舍隣大安寺爲僧侵據正大與教諭賀桂孫請於部使者高睿力請復之

呂良佐 爲涇縣尹頗著廉幹雅以誠信撫民擢監察御史仕終廉訪使

蘇濟 至正初爲涇尹練達章程濬渠均賦修學宮鑄祭器復浮居民侵田餼諸生士民相與歌曰四民藝業通縣官有蘇公三載民無憂賴有蘇汝舟

劉性 爲旌德尹廉明剛果修學置祭器書耤年穀屢豐虎不入境朝野稱之

明

陳灌洪武初知寧國府事首詢民隱延禮師儒時水利政弛旱潦洊至增築圩岸伐石爲斗門以時蓄洩田得無患又作戸帖定版籍民稱便後詔以其法行天下卒葬城東子孫家焉

王文質明初知宣城時兵革初定文質撫綏招徠教士勸農具有方畧民始安集乃建縣治徙縣學於泰和門內

柳世榮洪武初知太平首務清理田糧黄山峭壁田有不可耕者申免稅糧一千五百八石

梁德遠洪武中任太平縣洞悉民隱蕪田逋稅悉折收輕齎以恤其困民肖像祀之

宋獻永樂間知寧國府庠校祀典咸修餙前後九年門無私謁

舒謨宣德中任旌德知縣慈惠廉敏行政宜民後擢御史

袁旭正統初以輔臣薦擢寧國知府時無廢不舉政建府學壯麗甲諸郡創宛溪二石橋尤善撫綏雖洊興大役民不告擾尋坐涇人程御史誹語卒於獄其在繫幽憤詩云報國有心懸白日蓋棺無面見黄泉聞者流涕特祀濟川橋左

陳雅正統中爲宣城丞攝邑事遇亢旱憂形於色捐俸禱祀引咎責躬荷校自署曰皇天不雨陳雅不開枷已

果大樹歲賴以登

李鸞 弘治中由御史謫知涇縣建尊經閣譙樓桓簡公祠置義塚掩骼埋胔造浮艘濟上下坊渡諸所繕舉甚衆

姜綰 弘治中以御史謫遷寧國同知杜請謁抑豪姦廢務具舉隣境民訟久不決必自當路願屬姜郡丞所至咸服時諺稱之曰寧郡司馬姜老愈辣

顏祿壽 弘治中為寧國府判嘗獨居有持百金托左右寘帷中既覺斥還之每暇短褐荷鋤躬自治圃一室蕭然人謂其和不傷介

樂護 弘治中以進士知宣城縣廉明有幹饑民相聚為盜肆剽刦單騎行村落撫諭之感泣而散因咨訪畫策計口以賑擢給事中

李文 弘治中為宣城主簿操潔奉公初邑學文廟以附府輟祀文請行春秋二仲釋菜禮因著為令捐俸創雙谿石梁至鬻其家騾車十餘輛以充費橋成以艱去宣人德之名李公橋知縣樂護贈以詞云李公橋下水長流利在千秋譽在千秋

胡東皐 正德中知寧國府有才畧會大造版籍更定里甲搜剔奸弊田賦一清修濬圩堰曲為擘畫又嘗躬歷屬邑民有訟輒就聽之仕至僉都御史

尹清

知旌德縣操持廉介平易近民嘗修縣志加意文事秩滿去士民泣送之

及官 正德中寧國知府質直有清操政務大體雅不喜修名譽高淳豪民以養馬援宣涇諸邑撫臣將如議宣民大閧官力爭之得免始官爭馬政時其父適從北來止署外呼官而語曰汝幸毋得罪百姓異日可相見也飯於廨後旋挾蓋躡屩而去父子清厲如此

蕭山 正德初丞宣城以廉直忤當道罷去不能具行李部銳時爲推官贈以詩有去馬人爭挽歸囊月共寒之句

張瀚 知太平聰敏清勤積穀備賑興學育才閱數十載稱治績者必曰張君

劉起宗 嘉靖中知寧國府才彊敏撤諸屬邑覈田數履畝丈量均官民賦姦弊疏剔創涇縣水西精舍置田膳士聘名賢講明正學一時人上蒸蒸嚮慕

李默 嘉靖初以吏部郎謫寧國判廉峭不阿議減名田勸米及憤征派重建靖難死節尚書陳公祠

雷禮 嘉靖初以進士授寧國推官性廉儉論讞明允纂修郡乘矜嚴有體涇有豪吳榮四與華六格鬬而華死榮急搒殺其僕舁於華所以當之無何華六甦榮更愬華殺其

僕論抵死禮廉得其實曰此榮故殺反誣耳華得釋以文學飭吏治嘗爲敬亭山賦猗撫載籍專揚風土一時傳誦

周奎　嘉靖進士知宣城縣廉儉惠愛歲大饑發廩出帑推鄉士夫之忠且信者行各里散給民不入市並沾實賑全活甚衆

方逢時　嘉靖時知寧國府時景王出就國所過陵轢瀕江諸守宰恐懾避匿逢時獨往部署所需皆立辦又面奏諸璫驕橫狀王爲引罪治數從者諸璫屏息江上諸郡藉是得無擾大盜馬黨等越獄禱諸神逸盜果蹶蹐待縛因寘廟下刵刖以祭數年間外戶不閉今言之猶凜凜有生氣

林文瓊　嘉靖中爲南陵丞刻厲清苦不攜妻孥時與士人講明正學或出俸賑貧民民有貌古心亦古節苦身更苦之頌

賈啓　知涇縣爲政嚴明旁通六藝邑雖煩劇而公庭閒靜民有官清吏廢之謠

胡永成　知涇縣敏斷有爲崇獎雋乂清里籍祛積蠹積粟萬餘石歲祲賴以有賑

羅汝芳　嘉靖中知寧國府政先德化後刑威有訟者使甲攝乙輒剖決立遣去富民兄弟爭產芳引咎痛諭至泣下其兄弟悔悟亦相顧泣

叩頭請罷訟建書院講學日引郡人教以孝弟藹藹如家人子弟學者稱近溪夫子以艱去士民如失慈母

楊九韶嘉靖中南陵知縣奏蠲養馬累又築堤為圩凡十餘所瀦洩有法利賓至今

周詩嘉靖中知南陵縣歲潦力請蠲逋負數千民忘其災邑苦養馬詩具言疲邑獨累狀草疏請鎔種馬言甚詳切孳牧之害少息又清覈奸民欺隱田千餘畝田賦以均

鄒承春嘉靖中知南陵創建縣城時孳牧官馬為民匡議請鬻價蘇之從建學宮暨明經閣覈田畝清賦役民頌再造

陳守仁嘉靖中由舉人知涇縣有清操務敦風教著諭民集訓申述古禮以艱去行橐蕭然民有德而餽之卻不受至中途鬻衣帶以行

張鳳翀嘉靖進士為旌德知縣時高淳奏派養馬旌民洶懼翀抗言山嶺非芻牧之塲親自囚服軍門力辨得奏免莅政明決以才調丹陽輕裝就道

甘灃嘉靖間知旌德裁省廚傳寬里甲諸費有中貴過縣索供帳橫甚灃遣吏致常廩外無一錢吏謝不敢往灃乃易服佯為吏往見中貴怒呵曰令安在灃曰邑如懸磬不足以

搞從者令遁矣中貴王嘉賓隆慶中知寧國府刻
人度無所得乘傳去文天祥勸農辭告誡
父老三復勤懇涇妖民董代聚衆千人檄兵捕治
衆悉解散先是東溪以舟濟漂溺無算建造石橋
四十丈民德之稱惠濟橋姜奇方隆慶間知宣城縣建豫備常
平二倉貯穀待賑創水陽諸
廒歛粟待兌至今軍民便焉弘獎儒術鍾紐涇縣知縣
延接討論不勌宣士始彬彬嚮古矣
政崇寬簡捐俸甃路造
下坊渡浮橋民有遺思劉世亨知涇縣置儒學義
田爲養士費典革
多殊政邑稱大治語
在采石泣別碑中蕭艮譽萬曆間知寧國府勸
民力田敦孝弟嘗課
諸生首識湯賓尹謂
必冠南宮卒如其言張堯文任涇縣簡易寬和然
摘伏如神雅尚理學
復水西書院祀田蔵逋祿
設法賑貸全活不下萬家王濬由御史謫涇縣丞
抑豪植弱清賦稅
通錢法凡學校壇廨橋梁多
所修建身如氷立吏卒凛然王廷相知寧國器度
以庶吉士出
弘潤用文學飭吏治期月間百
度具舉事關民隱必協力爲之彭明甫寧國約巳
以監生丞

愛人去日敝衣數襲庶幾古循吏　王暭以貢任寧國訓道建鳳山書院進諸士討論寒暑不輟嘗輯四禮纂要刻行　金勵萬曆間知寧國府事振風紀明正學折節諸生獎拔寒俊兼置田以贍之適歲災請貸請蠲遣糴楚豫兩省穀直頓減民不告饑還嶽安兵備副使　黃尊素萬曆進士任寧國推官峭直嚴明在郡執法不阿豪貴歛手公餘引生徒講課士類興起擢拜御史遇事敢言與楊左諸人以氣節相砥礪　陳公相萬曆進士知宣城坦易剛直吏民無所售其奸歲旱拯救多方欲改折漕粟二萬石以去就爭當事乃如議建待學書院置養士田文治大興　盧維屏萬曆間進士知宣城清介有風力時里役之弊私費倍公賦維屏令置匭庭中細民得自納煩費頓省築新稔石陂免新河庄竹木雜稅　鄧啓隆天啓初以進士爲寧國推官清苦自厲嘗他出家人誤受一紳士香荈追而還之已內名掌銓者戒以無過戇啓隆抗聲曰苟欲貶吾操有脫屣去耳時嚴寒見其所服襢四緣皆蟲嚙盎嘆服不置　宗敦一崇禎間知旌德

縣政崇簡易禮士愛民擒巨盜呂太祚

高承埏崇禎庚辰進士自遷安寶坻再調涇縣臨事沉毅有威望人不敢干以私定踐更均郵馬收賦革加耗歲府絶饋遺要人絡繹不餉厨傳日用薪蔬咸給下價訟簡民安涇人歌之曰琴溪泉清且芬呂山阜青入雲誰其比高使使君涇人祀之

等修建官廨不以累民徵入拜御史

皇清**秦宗堯**遼東義州人順治九年擢知寧國府性廉儉嘗質衣自給米薪蔬腐市人皆能識其數郡故貢黃連非寧產也民慮不供已奏折直三之二順治十三年詔許知府得言利病宗堯同巡按御史鍾有鳴交疏請改得全免

劉九禮陝西人康熙十年任寧國營參將軍令嚴明約東士卒與民無擾嘗有一卒暴取民薪立縛而置之法甲寅年饒賊掠近境震隣騷動九禮防禦鎮靜百姓賴以安堵擢京口副將臨去之日民日民遮道哭送馬不得前寧郡人迄今思之

池州府

漢竇伯玉 沛國人令陵陽好棲息巖竇故邑人謂之竇令尹嘗曰吾聞陵陽乃丹丘成仙之地故求爲之宰崇務淵默化民清淨寧一縣務自理得丹書五字秘公暇於治後五里許陵陽山中峯之頂煉成白日飛昇

晉陶淵明 爲彭澤令東流故彭澤治淵明爲令不以家累自隨公田半種秫給釀政尚簡易簿書暇日種菊自怡會郡督郵行部至縣吏請束帶見之嘆曰我豈爲五斗粟折腰即日解印綬去至今東流有菊圖有菊江亭邑稱曰菊江

唐鄭美 天寶末不受祿山僞命刺池州後隱居嵩嶽人稱其清節 **蕭復** 父衡尚新昌公主復生貴戚常衣垢敝居一室力學非名士不與游推主麿爲宮門郎歷池州刺史治甚善尋相德宗池人立蕭相樓以表之 **韋仲堪** 天寶間令青陽豈弟而民從李白有詩贈之 **李芃** 永泰初饒賊陳莊絕江刧商旅爲亂芃請以秋浦置州扼其要觀察使李勉是其計奏以宣之秋浦

青陽饒之至德置池州郎詔茌行州事池之爲郡自茌始**齊映**刺池州有惠政城南有山巖洞奇絕映每公暇登眺池人因以其姓名山**裴度**貞元間刺池州後封晉國公平章軍國重事**孫愿**貞元後三代爲池州刺史積漸所致民濡澤焉**李方懸**李遜子也遜嘗刺州方懸以江西府判官累爲池州刺史始至郴造籍簿民破徭役者科品高下鱗次比集當役役之其未及者吏不得私方懸嘗嘆曰沈約年八旬手寫簿書蓋爲此也凡裁減蠹民者十餘事樹九華樓于城東南隅築翠微隄連城五里鑿齊山北面得洞穴怪石不可名狀刻石於巖以紀事去之日老稚攀哭**杜牧**宰相祐之孫從郁子也善屬文詩情豪邁人稱爲小杜第進士出知池州負奇節不爲小謹政暇登覽齊山淸溪諸勝皆有題咏又與處士張祜相唱酬山川爲之生色所著有樊川集**竇潏**乾符間刺池州適黃巢虐後瀰到郡乃檢訪鄉籍弔撫瘡痍不數月逋亡復萃**陶雅**池州刺史時諸州刺史多貪暴獨雅寬厚得民

［宋］成昂國初知池州時黌序未立昂始建學校教化勃興文士彬彬　李虛己以工部侍郎出知池州有政聲民多懷之卒有雅正集　梅詢知池州治化有聲　梅堯臣慶曆中令建德縣有惠政既去民立祠祀之累官國子監直講尚書都官員外郎與歐陽修為詩友有宛陵集行世　包拯至和間左遷兵部員外郎知池州辨浮江屍與瘞僧寃時稱神明為治嚴而不刻縮糜費以利民池人至今祀之　羅彥輔嘉祐進士知池州屬歲旱修荒政奏課第一　茅革熙寧間令貴池精於吏事有兄弟訟田者革為流涕諭以同生當盡恩義兄弟感泣而去革後五五子皆取科名　楊元秉令青陽為政有聲臺省難屈以私吏不敢舞文遷儒學於縣治東人才迭興　王哲以學士知池州文章政事為時所推王安石詩云尚得使君馳五馬與尋陳迹久徘徊　陳昇卿令青陽奏減宋齊丘私增賦濟國虞公以其事聞有旨蠲免民受其惠　劉子羽資政殿學士韐之長子京城不守韐死之子羽免喪除祕閣修撰知池州

許玠令青陽有善政及去民思之

林桷令銅陵書日垂簾庭無訟迹政擅循良

汪叔詹南渡初知池州時陳康伯提舉江東茶鹽叔詹嘗言康伯風度凝遠必致大用其知人如此

黃子游知池州論青苗稅多於諸邑悉與蠲之

趙方慶元間令青陽嘗告池太守史彌遠曰催科不擾是催科中撫字刑罰無差是刑罰中教化人以爲名言

潘銅慶元間令銅陵折服豪強而儉於用民咸化之

張孝章開禧間令銅陵建山川諸壇風沂諸亭

吳淵嘉定時令建德釐弊典頹建學造士政績卓然有聲民立祠學宮祀之所著有易解退菴集

汪奕知東流賞不僭刑不濫時有書生妄言致繫獄者憲司欲置之極典奕爲辨釋民益親之

焦煥炎紹定間知池州兼沿江制置省劄令追逐沿江流民煥炎疏撫綏之策朝廷嘉納之

趙范端明殿學士方之子累知池州范以地界江滸籍鄉兵以備不虞擇民之智勇傑出者牒爲正副將浚城隍葺樓櫓有保障功仕至京湖制置使

施師點知池州鎮靜不撓安撫使

劉珙語僚屬曰池守眞儒者之政也狀其事以上名還

王伯大以提舉兼知池州典學校栢貢院奏增貢額繕城浚池葺齊山諸亭煥然改觀

汪立信景定元年知池州後爲端明殿學士沿江制置使元兵至賈似道兵敗立信知事不可爲遂扼吭以卒

張洽通判池州時有張德修僕蹴人死獄吏誣以故殺洽訊疑之請再鞫守不聽會提點常平袁甫至時大旱禱不應洽言於甫曰漢晉以來濫刑致旱冤伸得雨今天旱焉知非由德修事甫閱獄詞從末減復請蠲征稅以召和氣守從之果大雨洽少從朱熹學用力於敬故以主一名齋熹嘉其篤志謂黃幹曰所望承斯道之傳如二三君者不數人蓋指洽也

趙昻發判池州元兵渡江郡守道昻發知事不濟乃謂妻雍氏曰吾守臣不當去汝出走雍曰君爲忠臣我獨不能爲忠臣婦乎請先君死昻發笑止之散其貲與弟姪僕婢悉遣之元兵薄城昻發晨起書几上曰國不可背城不可降夫婦同死節義成雙遂與雍同縊死於從容堂伯顏命具棺衾合葬於碎石嶺祭其墓而去事聞贈華文閣待制謚

文節雍氏贈順義大夫

元

程端禮至元時教諭建德研精經術篤於踐履著讀書日程以課士後祠於學

陳思濟大德初官池州路總管江浙行省平章也速答兒威勢赫赫然摘淘金戶三千括民間田畝檄下思濟力上章以止之

忻都大德年爲石埭達魯花赤剗積年之弊政事赫赫仁聲滿路民立宣化碑以紀其績

貢奎甫十歲輒能屬文旣壯以文學發身大德間授池州路齊山書院長諡文靖當代鉅儒王文獻吳草廬書其事甚備

吳師道弱冠讀宋儒眞德秀書深有得於爲已之學第進士士任建德尹郡學有田七百畝爲豪右所占郡下其事於建俾究治之卽爲按圖籍以歸學建土瘠而茶稅尤重民病之爲極言於所司權稅遂減明達寬簡不事鞭朴吏不敢欺所著易詩書雜說胡傳附辨國策校註敬鄉錄及文集二十卷

張士元延祐間貴池縣尹居官樂易嘗平反殺人獄吏弗恐欺

史午令青陽旌表節義以勵風俗

陳伯奎至元初令

銅陵建學校表先賢鼓士類俊乂彬彬

蕭文孫至元間池州經歷風裁峭整遇事必達其志著忠孝二史褒表近代人物下車首建趙公祠以祀趙昴發夫婦

方濬至元間知銅陵撫恤黎元興學造士重建太白祠於五松山

徐觀至正間爲銅陵諭文章制行無愧師表

王興祖至正間總管池州路政廉而惠建三賢祠以風多士郡庠戟門殘碑猶存

李宗可任池州判嘗文其身人因號爲花李善槊有勇智余闕兄闐嘗以女歸之命權義兵萬戶統新軍守水砦前後多戰功賊來攻城李横槊拒賊殺傷甚衆聞闕死馳馬還家謂妻子曰余相公死國吾亦義不屈也汝等毋爲人所魚肉拔劍無大小盡殺之出解甲據牀坐取酒飲至醉復衣甲自刎死

朱升至正中授池州路學正先是學田甲他庠官吏齧食之升至舉吳文正公鼠牛之喻出入整齊除去宿弊晨興講授以身示法江南北學者雲集

明

孫炎太祖渡江聞炎名辟爲江南行中書掾王改池爲華陽府拜炎爲知府政聲大著

祖順洪武初知池州值趙普勝寇池之後公私廬舍半燼祖順開設公署規畫煥然王希顏洪武中知池州才逸政敏能聲綽著時舍人劉鑾兒承差押囚道池郡恃勢驕恣馳甬道直上希顏擬諸法狀聞上嘉其不避權要遣使勞之趙安洪武中知池州公正廉能考上最夏霖洪武中知建德有惠政御史劉天錫廉其實因名其堂曰忠勤且記之孟常洪武時由石埭調知建德撫字有方邑逋租累歲無徵爲之樽節愛養區畫以償民苦賦重力請於朝俾官改民科減稅萬數秩滿遷去民赴闕畱之石建俱崇祀呂復洪武間任東流典史撫字勤勞有德於民陞工部郎中晏毅以江西參政知郡事平易近民人德之楊俊知池州有惠政卒於官僅遺一琴民多懷思葉恩知池州凡爭訟關大閑者輒詩於詞尾民皆悔悟謝罪士類賴其造就者甚多陳艮器知池州九載外和內剛清白一節仕至應天府尹德行文章皆可師法祁司員由御史出知池州恩威並著政績燦然李藩永樂初任銅陵典史

廉能傑出陞知繁昌縣任至德安知府

王貫 前翰林學士景之子正統初爲銅陵諭博通今古勤於訓迪嘗廣拓學宮以毋喪葬此遂占籍焉

尹安 令石埭民以兵燹失業安爲興學理財勞來安集之

周源 成化初知石埭廉以律已惠以恤民民多賴之

雷浩 成化年任池州水蘖之操終始不渝卒府無以爲斂

鍾炫 成化間教諭石埭正已率人多士勸之

楊季方 成化中知東流六載不攜家累抑强振弱歲饑民有鬻子女者輒出俸錢爲贖之

洪達 成化初令青陽存心仁恕及歸民攀留者塞道

尤復 知石埭操持清白守正不阿民爲立遺愛碑

趙珪 任池郡丞執法公平行政簡肅人不敢干以私

李得春 令石埭襟度淵澄加意學校量田而民不擾至今奉祀

言芳 知廣平左遷池郡丞剛方益著臺使莫敢以非禮加接遇賢士退然若弗勝衣左右惟一僕惡衣菲食卒於官

向錦 弘治中令東流爲政平易門階闃寂去後民追思之

何紹正 正德間以忤劉瑾出知池州下車即剷剔奸蠹修舉廢墜

建大成殿修明倫堂及兩廡又修建德銅陵青陽三學建齊山書院築新河隄造城置義塚築銅陵仁豐徐先五十餘圩六月宸濠攻皖絡正嬰城設守池賴以安屢興大役而六邑無擾池人立祠與宋包拯並祀

李渾 正德間知東流廉靜寡欲不事鞭笞民自畏服

侯緘 知池州愛民真切禁奸除蠹士民共戴之

杜秉彝 知池州政務嚴明折節正人遇淫祠必毀之

周鎬 知池州爲人謙慎不事雕飾吏民懷之

陳應和 知池州待士民務從寬厚時景藩就封過池費役爲煩賴撫恤而民以安

王頤 以南給諫出守池州清介絕俗不攜家累雖公餘不入私署於後堂之左搆數楹顏曰琴鶴堂寢處其中四壁蕭然甦里甲之困增城築隄與兵臬馮叔吉協謀奏績卒時幾無殯貲

劉孟雷 守池州沉毅有爲猾胥十餘人法治之建青雲隄與濟橋爲池陽百世利

張曾 同知池州清介絕倫民間呼之曰張青萊

詹萊 同知池州大盜章五九等橫行江上萊以計擒之池賴以安又捐俸錢置趙公祭田修理墓道

厲汝進 嘉靖間司

理池州執法不倚遝爲戸科給事中論劾陳萬言大學士嚴嵩及其子世蕃直聲震天下

嘉靖間司理池州適景王之國過池陽中使及護從員役擾民萬言有丰采多才智毎裁抑之池人倚以爲重

岑用賓嘉靖間任池司理處身儉約治不煩苛其堂聯曰承家節操尚不改爲政風流今在茲人品盡之矣

茅坤嘉靖中令青陽青陽俗善訟因錄諸上官所下訟牒千餘上其誣狀得一切罷遣巳按收邑豪而黠者數人民爲之加額

田登年令青陽綽有才能奉檄築城從丁田均派畚鍤輙石聽民自備官一無所與故民雖勞而心不怨

徐儒嘉靖末令青陽政務仁愛去後民爲立碑

羅華袞由進士任青陽知縣精勤撫字多方邑人祀焉

劉昉嘉靖間教諭青陽屬大饑委令賑濟昉躬履荒僻驗貧富權出納奸猾不得爲慝全活甚衆

蔣雷卿嘉靖間任青陽教諭善屬詩古文居官清介常俸之外義不苟取束修亦不輕受教職之優一人而已

時守道令銅陵建義學名集子弟以教之

商賓以吏科給事中出宰

銅陵疏請聽民懇荒民無不業者任滿民請留陞府同知仍知縣事又歷三考銓曹皆以最聞

劉孜嘉靖初知銅陵清苦無染多惠政去後銅人立祠與本府推官陳萬言合祀

余初嘉靖初為東流令恩威並行署堂曰氷鑑造黃册均里役盡革宿弊民立祠繪像于民化寺

鍾大賓嘉靖間令東流修廢舉墜量田以平賦民德之立祠於民化寺

史鑰嘉靖中訓導東流勤於造士為士大夫所推重邑令余初敬信友篤時政利弊多咨焉卒於官諸弟子員為服心喪

徐一科令銅陵廉能謙謹課士愛民萬曆間水漲諸圩盡潰拊築都堰八十餘里至今為銅依賴

上官凝為銅陵尉官滿有老叟十餘人送至境上餽藥數器至前途發之皆白金追而返之日奉法循理非私汝也而可受私惠乎

支立為池訓導問學博雅勤於造士

李子躍令石埭謹慤寬和遇旱步禱徹蓋曝禾槁輒流涕祈雨立應士民為建喜雨亭

葉明元令石碌誠心愛民勤以課士清刑獄節浮費會館夫馬民苦不堪力請裁減民多賴之

方遂知池

州府人初憚其丰采比至則子惠宜民依
之如父母調開封萬衆攀擁車輒不得發

楊茂清
知貴池因土俗相時宜廉民情去所不便而與其
所便朞月之內上下信服見張時轍所撰碑銘

徐衍慶
爲貴池令政聲四馳嘉靖中章聖皇太后
梓宮合葬承天道於池衍慶於溽暑奔趨
應辦因以致疾卒之
日士民如失怙恃

羅憲凱
貴池令淸介絕倫無
俗吏態爲政平易不
爲鷙擊人莫能干以私嘗捐俸修復齊
山書院所著詩有金陵北征入計諸草

張燦垣
歛
於
吏治四境晏安虎爲渡河而
尤重學校所器識人才至多

田瑞龍
令貴池清操
率下吏畏民
懷流寇在皖池止隔一江瑞龍固圉詰兵四
境高枕尤留心文學訪舉名賢政蹟上考

葉幹
令石埭政平刑簡課士勸農留心經濟癸未有鎮
兵蹂躪州郡幹率涇太青石土著於龍口立關捍
禦之四
境以安

何思登
知池州誠心質行專以德化民有
不平必爲申理未嘗以勢阻也去
任時囊
橐蕭然

徐金星
萬曆初知建德下車値歲凶發賑
生活無算折獄人稱神明朔望聚

諸生講學勵行當道薦剡凡十一上擢御史　**王浙**　萬曆時知建德蒞民和惠歷事周詳建堯城橋民利涉焉　**劉受書**　萬曆時知建德端方愷悌嘗質米而食訟不赴審者聽罷贖止於杖紙不赴納者亦聽囹圄空虛衙役多告歸農聞報丁艱主僕四人策蹇去　**王家柱**　崇禎間知貴池縣救荒賑粥至解章服助之捐俸修城不日竣事時功令以修練儲備爲殿最撫按上其績遇荒旱水潦深自損抑有以嘉禾岐麥獻者斥不以聞其方正如此　**何應明**　崇禎初知建德廉介有清望少有餘羨充各里逋欠纖毫無染茹淡衣素不擾行戶豪蠹斂跡以强項不善逢迎遂被論聞報封篆即行行里蕭然士民匍匐供帳泣送百餘里　**李際明**　崇禎末知建德性甘清淡不攜家至官退食讀書自娛督童稚種蔬栽菊贖鍰饋遺槩屏謝待士謙而莊邑值兵荒盡心區畫四境賴之　**向思敬**　貴池典史廉謹有爲及致仕去士大夫贈言盈篋邑人孫溥詩曰南甸淸官少一人知縣龔守愚詩曰歸心浩蕩鷗波潤官況蕭條馬骨高人以此榮之　**李鼎**　由舉

人諭貴池首置學田銘之鐘鼎後因籍於池

袁孟慥貴池教諭修建學校綜理有方作養士類曲成不遺學行兼優

皇清

汪元綬宛平人康熙十八年以內閣中書陞池州府同知清介自持絕不煩民嚴防禦責汎守境以大寧與喻太守賑六邑饑民活者萬衆貧不能納間架稅者代納之以督漁餉勞瘁卒於途喻太守如士民請聞於臺憲祀名宦

岳申沔縣人知貴池縣敝衣蔬食常祿外一介不取諸臺憲多知其廉每獎慰之或公出署中每絕糧以德化不欲民終訟出行市衢間爭望清官手采云卒於任無殮貲喻太守爲葬焉

太平府

三國吳

黃蓋初平元年爲春穀長鋤强扶弱所在平定

周喻興平元年領春穀長以兵備牛渚恩信著明有治績

晉胡母輔之少擅高名有知人鑒永嘉中以家貧求試爲繁昌尹以賢令稱

齊丘仲孚永明初爲國子生王儉曰東南之美復見丘生七年爲於湖令有能名太守呂文顯當時倖臣陵轢屬縣仲孚獨不爲屈

唐張邈爲郡司功參軍卻請謁杜遺贈時稱廉謹陳簡甫記開元以來良吏邈居其一謂有寒松貞玉之操　李孝偁天寶中遷姑孰長史溫恭清簡令行化達民皆懷之卒葬於涇子孫因家焉廣德盜起頻陷城邑經孝偁廬獨不忍壞　李陽冰白族叔虔甫甥也寶應初爲當塗令白來依之太白贈詩畧于華邑艱難時浮雲空古城居人若薙草掃地無纖莖惠澤及飛走農夫盡歸耕廣漢水萬里長流玉琴聲雅頌播吳越還如泰階平足見政績一班矣

宋宋準開寶間以秘書省知平南軍會改軍爲州仍以準知州事有治聲尤以文章著　夏希道慶曆間令繁昌邑陋民貧希道至有善政民戶日增田利之入倍他壤　何述當塗

令邑瀕江歲多水患述爲築堤圩禦之**呂希哲**紹聖二年知太平州事宋史云以寬厚仁德之量發爲慈祥豈弟之政一郡之民仰之若神明**黃廷堅**崇寧間知郡事以德化民不事箠楚豪猾者訊之如法不少貸蘇軾薦於朝云瑰瑋之文絕妙當世孝友之行追配古人**徐勣**大觀中知府事名入覲極論茶鹽爲民病曰生財有道理財有義用財有法在明詔有司講行耳徽宗曰不聞見卿久令日乃聞讜言**汪汝則**宣和初除蕪湖縣丞嗜學能屬文以助平方臘功遷承直郎時臣僚有登對論郡邑人材者上曰使人人如汪汝則何患不治**周葵**紹興中知太平時水壞圩堤葵悉繕完傍郡圩皆沒惟當塗歲熟市河久湮葵令城中家出一夫官給之食併力浚導公私便不又見郡學廨見堂自撰記**張運**紹興間知太平當民饑疾瘝連能盡勞徠安輯之方嚴斥堠攻守之備理財賦造戰艦繕甲兵申禁令民賴以安**曾覺**紹興中令繁昌捐俸貧修葺學宮發倉廩賑濟饑民邑人戴德**虞允文**隆興間以敷文閣學士知太平舊制民舉

于必納添丁錢歲額百萬貧民生子多不舉丁口衰絶允文憫之爲措置蘆荻一項補百姓添丁錢役生子皆舉丁口日增

吳芾　乾道中知府事上流造舟以梁姑溪歷陽築者久役潰歸聲言欲趨郡境芾呼至城下厚犒遣之而密捕保亂者繫獄以聞詔褒諭之

楊倓　淳熙中知太平易郡學中錫祭器以銅重建四齋名以頤益巽兌及繪飾從祀像精選師儒以司訓導選秀民肄業其間甫朞年行藝斐然可觀

李椿　淳熙中知府事吏才精敏人頌說之嘗疏請力圖上流之備選將練習以備緩急上然之尋請老卒朱熹銘其墓

洪邁　皓第三子淳熙中知太平政尚寬簡民皆向化郊產異麻狀若靈芝人以爲瑞邁有瑞麻頌進敷文閣學士

趙汝愚　紹熙間知郡事仁厚愷悌持身潔白以收名賢能大有政績士民懷之

孫懋　以春秋擢進士仕郢州通判入覲上曰卿郵而辨者也因論公生明上問何以生公曰廉生公又問廉從何生曰儉上頷之紹熙中以龍圖閣知太平首汰冗吏民稱允朱熹歎其愛立而教明可方良吏

趙汝勷　慶元

中令當塗時年饑穀貴當塗尤甚汝勣開倉散米萬斛賑之一邑全活事聞詔他郡倣汝勣賑濟法行之

吳柔勝 嘉定中知太平郡乃舊時授徒處多親戚故舊有犯毫髮弗貸罷城下稅減萬春圩租疏市河多惠利

王習之 嘉定中令繁昌表修學校壇壝驛傳杠梁閭巷衆務畢舉廉勤練密訟平政理

吳潛 柔勝季子端平中知州事忠亮剛直不愧其父

吳淵 柔勝仲子嘉熙中知州事兼江東轉運使時兩淮民流徙入境者四十餘萬淵撫慰賙濟使其什伍保聚令土著人無相犯鄰郡流民焚劫無虛日獨州境肅然三年以治郡功除華文閣直學士慶元八年再知州事寶祐二年復知州事重建郡學并講堂歷官參知政事

趙崇玭 嘉熙末爲蕪湖丞淳祐初晉本縣令材裕於劇應酬整暇增修學宮去任諸士戴若父師

徐鹿卿 淳祐初領太平蠲采石蕪湖兩務蘆稅又嘗露章劾蝗天風忽反蝗悉渡淮

陳塏 淳祐中知太平兼江東轉運副使奏蠲諸郡災傷發公帑代三縣輸折絲帛錢五十餘萬作浮淮書堂於大信處淮士教之治

聲赫然

馬光祖淳祐中知太平始至即以常例公用器皿錢犒軍民減租稅建學宮禮賢才養鰥寡孤疾無告之人剸治浩穰風績凛然威惠并行百廢修舉

林子檦淳祐末令繁昌增葺學宮及置學田

牟子才寶祐中知太平教民孝悌刻前人慈竹義木詩頒之開諭郡學為諸生講四端推明性情體用之旨修采石戰艦百餘艘造兵仗以千計前政負緡錢七十萬緡悉為補之剏李白祠於采石自為記又寫太白脫鞾山谷返棹二圖見志忤閹宦董宋臣以讒罷身後家無餘貲賣金帶乃克葬

江萬里咸淳中以賛政大學士知太平器望清峻論議風采傾動一時四年名拜參知政事

元

歐陽元延祐初授同知調尹蕪湖疑獄悉為平反徵賦及時民樂趨事飛蝗不入境處己儉約以德化民徵為翰林承旨瀕行以詩別蕪父老有云好是心如蓬外月今宵都到故人居繾綣之篤如此

賈煥泰定初任太平總管歲饑勸賑建社稷壇修學舍築石城濬尚書塘敏達

有最績

王惟中泰定中當塗尹會水旱蝗災惟中扞提禱雨捕蝗無寧晷以禮義感富家賑米設粥民賴以活秩滿父老立碑頌德當塗李習撰文

浦源泰定中蕪湖尹郡內大水勸分米賑饑郡發廪米千石減直以糶源謂民有錢可糴則不饑矣盡以米濟之語同列曰郡有責吾獨償不以累諸君也清學田勸民無訟發源汪澤民撰去思碑記之

倪淵泰定間授當塗主簿先是延祐初經理田土考覈失實淵分畫編次圖籍出隱匿去增加二稅如期而集清淵定分塘瀝民田十餘頃歲祲民上狀言災傷郡戒縣勿受淵爭之不得即求解組去郡守驚悟即委以檢視淵躬履阡陌稽實除稅民賴以甦

白珽少穎敏博通經史至元間授太平路學正是兵燹後聖殿堂廡祭器載籍俱廢珽盡心修葺建天門采石二書院兼長詩文劉辰翁稱其詩逼陶韋書逼顏柳

暢師文至正間總管太平值大旱禱雨盡誠轉凶爲稔積公田米盈屋曰我家幾人能盡此食乎呼貧士細民分散之境內晏然

靳義至正中守太平寬仁勤敏溧水賊彭賓等寇郡義募勇壯

列營柵要害且戰且撫賊敗降歲癸巳北郊產麥一莖兩岐咸以爲惠政所名乙未明兵渡采石義溺水死事聞嘉其節命具棺厚葬

楊儁至正中知蕪湖時遭兵燹民散賦逋儁首詢疾苦興利除害拊徠遺黎撫摩凋瘵邑以治稱王寅建縣治及鋪舍民感慕立石頌德

明

許瑗初謁明太祖於金華勸其收覽英雄以平定天下奏對稱旨授博士留帷幄參預謀議以太平爲股肱郡命瑗知太平府時兵戈搶攘瑗厲士卒修城池撫黎庶有善績郡賴以安庚子陳友諒以戰艦千艘甲士十萬由采石至姑溪四面攻城瑗偕樞密院判王鼎花雲堅壁拒守高帝養子朱文遜迎戰死於陣城陷瑗雲鼎皆死之

花雲陳友諒陷太平雲被執賊縛之急雲奮身大呼縛盡絕賊怒叢射之妻郜氏死夫難事平郡人上其事帝遣使致祭立忠臣祠與瑗鼎祀焉

范常明初任知府時陳友諒寇後軍民困甚常至募民樹藝民乏種官廩有穀數千石請發貸之歲苦旱步禱輒應民歌其德興學校延師儒一時人文蔚起諸士作思樂十詩上嘉其績

黃

朝弼明初知蕪湖勤苦清愼門無私謁四壁蕭然類寒士後去任士民爭贈金帛固卻不受惟賫原帶書一籠易錢爲路費

吳聰明初知蕪湖性至孝嘗畫海雲南望圖懸於壁以思親民有不得乎親者必痛治之而後泣語曰吾以不得侍親爲憂汝幸在膝下何爲不孝人多率教改行

周鑄洪武間以國子生知繁昌撫民有方律已以廉擢御史

李蕃洪武間知繁昌廉介無私公勤有幹濟

武斌洪武中以進士知繁昌字民不虐涖政有方

顏宣永樂中令繁昌縣廳及城隍廟或建或修存心仁恕涖任廉能嘗徒步禱雨有感易旱爲豐邑民頌之

廖驩宣德中司訓蕪湖五經諸史皆能强記咸誦勤誨諸生任九年庠士科貢聯翩皆驩啓迪之功兩典文衡允服公當

黃誠宣德中任蕪湖教諭勤於學政規矩嚴整九年如一日士子多賴其陶鎔

盧忠正統初以薦舉任府訓導究性理學日與諸生講論無倦時巡撫薦其才堪戎伍帝曰與其戎伍得人何如學校得師

李循正統間以舉人任府訓導貌古才通尚氣節誨人必

因所長導之多所成就士爲貧累者必資之財以成其志

張嵓 正統初巡撫周忱薦知當塗縣題梅詩贈之有彈琴却傍青山去百里春回在此時之句蒞政敏達興學崇儒縣治學宇譙樓驛傳橋梁道路修建一新秩滿士民俱赴諸臺保留不獲各賦詩贈行後歷鎮荊州過當塗戴白垂髫者擁道謁拜

李慶 景泰末知繁昌縣址舊濱江有水患慶建議內遷至今民蒙其利

于韶 天順中繁昌教諭師道克立明敏有藻鑑士民敬服

周鳳 成化九年知太平不以家室自隨衣食如寒士疏通市河郡民便之涇縣董僉事綱寄詩云我愛周濂溪挺然抱高節一片子民心冰壺湛秋月去日老幼遮送

徐禮 成化中知繁昌持身廉慎蒞政嚴明弊除事集秩滿擢御史

唐詔 成化中同知太平清謹簡淡吏民敬服當署蕪湖廠抽分木植大書誓詞于門以杜賄囑後卒於官啓笥無長物官備棺衾歛之

劉憲 成化間知蕪湖勤民疾苦百廢具修遷櫓港驛於縣市遷河口鎮巡檢司於櫓港鎮邑人便之

包義民 成化末知繁昌廉靜寬綽吏不能爲

奸有惠政民甚宜之不飭厨傳媚　金鑑　成化間繁
上官以憂去士民爲立去思碑　昌訓導學
行俱優生徒率化嘗　徐節　弘治初以御史出知太
記文魁橋文詞典雅　平府造浮橋建學宮修
郡志均驛遞民間嘗火災節禱于天火隨滅會觸
直指怒究至府淸庫並撿內宅僅得舊衣數事直
指慙云如此太守安　張伯祥　弘治間知蕪湖勤恤
用撫按爲特疏薦之　民隱政尚平易有古
循良風邑庠舊無尊經閣祥勸諭商　趙文奎　弘治
民佐木石之費功成而民不知勞　初知
繁昌淸白明敏果斷有爲扶良抑　趙祐　弘治中知
暴吏畏民服在任八載以內名行　繁昌重農
勸學政肅獄平隣邑屈訟多　正德間由給事
求聽斷擢御史以讜言著　底蘊　中出知太平府
明爽愷悌尤加意學宮後起三台山　建
養濟院造士䘏老一時政績冠江左　冷宗元　正德
間以舉人任　同
知有廉惠名　李永蕃　正德間知當塗振興學校
徭役增戶口決訟如流以　修築圩岸節里甲丁田均
疾卒官百姓如失怙恃　汪本　正德間知蕪湖值
流寇猖獗客兵四

集委曲處置以足軍需民無所病草行露宿與百姓同甘苦防禦無遺策賊不敢犯

王軾 正德中知蕪湖值宸濠反中官擁大軍作威福軾涖任甫二日僚屬逃去軾身當之芻糧委積咸備中官無以難

林有年 正德初知繁昌廉而有為以卓異去

郭湍 正德間任府教授課弟子員讀書齋中夜分省其勤惰或煮茗作粥以佐之不則董用夏楚數科貢士皆出其門極一時得人之盛

余道器 正德中繁昌教諭門學深邃立教有方諸士戴德

林鉞 嘉靖中知郡事興賢造士養老卹孤尤敢於任事修郡志築姑溪壩建亭壩上由是姑水瀠折不苦衝決生齒日益繁富

馬森 嘉靖中知太平性鎮靜歲祲出官粟數萬斛活民量市廛均差役孜孜教士讞鞫尤稱明敏隣郡有冤獄俱願就決

吳一儒 嘉靖中知太平凡事取平不欲多事蒞任數年有刑措風

陳璋 嘉靖間同知太平勇略多才長於應變會倭賊蕭顯破上海操撫奏璋能命統兵籌畫璋上禦倭十二事俱從之七月敗顯於上海斬首千餘級餘寇浮海遁

高于文 嘉靖中府

教授於陽明良知之學獨窺宗旨每課期登皐比諸生環侍講解不懈有古人風

陶珪　嘉靖中知當塗興賢造士勤政愛民佐郡守林鉞築姑溪壩勸工卹勞民感之趨事益力爲人儒雅蘊籍工大書郡中坊扁多其手題一時稱才吏云

李价　嘉靖間知當塗禮賢敬老周卹無告修廢舉墜尤加意庠序有薪槱之風

王德溢　嘉靖中知蕪湖周察民隱不尚威嚴徭役里甲與江夫事宜裁處悉當尤加意學校教養民爲立去思碑

張永明　嘉靖進士知蕪湖興學勸士知士賢聲藉藉

陳一道　嘉靖間任蕪湖丞倭寇犯境承檄南陵防勦衆皆奔竄一道鼓勇當鋒以孤懸被害義男子義赴援亦死賊手事聞贈應天通判子義亦贈應天經歷

余坤　嘉靖舉人任蕪湖教諭講明經學師生相與若父子然甄別高下不爽毫髮憐才卹貧有所注意轍分貲贍之

錢立　萬曆初知太平首築蕪湖城剏官圩東石堤四十里蘇馬賦治聲藉甚

郭大綸　隆慶間通判太平清廉多惠政歷署三邑民戴若父母

王貽德　萬曆中守太平門無私謁

郡齋可羅雀時名居官清廉**王繼明**萬曆間知府
者特賜宴賚貽德名居第一事重士愛民
始終一節秩滿瀕行遺俸二百餘金悉以賑給**何**
貧窮不挾錙銖歸家徒壁立所居不蔽風雨
士林萬曆間知太平兩遭水厄羅穀賑民刻木爲
隸名錢省絕追呼聲復馬政增其價值不遺
累富民聽訟盡民情**馬重德**萬曆間由明經任通
修學造士善政縷縷判廉靜多能屢著上
考績當塗纂署権蕪關各數月仁聲肆訖立祠祀
之子嗚佩總督江南孫維鎮出撫西粵人謂世德
之報**蔡時鼎**以兩淮巡鹽御史直言降典史陞太
云平推官廉明正直讞獄仁恕署府事
值歲祲請數千金於撫按築堤開**李春熙**萬曆間
羅尋卒入其署發笥無剩物云任太平
推官清正威惠不以擊斷爲能署纂當塗禁勾攝
緩徵稽廣儒學基建尊經閣築姑溪壩培一郡風
水買田豫爲修壩費造福無窮**章嘉禎**萬曆中知
左遷徐州判士民泣送者載道當塗歲祲
且疫死者載道賑饑施藥暑雨不輟時大水圩岸
將崩禎涕下誓天日堤潰民其魚矣無民奚令爲

禎何惜一身爲闔邑請命耶躍入水若有物翼之出圩竟無恙遂盡力修築圩岸至今堅緻不毀以府治下流水駛於滙處造浮屠鎭之種松黃山蔭郡後遇蝗旱密疏禱天無不應修社學延塾師以訓童稚置紀綱簿以清徵稅立和息票以止爭訟減典鋪以息寬民置義倉禮庫於邑庠以贍士政洽令行前後塗令首稱其賢

鄧光祚萬曆間知當塗明敏有爲剏天門書院集多士肄業其中清操屹然爲一郡倡時章嘉禎甫去難爲嗣者得祚堪與媲美

朱汝鰲萬曆間知當塗條畫築圩岸十五則曲盡其利編審里甲一清積蠹建集賢樓大成坊以作興學校除邑劇惡合郡稱快

曾袞萬曆間知蕪湖惠政著聞聽斷時雖牒訴倥偬目視耳聽手批口答一時並舉了無差謬百姓畏而愛之

張天德永明子進士萬曆中任蕪湖廉能並著大有政聲永明令蕪湖時天德誕於蕪署後復爲令因顏其堂曰繼美父子同祀名宦

葉繼美萬曆中任蕪湖廉明剛果甫任即遷學金焉門舊吉址後擢給事中

勞永嘉萬曆初知蕪湖居官通達庶務勤於

簿書性不喜諂事上官迎送幾廢歲時遣吏問民間疾苦農桑閒暇風物晏然蕪民立祠祀之鄧一儒萬曆中知繁寬而有制簡而不傲遇士有禮御民有恩馭吏有法救荒民被實惠讞獄明敏摘發王柱萬曆中知繁昌適值大祲捐俸緡設粥給糈風義民輸助賑饑築圩身親督役隄成民有秋建積塘河日二壩備蓄胡爾愷浹邑立去思碑及卒繁人每望碑墮淚

李若訥萬曆末知郡事萬曆間知郡事才敏治精濬河建關節費貸代餉民追思建祠祀之

陳善道萬曆中當塗教諭寬和善教明惠清廉勤民下士以詩名稱山東小李在任有四品稿

俞育萬曆末蕪湖教諭訓士惟深於性命之學不受貧士贄且推解之塗邑學博推善道爲最

徐養心謹課程不問贄貸俸益人不徵逋償出租惠愛不遺纖悉拒寅緣杜占籍蕪士戴之崇禎間知當塗流寇屠和陽難民聚江干無舟不獲東渡賊且近號呼起水養心曰鄰民猶吾民亟命船盡渡之時姑孰無備衆心危殆養心沿江夜張炬徼聲響不絕作進勦勢賊疑懼退性警敏人

無疎逖一過目即不忘他如勤考課以造庠士給由單以杜橫征禁差拘以免追呼善政不可殫述

梁應材 崇禎間知蕪湖廉明愷悌每晨出視事必焚香告天誓與百姓興利除害訟獄無擾徵斂不苟學舍久傾勸輸助建規模宏廠闔邑生色

夏繼虞 崇禎中知蕪湖按圖裁剔積弊總兵左良玉兵分道焚掠蕪民逃竄繼虞堅守孤城撤橋斷梁叛兵距河相望繼虞請兵追勦左乃宵遁蕪民獲安

張繼曾 崇禎間知繁昌以趙清獻自矢慈惠有聲先是前令羅明祖議築城中止繼曾漸次經營身先勤督百姓趨事如子不一歲告竣而民不知勞

皇清**林中瑜** 遼陽人順治三年協鎮太平府奉檄勦撫麻姑港戶兩建膚功郡東小醜竊發瑜領兵搗賊巢馬陷深壍遂陣歿祀名宦

張京 號綠雪山西澤州人順治二年知當塗清操節儉食脫粟服御無華莞什物悉瓦缶人初疑其矯久乃服之為政簡易折獄明敏訟無大小要使無寃民而止百姓畏服如神輯讞語為琴餘錄陞工部給事中

劉震龍 字駕甫莆田人順治

十七年令繁昌聽訟果斷至誠服人人多感之里役陋規剔除殆盡卒於官貧不能殮繁民爭先義助之

江南通志卷之第四十終

江南通志卷之第四十一

名宦

廬州府

〔東漢〕

桓譚 成帝時以父任爲郎時帝方信讖譚上疏極言讖非經帝大怒出爲六安丞多德政

王景 建初八年遷廬江太守先是百姓不知耕耨地荒不治景至就芍陂田驅率吏民教之耕由是境内豐給又訓令蠶織爲作法制廬民賴之

應融 安帝時來守廬江居任八年拜司隷校尉有惠政及民

范式 順帝時爲廬江守有威名遠邇震服

羊續 桓帝時官廬江太守會黃巾賊攻舒焚燒城郭續發男子二十以上皆持兵勒陳其小弱者使負水灌火力戰大破之安豐賊戴風等作亂續復擊破斬首三千餘級生獲渠帥其餘黨貸佃器使歸農業府丞嘗送生魚續受而懸於庭逮丞復進乃出前魚以謝之

張磐 靈帝時爲廬江太守以清白稱潯陽令箎

黃柑致饋磐卻之其幼子就取一柑磐奪而納於簏隸卒私取二枚啗兒磐復奪之鞭其卒其廉介類此

陸康少仕郡以義烈稱光和間廬江賊黃穰等結連江夏蠻寇十餘萬攻沒四縣拜康廬江太守申明賞罰擊破穰等餘黨悉降詔褒其勞加忠義將軍秩中二千石

劉馥獻帝時曹操表刺揚州廬江土人梅乾等聚衆數萬在江淮間馥單騎造合肥招懷流民歸者以萬計又興堰以溉稻田聚諸生立學校修戰守之備數年恩化大行士民追思之子靖亦爲廬江太守

【三國吳】

周瑜爲居巢長以恩信著名

朱桓爲濡須督魏曹仁步騎數萬來侵桓兵纔五千人諸將皆有懼心桓曰彼千里步涉人馬罷困桓與諸君以逸待勞爲主制客此百戰百勝之勢也乃外示虛弱誘致仁大敗之

顧雍童時被蔡邕賞識故以雍名及爲合肥長有恩惠邑人懷之

【晉】

郗鑒都督揚州八郡軍事假節鎮合肥大有威望爲郡邑保障

華譚太康中爲廬江

太守境內饑饉傾心賑卹甚有政績

陶瞻 侃之子成帝時爲廬江太守與卞壺同爲蘇峻之難

南北朝

韋叡 梁武帝時以輔國將軍守合肥合肥先爲魏地時魏人屢求恢復畏叡不敢南下軍中謠曰不畏蕭娘與呂姥惟畏合肥有韋虎

裴邃 鎭合肥方正有威望內實寬簡能得士心及卒肥人莫不流涕

馮道根 梁天監中爲南豫州刺史政尚清簡吏民懷之上嘗歎曰道根所在令朝廷不復慮此一州

夏侯亶 梁普通七年取魏壽陽置豫州改合肥鎭爲南豫州以亶兼二州刺史亶至輕刑薄賦務農省役州大治

荀朗 梁文帝太寶二年爲豫州刺史是年率兵自巢湖出濡須邀破侯景及陳永定初爲合肥刺史

唐

朱敬則 武德中爲廬州刺史代還無淮南一物單騎就道子豐步從而歸

李萼 清河人少負膽畧議論風生祿山亂清河鄰賊境萼乞師於顏眞卿卒賴保障肅宗朝以清河功歷陞廬州刺史

羅珦 德宗朝刺廬州施醫藥修學宮政教簡易有芝草白爵之祥上治狀賜金

紫 **李翺** 憲宗朝爲廬州刺史時旱疫權豪賤市田屋牟厚利而窶戶仍輸賦翺下車使照田納租無隱收豪室稅萬二千緡貧弱以安 **賈深** 武宗時廬州刺史有文武才畧忠於王室推心馭下嘉績升聞 **鄭棨** 廬州刺史黃巢掠淮南移檄請無犯州境巢笑爲歛兵去州獨完上嘉之賜緋魚袋歲滿去羨錢千緡藏州庫後他盜至終不敢犯鄭使君錢

五代南唐

馬仁瑀 廬州節度使廉平得民心

宋

馮瓚 宋初知舒城奏除菰蒲魚鱉之征建隆中遷知廬州 **謝惟仕** 建隆初以大理評事出爲廬江令時江淮新定修設縣治撫綏士民境內以安 **陳堯佐** 眞宗朝三守廬州提點府界諸縣公事以方嚴肅下使人知畏而重犯法至有過失多保宥之 **劉筠** 知廬州臨事明達治尚簡嚴築室城中搆閣藏前後所賜書及帝飛白書額曰眞宗聖文秘奉之閣 **劉綜** 眞宗朝知廬州强敏有吏才所至抑挫豪右振舉大法時稱幹治 **馬亮** 眞宗朝以兵部侍郎知廬

州仁宗初拜尚書右丞相復知廬江兩守鄉郡士民德之

呂夸簡祥符中以知茶鹽場兼無為通判有惠澤及民祀名宦

馮京安靜治郡甚得吏民心

陳希亮仁宗朝知廬州時有虎翼軍士屯壽春者謀不軌誅其黨數百人還於廬各懷疑不安竊入府舍將為不利希亮流其渠魁以其餘給左右使令且令之守倉庫衆皆感激指心自誓願為亮死

張田嘉祐末知廬州臨政以清治有善績嘗作欽賢堂繪漢唐以來清能刺史像日夕師拜之

呂公著仁宗時知廬州以廉儉聞

楚建中仁宗朝以天章閣待制出知無為軍清靜不擾在郡無赫赫名去後人益思之立祠以祀

李公麟仁宗時為無為司戶參軍政尚通達遇判決筆無停思創治漏箭銅壺極其工巧

傅堯俞熙寧初至京謂新法不便嘗極論之安石不悅後以侍御史出知廬州廉能獨著

孫覺神宗時為合肥主薄值歲旱郡守課民捕蝗輸官覺曰民方艱食若以米易之必盡力是為除害而享利也守悅推行其法於他縣民賴之後為廬州太守為政明

恕

周邦彦廬州教授文章博洽表著一時嘗作汴都賦萬餘言以獻神宗異之

王質神宗朝知廬州有盜殺其徒攘貨而遁捕得之質論盜死大理議弗抵質堅執不可

王汝舟神宗時爲舒城令推行荒政全活甚多

阮美成爲巢令政尚寬和喜吟咏時號阮絕句

朱服哲宗時知廬州歲饑便宜賑給全活十餘萬戶明年大疫又給醫藥分拯之衆賴以安

龔源哲宗時以寶文閣侍制知廬州陳瓘劾蔡京源與瓘厚或謂源實使之遂奪職居於和州

米芾政和間知無爲軍風韻瀟遠趣向高潔行法不畏強禦善察民寃時飛蝗入境不傷禾稼人咸異之

王蘧哲宗時知無爲軍爲民興三圩開十二井又築北嶺以捍水患世蒙其利

陳瓘大觀中以右司諫彈蔡京謫知無爲軍爲政廉平祀名宦

吳懋徽宗時爲廬江令時劇盜劉五藪於廬壽間抄掠旁縣去廬江纔一驛懋之任行至中途或止其行懋笑曰男兒當斬賊平亂止何爲者今行縛之盜聞其來不敢入境後羣盜被獲吏詰其何獨不擾廬江盜曰畏吳令不敢圖

耳

胡舜陟大觀初以集賢殿修撰知廬州時淮西盜賊充斥廬人震恐舜陟至修城池治戰具人心始安冀州賊孫琪寇廬州出兵擊走之招降濟南斬壽羣盜自軍興後淮西八郡蹂躪無全城舜陟守廬二年百姓安堵繪像於教授臺生祠之

胡伸幼穎悟有學行與汪藻齊名時人語曰胡伸汪藻江南二寶後登第知無爲會巢縣猾民有訴令斂錢若干積藏置刻肆中伸察其姦遂按訴者罪政尚慈恕利病必灼然去之日士民繪其像於學校

呂祉紹興間以兵部尚書出爲廬州節制使初王德與酈瓊交惡祉聞之密奏乞殿前一軍屯廬州以備緩急且遺書韓彛進乞罷瓊語泄瓊執祉祉罵不已遂碎首折齒而死

趙康直知廬州與祉同死於賊

趙善俊紹興末知廬州會歲旱江浙饑民駢集善俊招境內官田均給之貸牛種僦屋以居人至如歸復芍陂七門堰農政用修免責各邑坊場河渡羨錢百姓德之

丁仁寧宗時知無爲軍築堰蓄水溉田民呼爲丁公堰

杜杲廬州節度使推官又知六安縣民有嬖其妾者治命與二子均

分產子謂妾無分法杲書其牘云父令子違不可爲訓然妾守志則可或去或終當歸二子部使者季衍覽之稱爲縣令之最

程端中 伊川長子靖康末知六安軍適北兵至端中殫力守禦不克死之

江潤身 咸淳初授梁縣尉兼合肥主簿廉明剛决獄多平反

趙淮 丞相葵從子知本軍初遭兵亂以死堅守後偕李全之叛屢立戰功官至淮東轉運使德祐中戍銀樹壩兵散與其妾俱被執抵瓜州阿朮使淮招李庭芝降淮陽諾至揚城下大呼曰李庭芝男子死耳毋降也阿朮怒殺之棄屍江濱

元

羅璧 丹徒縣人繇管軍萬戶進淮西道宣慰司同知時兩淮地曠民貧請以閒田給民隨力墾闢歲收糧數十萬斛官民利之

泰天佑 爲六安知州值四方羣雄並起與樞密許榮極力保障一郡獲安

塔海 廬州總管時飛蝗北來民患之海禱於天蝗引去亦有墮水死者人皆以爲異民乏食開廩減值俾民糴之所活甚衆

燮理溥化 泰定間任舒城縣達魯花

赤時旱甚民饑素封遏糶民欲刼廩幾至亂化聞於朝勸義之家出鏹糶穀貧民數驗口賙給民賴以生又修學舍及明倫堂縣治東有龍眠書院基爲僧所併乃復之新其廟

王碩　延祐中任無爲同知廉潔有幹才不畏强禦嘗承監司檄清理學田括隱抉漏凡得田一百一十九頃又追積負糧米三百石自是廩有餘粟帑有餘財士得所養

明

蘇敏　洪武初年授廬州推官刑清政舉進知府八載吏民肅然每頌良吏必曰蘇太守云

姚善　洪武中繇祁門丞同知廬州勤敏任事以賢能著

伍墊　洪武時知廬江縣開設縣治招撫百姓嘗手書孝經論語教民誦讀勤謹廉能邑人稱之

董曾　知無爲洪武年間陳友諒遣人攻陷無爲執曾欲降之不屈縛而沉諸江世傳又口郎曾遇害處

唐元　洪武年知無爲州蒞任之初招撫流散勞來有序深得民心

樂瓚　爲無爲知州政尚寬厚去之日父老涕泣攀留祀名宦

陳明善　洪武間知六安州事創建州治惠庠及民時山賊聚衆刼掠判官朱

謨出劉被害明善命長子陳眞率鄉兵討之殲其徒衆

朱模洪武間授滁州來安縣簿後改判六安廉惠得民心時有軍丁科聚爲逆模單騎往捕之遇害

隋賓洪武間授英山主簿嘗捕獲賊黨以功進知縣復有異政除虎患歷考擢袁州府通判

孔善洪武間授英山訓導精通書史敷教有方歷考滿諸生程賓等赴京留之進教諭後卒於英

鄒以信永樂五年陞無爲知州尚德教不事苛察州人感化以博學能文稱之曰文章太守

王仕錫永樂間知無爲州典學勸農有古循良風有芝草生廳前之瑞

揭稽宣德十年以御史出守廬州典革悉中矩矱先是永樂中遷齊蕃於廬王素驕悍衛士攫奪民物爲郡害稽力奏移之

劉顯宣德十年知舒城縣事興學校課農桑增開水利高下得宜廉介剛直善得民隱舒人祀於頡羮侯廟

杜彪成化無爲知州初下車故不治事吏胥喜可欺及情弊灼然乃振綱紀奸豪斂跡

程文成化中知舒城縣事練達不治鋤抑强梗興學校重水利均徭役災傷歲辦爲民懇免士民碑之

馬

金成化中授廬州通判再遷知府歷任久夙蠹盡去建余忠宣公祠創景賢書院修郡庠尊經閣購書藏之

吳英成化間知巢縣事才能治劇吏不舞文

楊璲守廬郡時逆瑾專政璲無私賄境內有巨惡張杲者璲發其姦撲殺之一日庫吏持羨餘百金以獻璲曰盜官錢者例當遣逮令貯之庫

聶曼廬州教授精象山性學尤邃於易終日端坐無惰容大守王轍雅重之性復愛施予捐貲助僚友喪祭諸生窘甚者月給以米嘗典冀北試稱得士

孫聰正德中知合肥倜儻有才當流賊殘燬之後悉意安輯招撫流移民漸復業

齊恩無爲州同知坦易廉直長於騎射時流寇犯境恩往禦以寡衆不敵及其胥僕皆死之事聞贈光祿寺丞

龍誥正德中知廬州建惠民倉修鎮淮樓嘉靖癸未歲大旱開倉賑郵復請金若干設粥待餔糴穀廣賑全活人數萬道死者設義塚瘞之

吳嶽嘉靖中知廬州身先約束設旌善癉惡亭列民之賢不肖者民俗丕變每里置倉立講約朔望進諸弟子員講解經義歲賓興惟取禮生歌鹿鳴章以餞捐官地以業貧

民俾無失所值大疫捐俸市藥設醫局療之稅局歲課千金例輸府乃白當道貯之公帑郡西山產薪例供郡衙爨民不得採嶽弛其禁與民共之去之日行李蕭然

張瀚嘉靖間守廬州州西關故有濠源出李陵鷄鳴諸山當夏霖雨泛溢往來病涉瀚捐俸甃橋跨濠而東其勢啟水關故隄縱流東注民賴以濟歲大祲發粟賑荒嚴禁糴販值旱潦相仍禱雨禱晴禱雪輒應如響人以爲精誠格天臺使者按治閱武武人鼓噪瀚戢之歷官吏部尚書

屠仲律嘉靖庚申以南御史出守廬州識高才爽不佟世祿請練吏治眞誠愛民歲歉罄俸金代民秋稅遂不徵補疾作百姓願以身代卒於官民哭祀之

王俸嘉靖中知廬州下車搜剔蠹本與民休息癸未廬大旱俸手執檇禾涕泗齋宿且拜且行禱於壇壝正酷烈間雷雨忽作俸淋漓雨中叩謝

胡奎嘉靖庚寅授廬州推官崇尚仁恕臨事勤明議刑惟懼失入詿誤者多爲辯脫

江沛然進士謫廬州經歷署篆廬江承積弊之後力爲振刷首捕渠奸一時境內肅清

潘恕嘉靖丙申知合肥博治警

敏省刑愛民置學田數百畝歲入租以給婚喪士民賴之

陳其樂嘉靖丙午知合肥清約孤介蔬食布衣時貴溪相當路未嘗一通書問識者服其高

劉公泰嘉靖壬辰爲合肥丞剛毅不屈守己清約治縣有赫赫聲捐俸修店埠鎭垣樓民獲安堵

王家賓嘉靖間爲廬州守値歲旱民饑多方賑救民賴更生興學造士誠慤不二恥阿諛拂權貴竟以例去士民稱屈

何寵爲政敦大無爲知州慈祥愷悌眞實愛民氣度寛弘不事苛察民爲立祠

陳經言嘉靖間知體莅巢六年興學作人修洗耳池亞父碑亭移浮橋甃砌街衢百廢具舉

歐陽德嘉靖間知六安德受學於王守仁謙虛和易不任刑法吏民愛畏之服日集童子肄業絃歌滿城毀淫祠建書院値歲大歉開粥廠食之民疫爲施藥餌所全活者萬計擢刑部員外歷禮部

徐縞嘉靖間任霍山典史以廉謹幹敏聞有流賊由州境突至縞督鄉勇捕賊力戰走之追斬數十級後月餘蛟水暴溢漂溺死者縞蠲貲掩瘞之流離者復賑給之存活者數百家霍士民祠祀於東嶽廟左

馮聖

世知廬州蒞任見府學傾頹即修葺一新集師儒講學於中爲政不事摘發而奸宄自戢

賈克忠守廬郡繼馮聖世後於府學後復建尊經閣巍然偉觀馮之志於是克成焉

胡震亨萬曆中除合肥令英敏聰察民扞綱者一屬目輒指數姓名興利剔弊爲治五載胥猾噤舌邑有世家裔犯倫兒法乃給之金錢令自新其人媿感改行爲良士諸激勸多此類

黃守經萬曆間任霍山令奸猾歛跡四野樂業時學宮在河北丞自當道遷復故址捐俸鳩工爲諸生倡不擾里甲三閱月而成功賢能著聞

吳大朴知廬州練達有文武畧一郡稱治崇禎乙亥春流賊薄郡朴守東城城故有關通濠賊潛穴關腹燎燭幾穿公捐貲導諭富室各輸鏹堵塞鏹一簣易土一簣民爭輸恐後關賴以完時江北善守城者大朴爲最

熊文舉知合肥縣風雅恬逸好士愛民以廉平著聲與諸生論文賦詩一時文風大振

嚴覺知巢縣事釐剔吏弊禁絕繳詞政有八大箴詳載碑記崇禎八年春流賊陷巢被執不屈闔門罹害

趙興基任廬州通判崇

禎壬午獻賊薄城下基防拒甚力五月七日城鄭陷基聞變仗劍下戍樓手刃數賊被創而死

元綬 廬州經歷寇亂綬分守南薰門城破死之

皇清吳允昇 三韓人順治九年爲廬郡守寡欲省刑民被其惠時歲連旱設法賑貸全活者衆且捐貲鼎繕學宮崇重文教人士立祠祀之

張鵾翔 陝西華州人順治丁亥進士知合肥縣天性溫和嚴不過刻寛不過縱允稱循吏

史艮植 河南人年十八第進士授英山知縣問民疾苦隆禮學校剔奸釐弊雖老成練達無以過之因楚賊侵英艮植單騎詣府乞師至石嘴頭遇賊衆寡不敵兵敗被執遇害

鳳陽府

漢何武 郫縣人舉賢良治壽春行部必先即學宮見諸生試其論誦問以得失然後入傳舍問墾田畝五穀美惡已乃見二千石以爲常

鄧晨 南陽新野人尚光武帝姊建武四年從幸

壽春留鎮九江後拜南陽人建武中爲九江中山太守吏民稱之 **宋均** 太守多暴虎先是設檻捕之猶多傷害均務退姦貪進忠善下令曰虎豹在山黿鼉在水各有所託可去檻穽人相傳虎東渡河去中元元年山陽楚沛多蝗飛至九江界者輙東西散去 **服虔** 滎陽人雅有才名善著文論作左氏春秋傳解舉孝廉中平末拜九江太守 **時苗** 建安中爲壽春令始之官駕車用黃牯牸牛歲餘生一犢及去謂主簿曰令來時本無此犢是淮南所生也遂留淮南今有留犢坊在州治西南 **孔武** 宣聖十一代孫武帝時爲博士仕至臨淮守有聲漢臨淮乃今泗州 **孔安國** 武之弟魯申公弟子治古文尚書文章政事名當時守臨淮以詩書教化一郡稱治 **路溫舒** 守臨淮治有異績 **薛宣** 御史中丞出爲臨淮太守政教大行 **侯霸** 王莽時改臨淮郡爲淮平以霸爲大尹政理有能名王莽敗霸保固自守卒全一郡更始元年以璽書徵霸老弱遮道哭皆曰乞復留侯君且曰侯君去必不能全使者慮霸就徵臨淮必亂不敢授璽書以狀聞 **朱**

暉 永平中爲臨淮太守暉好節槩所拔皆厲行士吏人畏愛爲之歌曰强直自遂南陽朱季吏畏其威民懷其惠東觀記曰建武十六年四方牛大疫臨淮獨安鄰郡多牽牛入界

盧植 熹平中九江蠻反四府選植才兼文武守九江蠻寇賓服

宋登 汝陰令爲政明敏號稱神父

何比干 汝陰縣決曹掾平反活數千人時號何公

徐弘 汝陰令爲政嚴明縣多大姓兼并弘誅鋤奸宄豪右斂手

陳重 細陽令政有異化與雷義爲友俱學魯詩顏氏春秋鄉里爲之語曰膠漆自謂堅不如雷與陳

楊秉 震仲子治譙計日受俸餘祿不入私門故吏遺錢百萬閉門不受以廉潔稱

三國魏

鄧艾 仕魏爲典農計吏司馬宣王辟爲掾遷尚書郎使行陳項以東至壽春爲廣農畜穀之計艾修復芍陂開河渠引水溉田大集軍糧又通漕運每東南有事大軍汎舟而下達於江淮資糧有儲而無水患

徐邈 魏譙郡相歷平陽安平太守潁州典農中郎將所在著稱

〔晉〕**劉頌** 武帝時爲淮南相在官嚴整甚有政績舊修芍陂年用數萬人豪强兼并孤貧失業頌使計工受分百姓歌其平惠

桓伊 淮南太守有武幹

范甯 少篤學多所通覽爲臨淮太守有益政道晉義熙七年改臨淮立盱眙郡

嵇紹 晉武帝詔徵爲秘書丞累遷汝陰太守拜徐州刺史後爲侍中

〔南北朝〕**垣護之** 宋元嘉時爲鍾離太守南郡王劉義宣反護之率水軍大破之

義欣 宋長沙景王道鄰子鎮壽陽於時土地荒毀百姓離散義欣隨宜經理芍陂決壞常苦旱義欣引水湧陂歲遂豐稔

劉義慶 長沙景王次子宋義熙間出鎮壽春捍禦疆埸性簡素好文詞爲宗室之表

何道 宋山桑令元嘉初文帝遣大使巡行四方兼散騎常侍王歆之等上言山桑令何道自少清廉白首彌厲應加褒賚以勸於後

王珍國 仕齊爲南譙太守有能聲

沈文季 齊尚書右僕射魏軍南侵明帝遣文季鎮壽春文季入城嚴加備守魏軍敗去百姓

無所損

曹景宗 梁天監五年魏中山王元英攻鍾離詔景宗督軍援救破之凱旋帝於華光殿宴飲聯句令沈約賦韻時韻已盡惟餘競病二字景宗振筆須臾而成曰去時兒女悲歸來笳鼓競借問行路人何如霍去病帝嘆賞不已

韋叡 梁天監時魏元英攻鍾離武帝詔叡同曹景宗援之叡自合肥徑陰陵飛橋以濟畏者勸叡緩行叡曰今鍾離鑿穴而處負戶而汲車馳卒奔猶恐其後而況緩乎旬日至邵陽州截州為城比曉而營立元英大驚曰是何神也遂大破魏軍帝遣中書郎周捨勞軍叡集所獲於軍門捨觀之日君此獲復與熊耳山等矣

蕭藻 梁大通元年為都督優魏鎮渦陽藻性恬靜善屬文獨處一室門庭蕭然宗室衣冠莫不楷則

李崇 都督淮南諸軍延昌初壽陽久雨大水入城廬舍皆沒將佐勸崇棄城保北山崇曰吾奉命守藩德薄致災淮南萬里繫吾一身一旦動足百姓瓦解吾必與此城俱沒諸君勿復言崇深沉有將畧寛厚善御衆守壽十年鄰敵畏之

蕭修 梁武帝以修識量弘遠自衞尉命出鎮鍾離移風易俗人號慈

父**王肅**魏散騎常侍都督淮南諸軍悉心撫馭遠近歸附自處儉約屏絕聲色家無餘財景明間卒於壽春

劉模太和初出守頼州寬猛相濟有治稱後遂家於頼

盧潛北齊揚州刺史在淮南十三年大樹風績為陳人所憚陳主與邊將書曰盧潛在鄉宜深備之天統武平中徵稅頗雜江淮間百姓騷然隨事撫慰兼行權畧故得寧靖

源彪北齊皇建二年為涇州刺史以恩信待物邊境甚和鄰國欽服時李孝貞聘陳陳主謂之曰齊朝還遣源涇州來瓜步眞可謂知道矣

李雄趙郡高邑人仕後周韋孝寬畧定淮南雄以輕騎數百致硤口說下十餘城拜濠州刺史隋受禪拜鴻臚卿進爵高都郡公

元景山從周武帝平齊為亳州總管法令明肅盜賊屏跡隋文帝受禪加上柱國行軍元帥大著威名為敵人所憚

隋

趙軌壽州總管長史芍陂舊有五門堰久不脩治軌更開三十六門灌田五千餘頃人賴其利被徵入朝父老相送揮涕曰別駕在官水火不與百姓交不敢以他物相送公清若水請酌一

杯水奉餞執受而飲之

元矩 壽州總管高祖賜璽書曰揚越氛祲侵軼邊鄙爭桑與役不識大猷以公志存遠略故令鎮邊服懷柔以禮稱朕意焉

盧昌衡 爲壽州總管長史吏部尚書蘇威考之曰德爲人表行爲士則論者以爲美談

唐

柳寶積 永徽中穎州刺史修椒陂塘引水溉田三百頃爲民永利

趙環 壽州刺史武氏篡唐越王貞欲舉兵匡復遣使告環環妻長樂長公主謂使者曰李氏危若朝露諸王先帝之子不舍生取義欲何所須耶大丈夫當爲忠義鬼無徒死也

顏元孫 垂拱間爲濠州刺史即杲卿之父眞卿其從子也

姚崇 神龍元年由春官尚書同鳳閣鸞臺三品出爲亳州刺史

蘇晉 時爲泗州刺史以仁恕爲政吏民信服

員半千 爲濠州刺史不專恣事文雅故所至禮化大行

張鎰 大曆初爲濠州刺史行政清簡有司論天下牧守課績推鎰理行第一

崔渙 起家亳州司功叅軍選調人判者千餘人吏部侍郎嚴挺之設特榻試彝樽銘曰子淸廟

之器故以是題相命

張萬福　先是攝壽州刺史舒廬壽都團練使大曆中留宿衛改名正李正已反江淮漕船不敢踰渦口德宗乃以萬福爲濠州刺史召謂曰先帝改爾名正者所以褒也朕謂江淮草木亦知爾威名若從所改恐賊不曉是卿復賜舊名萬福因馳至渦口駐馬於岸悉發漕船相銜以進賊兵倚岸熟視不敢動

史備　白樂天奏云備有良吏之才而能本於文學輔以政事夫濠控淮之要可使持節濠州刺史充團練渦口兩城等使

獨孤及　兒時讀孝經父試之曰兒志何語對曰立身行道揚名於後世宗黨奇之天寶末舉高第歷濠舒二州刺史歲饑旱鄰郡流亾舒人獨安其治因俗爲理人用愛戴

李紳　壽州刺史霍山多虎採藥者病之置機阱發民捕射不能止紳至盡去之虎不爲暴

侯固　大中年間爲濠州刺史奏乞增植桑無加稅有石刻在定遠縣門

杜慆　咸通中守泗龐勛反圍城處士辛讜勸慆出家屬獨以身守慆曰吾出百口求生衆心搖矣不如與將士共死生衆聞感泣因與辛讜定計堅壁請援圍凡十閱月士卒皆奮

卒完一州 **朱景** 楊行密以霍丘當南北走集以景爲鎮將景驍勇絶人諸盜莫敢犯

五代

李延鄒 仕南唐爲濠州錄事參軍周世宗征淮南團練使郭廷謂命延鄒草降表延鄒責以忠義廷謂斬之舉州降唐主賞延鄒之子以官

王祚 漢華州刺史改鎮潁州均部內稅租補實流徙蹤遵以通舟楫郡無水患

宋

劉蒙叟 乾德四年登進士歷知濠州所著有五運甲子編年曆

段思恭 開寶中知泗州後太祖面諭曰卿在泗州百姓稱仁雍熙中知壽州克著勤績又知宿州

王旦 嘗通判濠州

喬維岳 太宗朝爲淮南轉運使嘗按部至泗州廉獄法掾誤斷因維岳詰之法吏俯伏且泣曰有母年八十餘今獲罪則母不能活矣維岳憫之因謂曰他日朝制按問第云轉運使令處茲罪卒如其言獲免

何蒙 精春秋左氏學通判廬州眞宗時上所著兵機要類十卷後知濠州

朱昂 知泗州常聚淮水流屍三千爲塚瘞之有戍卒謀亂昂誅其首惡支黨悉貫之所著

有資理論三卷

歐陽觀修之父也爲泗州推官讞死獄日求其生而不得則死者與我皆無恨也衆皆服

劉渙天聖中爲潁上令以剛直不能事上官棄去隱於廬山之陽號西磵先生歐陽修高其節作廬山高詩以美之

尹洙通判濠州爲政有惠愛

包拯仁宗朝知天長縣有盜割人牛舌者主家訴拯曰第歸殺而鬻之尋復有來告私殺牛者拯曰何爲割牛舌而又告之盜驚服

晏殊知潁州以政事聞於時手植雙栁於西湖後人思之爲建雙栁亭

歐陽修皇祐元年知潁州嘗因災傷奏免黃河夫萬餘人修陂水通西湖民被其利

馬仲甫爲發運使漕運經泗上浮長淮歲患風波覆舟仲甫建議鑿洪澤渠六十里漕運便之

呂公著文靖公子神宗朝拜御史中丞論事與王安石不協出知潁州公著先爲潁州判與歐陽修講學論道最相友善後知州人愛戴之不忘

趙抃通判泗州濠州守以賜不如法士卒欲爲變守恐怖閉門不出轉運使徙抃治濠抃至從容如平日濠得無事

吳奎至和二年由知制誥

出知壽州專以仁恕及民事至立斷吏民惜其去久而思之游酢知濠州程伊川嘗稱之云游君德宇粹然問學日進政事亦絕人遠甚張昇守濠州爲人忠信謹儉不受干謁所得俸祿分給九族梅詢詢仕於朝嘗請守濠王文正公訝問之詢曰欲遍故耳文正曰當除一通判伴讀於是以呂彝簡通判州事舊治倅廳兩間有梅呂讀書之所呂彝簡通判濠州嘗往河北按行水災還奏農器有算非所以重本也請除之因詔天下農器皆免算自宋至今行之陳堯佐知壽州歲大飢堯佐自出米爲糜以食飢者于是吏民皆爭出米活數萬人堯佐曰吾豈以是爲私惠耶蓋以令率人不若身爲先而使之樂從也李若谷知壽州先是豪右多分占芍陂夏潦壞田輒盜決堤若谷擇冒占田者逐之每決輒調瀕陂諸豪使塞堤盜決乃止蘇舜欽知蒙城縣有善政慷慨好古工爲文章歌詩善行草書士聞其名而慕之陳師道少好學曾鞏深器之元祐初蘇軾薦其文行教授穎州時軾知頴意欲叅諸門弟子列師道賦詩云向來

一瓣香敬爲曾南豐

蘇頌中進士第爲集賢校理不求榮利力求外以便養親遂除知潁州宰相富弼遺書曰若吾子出處可謂眞古君子矣

蘇軾元祐六年以龍圖閣學士知潁州是冬久雪頻饑軾奏發義廪積穀數千石并賣作院炭數萬稱酒務柴數十萬稱以濟饑寒又奏乞罷黃河夫萬人開本州溝瀆從之

曾鞏歷知亳州所至務去民疾苦文章與歐陽修齊名世稱南豐先生

陳師錫徽宗時疏陳時務出知潁州嘗與陳瓘同論蔡京蔡卞時號二陳

蘇轍哲宗朝論事出知潁州

曾懷倅濠州嘗曰事之大者視之以小小者視之以無天下無復事矣

宋庠治平元年以使相判亳州以鎮靜爲治

宋祁庠弟知亳州用經術飭吏事聽訟以平恕決之

富弼熙寧三年以使相判亳州不行青苗法被劾歸洛

柳植知亳州所至官舍蔬果亦不妄採時稱其廉

晁補之聽敏強記王安國蘇軾一見奇之嘗通判亳州

石昌言知宿州司馬溫公以詩送之曰煒煒符離守中流簇鼓旗

張耒熙寧中爲臨淮

主簿工於詩爲文汪洋淡泊爲蘇東坡黃山谷諸賢所稱賞

賀鑄以孝惠皇后族孫授右班殿直元祐中易文資倅泗州工詩善長短句王荆公稱賞之知名於時

張叔夜倅潁州嚴氣正性有幹畧聞於世

李顯忠金人之入顯忠出帥定遠與之力戰收復靈璧入城宣布德意不戮一人

陶令靖康間知盱眙縣徽宗南幸以南山有十景欲臨幸詔所在清道辭以非浹旬可辦帝嘉其直而止

張俊高宗時爲江東宣撫使都督張浚命俊屯盱眙時僞齊分道入寇俊時駐軍泗州賊衆十萬次濠壽之間俊拒之詔并以淮西屬俊張浚又遣統領官楊沂中至泗州與俊合遂破賊

盛修巳通判宿州建炎三年十月盜入宿州修巳守節不屈卒爲所害

康允之建炎中知壽春三年有賊丁進聚衆萬餘人攻城允之率軍民固守賊解圍去奏至高宗謂輔臣曰此郡守得人之效也

徐瑞益虹縣縣尉張邦昌僞詔至縣令以下迎拜宣讀如常儀獨瑞益不赴向子諲言於朝爲易文資

曾恬紹興中以右朝散郎通判濠州恬少嘗師

事楊時謝良佐劉安世陳瓘得存心養性之學及爲大宗正以不附秦檜落職倅濠　**王霆**　知濠州節浮費糴粟買馬以備不虞尋差知安豐軍臣寮上言王霆在濠人甚安之不宜輕易詔再任職事修舉　**邵青**　紹興十一年濠州陷兵馬鈐轄邵青巷戰死之　**王瓚**　理宗朝知安豐軍端平三年進對奏備邊之計　**杜杲**　理宗時知安豐軍事嘉熙元年敵至攻城火砲焚樓櫓杲有備隨陷補復多方捍禦會池州都統制呂文德突圍人城合力拒敵捷奏理宗賜御札獎諭杲淹貫經史善草書爲文麗密清嚴晚歲專意理學嘗言吾在兵間無悖謀無左畫得之四書　**李庭芝**　咸淳五年爲兩淮制置大使招徠士民大修學校賑恤貧窮約束吏卒嘗柵五河口增淮南烽一百二十及知濠州復城荊山以備淮南皆切中機宜由是境內安堵不被兵刃迄今猶傳李制使柵水涸時遺址可見　**連南夫**　守濠州古有東西二城濠水經其間入淮南夫始決濠水由城西達淮合二城爲一　**趙士暹**　以淮西兵馬鈐轄駐壽春賊丁一箭以衆來攻三旬不退士暹選壯

士數百出其不意擊走之

元

李艮祐 至元間爲靈璧縣尹當宋末兵爭之後人民流散城郭爲墟二十四年復立縣相度形勢內廨外市皆其所創始經畫者

王庭玉 至元十五年陞招信路總管府達魯花赤招信尋改臨淮俾仍舊任崇教化新廟學治官廨餙使館勸農桑勵風俗淮內以治後去官居亳以詩酒自娛

教化廸 延祐元年任太和邑中失火延燒廸禱于天有反風之應蝗災獨不入境人以爲善政所格

安汝明 延祐戊午以承事郎兼勸農事宰定遠首興學校謹禮奉法御吏甚嚴

嚴忠信 知濠州政尚嚴明有德政碑記至治間同知濠州事廉能有惠政

谷杲 至治二年任安豐路總管有能聲

李守中 至治間守泗州嘗新儒學其子晃黼死節忠黼狀元及第

李遵憲 泰定間任虹縣儒學教授雅有人望教誨有方

哈剌 賜姓金至順間爲鍾離縣達魯花赤能理冤獄政爲諸邑最

怯列 至順二年治霍丘勸課農桑修舉廢

墜多政聲

歸賜 至順初同知潁州事鋤奸擊強人不敢以年少易之

吳昇 令虹縣有廉能聲

曾明善 監壽郡編集農桑撮要傳於世

張晉亨 以萬戶戍宿州分兵列營於汴堤南北屯田種藝期年皆獲其利子好古繼知宿州訪民瘼革吏弊立爲條約

伯顏 薊國公脫脫之孫城父縣達魯花赤爲民追賊奮不顧身爲賊所害民於福寧鎮立祠塑像祀之

明

蔣子杰 洪武中知鳳陽府寬嚴相濟惠政甚多

樂嶽 洪武初任虹縣知縣百事創造政教兼舉

李天祐 洪武初同知潁州事時兵亂之後百事草創天祐隨宜經理招撫流亡移民歸復

樂瓚 洪武初知臨淮縣爲人廉幹賦役均平

鄭眞 臨淮教諭會留王之國道經臨淮名講春秋眞開陳大義王喜秩滿八見賜宴應制賦詩稱旨學士宋濂嘗曰鄭先生文發明洞徹使之獨步可也著有文集號滎陽外史

林庭蘭 洪武初令盱眙稱循良

游兆 洪武年判潁州修築清陂民永賴之

楊浩 永樂中任鳳陽知府處巳無私御下有道

楊

鏞永樂間知懷遠縣廉謹自持陞知沂州去任百姓攀留邊傑永樂初任天長典史公平制事人咸稱之閻斌宣德四年臨淮縣丞撫字有方邑人保留陞倅管事蒞任二十三年丞堅一心楊瓚鳳陽知府持身廉潔蒞任公勤正統間朝覲賜襲衣宴勞盧試榮正統年知亳州重修學宮創建義倉收貯穀粟以便賑濟林漢恭景泰年臨淮教諭行修而範學博而精以憂去任人多思之高昇天順年知霍山縣縣舊無城昇督民築土垣以爲捍衛霍之城自此始鄧昱天順年知亳州重建大成殿士民悅服白玉後軍都督同知成化初守備鳳陽嘗修復芍陂興水利至今軍民思慕其在官惟飲淮水而已章銳成化中知府事廉公勤恪詳審精密讞獄多所平反毅然以立政興教爲已任修郡學刻中都志綱舉目張得爲政大體劉槩成化年知壽州廉仁明果發奸摘伏如神猾黠屏息招延名儒振作黌序以及鄉社禁止佛老師巫境內淫祠廢革殆盡北門外建石橋通濟行旅復置義塚收埋遺骸城鄉各設預備倉恤

養孤老崇獎風節雖古良牧無加焉**鄭仁憲**成化間知天長縣興學校置館舍修壇壝立義冢建市肆凡政教之大者次第畢舉**張紀**弘治初知臨淮縣信以待物勤以集事秩滿民爲立去思碑**呂和**弘治中知臨淮縣持已方剛不避權要**曾大有**弘治間知定遠縣凡公宇學校城郭陂池增拓修飾允稱備美撲滅妖賊孔布張洪一境晏然**葛浩**弘治中知五河縣民安訟息加意學校歲旱禱雨徒步數十里躬親捕蝗卒不爲災民築捕蝗臺於稅止之所今尚存**孟統**弘治間蒙城縣丞建城池修學廡立壇壝實倉廩留心窮蔀加惠儒者官至僉憲**許弼**弘治年知泗州在任六年積穀至二萬石年飢百姓多賴以濟**吳九功**正德年知縣政尚清平心存惠愛行取赴京民皆攀轅臥轍留鞭懸於縣門之左**楊麓**正德年知定遠縣創建磚城民賴保障**葉寛**正德年知蒙城縣流賊屠燬民舍緣本縣無城寛乃建磚城[illegible]深池百姓得以捍蔽有修城記**孫誠**知霍丘縣事飢民流徙爲[illegible]城不可守誠至易土垣以[illegible]

百民樂趨事不閱月告成屹然保障

陳伯安 正德年以御史謫知靈璧縣爲流賊楊虎所執不屈賊義而釋之歸而益圖防守之計增高城若干尺建四門樓鑿河廣八里以環其外全邑藉屏障焉

蔣賢 正德年靈璧主簿楊虎入寇被執罵賊死之

李天衢 潁州道僉事流賊寇頻百計防守援兵垂至賊宵遁民皆相慶更生

趙夔 正德中知太和縣政尚寬平有古循良風承流賊後修建城池甃以磚石永爲保障

趙楷 嘉靖間知鳳陽縣操行清潔服布袍出入跨一羸馬從役二三人豪强望風斂迹三日一至學宮拔弟子之秀者廩給之今學宮老栢乃其手植

林大槐 嘉靖年知懷遠縣持身清約蒞下仁明編審節冗費日食不過一蔬修築陂塘積貯倉粟卒于任至無以爲殮

劉熇 嘉靖間知定遠縣時大飢疫邑里蕭然熇拊循孤貧威惠並著三年逃者以集居者以饒

潘槐 嘉靖中知五河縣博聞强幹大著賢聲前五河志槐所修也

劉天民 嘉靖四年知壽州崇獎節孝懲艾頑梗嘗立鄉社以敦風俗郡北門石橋歲久就圮

乃增修二百餘丈又積穀至三萬餘石以備凶荒**林希元**嘉靖年以大理評事謫判泗州事癸未歲大飢人相食青陽滄湖嘯聚七百餘人親往慰諭解散其黨且請赦其罪而賑恤之民賴以安**鄒時敏**嘉靖間令天長在任三年修學校築堤造橋人皆名曰鄒公**楊子龍**嘉靖間令天長銳意興革首議經費里甲繼請撤還驛傳革護城羅糴之稅修學宮東西月池修縣志尤關爲政大體焉**呂景蒙**嘉靖中由御史左遷潁州判官修西湖書院創建三忠六貞祠振作學校表揚風化豪右大猾歛手避之**茅宰**由刑部左遷潁州同知謡曰民之父母愷弟君子我賴茅公如此如此如此**傅棨**亳州同知勸學興禮創建湯陵修理城堤倉厫至今賴之**楊化**隆慶年知泗州城內外石堞皆其所築**陳址**隆慶間判潁州清嚴執法左右以賂進怒曰官而賂何顏對天日乎杖而遺之**王存敬**萬曆中令懷遠値連歲艱亟圖安養墾荒賑饑操守卓然**潘士紳**萬曆年令五河政尚簡肅一切羡耗贖鍰盡行捐革訟到即理案無留牘

時隣邑民有控於直指者欲批某府其人曰府守年欲批某州又曰州要錢直指笑謂爾欲批發何人乃曰願批五河潘清清廉其見信於隣封如此

方堪萬曆年令五河督築澮沱界水民食其德

黃克纘萬曆年知壽州勵政忘家常謂寮佐曰官職自有定分名誼千古不磨孤立自守不畏强禦崇文重士愛民恤惸申請編泒等則名曰一條編至今民享其澤

吳一鸞萬曆間令蒙城親履田畝清丈地數糧馬差徭均無偏累捐俸修學買祭器購羣書置學田建社學又教民鑿塘浚池以泄水患

黃楷萬曆中令霍丘力勤教養時淮河水溢壞廬舍沒人畜楷督舟拯溺全活甚衆捐俸置學田以待士之貧者士民德之

王世蔭萬曆間令霍丘多惠政築澧河隄漳水捍患於今利賴

陳泰交萬曆間令靈璧首革催頭包攬之弊除河夫馬戶外幇與里甲各色科擾流亡復業者數千家

李維禎萬曆中任兵備駐壽州其治修廢舉墜克靖地方以文人兼能吏

屠隆萬曆間令潁上甫下車訊民疾苦無如東門河決之患乃築長堤以

衛之令雉堞雖圮隆之功自在也

潘章 天啓年謫判潁州立一木於聽前書天地神明鑒察六字晨出焚香以拜後視事嘗語人曰官不論大小要各盡職

朱國相 由武進士署正留守事崇禎年流賊張獻忠由壽春犯鳳相統營兵三千接戰於上窰山生擒賊騎二人射死賊騎數十人頃之賊萬騎俱至箭如蝟集自刎而死

顏容暄 知鳳陽府事崇禎年流賊犯鳳遣兵同朱國相接戰及聞敗暄冠帶坐堂上罵賊不屈賊殺之火其屍於堂階石上血浸存形宛如其像郡人取石立塚建祠祀之

莊祖誼 崇禎年知懷遠初蒞任設計擒崔乾兩大寇以卓異稱

左相申 崇禎年知霍丘流寇再破霍城申被執大罵不屈賊怒磔之

蔣佳徵 崇禎九年知盱眙縣子惠困窮振作庠序釐夙弊懲巨奸流寇破縣城殉難

章世純 崇禎年教諭天長學通經子百家以至陰陽伎術皆能得其精所著有易禪易芭留書等集

羅萬象 崇禎年令天長首革火耗刻易知單遍給糧戶民得按單以輸前後發摘奸弊十餘條吏胥懾伏

蘇

士寬崇禎年任鳳陽通判清操敏事八年正月流寇圍潁登陴巡守城陷死之妻崔氏同二女登署樓積薪自焚一門節烈尹夢鰲崇禎間知潁州潔己惠民會流賊攻潁督衆守禦越三日城陷死之廖維義崇禎年以禦流寇功由司訓陞潁上令廉明果斷才敏心慈深得人和之助

皇清張啓泰長山人順治丁亥進士任鳳撫愛養殘黎獎拔士類潘登貴四川嘉定進士順治二年令懷遠鎮靜爲務士民安焉模王師保蜀人庚辰特用進士授五河以戶部主事差視鳳陽倉沉靜有守多惠政先是令五河歲荒無米漕餉莫措詳請以麥代米一邑便之

傅應薦遼東人知泗州時年二十有四老成持重慈愛溫和己亥夏淮漲將灌城訛呼北堤已潰左右趣之登舟應薦叱之曰吾他適如民何乃於堤前拜水疾呼聞者感泣禱畢水勢退危城獲安李毓秀河南人順治二年知天長縣時縣屢經兵燹民多流亡加意招徠給以牛種百

姓至今懷之

史記功滿洲人順治四年知鳳陽府才優保釐治績著聞

張純熙直隸眞定人順治四年任鳳陽推官廉明王直蒞任數年百姓戴如父母

吳國用遼東人順治六年知霍丘縣未幾賊陳伯紹倡亂擁衆入寇會久雨城圮賊至揮刃躍馬率甲士巷戰斬首七級勢窮力盡遂自刎

詔賜祭葬贈江南按察使司僉事廕一子

王辛直隸進士順治七年任天長蒞官九載値海氛入城抱印自經

詔賜祭葬贈按察司副使廕一子

喩三畏遼東人由貢生歷知潁州蒞官有廉惠聲淸刑獄平賦稅修葺

聖殿文昌宮振起文風重築西湖堤岸灌漑桑麻濬濠閘通水利潁人食其德請祀名宦

徐州

〔漢〕許愼爲沛長著有說文行於世

龔汎令蕭多善政蝗不入境

牟融永平間爲

豐令視事三月獄無寃民

魏朗 桓帝時彭城令時中官子弟多行非法朗每劾奏倖臣忿疾欲中之會九眞賊起衆薦朗爲九眞都尉獲免

三國

王祥 徐州刺史呂虔辟爲別駕郡人歌曰海沂之康實賴王祥邦國不空別駕之功

唐

李藩 張建封辟爲判官建封卒濠州刺史杜兼陰圖代之疾驅至府藩泣謂曰公今喪君宜謹守土何棄而來不速去當劾奏之兼錯愕竟歸誣奏藩撼其軍有非望上大怒密詔杜佑殺之佑素重藩用百口保之帝復追藩入望其狀貌曰是豈作亂人耶釋之尋拜秘書郎

韓愈 張建封辟爲推官操行堅貞鯁言無忌

許孟容 長安人擢進士異等調校書郎張建封辟掌書記李訥以兵拒境建封遣使諭止三往皆不聽乃使孟容數引順逆訥即悔謝罷兵表爲濠州刺史德宗知其能召拜禮部員外郎

韋恒嗣 開元初碭令爲政寬惠民愛之

張愔 徐州刺史守徐七年百職具修其政稱治

宋曹彬知徐州性仁愛有吏犯法逾年後杖之人問其故彬曰吾聞其新娶婦若遽杖之彼舅姑必以婦爲不利吾故緩之而法亦不赦也

孔道輔歷官知徐州性鯁避風采肅然權貴忌之

蘇軾知徐州值河決曹村水及城下富民爭出避軾曰富民出衆皆動搖驅令復入隨呼營卒持畚鍤出築東南長堤起戲馬臺屬城止會大雨城不浸者三版軾廬城上與城存亡令官吏分堵以守城卒獲全

曾肇知徐州仁厚謙和然無阿徇故舊犯法亦不寬宥公餘著書不輟時稱名太守

王復知徐州北軍圍城與子倚戮力戰守久之外援不至城陷嫚罵求死闔門百口皆遇害其帳下趙立已奪門出又潛入求復屍掩之奏立忠烈廟謚壯節時教授鄭褒巡檢楊彭年亦死之

程珦歷知沛縣事會夏雨潦平地流波民大失秋珦念曰稻既不登續食在菽水退而後耔之不已失時乎募富民捐菽數千石貸農令布之水中水未盡而甲矣是年遂不艱食

元燕只吉臺徹里世祖時爲徐州達魯花赤崇尚經術周知民情鋤强扶弱吏民畏而愛之

耶律廷瑞至元丁丑爲蕭令捐貲改建學宮士風丕振

趙野大德初爲沛尹勸農興學政平訟理沛人懷之

楊泰大德十一年爲碭令興崇學校勸課農桑民懷其德

郭瑄至正五年知豐事沉靜有爲凡建廨宇興學舍不動聲色而事集百姓安之

明

文景宗知徐州事廉介有守時天下初定瘡痍未息民多流離宗招徠賑貸勸督農桑民以安集

楊節中洪武戊寅以薦舉知徐州政以厚風俗爲務會州大厲遣醫四出捐俸給之在任六年政化大行

曾本洪武中爲豐令性廉潔政尚寬平吏民懷服

宋誠景泰中任徐州時大飢厲多方賑救往吏多怠玩廢事誠繩督不少假借署宇祠廟學校百廢俱興又修纂郡志文獻賴之

張夢輔成化中知碭縣剛果有爲百廢具舉尤能弭盜境內晏如

姚祥弘治中知沛縣事會天旱禾稼就稿祥引咎責己虔禱三日大雨如注民歡呼曰姚公賜也民

有負官租數年者禁比難完與之期而遣歸民果至無後期

樊準 正德中知徐州時中貴督廣運倉米莫敢誰何準繩之以法又進解中貴橫索驛遞供應不貲準廉其所挾私物因裁抑之尋被誣逮繫老幼號哭隨之者幾萬人抵京事白調任

項情 嘉靖中爲徐州判官時自秋徂冬不雨民憂惶無計情徒跣爲民祈雪正日卓午方出武寧門雪隨大降人咸以爲精誠所感云

劉順之 知徐州徐頻年水爲築堤塞戶創週圍護城堤歷郊原問民疾苦請賑蠲裁定賦役學宮新遷日爲臨視以底於成秋旱禱雨輒應明年火延城樓望拜即滅居四年百度俱飭

姜士昌 以戶部主事監徐州倉年方弱冠能洞燭吏弊即老吏不能及一歲有羨餘萬金悉貯州帑公用不入已槖

劉萃 知徐州操守堅凝後被白簡將行有奸民潛遺數百金求脫重譴萃大怒隨以金白兩臺正其罪不以去位而變所守如此

張璇 由舉人任徐州戶部主事時黃水暴漲上下驚懼璇於六月初二日移署於戲馬臺是夜河決城陷典守無失人皆服其先見因創建圍

牆增修樓宇相沿爲令之部署焉

鑿義井修放鶴亭衆爲立神祠　馮裕爲蕭縣令邑饑發倉廩以賑仍日煑豆粥百釜食之民賴以活又撫流離墾荒田勸課農桑補助不足邑人依容慈母

胡守約知沛縣事時中官史宣進貢經沛陵轢官吏守約與宣訐奏被誣繫獄比鞫對持論侃侃無少屈撓寬罷歸後復起用官至僉事　李文憲嘉靖間任沛縣丞入城刼掠憲率民兵拒之賊勢熾衆曰事急矣盍避之憲曰吾爲國家守民社遇變而避如吾民何乃奮然當先　王廷卿爲碭山令愷悌精敏撫字有矢盡遇害

上簡循良吏得二　高祿爲豐縣令會洪水陷城民十五人廷卿與焉　任惟賢知豐縣事有幹畧築新山斬茭即居專務　吳文光萬曆元年知豐縣儉約民賴以全　事廉介端方倜儻滯援征薄斂與民休息

及去老幼攀轅號泣

有爲裁冗役修縷堤開荒田

作新士類修葺學宮以憂去

皇清江鷹卿江西人由貢士知徐州事一塵不染爲政務舉大綱詳豁荒地四千七百二十五頃爲民請命憂心嘔血卒於任入名宦

滁州

漢劉平全椒長有恩惠百姓懷感人或增貲就賦或減年從役獄無繫囚先有虎爲害平至日虎皆南渡去

晉孔奕全椒令明決立斷因手提重輕辯兩甖酒水之異人服其神

唐韓思復大曆中滁州刺史州境舊有銅坑民苦鑪鑿復買他處費省獲多州署生黃芝五莖民爲刻石

韋應物建中二年滁州刺史政務閒暇時與禪客爲林泉之遊

李紳太和二年遷滁州刺史時多虎民治機穽自方不能止紳令盡罷之而虎不爲暴

李德裕開成元年滁州刺史舊無屯營軍士剪茅以居[illegible]內多淫寺爲盜藪德裕撤屋制營軍士獲安盜[illegible]

舁跡

宋趙普通判滁州太祖入滁與語大悅會獲盜百餘將盡殺普請訊鞫後決全活甚多因留置左右

元時忱全椒令時縣之井民皆汲水襄河時忱鑿井縣門外廳民挹取至今利之

李彥明全椒令建學宇新縣治重修勑書樓折服豪强四境帖然

王俞全椒令創建學於襄水南獎善懲惡訟平盜息

黃師忠建炎間全椒燬於兵忠爲令結茅舊址政務清淨盜賊屏息

張處厚全椒令復建縣治嚴飭胥吏不姦取與

王禹偁至道中謫守滁州四方文士從遊甚衆閩人趙襃徒步謁見爲買一馬或言其買馬損直太宗曰彼嘗卻李繼遷五十馬顧虧一馬價哉

歐陽修慶曆五年知滁州事明不及察寬不至縱吏民安之作醉翁亭自爲記

張方平慶曆八年知滁州爲政清嚴一日遊瑯琊山藏院流連俯仰書經偈筆法遒古蘇軾序之

趙槩慶曆二年知滁州時劇賊李小二踰境上曰我東人也趙公嘗爲青州東

人愛如父母我不忍犯乃引去**陳知新**知滁州得泉幽谷山下名曰豐樂作亭其上泉名紫微亭曰觀亭**羅畸**元祐四年滁州法曹或曰滁貧陋畸曰此歐陽醉鄉也庶子紫微香泉萬斛瑯琊幽谷白雲千頃何謂貧陋耶**唐恪**宣和初知滁州嘗上來安苟與齡孝行於朝詔表其墓又作同醉亭**梅執禮**元符五年知滁州時滁州賦鹽患抑配執禮具奏請免上詔損二十萬**劉位**爲滁濠鎮撫使攝州事靖康四年敵逼城位出城接戰中流矢殁事聞詔贈節度使賜祠號剛烈**魏安行**紹興年知滁州郡罹兵燹壇壝皆毀安行從草莽得碑依政和法式置焉招徠墾田民賴之**辛棄疾**乾道年知滁州滁罹兵燼井邑凋敝棄疾簡賦舒征收集流亾教民兵議屯田**張同之**淳熙年知滁州奏言地居極邊控扼要害宜分兵屯駐詔於馬軍司撥兵戍守歲畨上置寨州城東南爲屋百餘楹**許巽**嘉泰年知滁州增修壇壝郡境故有津渡三前守月賦錢共一切蠲罷仍各造舟以濟禁私賦民德之**林嘌**嘉泰年卿滁州時州

賦鹿非其土產上言請免

趙葵 紹定年知滁州修浚城隍竭力守禦以壯兩淮門戶

杜杲 淳祐間滁州受兵杲提偏師往援民求入城避兵守拒不納杲啓城收之已而北兵圍城數重杲登陴中矢遂益淬厲城以得全

盧秉 熙寧末提點刑獄兼監鹽上計神宗問曰聞滁民捕蝗食有諸對曰民誠饑甚殍死相繼帝惻然曰前此獨趙抃爲朕言之爾

元

劉琪 至元間知滁州創鐘樓建永濟橋增置大成器樂

李安公 全椒知縣興學勸農蝗不入境

楊樸 全椒令寇陷城樸先殺妻子朝服坐堂上盜欲降之曰我已殺妻子正欲死官守耳大罵不屈賊爇樹上殺之

蔣居仁 來安令精於吏治士民樂之

明

周鼎 洪武八年知滁州始滁隸中書事皆符下行有不可者封上之已隸鳳陽守數苛責之因毛舉細事撼鼎鼎不爲動滁固孔道事鞅掌鼎綜核嚴明治常在他州先

吳頎 永樂初全椒教諭以纂文筆峯致飛語乃率諸生登明倫堂日始禍者余也余死若等獲生矣遂自縊

陳

璉 永樂五年知滁州璉專務德化不用刑威又時修舉廢墜士習詩書民安畎畝

馬繼祖 永樂間知全椒縣新學舍又督修寶林橋以濟涉民俗安阜

歐陽灤 全椒訓導立心正大篤於教人日夕坐堂上與諸生講義夜則秉燭巡號始終不倦寡交遊不輕取與士論推服

留衢 正統年知全椒縣興起學政作明倫堂新東西二齋爲政平易近民禮教刑罰悉中要欵單騎勸農椒民祠之

周正 天順八年知滁州緯有治績滁稱良守前有陳璉繼則周正云

江輝 天順年全椒縣諭勤懇教人輕利重義士論攸服

趙禮 成化年知來安縣創築土城修學宮作廨舍立集場以通貨修堤防以蓄水三載百廢俱興能聲大著

曾顯 弘治三年知滁州滁當道衝每歲方貢過宧并闔騎虓闞率用夫馬騷驛煩費民甚苦之顯議中道池河爲定遠西徵設站協之始河決徐州民田租不入撫按議令滁爲代入顯疏爭不便下兩院議俱如指値歲旱顯率父老跣望豐山拜行稽顙一夕大雨如注

湍倧 正德年知全椒縣卜遷學宮於白雲菴公事竟

勤不數月規制巍然

孫贇正德年知全椒縣清白有氷蘗聲刱造學宮堂舍皆力不括于民規制井然

林文卿正德年全椒教諭時遷學宮竭力繩督堅緻而不苦窳講課鄉射悉如古泮宮法

周祚嘉靖年知來安縣簡而不疏寬而有制無事變更而政多修舉

陳則清嘉靖年知滁州歲大旱則清發倉賑貸踰年疫厲民病不能徙量地設塲爲糜食之又請折鳳麥民免輸運之苦

王邦瑞嘉靖年知滁州方嚴清介徭傳馬驢取給田丁民多患之邦瑞哀益稱平屯所養馬田地多乾沒貽滁民病邦瑞慨然具土蠲逋欠均科派平馬政減重徵諸款奏請釐覈關館於龍興寺廡集諸生課業日給廪餼筆札時造館指授讀書爲文大義

鄭慶嘉靖年守滁州時飛蝗蔽天禾黍殆盡慶簡吏分捕記捕蝝多寡給穀如之人爭趨事乃得有秋

林元倫嘉靖年守滁州時大旱步禱柘子潭有白龜浮水上甘澍輒應滁本孔道輪蹄爲困倫力爲裁省諸所因革悉中時宜

趙大綱嘉靖年知滁州請改鑄大成廟器出所輯四書要旨示多

士重修豐山廟以時雩望 趙鏜 嘉靖年知全椒縣
成建大觀樓于州門上 衛屯梗化鏜大用
懲創請于屯田御史每屯 陳誨 嘉靖年知全椒縣
置老人轄之縣稱良法 於縣治作草亭扁
堂曰仰歐 淩約言 嘉靖年知全椒縣兩
軒日思過 役約言著爲令自是無養馬害
會河南寇師尚詔反約言 顧逵 嘉靖年知全椒縣
集鄉兵拒賊賊遂遁去 時寇侵盱眙逵先
樹木爲柵晝夜巡警又 余翔 嘉靖年知全椒縣兩
沿襄河築城賴以固守 造盈庭平決無停晷
時進諸生質經授講 嘉靖年以御史左遷知
解任去士民思之 顧問 來安簡肅嚴明盡釐宿
弊縣當南北孔道民苦供應問廉知其患悉爲嚴
絕俾六合滁陽夫馬從舊路直達驛困以甦暇日
親課諸生 魏大用 嘉靖年知來安縣無城郭民甚
啓迪不倦 驚恐大用築磚城不數月而成
萬民藉 張四術 嘉靖年知來安縣端謹愛民其於
以安堵 六合迂道尤所軫念四術徧控江
南北諸當路僉報可 吳毓嘉 嘉靖年來安教諭約
迂道遂塞民始稍息 令舉行家禮力禁[illegible]

葬鼓樂浮屠風俗丕變

嚴汝麟 隆慶年知全椒縣下車訪時俗商確利病建尊經閣於浮宮巽方爲邑重鎮

丁士奇 萬曆年知滁州建四隅角樓以備瞭望盜賊莫敢近時監司取鏹金逾額帑積虧欠自鬻家橐園代償不以擾民

陳允升 萬曆年知滁州遞苦衝允升議滁大兩驛各分馬十匹設貼雷集驛始不疲滁田瘠糧重嘗有棄產去者允升履畝清丈計額均賦百姓賴之

孫森 萬曆年知滁州廉明強幹下無敢欺滁衛弁忌其嚴覈撫訴於監司森條達得白因寘侵帑諸弁於法是時郵遞衝疲勘合自牌雜遝而至森調度有方民賴弗困

田梃 萬曆年知全椒縣立漢劉平祠顏堂曰仰劉舊治後河南北通津行人病涉移文和守各造浮橋至今利濟

樊玉衡 萬曆年知全椒敬禮耆碩表章先賢因俗便民鋤惡獎善後以謫戍雷陽道經滁滁民傾城送之揮手謝邑人自跨驢而去

劉是 萬曆年知全椒縣立會課士躬自品騭請蠲逋賦用恤凋殘舉行鄉約旌表節孝後調江都士民思之

關驥 萬曆年知全椒縣甫下車

值加派河夫穀然爲民請命椒得不困

管學經 萬曆年知全椒知摘發侵欺覺察僞篆又查革積蠹捕鄰境大盜決斷疑難重獄士民服其精明

吳羽文 萬曆年知全椒縣愛育群黎措擊豪猾正侵欺懲投獻杜侵越捐俸錢拯昏墊興利除害溢任一載調江都去

楊道臣 萬曆年知全椒縣縣時值異荒設法賑濟立社造士重修縣志於廢墜尤多釐葺

錢應元 萬曆年任來安論倜儻有氣節會令虐士誣揭直指應元自其寃直指爲之霽顏

秦植 天啓年知全椒縣嚴於御吏惠以澤民發諸役蠹狀人仰爲神明尤嚴請託杜苞苴調疲驛薄稅通商皆以實心爲實政調任皖江惟攜布絮一篋而行

蔡易葵 天啓年知全椒縣有吏治才興利除弊民賴以安

孔貞志 天啓初任滁州訓導時周海門講學於滁貞志獨無所問諸生叩之曰先人書玩味不盡遑及其他

孔尚則 至聖裔崇禎間知全椒縣時兵興旁午徵調無虛日尚則出壁立辦椒苦里役長催火耗起解種種滋累尚則至剔弊立法農民樂業

皇清蕭琯雲南舉人滁州知州安輯士民率
衆歸城治績芃著尋升楊州知府湯九圍
遼東人貢士順治八年知來安縣邑疲田產多鬻
於省州客紳豪右土著存者二三里役大爲民害
九圍詳酌定爲官
收官解民困以甦

和州

晉甘卓晉元帝時授歷陽內史毛穆之桓溫將征
爲政簡惠善於無綏袁貞以冠
軍領淮南太桓伊累官至歷陽太守苻堅南寇伊
守守歷陽與謝元謝琰破苻堅於淝水
南北朝劉湛初爲梁郡太守改領歷陽奸吏犯到
賍百錢以上皆殺之郡下震肅
從文帝平謝晦屢戰領歷陽太守魏遣
彥之有功遷刺史鎮歷陽韋叡衆攻伐叡率州兵
擊走張齊梁高祖受禪任歷陽太守手不知書
之目不識字而在郡有清政吏事甚修
唐張無擇高祖時和州刺史水潦害農請饋穀賑
之採訪使李知柔素不快其直誣密奏

以附下爲名貶蘇州別駕老幼遮道攀留

張知謇 中宗時和州刺史清介有威嚴武后降璽書存問焉

劉禹錫 德宗時以王叔文黨貶連州累徙知和州有廳壁記陋室銘和州州詩等作

凌準 憲宗時出知和州多善政柳宗元爲作權厝志

〔宋〕

傳堯俞 英宗初謫知和州多惠政一日通判楊洙乘間問曰公以直言斥居此何爲言不及御史時事堯俞曰前日言職也今爲郡守當宜朝廷美意而乃沾沾追前日闕政與誹謗何異宣仁太后歎其爲金玉君子

范純仁 以忤王安石左遷知和州德政著聞時人有請教者純仁曰惟儉可助廉惟恕可成德

劉摯 熙寧中忤王安石徙知和州有善政

胡宗愈 熙寧中以諫用李定出知和州留意民事訟至立決

吳居厚 熙寧中知和州奏減苛征罷無名之賦

凌冲 知含山縣號爲循吏秩滿去老獲有蓄一砧者冲曰非吾來時物命還之

宋昌祚 爲和州鈐轄建炎四年兵圍和州昌祚率衆堅守被圍數匝禁軍指揮鄭立亦激士卒死

守軍士胡貴發弩中敵左臂敵怒飛砲雨集城立破昌祚與立廣皆死譙樓上

韋永壽 紹興末爲和州統制禦敵戰死子世堅救之同死

姚興 紹興末爲和州統制與敵鏖戰死尉子橋贈容州觀察使立廟賜額旌忠

冷世修 通判和州守尚嚴峻之以寬秩滿吏民詣臺乞留

周虎 開禧二年知和州時和圍甚急乘城拒守其母何氏儆厲忠義誓與兒偕存亡合戰凡三十有四殺驍將以十數敵大創引去事平虎推功歸母進封永國夫人州人德之爲立母子孫祠

趙師嵓 嘉定間爲和州觀察使有惠政

元

馬澤 知和州禮儒生修學宮均戶役門無雜賓庭無留訟年歉活饑民甚衆

釁卜泰 泰定年擢烏江縣監以教先法春行勸農躬自裹糧曉民禮法訟者感服有兄弟九人爭訟泰論之悉感悟同居無異又有陶姓而孤族人利其產泰按其罪歸產於孤衆皆悅服

明

郭景祥 洪武初總制和州增城上樓櫓一百餘所浚城濠六百餘丈置公署創學宮建

鎮四樓乘駟橋飭農事廣屯田威望大著帝聞遣使以璽書勞之

張純誠 洪武初知和州修城池學宮祠廟衢路

陳善 洪武初知歷陽縣上書乞復縣爲和州詔允之遂俾知州事養民以德有良吏風

李相 洪武中知和州築郭公壩銅城閘東門外閘翔州署及和豐倉民甚便之

陳琦 洪武中知和州有善政民服其化男女異路囹圄空虛

戴泰 永樂初以隱逸應召知和州治稱清白

侯潤 和州知州嚴明廉幹抑強扶弱訟簡盜息

劉隆 天順六年知和州剛正勤慎興利除害備倉糶平民賴以給興學造士均賦足國靡不曲盡

董錫 天順年和州同知蒞官嚴明莫敢干以私均徭役清軍伍修學宮興水利其功尤多

黃潤玉 景泰初含山知縣出土水旱無備潤玉鑿渠塘築堤堰瀦湖田賴之始成

胡漢 成化年知含山縣去淫祠正風俗邑人稱之

吳璉 成化年知含山縣歲荒民饑作糜粥以飼流移所活巨萬公餘設帳授易于生徒

林長繁 弘治年知和州愛民惜財案牘詳審歲旱則懇祈民饑則

廣恤全活甚多顧珀正德年知和州簡訟輕役摘伏發奸圄圄空虛孔公才正德年知和州賊劉六自湖廣順流而下公才練兵修城鑿重濠賊偵知有備不敢犯一日賊數十艘至新河將登岸率民兵禦之引弓中其魁舟輒覆賊遂引退祝弘舒正德年知含山縣政尚平易清戶口毀淫祠平賦役崇學官以才堪治劇調繁去賈應春嘉靖七年知和州秉性剛介事至立剖胥吏不敢作奸孟雷嘉靖年知和州拊民慈惠勸農卹貧形諸詩詠考課士類拔其尤者優禮之用示激勸張叔宣嘉靖年知和州歲大旱發粟賑饑民無流殍嘗單車出見邨婦黟行拾菜下車慰問持一束歸和羨名諸僚啜之令知民疾苦凡廩過客惟魚一肉一日吾不忍剝民以悅人也時有陳御史北上裁其夫役陳尋按廬廉其清苦更力薦之陳冠和州同知勸農課士革弊均徭更捐俸以賙貧鄭曉嘉靖年左遷和州同知政尚平易清伍有裨軍務捐俸糴穀歲不爲凶僻處城西峨嵋書院著述不懈吳衍嘉靖年左遷和州同知公平仁恕克

勤厥楊敦厚　嘉靖年任含山縣幕官禦倭築城功職績昭然幕廳桃符守未頒給自題其門云但願民間無菜色何須官舍有桃符迄今傳之

牟蓁　嘉靖年知含山旱不爲災謠詠並起

晉朝臣　隆慶年知和州嚴而能惠清里甲除奸蠹崇獎節孝甄拔寒微多所建議悉中時務

郭繼芳　萬曆年知和州建巽塔遷泮宮實倉廩以賑饑擒魁盗而禁猾士民德之

袁伯鑰　萬曆年知含山政善民安採公論絕私囑遠衙蠹抑豪强丈量編審剔清夙弊課士勸農不憚勞倦

黎弘業　崇禎年知和州流賊逼州境城守戒嚴迨賊退作詩勞士冬賊大至城將陷弘業繫印於肘跪請於母曰子不肖貪微官而累母柰何母李氏泣諭曰子勿以我爲累事至此有死而已遂自縊妻楊氏妾李氏女四皆自縊弘業北望痛哭再拜硃筆題曰爲官不負民爲臣不負君忠孝誠已盡死生安足論卽引劒自刎未絕復甦復濡頸血大書曰爲臣死忠爲子盡孝大丈夫何惜一死哉賊入被傷數刃而死有欲殘其屍者衆戒曰此忠臣也勿毁之事聞贈太僕少卿蔭一子

同時學正康正諫死於泮水後贈國子監丞訓導趙世選不屈死州判魚大用同妻妾及長媳俱死吏目景一高被創死

皇清徐萃山東臨清人旗下貢士知和州以簡御煩以惠兼義公務之暇課士有風雅之遺民肖像祀之

任憲伊陝西清澗人貢士順治四年任和州同知有惠政至今士民思之

朱長泰山東德平人丁亥進士順治四年知含山縣嚴正果斷有包公再出之謠鄰民上訟求批就理獎善必力除惡務盡三年考成廉敏著稱

楊繼芳直隸南和人拔貢順治十七年陞任和州間靜敏贍廉明敬愛百務釐舉四野謳歌

廣德州

漢張純京兆人拜郎中補廣德令治有異績擢太子輔義都尉

宋梅詢知廣德軍興學校敦教化政績甚多於橫山建集仙攀嘉二亭官至翰林學士

范

仲淹為廣德司理參軍日抱牘與太守爭獄訟是非守以盛怒臨之不為少沮嘗搆一亭引四鞫訊竟得其平因名曰范公亭去任時貧止一馬鬻之徒步而歸今入四先生祠合祀焉

錢公輔治平間知廣德軍舊學在城北以卑陋遂徙之東南嘗延鄉老以教農桑撰學諭以訓縫掖官天章閣

孫諤因言事章惇惡其拂己斥知廣德軍待制尤尊禮賢士時張介隱居城北公暇詣之相與酬唱

洪興祖紹興間知廣德軍山高溪峻水無停蓄興祖周視水源鑿陂塘六百餘所民藉以無旱憂嘗建學宮定從祀諸賢慎鄉飲典儀又作原學記以示諸生勤政惜民闢邪守正

熊彥照淳熙六年任廣德軍勤恤民隱歲祲擅發常平倉活民甚多自劾矯制之罪

耿秉淳熙中知廣德軍事清儉自礪會年饑擅發倉穀濟活以萬計寧宗聞之賜璽書褒異

薛極開禧元年知廣德軍嘗奏減月俸錢并贍軍酒庫中免軍兵調度民獲免于科擾

趙彥誠嘉定中知廣德軍事興學校重鄉飲立為善齋以教宗子置田產以贍生徒

黃震

判廣德軍清介自持政多仁惠郡西祠山神風雨靈應聞江淮民詣禱者率身嬰桎梏自行笞掠以徼福利震悉禁絶之

謝方叔 知廣德軍遇旱設法賑民所全活甚衆死者爲義塚葬之去日民扳轅泣曰先時微公某等俱入此塚矣

[illegible]一壁 寶慶間知建平縣興學校溪得治體

林棐 紹定間知廣德軍政崇寬簡嘗奏蠲兩縣逋租一萬五千有奇代輸積逋十一萬七千餘貫民愛戴之公餘修桐汭新志二十卷

董槐 淳祐中爲廣德錄事參軍洞晰民隱豪右斂手以避時有誣富民李桶私鑄兵器結豪傑以應李全者郎捕繫之獄槐攝通判察其枉上書白其不反狀桶竟脫獄由此直聲動天下

施德懋 端平間知建平縣事歲大饑多方賑恤全活甚衆士以無養多失業特招邑子弟教之復學田五百餘畝贍焉修橋梁治傳舍招流民卓有惠政

趙時踐 宋末爲廣德軍司戶參軍攝建平縣事元兵南下先驅擁東門時踐與繆霆起計事官署中夜嘆曰事勢如此惟有死耳霆起曰如家何時踐曰皮之不存毛將安附黎明指前溪曰吾已與

家人訣懷石是中矣因登縣樓撾鼓與敵遇敵人勢蹙與妻子僕妾九人赴溪潭死　**常懋**　淳祐中知廣德軍會郡水災懋擅發社倉賑饑民萬餘人又置慈局以恤孤立先賢祠以崇德　**王汝翼**　廣德知縣元兵入境汝翼死之

〔元〕**王勉**　大德間尹建平峻廉操杜私謁歲大祲多方賑卹癘大作單騎携醫家給以藥卒於官子孫家焉　**胡定國**　大德癸卯視學事橫經講說以道正人與復學宮士類頌之

〔明〕**羅坤泰**　永樂間知廣德州文學優長諳練治體　**周瑛**　成化間除廣德知州蒞政平易近民公暇巡行原野察農之勤惰薄懲更示蠶繅法以興民興利慮民喪祭無章溺女不恤因著廣孝廣慈錄及詞山雜辨以諭禁之尤加意學校遷明倫堂築萬桂山朔退省軒九載庶績　**邵蕃**　成化年知建平縣簡易慈愛留意敎化治行爲江南第一　**孫𦆚**　洪治間先任御史剛正不阿以忤權貴遷知廣德州不事威力而寧靜鎮定四境肅然　**江暉**　正德進士授翰林庶

吉士以直諫謫知廣德州公勤廉慎出不坐乘食不二味惠政未易枚與武宗南巡江以南率苦供億暉措置得宜一方寧晏

趙崇賢 正德間任廣德知州大祲崇賢多方綏輯民賴以寧方議津貼建平軍需以助養馬賢曰馬政派自草場軍需出於田畝縣民食田力而州民爲之納稅非制也亟白憲司停止之先是修撰王公叔英以死難葬橫山之麓公表其忠節

鄒守益 嘉靖初謫判廣德創復初書院置學田率諸生講良知之學從之者衆

張潔 嘉靖元年知廣德州性嚴敏博學能文革奸弊鋤强梗擢儀部員外郎有郎川宦紀詩

陳德驟 嘉靖進士知建平事嚴威公正諸餘羨悉充正賦申減救馬之額裁供億之費履畝丈量積弊盡除

趙祐卿 嘉靖間知建平縣才能任事不頤私情築山陽楊學潘城等圩

宋鰲 爲建平縣丞慷慨介直嘉靖乙卯倭蹂躪郡邑勢蔓延鰲甫至任即率民兵赴征於上海孤軍援絶倭衆卒至遂遇害殮時創鏃滿體士民哀之

朱之楫 建平知縣遷學宫捐俸助役墾浮湖廢地開西河增置義倉義

掾**陸長庚**廣德知州居官廉敏置學田新黌宫設尊經閣首德行而次文藝課農桑濬溝洫建倉水陽以便軍民時有竹一本二幹有蓮並頭産于州署人以爲瑞**胡子晉**廣德州同知夙夜勤瘁不以佐貳自怠供用蔬茹悉載於家郡中豪猾皆斂跡時以方宋之范司理**張嗣誠**由進士下車加意學宫剏尊經閣聚諸生講解課藝士風丕振民有訟者片言決遣賦無加耗**程艮務**知廣德州事居官廉明不事苛察幷羨空尤加意作人恒賜爲災躬行步禱大雨立澍一時傳爲程公雨**金印榮**爲州學正集諸生月課分毡俸以給生膳士之得與於選者如登龍門持躬端方而誨人不倦時以方之胡瑗**張翼**知建平事秉公宣力興廢舉墜建縣廳譙樓儀門司庫**曾鐸**知建平事政務寬恤修舉廢墜**張宗信**知建平縣狷潔自持親民惠衆萬曆間稱循良者以朱張二令爲首今合祀于西郭外**向蕚輝**萬曆間知建平事温和平易謹權量平物價**鄧京**學宫舊附東郭外屢圮於水爲捐俸内徙之

天啓間由舉人司建平教事愛育士類黌宮朽敝出槖貲數百金修之並建聚奎書院文昌閣魁星樓祀於觀瀾亭

侯佐崇禎間知建平縣初下車憲檄準旨造城經營督勸井井有法期年工竣時溧陽大盜白晝剽掠練義勇設策擒之

何弘仁崇禎丁丑進士授建平知縣下車日適大旱弘仁步禱露次七日雨大澍飛蝗千里獨不入縣界咸以爲神邑故無城弘仁捐俸鳩工槖鼓競勸三旬而成尋丁內艱去邑人如失怙恃追送數百里不絕

皇清**崔成名**滿州籍安肅人順治五年知廣德州剛斷果決時土寇羣聚劫掠成名帥兵擒獲數千餘克民始安堵免州縣地畝溢額銀四千九十餘兩

孟希舜遼東錦州人順治十一年任廣德知州州外寬內嚴敢於任事請免州縣地畝溢額銀蠲免本年秋糧十分之一遺愛在人

秦確輝縣人順治十三年任廣德知州廉能明允剔弊除奸士民咸戴

張正中湯陰人由明經順治三年知建平縣撫瘡痍葺茬苻學宮圯捐俸葺之覈戶口逃亡稽疆畝荒墾册籍犂

然復整

陶爾性咸寧人舉人順治十年任建平知縣寬仁愛民御胥吏以嚴民賴以甦休徵迭見麥秀兩岐

楊苞應山縣人康熙二年知廣德州明斷兼資慈威並濟驅鏟害剔奸胥清丈量以除包荒之稅戶編審以免賠累之丁禁溺女興學校修城池釐保甲民戴之如父母

江南通志卷之第四十二

人物

扶輿清淑之藴結於山川者發之遲則用之也難盡故江東人物上世未甚著聞至春秋歷聘名邦始見經傳入兩漢治行殊異浸載史乘赤烏永嘉將相迭興華望冠天下矣五代以還唐宋爲盛至明則開創之武功靖難之忠節弘正嘉萬之理學文章皆足與政事互稱彪炳而際我

興朝攀鱗附翼黼黻隆平度越前徵名實允副倚歟

盛哉弗勝臚指矣志人物

江寧府

〔漢〕杭徐 字伯徐丹陽人守宣城平盜賊後爲中郎將擊太山賊公孫舉等破平之封烏城東鄉侯遷太山都尉寇盜望風奔亡遷長沙太守卒於官桓帝下詔增封千戶

陶謙 字恭祖丹陽人舉茂才孝廉拜尚書郎除舒令遷刺史討黃巾賊大破之獻帝都長安謙每遣使閒行奉貢不絕遷爲徐州牧封溧陽侯會曹操父嵩避難瑯琊謙襲殺之操欲伐謙謙退保郯操攻之不克會呂布據兗州操還擊布謙病謂別駕糜竺曰非劉備不能安此州遂迎備謙卒

史茅 人漢溧陽侯崇之孫也元初三年襲爵除尚書遷侍中轉鎮西將軍雍州牧宰治得宜寬猛相濟時人德之子洽洽子澤澤子鉉世襲侯封首有名

〔三國〕吳 唐固 字子正句容人修身謹行博通儒術註國語公羊穀梁傳吳黃武閒爲尚書僕射

陶璜 字世英吳丹陽秣陵人父基爲交州刺史璜亦刺交州周貧好施恩威著於殊

俗及卒舉州悲哀

史嵩 崇裔孫仕吳爲平越中郎將蒼梧鬱林太守封撫陵侯族人懿亦仕爲征南將軍隴西太守韶爲交州屬國都尉封陽羨侯

芮祉 字宣嗣丹陽人從孫堅征伐有功堅薦爲九江太守轉吳郡所在有聲

是儀 字子羽由北海遷秣陵吳王權徵典機密拜騎都尉守侍中黃武中以誘敗曹休遷偏將軍吳王遷秣陵使儀轉太子於武昌使蜀漢稱吳王意拜尙書僕射領魯王傅動輒規諫家無儲蓄吳王幸儀舍求蔬飯親嘗之卽增俸賜益田宅儀累辭讓歷官未嘗有過吳王嘆曰使人盡如是儀尙安用科法爲

晉

紀瞻 字思遠丹陽秣陵人舉秀才對策官松滋相與顧榮共誅陳敏名拜尙書郎元帝爲安東將軍以爲軍諮祭酒以討周馥華軼功封都鄉侯進臨湘縣侯尋加散騎常侍驃騎將軍明帝常稱爲社稷臣

薛兼 字令長丹陽人少與紀瞻閔鴻顧榮賀循齊名號爲五俊舉孝廉除比陽相蒞任有能名歷太子洗馬散騎常侍至少傅自兼而上三世傳東宮談者美之及卒有履德沖素

盡忠恪巳

王鑒字茂高棠邑人以文章著稱初爲元帝瑯琊國侍郎時杜弢作逆王敦不能制鑒上疏勸帝親征甚力後拜駙馬都尉出補宜興太守有文集傳於世

葛洪稚川句容人少好學躬伐薪以貿紙筆夜輒寫書誦習尤好仙術就鄭隱學吳興太守顧秘檄洪爲將兵都尉論功遷伏波將軍元帝名爲丞相掾以平賊功賜爵關內侯咸和初選爲散騎常侍領著作洪固辭求爲勾漏令帝從之

史光溧陽人爲中書侍郎子四雅陳留太守爽累官至五兵尚書憲累官建安太守封山陰縣侯諒瑯琊王府主簿以討蘇峻功封常安侯皆漢史崇之裔也

王珣字元琳導孫弱冠與陳郡謝玄爲桓溫掾爲溫所重當謂之日謝掾必擁旄仗節王掾當作黑頭公未易才也時溫經畧中夏軍中機務並委珣文武數萬人悉識其面孝武雅好典籍珣與殷仲堪徐邈王恭郗恢等並以才學文章見昵及出恭恢爲方伯而委珣端右隆安初國寶用事謀出舊臣遷珣尚書令王恭赴山陵欲殺國寶珣止之謂曰王陵廷爭陳平愼興黙但問厥終何如耳進衞將

軍都督管瑯琊水陸軍事四年以疾解職歲餘乃卒

許謐 句容人少以博學知名仕爲郡主簿王導與蔡謨辟從事皆不赴後歷官至散騎常侍

陶回 丹陽人父抗吳太子中 子回有器幹王導引爲司馬蘇峻反王師敗績回收合義旅與陶侃温嶠并力攻峻以功遷吳興太守開倉賑濟一境獲全卒謚曰威

許邁 句容人恬退不慕仕進立精舍于餘抗懸霤山朔望時節還家定省父母而已父母既終徧遊名山後入臨安西山王羲之每造之輒彌日忘倦相與爲世外交

南北朝

陶季直 秣陵人祖愍祖劉宋廣州刺史父景仁中散大夫季直好學淡於榮利仕齊爲尚書比部郎累遷給事黄門侍郎素清苦及死家徒四壁子孫無以殯殮所作有京都記

周捨 建康人博學通義理齊時弱冠舉秀才除太學博士梁初拜尚書祠部郎禮儀損益多自捨出累遷吏部郎預機密二十餘年後與徐勉同參國政俱稱賢相

淳于量 建業人偉姿容有幹畧善弓馬事梁元帝以軍功封醴陵縣公

吳明徹 字通照陳秦郡人家貧性至孝以豪

俊自負文帝議北征明徹決策請行大破齊師秦郡瓜埠等城相繼來降帝以秦郡乃其故里具太牢令拜祀冢上羽儀甚盛鄉人榮之　**紀少瑜**字幼陽秣陵人早孤有志節年十三能屬文嘗夢得青鏤管筆其文因此遒勁王僧孺見而賞之

唐

張常洧句容人父殷廬墓三年墓側產瑞芝十二莖太守表奏旌其門　**許叔牙**句容人邃於詩禮貞觀間遷晉王府參軍拜弘文館學士獻詩纂義十篇太子寫付司經高智周見之曰欲明詩者宜先讀此子儒高宗時爲奉常博士每議祀典　**史務滋**溧陽人累官司賓卿天授初進拜納言武后詔務滋等十人分行天下後來俊臣雜治反獄爲俊臣所誣　**劉鄴**句容人父三復爲浙西觀察使李德裕掌書記鄴六七歲能屬文德裕嘉之使與子弟共學後爲翰林學士傷德裕以朋黨抱誣死上疏伸其寃復其官爵世高其義焉　**王昌齡**江寧人開元進士第有詩名爲秘書郎性鯁直尚義行事不問利害以不合時宜貶龍標尉時李白以詩送之　**張**

約之棠邑人耿介不阿授吉陽令朝議廢廬陵王約之疏諫不納

五代

邊鎬金陵人事南唐爲通事舍人保大初張遇賢擁衆稱亂襲虔州節度使賈浩閉門不出遇賢集衆至十餘萬唐主遣鎬監都虞侯嚴思軍討之執遇賢獻於朝遷洪州都虞侯二年復取建州湖南馬希崇廢其兄希蕚密來請援以鎬爲湖南安撫使便宜進討希崇出降希蕚亦來附時湖南饑鎬發廩賑之楚人大悦

李建勳字致堯金陵人元宗嗣位建勳出師臨川謂所親曰主上寛仁廣大但左右獻替未得方正之士憂慮不能釋官至司徒致仕

李元清濠州人徙金陵後主嗣位以吉州承新與湖南聯境命元清爲承新制置使每數月一抵疾不坐衙輒微服入湖南境故敵人動息元清常預知之治境累年邊障安寧

朱存金陵人嘗續吳大帝而下六朝書具詳歷代興亡成敗之跡南唐時作覽古詩二百章前志多引爲證

宋

陳承昭昇州人爲南唐高安令歷保義軍節度使爲太祖所擒周世宗釋之授右監門

衛將軍建隆初入朝以承昭知水利督治惠民五丈二河以通漕運又命提督諸軍鑿池於朱明門外以習水戰從征太原

盧郢 昇州人好學有才藝膂力過人善吹鐵笛歸遷右龍武軍統制江南後主時試賦擢第一嘗代徐鉉爲文命筆於吏口授而書之鉉以文進後主曰語勢似非卿作鉉以實對郢由是知名後歸宋累官南全守多著治績

秦傳序 江寧人淳化中充夔峽巡檢使賊攻夔州督士卒晝夜拒戰久之度力不支乃爲蠟書遣人上報赴火死子奭泝峽求父尸溺死人以爲父死忠子死孝奏至太宗側然錄其次子煦爲殿直賜錢十萬

秦羲 字致堯江寧人祖父皆事南唐羲歸宋補殿直督廣濟漕太宗時提點淮南茶鹽歷知數州羲知書好爲詩歷貨財之任凡十有餘年精勤練習號爲稱職

盧鑑 字正臣昇州人授鄜路兵馬都監尋爲都巡檢使徙利州州善於料敵屢有功後知丹州遷西上閤門使

李琮 字獻甫江寧人慶曆間登第調寧國軍推官累遷戶部侍郎歷知吉潞杭瀛諸州有腐粟吏議散之民俾償其新琮不可築民圩田

四十里陳鹽法十六事安瀘人之變茶僞鑄皆美政終龍西郡開國侯

周啓明字昭回昇州人尚志篤學藏書數千卷多手自傳寫而能口誦之景德中舉賢良方正既召會東封泰山報罷歸弟子百餘人不復求仕進里人稱爲處士轉運使陳堯佐表其行義於朝賜粟帛仁宗即位除試助教就加廪給久之特遷秘書郎改太常丞卒

刁衎字元賓上元人初爲南唐秘書郎從李煜來歸授太常太祝出知桐廬太平興國七年應詔言事請禁淫刑帝悅之累遷殿中丞歷知婺光廬湖州以純淡知名子湛湜渭孫繹約俱登進士

洪湛上元人幼好學五歲能賦詩舉進士第通判壽許州知容郴舒州眞宗時凡五使西北議邊要有文集十卷子鼎進士官度支員外郎直史館

王綸字德言建康人十歲能屬文登進士第授崑山主簿歷臨安教授權國子監累官同知樞密院事丐外以資政殿大學士知福州尋知建康府行宮留守曾奏請孔門弟子及後世諸儒有功名教者皆得從祀先聖卒謚章敏

余㮚字祗若溧水人崇寧中以上舍賜進士第僉書鎮南

軍判官擢秘書正字出知襄州後拜御史中丞陳士風六弊累遷翰林學士兵部尚書後以述古殿學士知江寧府 **李華** 溧陽人父没居喪毀瘠盡哀母疾衣不解帶者十餘年有田十餘頃歲貴平價食其一方民大觀政和間蝗數害稼不食其苗子朝正累官知平江府 **秦梓** 字楚材登宣和進士第授太學錄擢樞密院編修官歷知台秀袁太平常湖六州除翰林學士出知宣州民詣闕請進職再任復移湖州告老贈光祿大夫梓爲檜之兄檜當國梓惡其所爲自江寧徙溧陽時有柳下司 **嚴晃** 溧水人舉進士授學諭時元兵渡江馬之目晃晃負母避之道遇兵欲刃其母晃以身蔽爲兵所傷幾斃 **潘祺** 溧陽人性至孝好學尚氣節父疾篤焚香籲天草廬吳澄嘗哀以詩請以身代果愈游太學與陳東爲友東欲陳時政祺曰奈親老不能與子俱子不可不勉陳意遂決後登第調宣州司戶 **秦鉅** 字子野江寧人建康侯堪之子嘉定間通判蘄州金人入境與郡守李誠之協力捍禦求援不至城破鉅與誠之各以親兵巷戰死傷畧盡鉅歸署疾呼吏人劉廸令火

諸倉庫乃赴一室自焚有老卒冒火挽回之鉅叱曰我爲國死汝輩可自求生掣衣就焚而死次子浚先在四祖山兵至亟還與弟瀷皆從父死後封鉅義烈侯贈浚瀷通直郎立廟蘄州賜額褒忠

朱舜庸 建康人好古博雅太守聘爲府學正嘗編金陵遺事積二十年自里巷口傳至仙佛之書無不研綜餘數萬言慶元中留守吳琚銓次之以傳曰續建康志

阮思聰 字仲謀其先固始人善騎射喜讀左氏春秋及兵家書以戰功累官吉州團練使知黃州事來居建康會請買似道以重兵守鹿門山由海道搗青齊則襄圍自解不聽師潰聰歸建康權馬司徐王榮都統翁福等昇制置司巳下印鑰來告曰大兵且至趙制置巳去城中惟節使官高望救一城之命聽曰我宋臣子也受宋恩厚不敢以城獻王榮等知不可强乃止

魏良臣 字道弼溧水人以壽昌令治最召對高宗嘗稱其可屬大事後累官參知政事良臣每語及天下事奮髯抵掌以爲巳任

吳柔勝 字勝之溧水人舉進士歷官有惠政卒贈少師謚正肅子淵官至參知政事潛舉進士第

一官至右丞相爲賈似道所排貶循州不食而卒

錢戩溧陽人居父憂有少年數人來曰而父逋我金數百萬錢戩與之不吝夜有賊入戩知之呼與一白金使速去終不語人後其子至顯官

劉縉溧水人累官安撫使死靖康難其後裔應炎任臺諫因不附賈似道被謫歸隱不仕

錢周材溧陽人質重氣和謙退似不能言七歲能屬文鄉試第一登進士第由大理司直累官刑部侍郎終龍圖直學士

李可六合人咸淳間爲監察御史與御史陳過論賈似道黨俱貶斥朝論快之

時敏溧陽人少聰慧讀書一覽成誦屬文敏速登政和辛卯第擢大理寺丞國有禮制皆令掌之累官敷文閣待制

劉應炎溧水人介直剛方居臺諫不避權貴因忤賈似道棄官歸

佽著棠邑人仕至朝散大夫知梓州子博年十三作至樂堂記蘇軾見其文奇之

王景雲字仲慶溧水人學問弘博咸淳間以薦辟授清流簿與弟景華嘗捐貲周恤貧乏建怡怡亭宴樂至老不忍析居

〔元〕樊淵 句容人好學善詩至元中奉母避兵茅山兵至欲殺其母淵求以身代兵兩釋之及歿哀慕終身臺使交薦淵不忍去墳墓終不起皇慶中旌其門

楊剛中 字志行建康人自幼勵志操仕爲福建廉訪司照磨風采凛然丞相脫歡薦于朝名爲翰林待制所著有霜月集

李桓 上元人剛中甥以鄉舉累官江浙儒學副提舉亦以文鳴江東其文紆餘豐潤

王德昇 句容人多讀書有儒者風度至正間累辟不起

王榮 句容人五世同居時歲荒有饑者出粟以賑死者置棺以瘞延祐間旌其門

趙龍澤 字萬里溧水人爲人剛果有幹才授雷川清道寨巡檢侍養不仕時汝穎兵起陷建康龍澤不屈而死子權亦從父死時人謂其父子死於忠孝

孫轍 金陵人學行純篤事母孝家居教授門庭蕭寂與人言以孝弟忠信爲本未嘗幾微及人過士至郡以不詣轍爲恥諸部使及長吏之賢者多造請焉憲司累辟不就

〔明〕陳遇 字中行其先曹人自建炎中徙家建康元末教授溫州尋棄官歸高帝定金陵御史

秦元之薦備顧問名與語大悅除翰林學士固辭
名對華蓋殿上稱君子者再兩除太常卿禮部尚
書皆固辭及卒上親爲文以
祭賜葬鍾山稱曰靜誠先生　**周禎**字文典江寧人
善長劉基陶安同定律令爲廣東行省參知政事
禎至察屬邑褒循良後入爲刑部尚書以老乞致
仕　**夏煜**字允中金陵人高帝定金陵辟爲博士調
浙江行省鄱陽之戰與劉基侍左右受命
草檄有　**端木復初**字以善溧水人洪武初以薦辟
帷幄功　爲徽州府經歷徽田賦不均復
初議建局城東使民自實田集爲籍民無逋租官
無橫歛改吉州通判磨勘司丞陞爲令勾稽隱伏
人不敢欺累官刑部尚書用法平　**孫炎**字伯融句
怨終湖廣行中書省參知政事　容人博學
雄辯高帝下江南聞炎名名見炎勸收攬俊傑與
圖大業會處州降命耿再成守之以炎爲總裁聽
自辟掾吏處州故賊衝炎匹馬入城名州豪諭以
順逆降者屬路訪青田劉基置酒與語劉漢服苗
將叛襲炎城中與合勢脅炎降炎不屈賊以酒與
炎訣炎引滿仰天嘆曰丈夫乃爲鼠輩擒乎卒使

解衣炙大罵曰此紫綺裘吾君所賜當服之以死遂見害後追封丹陽縣男

蔣用文字人永樂中以儒醫荐官太醫院判仁宗監國用文與黃淮蹇義等同轉知無不言一日論殺囚數百人用文從容爲言可矜狀上悉宥之仁宗嘗稱其嘉言足裨治道蓋能隨事獻規不啻以醫也卒謚恭靖

徐輝祖中山王達長子常侍懿文太子學洪武中嗣魏國公建文即位特見信任靖難兵起輝祖帥師禦戰斬其驍將李斌等十數人文皇即位武臣咸附輝祖獨不屈上親見問輝祖不出一語惟書其父開國元勳子孫免死而已革祿米勒歸私第卒

梅殷汝南侯思祖從子尚寧國公主恭謹有謀諸駙馬中高帝特愛之後受密命輔建文靖難兵起殷充總軍官鎮守淮安文皇使人假道殷割其口鼻遣之文皇乃渡泗水由六合至京師即帝位殷尚擁衆淮上上令公主嚙指血爲書招殷殷得書慟哭聞建文遁去還京見上上曰駙馬勞苦曰勞而無功永樂三年冬入朝都督譚深指揮趙曦令人擠殷死笪橋下事發上深罪二人二人對以上命上大怒命力士持金瓜

落二人齒斬之謚殷榮定

徐文英溧陽人洪武丙子由明經授龍虎衛經歷擢浙江道御史一日入朝後期上詰之對曰送臣父歸里耳上問何所贈曰錢五百草屨二緉追驗之良然見其衣肩縷裂命繡窮御史三字於袍上以旌之尋轉河南副使從征交趾病卧營中語人曰馬革裹尸未足報國遂卒輿櫬歸葬

傑斯溧陽人也吳元年以元故官歸附授兵部員外郎改尚寶司丞冊封高麗使回稱旨出知河南府累官吏部尚書

楊勉江寧人永樂甲申進士讀書中秘授刑部主事陞右侍郎凡奏對同事有不能悉勉歷歷陳之坐事出參廣東政卒

齊泰溧水人初名德洪武間進士歷禮兵二部主事會雷震謹身殿上禱郊廟泰以官九年無過得陪祀賜今名陞兵部左侍郎進尚書上嘗名泰問邊將姓名泰歷數無遺又問諸國圖籍泰出袖中手冊進上因奇泰受顧命輔皇太孫時諸王皆尊屬擁重兵專制地嫌勢逼泰請詔諸王臨邸中毋奔喪王國所在文民悉聽朝廷節制詔下諸王不悅謂此齊尚書間我也後靖難兵至泰被執不屈死

端木

李文 字彥恩溧水人弟孝思皆以儒士起家孝文翰林待詔孝思翰林待書初孝文使朝鮮有厚贈孝文曰吾特一節來請惟以一節還無何孝思復使朝鮮亦惟以一節還報朝鮮榮其事爲立雙清館

魏澤 高淳人洪武中官刑部尚書建文時謫爲寧海尉時文皇逮方孝孺謀及族黨孝孺幼子德宗甫九歲澤極力覆匿以故孝孺尚有後

趙本 字居仁溧水人洪武間以薦辟歷官左通政其孫往省之給錢二貫令徒步歸永樂間治水浙江患潮汐本以文請於海神潮果弗至者三日功乃成

甘霖 字沛之高淳人洪武中以薦名入問其名曰甘霖因曰浙江大旱汝往霖之授左參政既至夜夢神告曰某地有泉可濟民渴旦往儼若夢境掘之果得大泉同僚屬祈禱大雨隨至仕至江西布政

張彥彭 溧水人永樂間歷官河南道御史清慎持憲賜金牌百面文曰赤金十分舉朝榮之

曹義 宜宜之句容人登永樂乙未進士授編修陞文選郎風槩嚴正歷陞南吏部尚書鎮之以靜百僚畏服

丁璿 上元人永樂甲申進士選庶吉士改御史

巡按徐州擒賊首張晉祥衛輝盜起承命往治縛渠魁散脅從英宗嘉其能陞右僉都時麓川蠻叛名璿馳視事定陞右副都御史巡撫滇黔卒

李時勉上元人永樂甲申進士選庶吉士進侍讀洪熙時上疏觸忌諱上震怒縛至便殿命力士以金瓜捶之折其脅幾死明日下詔獄宣德初上恨時勉觸仁考怒令縛來面鞫必殺之已又令王指揮縛時勉斬西市王指揮出西端門先所遣使者已縛之從東門入得見上上訊其故憐時勉忠直立脫桎梏復其官正統中遷國子祭酒王振惡其守正因搆陷之荷校國學門諸生石大用等上章願以身代號哭闕下者數千人以故得解乞致仕去景泰元年卒諡文毅成化中改諡忠文

李莊字敬中父爲灤城侯没於王事莊年七歲襲父爵文皇朝納其誥券初未知書有勸之學者乃從劉原博遊刻意詞翰有所作人爭傳之

劉江江寧人勵志古學永樂戊戌以及第第三人授編修陞修撰不樂仕進自乞教職以歸

姜濬字子澄江寧人工書仁宗在東宮名寫金字經洪熙中授中書歷陞按察副使先是在中書時

宣宗召對便殿命往南雍取太學生能書者濬即日往選得十八人名氏關白禮部而後抵家拜其親鄉里稱爲寡過君子云

張益字士謙江寧人永樂乙未進士選庶吉士正統戊午進侍讀學士上親征益扈從死於難贈學士謚文僖

王麟上元人宣德已酉鄉貢由學正歷陞四川按察僉事督學政隨改山東政聲稱最天順初致政歸

王濬字文通上元人正統甲子鄉試經魁任山東鰲山衛教授鰲山濱海教法未備首以十事聞於朝有旨頒行天下爲武衛學式尋擢北雍博士以文學見稱官至廣西提學僉事

王一居上元人初爲太常贊禮郎宣德初舉南郊之禮一居禮度詳雅上嘉之遷少卿正統間死於王事贈太常寺卿

徐承宗中山王曾孫襲爵爲魏國公英宗時守備南京號令嚴肅宗族家衆罔敢撓法者居十六年人未嘗見其坐立傾側人以爲得大臣體

楊洪字宗道六合人祖政漢中百戶洪嗣官累陞都指揮尋以都督守獨石所在有功充總兵鎮宣府敵人畏之呼楊王士木之變車駕道宣府北狩去洪閉城門逮繫詔獄

尋出洪獄中自効洪與孫鏜范廣等率兵戰輒大捷進侯也先之難一時諸將功為最卒贈穎國公謚武襄

張諫字孟弼句容人正統巳未進士性至孝為行人丁母憂哀毀骨立廬墓三年服闋擢御史後丁父憂復廬墓三年芝產墓傍遷河南副使召為順天府尹以忤時貴出守萊州政聲大著召為太僕少卿

張瑄字廷璽江浦人正統壬戌進士授刑部主事歷陞吉安知府郡大饑不俟報發廩賑之成化中由左布政陞副都御史巡撫福建時海寇山寇竝起皆區畫擒斬之賜勑稱其處置得宜改撫河南風紀益振仕至南刑部尚書

陶元素字希文上元人正統元年進士以親老乞歸養教授諸生歷聘浙江河南典鄉試重其品也雖貧甚自守益堅

顧儼字廷望家金陵正統中以經明行修薦任嘉興訓導登甲科授陝西道御史糾擊無所避陞廣東僉事時新會陽江有賊數萬提兵直擣賊巢斬獲無算以勞疾乞歸

倪謙字克讓上元人正統巳未進士入翰林奉使朝鮮丰采凜然天順巳卯主試順天黜權貴之子誣搆謫戍開平成化初復舊職

與子岳同日奉命入史舘士林榮之官至禮部尚書卒謚文僖

陳達 六合人累進都督同知守備倒馬關正統初有詔舉將才爲學士李時勉所薦故蒞軍行事多有可取天順初于謙被誣遭刑達收謙尸斂之君子多其義云

沈琮 字廷器江寧人正統戊辰進士以御史出爲四川僉事時松潘地近蜀數嘯聚爲肘腋憂朝議以琮在蜀久威望素孚乃推副使往鎮之期月遂下黑虎諸寨松潘平事聞賜璽書褒之尋乞休歸平生忠信人稱爲長者

李應禎 名甡以字行景泰癸酉舉人入太學中官牛玉請爲塾師固拒之授中書舍人荆襄流民紛聚朝議恐爲亂欲逐散之應禎疏言不若因而撫之便後增置郡縣如其言尋直文華殿有旨寫佛經上疏直諫累遷太僕少卿乞休

凌傳 字汝弼句容人舉鄉貢授象山知縣築堤障水民得粒食卒于官民立祠祀之著有鳴蟬稿象山稿

樊繼 字景昭句容人由歲貢任南康教諭少保楊士奇薦陞湖廣興國知州毀淫祠築堤障水以利百姓郡人號其所築之堤曰樊公堤

金紳 上元人景泰甲戌進士改庶吉

士授刑科給事中歷官刑部右侍郎門無雜賓成化間江西大旱命巡視以便宜行事境賴以寧

羅麟字祥江寧人景泰癸酉鄉薦以孝友著名屢遷廣東參議部有寃獄數歲不決麟至立雪之

鄭禮字中夫江寧人景泰七年鄉薦任襄陽通判有平寇功擢守南安郡苦水患禮發倉賑之不待報事聞於朝亦不之罪年老乞歸

凌文字從周上元人天順丁丑進士累官湖廣參議時湖賊呂總聚萬人擄掠捕戮平之蘄黃大饑撫按屬賑濟所活萬餘人

朱貞字惟正旗守衛籍天順丁丑進士知鄧州成化丙戌襄盜起貞分主供餉民賴以不擾進四川參議督松潘儲地故險遠輸者多侵牟貞勤以率下宿弊盡洗且善撫禦事聞行賞

盧雍字廷佐江寧人天順丁丑進士爲兵部武庫主事進郎中累官湖廣左布政使皆有政績居父喪廬于墓側三年有產芝之異詔旌其門

龍夔江寧人戶部員外郎青徐大饑受命往賑活人無算人以爲得富鄭公遺法

沈鍾字仲律上元人天順庚辰進士授吏部主事乞就養改南禮部所友惟章懋羅倫等

時稱十君子歷陞僉事副使督學湖廣山東時座主尹旻秉政鐘絕不往見李文正稱之曰今之不識相門者仲律一人耳

王徽字尚文南錦衣衛籍天順庚辰進士授南禮科給事中時閹宦牛玉專恣大臣失職徽劾奏之謫普安州判弘治甲申薦起陝西左參議致仕

倪岳字舜咨謙之子天順甲申進士授編修進侍讀每進講數古義陳時政言辭剴切上喜進學士擢禮部右侍郎晉尚書是時儀制如徽號婚冠大喪祧祫及奉慈殿制皆出岳所擬定革淫祀正神號禁齋醮却貢獅諸疏皆出岳手筆累知貢舉損益舊法遂不可易轉吏部尚書正色昌言獎恬抑躁除日每下翕然稱快卒諡文毅

莊杲字孔陽江浦人成化丙戌進士授翰林檢討明年元宵放燈命史館賦詩杲與同官章懋黃仲昭上培養君德疏謫桂陽州判官給事中毛弘御史陳壯論救改南行人司副久之以艱去不起居定山垂三十年屢名遷南驗封郎中早著直聲以道自任推為理學名臣

楊能洪從子世開平指揮使以戰功歷陞都督仍充總兵鎮宣府援大同有功封武強伯

楊信

字文實六合人由指揮僉事歷陞督府僉事協守宣府移鎮延綏屢立戰功封彰武伯總諸鎮兵多建奇績卒諡武毅　湯鼐字用之句容人成化乙未進士授行人陞御史上贊襄弘治疏請御經筵辨內外累數千言直聲動天下京師號曰湯毆虎　繆樗字全之溧陽人成化乙未進士知東陽縣邑有隱糧詭寄立清丈量以均徭役民德之擢南道御史彈劾不避權貴抗論中官蔣琮語侵汪直大子察其忠逮琮而謫樗莒州判官下車立辨王氏疑獄有神君之稱　黃肅字敬夫六合人成化戊戌進士授新鄭知縣陞工部都水主事擢廣西按察部內土官趙源妻岑氏謀立假子肅倡義立其姪上官黃紹反肅率兵討之思恩知府岑濬謀作亂焚其營壘晉湖廣兵備副使正德初以軍功陞三品致仕壽八十六卒　嚴紘字仲周江浦人弘治壬戌進士授歸安知縣擢陝西道御史疏劾逆瑾出守南昌陞九江兵備與王文成討逆有功歷江西左布政歸縣民困于欽騎馬坍江稅衛人困于月銀白當事者悉祛其弊　黃宏字德裕六合人弘治壬戌進士由薦

安知縣擢戶部主事進祠祭郎中轉江西叅議九江盜起宏襄之宸濠叛殺都御史孫燧副使許逵一時廹脅者多得釋宏不從以手械向枉壓項死之暴其屍數日濠誅贈宏太常少卿祀于旌忠祠

王弘字叔毅廣洋衛人弘治癸丑進士授行人擢南道御史論列逆瑾罪狀忤旨被逮廷杖爲民瑾仍矯旨榜姦黨于朝堂弘與焉瑾誅起廣東僉事進副使嘉靖初議大禮弘不附名士高之著有巴山集

王暐字克明句容人正德丁丑進士授吉安府推官值宸濠變王守仁檄令從征兵殺傷太甚暐亟請守仁止之所活凡數萬人晉秩大理寺副疏議大禮廷杖幾死後晉擢歷江西巡撫漕運總督入爲戶部尚書剛介正直人謂得大臣體著有克齋集

金章字質菴上元人成化乙未進士令黃梅有惠政擢南道御史次子晃孫清皆舉進士瀚舉人

潘珩字重玉上元人父傑工部郎中珩領成化庚子鄉薦除九江同知改南康修白鹿書院置田五頃歲饑發粟賑貸全活萬人改袁州華弊典利士民交頌

翟瑄字廷瑞南太醫院籍與弟瑛並有才名瑄舉天順甲

申進士爲奉化令有善政擢御史執法不撓進僉都御史巡撫山西有平賊功上賜勑勞之晉左都御史尋陞刑部尚書瑛成化丙戌進士讀中秘書出爲禮科給事中封事數十上於時政多所規切上嘉納之歷太常卿以病乞歸瑛事兄如父世稱二翟

丁鏞字鳳儀上元人成化己丑進士南刑部主事歷郎中守興化常斷疑獄人以爲神

倪阜字東岡岳之弟成化丁未進士選庶吉士授都水司主事陞郎中轉山東分守參政時地方多盜阜計擒首惡餘黨悉降改守東兗值廷遣勘地極力區畫民賴以安陞四川布政卒

梅純字損齋駙馬殷會孫領成化丁酉鄉薦辛丑登進士授懷遠縣令清介自守與當道不合遂乞歸補應孝陵衛指揮使陞中都留守

蔣滋字惟深上元人成化丁未進士官叅議歸操履清貞矯矯塵外

王敞字漢英錦衣衛籍成化辛丑進士授刑科給事中出閲四川松潘諸鎮邊儲還上便宜請罷免建昌礦夫從之孝宗即位賜一品服使朝鮮却女樂斥餽遺屬國重之歷轉通政陞兵部左侍郎進尚書督戎政值寧夏悖叛敞易

罷諸將嚴餙賞罰逆黨伏誅以功加宮保

陳鎬

字宗之家南京少與弟欽俱有文名成化丙午同舉應天鄉貢鎬第一明年同舉進士皆由郎署鎬山東督學副使欽廣東督學副使人謂兄弟三同鎬在山東公廉詳慎歷官副都御史巡撫湖廣

吳彥華

字汝和江寧人成化辛丑進士歷戶部郎出守荊州郡故多水患築堤二十餘里歲增戶口數千進四川參政闢瞿塘三峽古道人得陸行無風波患事聞劉瑾以功不由已出械繫赴詔獄坐黜歸瑾誅復官浙江布政

曾昂

字廷瞻江寧人舉成化丁未進士授兵科給事中時院判劉文泰誣奏太宰王恕出政府意舉朝莫敢言昂獨上疏摘其奸天下快之太監李廣駙馬都尉齊世恩奪民田下昂勘問悉還民間轉戶科都給事疏文武大臣不法事忌者益衆會李廣死賄賂簿籍昂言宜置諸饋者於法事連太僕少卿楊瑛瑛故給事中也遂摭拾奏昂下詔獄鞫訊無驗謫蒲圻令投檄歸尋復戶科給事中致仕

徐完

字用美江寧人成化丙戌進士授監察御史抗論有聲以親老乞就養南都時都御史多不法

完抗疏劾免之百僚憚焉會湖廣讞獄論死者數十人完覆訊止坐五人餘悉駁免仕至江西按察僉事吳文度字憲之江寧人少與兄文威茹苦力學登成化壬辰進士任龍泉知縣授御史歷轉右都御史南戶部尚書聲望特著請老歸不營田宅曰吾親起儒官貧素今亦足矣金澤江寧人成化丙戌進士授刑部主事進郎中擢四川布政蜀大饑上命給漕糧二十萬以賑轉運有方所活甚衆進布政拜副都御史進刑部右侍郎轉南都御史游歷十四官總無秕政伊秉字德載應天人成化甲辰進士授刑部主事員外郎管諸司應奏牘擢四川按察僉事理冤抑活饑民討除劇賊乞終養不復仕子伯熊舉人孫敏曾孫在廷皆進士彊毅字致遠上元人自幼異常兒母病癰且劇親為洗濯中夜忘寢由鄉薦授紹興府推官疑獄立決人稱神明性鯁直與上官論議不合輒拂衣而出以是見讓于當路歸而民多思之殷璘字華玉上元人弘治丙辰進士仕至刑部尚書當知開封府鎮守中官廖堂乃逆瑾黨璘每加摧抑不令縱肆堂誅廖鵬去而錢寧

用事王宏繼鎮尤詩謾璘不爲禮徵需不答宏矯詔逮錦衣獄據理執詞抗言條對宏遣邏卒陰探郡中無所得乃文致以竟其獄從知全州起撫湖南璘軺車徧歷州郡勸農振業建白數十事皆切當時利病論者韙其言

劉麟字元瑞上元人弘治丙辰進士外戚張氏驕橫臺諫龐泮等歷詆罪狀上震怒下詔獄麟上疏申救清議重之授刑部主事尋出守紹興精核廉敏逆瑾修舊隙黜爲民瑾敗起知西安陞陝西叅政累遷工部尚書奏十四事請罷遣璫督造中官憾之致仕歸

羅鳳字子文上元人弘治丙辰進士官南臺出守兗州時屬車屢動傳言有事泰山東撫欲額外征取以備巡幸鳳不應被劾改守鎮遠復忤巡方再移石阡乞致仕歸

鄭瓛江寧人弘治己未進士授江西新喻令陞刑部郎出守南昌時宸濠蓄異志招巨盜閔念四等濟劫江淮瓛捕之鞫事裁抑濠濠誣奏搥殺王府校尉構錢寧矯詔撫按究治濠令校尉先械入府辱之萬狀乃送有司濠反因械繫之於小船錮守之忽風吹船開見鄰船舊兵瓛諭禍福衆共釋其縛奪馬潰圍登岸一呼從者

千人斬賊將范成等赴贑撫王守仁軍門備陳賊勢請速進兵守仁授以兵四百名使巡守俘賊甘桂等三十四人賊平上以獻抗逆不屈有斬獲功擢山東鹽運使

姚隆字原學上元人弘治壬戌進士由新昌令歷陞荆州守州大水命駕小舟千艘濟溺活者數千人復爲粥以啖饑民時取佛中官過郡從者殺人捕而抵罪中官恐以奇禍隆不爲變政績大著罷歸民扶老攜幼攀轅號泣至不可前爲祠肖像以祀之

張琮字廷憲江寧人弘治庚戌進士爲禮部儀制郎中孝宗不豫免長至賀東宮親王如故事琮請於尚書曰未有天子不豫而太子諸王受賀者時韙其議晉藩有奪王封者時劉瑾受賄琮執不可瑾曰一郎中力能勝尚書耶出爲陝西叅議後謫爲濟寧知州改監察御史巡按甘肅琮恤無辜而治有罪邊民以安累官至南京右都御史

金賢字士希江寧人弘治壬戌進士授給事中奉命勘兩淮重獄時閹瑾亂政諸司讞獄非取意旨不敢決賢操三尺不少徇瑾恨之出守大名已而中忌徙延平歸著春秋紀愚十卷或問百篇行世子大車嘉靖乙

酉舉人大興諸生各有集王韋字欽佩錦衣衛籍弘治乙丑進士授庶吉士念親老乞爲南考功主事督學河南擢太僕少卿時居母憂且病竟卒顧璘兄弟刻其遺文名南原集邵清字士廉江寧人弘治壬子舉於鄉授江西德化教諭乙卯山東巡按聘典山東試薦授監察御史教職擢臺臣自清始正德初戚畹張延齡恃恩奏人負券若干緡有旨與追清曰御史朝廷耳目之官可爲人索私債耶逆瑾擅政索清賄不入矯旨遣官校捕至榜數十罷歸瑾伏誅廷臣訟其寃復御史陞雲南按察僉事改廣西兵備乞休李熙字師文上元人父昊成化已丑進士以檢討改南禮科給事中因黑眚之異力陳時事陞浙叅議熙弘治丙辰進士任將樂知縣拜南監察御史逆瑾擅政以言事械繫被重刑落職歸又以劾二府貪吏瑾見其故牒復行南京杖三十幾死嘉靖初詔起饒州知府轉浙江按察司副使卒於官梁材字大用上元人舉弘治已未進士授德清令入爲刑部主事逆瑾用事材據法力爭不少屈尋改監察御史出知嘉興府調杭州杭饑設法賑活數

萬人陞浙江按察使累遷戶部尚書總覈財賦裁抑冗費條奏十餘事會計爲淸時刑部有疑獄上命掌刑部俱得其情上嘉曰得尚書十二人如材者朕可無憂矣謚端肅丁沂字宗魯弘治壬戌進士由南刑部郎擢湖廣僉事賑湖湘飢全活甚多進浙江副使治水有方民受其利官至都御史

王鑾字汝和錦衣衛籍正德辛未進士試政吏部時爲治原二篇太宰楊一淸異之補文選主事秉公持衡尋改考功節益峻晉驗封郎中武宗南巡鑾上疏力諫廷杖致傷踰年遂卒士論惜之

周金字子庚上元人正德戊辰進士擢給事中都督馬昂進女弟奸謀叵測力諫出之歷陞僉都御史巡撫延綏宣府善撫將士擢右都御史總督漕運章聖梓宮南祔始奉旨由江護行大臣議從陸金獨力言不可乃從汪千里居民免伐樹發屋走死山谷者金之力也卒謚襄敏

景暘字伯時上元人正德戊辰進士除翰林編修時逆瑾亂政陵轢朝士景暘獨弗阿毋當進講必越宿齋沐覬有感悟遷國子司業六館諸生人从以爲得師改左中允管南京國子司業事南方士

習稍正以母憂去遂卒賜性篤孝義母目盲賜旦夕禱於神雙眸復明

王以旂字士招江寧人正德辛未進士授上高縣令禦華林賊有功入為監察御史巡按河南會宸濠叛鎮守閹劉璟與通謀倡言上親征道出汴取藏銀四萬兩備供應以旂不可嘉靖時巡按福建時盜起蔓延檄兵備禦賊謀大沮後提督北畿學校歷兵部右侍郎值徐呂洪竭漕舟不行遣以旂督治如期達京師擢掌南臺召入為工部尚書改兵部會三邊總督曾銑為嚴嵩所陷命以旂代之在鎮六年邊境以寧疾作卒於固原賜葬祭諡襄敏

顧璞字英王璘從弟也正德甲戌進士歷官河南副使與部使者論事有不可輒封還移文同官駭愕璞曰朝廷置外臺為耳目枉法媚人吾不為竟以是罷歸居一樓扁曰寒松訓蒙自給

李重字遠菴上元人正德辛未進士授戶部主事時芻粟皆中官預之重以清苦自持中官饋遺悉拒卻明年督賦兩浙鎮守太監劉璟侵官銀至二十萬計欲厚有所饋冀鉗其口重正色曰與其遺我孰若為民償所負以足國乎璟憚其嚴盡以所侵輸官由是

兩浙宿負完百三十餘萬歷員外郎擢德安府會布告宗藩豪横不法事悉寘如法以是搆釁至遣廷臣鞫之事始白謫官歸民哭送之戊子起工部郎中擢守九江進江西副使歸

陳沂字魯南醫院籍父鋼以鄉薦爲令有聲沂中正德丁丑進士選庶吉士除編修與修武宗實錄進侍講每經筵進說必委曲寓規諷意世廟問宰執知其名忤時相張璁出爲江西參議督賦諸郡民皆稱便進山東左參政按沂莒滕費察其災荒發官帑市牛給民耕墾歲則大熟又爲鬻馬種薪木運布諸征凋瘵獲甦改山西行太僕卿上疏乞歸杜門著述山東通志南畿志皆其筆削云

劉璽字廷守龍驤衛人正德間任江西都司巡撫盛應期知其廉明每屬以疑獄多所平反巡按穆相薦總漕運璽奏三十餘疏垂爲漕政良規究以直忤當道罷歸

管景字子山上元人嘉靖中貢人太學授廣信府檢校監司聞其才檄署永豐又署上饒適横峯窰民作亂監司檄景往景宣布威德盜悔過多散去殺賊魁以獻民乃安爭塑其像祀於家

何鉞字勲伯江寧人正德辛丑進士授行

人擢浙江道御史武廟欲毁民居爲演武場鉞抗諫得止救建言下獄御史得末減出按兩浙吏治肅然仕終荆州知府史際字恭甫溧陽人少從王守仁湛若水遊嘉靖壬辰舉進士以文選主事改春坊清紀旋乞歸置義莊義塾修明倫堂濬躍龍關捐田二百畝資貧士誦讀嘉靖甲午乙未洊饑發廪以濟更捐粟墾治沙漲存活數千人田成名曰救荒洊甲寅乙卯間倭犯東南際募死士追禦之撫按上其功晉尚寶蔭子繼書爲錦衣指揮僉事韓邦憲字子成高淳人嘉靖己未進士授屯田主事晉員外郎居喪時佐邑令立丈田良法復倡減税議題允得除米八百餘石守衛州尤清廉有惠政民建常熟祠祀之馬一龍字應圖溧陽人父性魯自給諫出知尋甸府以苗變誣繫獄一龍時爲諸生走長安上執政書辭旨悽惻執政憫之父獄得解嘉靖丁未成進士由詞林仕至南雍司業鄭濂字師周江寧人嘉靖癸未進士爲行人兩使藩封饋遺一無所受授山東道御史按兩浙有能名爲湖廣按察使以父憂歸乞致仕養母盡孝母卒濂已老哀毁踰禮里

人著純孝司馬泰字魯瞻江寧人嘉靖癸未進士傳以稱之授南道御史按湖廣嘗疏論給事中陳洸太監崔文置以理陳留都軍民利害七事最稱切要陞懷慶知府調嘉興及濟南皆有惠政勘魯府許奏事十日而決特詔獎之去官歸著述最富

沈越字中甫江寧人嘉靖壬辰進士授羅田令民立祠祀之擢山東道御史巡按江西執法峻整嚴嵩當國意有所不悅以指授越越不從嵩銜之會甲辰試事發坐監試左遷開州判復遷衛輝推官德安同知歸子朝陽明經授池州教授著通鑑紀事前編嘉隆聞見紀

陳芹字子野江寧人嘉靖甲午舉人選崇仁教諭值邑令峻刑急斂有二生素爲令所恨遂揭於諸司誣以罪芹力白之二生得免陞奉新令調寧鄉上書求歸起邀笛閣于秦淮結青溪社日與名士觴咏以終

許穀字仲詒上元人舉嘉靖乙未會試第一人是年帝親試進士入中秘穀對策論時務扯剴切讀卷者恐忤上意故抑之授戶部主事歷陞南京尚寶司卿致仕歸當事敬慕每投轄款之際穀竟不報謁或疑其簡穀曰林下當如是也

鳳字元舉太醫院籍嘉靖乙未進士授南陽推官郡有疑獄久不決鳳至原情核實釋之擢刑部主事歷郎中轉江西僉事改陝西聞邊警冒暑抵慶陽扶病經畫以勞苦卒

馬從謙字益之溧陽人嘉靖乙未進士仕至光祿少卿以直諫予廷杖死

廖文光字士龍上元人嘉靖丁酉舉人授清江令時嚴嵩執政光擒其橫僕置之法轉廣信同知郡有商被盜幾死有神呼之告於廖商隨投告獲盜抵罪晉戶部員外郎督揚稅餘羨六千金盡登庫陞工部都水郎罷官年八十卒子希元隆慶辛未進士官至副使

盧璧字國賢金吾衛籍嘉靖戊戌進士擢南戶部主事陞彰德知府改漢陽晉苑馬寺少卿璧天性孝友父病以身禱親喪哀毀骨立居官常祿外秋毫無取歸杜門讀書人罕識其面

邢一鳳字雉山上元人嘉靖辛丑進士殿試一甲第三累官侍講遷太常寺少卿致仕家居軫念民瘼撰縣碑備述疾苦及吏胥之蠹當世稱為名言

殷邁字秋滇江寧人嘉靖辛丑進士仕至貴州提學副使中途感疾歸隆慶初薦除浙江提學副使進南太僕

寺卿釐革諸弊著爲令萬曆中江陵張居正當國以遷負盛名引以爲重操江都御史王篆傳居正意遷不應久之進南太常卿旋以禮部右侍郎管南國子祭酒事致仕賦性淡泊在官什三在告什七有得于陽明之學遠近學者咸推之

張祥 字元吉錦衣衛籍嘉靖辛丑進士初令鄢陵操法得民豪右斂跡入爲工部掌虞衡持正無所徇有夜賫千金者峻却之陞守萊州撫字流民歷遷苑馬寺卿

張鐸 留守衛籍嘉靖辛丑進士由庶吉士授監察御史按遼悉心經畧積粟六萬餘斛貯預備倉以防兵荒後十年遭大水疫癘繼作人人相食賴以賑濟人咸謳思之

阮厔 字德載京衛人嘉靖癸丑進士授浮梁令清釐里甲民困立紓入爲南職方大璫夏綬盜孝陵樹當誅厔按坐如律綬以重貲求解厔太息曰三尺法安在哉峻拒之仕終九江僉事

楊希淳 字道南上元人年十四督學胡象圖試孔子惜繁纓論詞辨川湧意爲宿學及見其幼更異之遺就海虞錢有威學因得師唐中丞順之皆忘年敬禮之館於梁溪華學士家嘗贈金百兩弗受比歸潛置其

書囊中道南登册檢書見之辛回舟力却而去欽天臺督學南來聞其名試以學莫先乎立志論因相與講明聖學人以方程伯淳云

沈九思字天啓上元人副使琮子父病九思籲天請以身代嘉靖癸酉舉鄉試罹母憂哀毁骨立里中勲貴人爲黄門所持橐千金求九思爲解九思拒其金而陰解之未仕卒伯子鳳翔進士

朱潤身字海峯江寧人嘉靖壬戌進士廷對時嚴嵩當國欲招致門下先期以鼎元餌之拒不應遂抑置二甲授吏部考功遷雲南僉事土寇鳳繼祖執張僉事以叛潤身與直指謀用間諜募死士指示方畧繼祖授首被口語謫告歸築室天闕山自娱

朱衣字正伯錦衣衛籍嘉靖甲子舉於鄉授臨淄令調房縣邑有巨堰爲豪强據侵害民田多方疏築歲灌千餘頃遷守沅州會礦徒作亂督撫檄衣率民兵治之衣往下令執鐵者若空拳者民不得妄誅乃獲亂首誅之餘黨解散沅有防兵以缺餉爲變衣聞報曰非反也迫於饑耳先遣牌以撫之定期給餉而亂息擒其首四人置之法爲守所忌弃官歸

蔡銳字抑之留守衛籍養親盡孝端介不苟中嘉靖丙午鄉試選通許令卓有政聲入覲改杭州府教授勵廉隅端軌範遷襄州府紀善士多畏憚相從

李登字士龍上元人文行特著督學耿定向倡明理學擇諸生之俊者風多士登居一焉隆慶初以選貢授新野令值歲凶多設粥糜食饑者復置義倉改贖鍰令折穀實之存活甚衆邑有水患築堤三成梁一民免爲魚鱉陳輿華俱切時宜以抗直忤時改諭崇仁講明鄒魯之學有願學編寶唐語錄

梁楹字汝直江寧人嘉靖丙午鄉薦仕至荆府長史初令鹿邑遷守眉州州之玻璨江源出岷水至武陽與邛水合江勢悍暴轉徙不常宋魏文靖守眉作蟇頤堰記以爲東流則病堰西流則病城截江爲揵而釃渠於東西之兩間城與堰兩利焉有明以來議者紛沓績用弗成城益危楹至察水勢見與文靖合築堤斜截大江導使中流長百八十丈有奇不二月而功告成至今賴之

馬汝徵字誠望錦衣衛籍嘉靖壬子領鄉薦任慶元令歲值攢造晝夜親閱纖毫不假踰月冊成當道賢之後受撫院檄禦歷關

劇賊李文標郎率鄉兵滅之入覲過家遂謝不赴買地瘞暴骼還邵氏無券金陰行其德泊然不自鳴也

王可大字元簡上元人嘉靖癸丑進士初受刑曹時相欲陷人重辟大執不可出補瓊州飲冰自矢轉台州知府與總兵戚繼光禦倭所俘甚衆罷歸後閉戶讀書士皆稱其簡貴曾孫萬禩性孝少刲股愈親疾博學弘詞能詩善書爲貢士絕意仕進

焦瑞字伯賢旗手衞籍以貢授靈山令首罷條編之病民者縣多叢箐羣盜嘯聚督撫檄推官劉某勦之被執瑞亟率衆往援賊見驚拜曰此吾父母奈何犯之乃救推官還嶺南素產珠翠瑞一無所漁有牛稅沿爲縣用亦貯之庫訓練壯丁以銀爲射的中輒賞之諸兵競勸賊不敢近權相柄國賦斂嚴急隣近縣爭爲刻浚瑞嘆曰吾忍以民命博一官乎移疾歸囊餘八金耳

何汝健字體乾京衞籍嘉靖癸丑進士仕至參議性寡交游獎拔後進引翼敎誨多成名士

姚汝循字叙卿江寧人嘉靖丙辰進士知杞縣擢南刑部主事出守大名政多平恕郡故土城當河流衝汝循伐石起陶築之至今屹然抵官家

子於法得謗當左遷遂屏居十年起桂陽同知遷嘉定州以事忤江陵意罷歸留心鄉井利弊著有丁糧議孫世昌喜行善事凡施粥拯難造橋梁必世昌居首

黄尚質字宗商水軍左衛人嘉靖戊午舉於鄉授劍州學正延主省城大益書院聘陝西典試稱得士攝巴縣會妖寇蔡百貫作亂竭力捍禦郡賴以安改峡江令驛有羨金歳暮輸縣尚質令存以减來歲額派聞練子寧遺嗣流爲厮養尚質多方覔得之復其姓立祠買田俾主其祀仕至饒州别駕

張應望字汝望高淳人萬曆壬辰進士授烏程令邑中范董兩氏僕横甚爲民害吏莫敢詰應望理其不法事百餘狀申請兩臺司成范懼奏聞投繯死妻吳氏伏闕誣奏坐戍世皆冤之覃恩赦歸追贈尚寶少卿

丁明登字蓮侶江浦人萬曆丙辰進士仕至衢州知府有政聲歸築室烏龍潭積書萬卷

孫拱辰字子極六合人萬曆己卯舉人守臨清州時稅璫嬲惡臠嬰兒爲藥餌拱辰揭正其罪乂所活飢民甚衆稱山東循良第一子國校

鄭宣化以貢授中書著有燕都遊覽志四十卷

字行義，上元人。嘉靖乙丑進士，授袁州府推官。嘗巳奉公，陞南工部主事，權蕪湖，謝請託，斥羨贏。有奸商以百金壽其父，請免規例，宣化抵諸法。再遷兵部武選司郎中。一日，時相出片紙，以錦衣某弁掌衛事，宣化執不可，出爲郤武守，甚著惠聲。

鍾遐齡 字子宜，溧陽人。隆慶戊辰進士，知井陘縣，釐剔精敏。分校順天，得一卷，曰：此天下士也。亟列高薦。既而拆卷，乃高邑趙南星。後以忠直爲名臣，官冢宰，世服其得人。

吳自新 字伯恒，江寧人。隆慶戊辰進士，授都水主事，擢守杭州。有廢勳匿重犯，執其黨論犯如法。有豪宦當大辟，監司欲寬之，不聽。有冤民累歲不決，立破械釋之。歲省織府金數千，備兵溫處，海防肅然。進布政使，積羨金悉充兵餉。以右副都御史巡撫河南，宗藩驕橫，自新選俊彥爲宗學長，皆斥斥奉法。陞南刑部侍郎，卒。生平好易，宦邸搆洗心軒，家起萬卷樓以藏書。尤敦孝友，里中稱其家法。子汝景，中

皇清康熙癸卯舉人。曾孫樹聲，中甲辰科進士。

顧國輔 字惟德，上元人。萬曆甲戌進士，爲刑部郎，以清慎著。時張居正當國，屬當讞囚，國輔有所矜釋

不允乃抱牘質居正居正無以奪之尋守襄陽屬久旱便宜賑濟大雨如澍中州流民就食者數萬多方活之且貲遣之歸任浙江副使繩諸將之耄而貪者爲忌者所中調守寶慶卒於任伯子起元別有傳起鳳庚戌進士鴻臚卿起貞辛酉舉人戸部郎

張後甲

字丁也江寧人十歲就里塾即日誦萬言萬曆丁丑進士授辰州推官多所平反有士爲豪右所陷文致成獄急釋之後戍孝廉又奸民蹩其女誣人陷大辟爲昭雪之五開戍卒戕長官捕渠魁置之法陞戸部督御馬草場盡法釐弊中貴憚之監權淸源司餉雲中皆有能聲補工部郎晉四川按察使客兵驛騷後甲所轄境獨得安堵

焦竑

字弱侯旗手衛籍父文傑衛千戸侃直不欺振武營兵變文傑按劍戢所部無敢譁還吳主簿所寄八百金仍護歸其喪人稱盛德竑生而端敏萬曆己丑殿試第一爲東宮講官時元子冲齡竑採輯故事繪圖演義名養正圖解
上溫語批荅同列忌之調外歸杜門著書有獻徵錄筆乘類林行世藏於家者尤多子尊生癸卯舉人有才名季子潤生廕仕曲靖知府殉國難孫綱

官戶部主事朱之蕃字元介衣之子萬曆乙未殿試第一辛丑爲會試同考錄許獬等皆知名士加一品服奉使朝鮮遇屬國君臣嚴重有體事竣盡却餽贐鮮人誦之不置擢右諭德掌南翰林院事晉南禮部右侍郎以丁內艱後屢詔不復出生平奉親最孝饒貲悉以遺田推弟辦同產子女之婚嫁父友李夢相死妻子無所歸以園房居之搆小桃園於謝公墩之北旣病猶賦三詩悠然而逝

顧起元字隣初國輔子萬曆戊戌會試第一殿試一甲第三由編修歷吏部左侍郎座師沈蛟門葉臺山素器重之徵引以大拜起元避居遯園七徵不起友人題其小築曰七名亭學問淵博凡古今成敗人物賢否以至諸曹掌故口陳指畫歷歷如覩通籍三十年立朝僅五載居家絕跡公府惟言地方利弊軍民感之

何棟如字子極江寧人萬曆戊戌進士授襄陽推官大獄多平允値苗亂棟如簡練士卒遣將王一桂立縛之遂以知兵名中官陳奉撤開青山礦棟如以顯陵發脈地繪圖疏聞事得寢後璫至襄恣橫收其爪牙投諸江璫復開穀城宜城礦其黨暴

掠官民羣鬨爭挺起棟如復收瓜牙之尤者擬斬京師訛傳楚官民擊殺璫上怒逮棟如下獄四年會星變赦歸光宗初起南兵部職方以韜畧自負加太僕卿行邊贊畫會失貴人意復逮繫詔獄拷掠備至無可坐乃坐募船糜費戍滁陽崇禎初昭雪歸

鄭宗化字尚德上元人以明經爲滁陽諭學者宗之稱明臺夫子性至孝居繼母喪終制未嘗見齒友恭端慤遊于耿恭簡羅明德焦文端之門顧少宰起元嘗目之爲黃憲可想其風概矣子元厚方正有父風

陳舜仁字淳甫上元人萬曆癸未進士授江山令簡靜明察民俗改觀丁艱補授太和俗稱難治省訟獄剔奸蠹均賦役賑饑窘治邑五年民戴如父母陞大理評事嘆曰吾不能媚人於邑安能媚人於朝遂移病歸

姚履素字允初上元人萬曆辛丑進士授刑部恤刑湖廣多所全活陞廣東副使兼督學政爲海忠介公申請廕子平抱縣羅峒黎賊事畢乞休葺市隱園居焉隻字不入公門獨以民力苦繁與丁清惠公商搉立房號得僱役定爲三則民得樂業

陳忠號南塘府軍衞籍有膽智

膂力絶人能浮江游百里嘗於神烈山擒兩虎由是知名投開府李麾下李以倭警治兵宿廟灣關王廟忠宿別帳忽夢中示警急呼所部巡至廟倭方廟前放火乃折廟垣救李出集四路兵與戰斬級七十二復於牛王河與倭戰倭以奇兵襲其後忠負公渡河且戰且走始得脫李畫渡河圖以紀其勇後隸浙江總制胡宗憲幕下倭躍武挑戰宗憲思得猛將衝之忠挺然請往白鎧雙刀直入倭陣萬賊辟易遂獲全勝由卒伍歷官參戎稱名將云

孔貞運字開仲句容人萬曆己未進士廷對第二人授編修天啓中陞中允充講官觸璫忌禍幾不免崇禎踐祚升祭酒駕臨雍進講禹謨上爲傾聽轉北吏部以專經補春秋講官入閣輔政調劑甚多卒謚文忠

張榜字賓王句容人萬曆癸卯南闈第二肄業南雍受知大司成馮夢禎禎高資夙望於酬對多濶略南曹郎嫉其慢已飛章劾之遂移病去榜時在太學疏請願伏鑕以直先生已而得旨許留用

常信字國寶典武衛籍爲人孝友多藝能精考六書嘉靖末以書學餼於官由印局使晉撫州府照磨會花園港有

巨盜嘯聚行劫商旅幾絕撫按以委信信詭爲日者服深入其阻圖上地形并爲芟除建置策甚具於是擒盜魁十有三人以幹才最於臨汝間

金光初 字元宇江寧人丁卯舉於鄉選奉新令起復補永平民樂其簡易然折獄鋤奸咸當其辜入覲卒於京邸

李逢暘 字維明上元人戊辰進士授戶部主事改儀部郎奉命遣祭楚王事竣卻其贐友人楊道南病親視湯藥或謂宜少避不從楊卒未浹旬亦卒

黃鉞 字長白錦衣衛籍萬曆辛丑武科第一歷官南左府都督僉事在粵渡海征黎平抱由羅活諸峒在南水陸營渡江遇蓮妖保護淮鳳在黔領嵩勦征安寇擊破定織金大方諸寨捷聞優賚

汪元哲 字魯生六合人萬曆庚戌進士官戶部郎有條議漕運數事關係國務出守衢州以廉幹稱卒子國溫廬墓三年遂終墓側

余大成 字集生江寧人萬曆丁未進士授南兵部武選司歷職方加太僕卿綜理邊務中使宣傳相繼不脫冠帶者百餘日事平回太僕前後二十餘載四任職方御批清執二字褒之仕至山東巡撫子二閒知襄城有廉名

王堯封字華岡先世金壇人家金陵萬曆癸未進士授戶部郎出守南昌恤民興教歷政皆以廉能稱

俞彥字仲茅上元人萬曆辛丑進士性至孝甫登第即疏乞終養恬修承志者十六年母終授兵部主事累官光祿寺少卿彥長材玩世事至立斷而性高亢致屢起屢躓

黃應登字徵甫尚質子少下帷攻苦爲焦弱侯顧鄰初所知萬曆中以明經授教諭端廉愛士多所成就歸授徒賣文以養親

卜履吉字訥齋江寧人萬曆戊戌進士性至孝歷官福建兵備副使初爲泉州司理稅監高某開礦厲民一時士紳廬墓不保履吉毅然具疏以聞先禁璫惡璫斂少衰因與衆約以千金助礦稅使之出境閩地以安至今祠祀之

楊名世字沂水江寧人少負文名以歲貢三任學博所至教化蔚起

卜有徵號虬岩江寧人萬曆庚子舉人授山東昌邑令歷任六載值水旱頻仍流民載道徵倡先賑濟分設粥廠嚴冬兼施絮衣全活甚衆

湯有光字孟發上元人萬曆己卯舉人歷瑞州知府爲政不事苛察一夕夢郡有火災竭誠齋禱明日

閩郡共見火星南飛得免於災孫聘中

皇清順治辛丑進士知平山縣有政聲

陳六奇字鳴鶯上元人萬曆戊午舉人知雲南南寧縣流寇內訌雲南大亂曲靖爲土寇所據知府焦潤生死之六奇號召義勇力窮被執不屈遇難

謝杞字君含江寧人天啓辛酉舉人就教元城陞廣西新寧知州有廉聲和易近人不事敲朴賦額克辦署隆安篆却例金抵欠餉民困以甦

胥自修字二如江寧人萬曆壬子鄉薦授曲陽令豈弟廉能爲三輔最丁艱起復補宜黃令寘奸民於法有貪緣出柙者坐是與當事忤左遷衢州府檢校轉光祿監事未赴聞北都變具冠服北向肅拜絕粒子弟勸之不顧孫時進扶柩以歸

陳元慶字允嘉萬曆乙卯舉人任滁州學正陞上饒知縣不赴元慶性孤介喜讀書善談名理每於廣坐中衆論辨難元慶談言微中有說詩解頤之趣

薛應和字子融江寧人萬曆癸酉舉人授長洲教諭遷成安令禁催徵取羨於民有崔守志者微加羨以進應和恚甚追給民而寘志於法民曉然知其廉奸胥無敢肆

童仲揆字元

圖考陵衛籍萬曆戊戌武進士倜儻多大略徵其善射有古名將風爲四川都司經略熊廷弼聞名疏調軍前屢立戰功後與石柱土官秦邦屏率師渡河衆寡不敵仲揆揮短兵接戰中弩死贈都督廕其子程國祥字我旋上元人起家寒素受知焦太史竑中萬曆甲辰進士初授權山知縣調光山歷陞考功郎中掌計典矢公矢慎爲羣小所嫉上爲黜言者有淸望素著之譽數遷至南總督倉塲侍郎官丁交須之晉禮部尚書拜東閣大學士立朝巖巖難進易退惟以憂國奉公爲急

張可大字觀甫京衛籍父如蘭以子上好學敦孝蒞以明經卒世胄中武舉第一博極羣書談古今事如指掌可大幼警敏善騎射萬曆辛丑武進士歷官右都督鎮山東平島帥劉興治之亂內陞左軍都督府已得代聞兵變回登州爲戰守計奸人内應城陷乃題壁曰山東撫兵張可大盡節于此遂自縊事聞賜祠額曰旌忠謚莊節

倪嘉慶字篤之江寧人天啓壬戌進士官戸曹時議裁驛站嘉慶執奏謂驛站爲朝廷大養濟院游手强悍之徒不肯爲兵不即爲盗者皆賴此

存活今過栽之若輩消歸何處是腹心之患也不從未幾鬪獻之禍果熾理新餉値楊嗣昌以增兵請加餉嘉慶曰今日之患不在兵少而在餉多餉多則農病農病則民貧民貧則挺而走險者益衆不若簡練士卒減餉裕民以消盜源嗣昌銜之被誣繫獄七年危坐研易毫無怨尤壬午獲釋臺省交薦起戶科給事中

賈必選 字徙南上元人萬曆己酉舉人天啓間歷官戶部主事筦西新倉時巨璫總理兩部遣其黨分伺六倉必選盡斥陋規璫爲少歛同官倪嘉慶以屯豆下獄必選爲訟寃謫九江幕遷桂林司理陞南工部晚歲失明取書令友若孫讀而聽之辨晰折衷口授筆錄成帙

曹可明 字懋德句容人天啓壬戌進士始爲諸生受知於趙中丞終年無所請託適有大辟求減可千金趙示於明明終不應趙益加敬焉分巡粵西擒獲賊魁倪可明宗人爲請明按如法解任之日囊槖蕭然

韓一光 字季孚高淳人崇禎戊辰進士授行人奉詔冊封途中餽遺一無所受擢御史聲震京師豪貴相戒不敢犯御書其名於屏大圈者三巡按四川禁投獻華舖

役邛州有獄案保全諸生數十人終山東副使**劉旋**字遜生江寧人崇禎戌辰恩貢授四川崇寧知縣流賊張獻忠從廣元寇蜀州縣望風遁旋誓死守賊至危坐堂上賊執之下罵賊不屈賊怒剜目剔骨死事聞贈尚寶寺丞**姚九疇**字庚先江寧人為浦口守禦崇禎八年冬流寇圍江浦九疇從游戎汪之斌援浦五戰皆捷城賴以完之斌議捜山九疇阻之不聽中賊伏九疇率所部往救出斌於重圍賊麕至援絕矢窮誘降不屈罵賊死大司馬范景文為卹其家**汪偉**字叔度江寧人少倜儻負才遇事敢為崇禎戊辰進士授慈谿令多興政邑有虎災偉禱於神得虎山行無患戊寅擢簡討癸未分較禮闈房首顧咸建同殉難孟章明其最著時荊襄失守偉上江防綢繆疏凡條奏千餘言上嘉之甲申二月流賊逼近畿輔偉聞泣曰事至此乎以死自誓三月十九日城破先一日偉繼室耿先檢新製衵衣固縫以待比城陷耿氏先投繯偉捉筆大書壁間云崇禎十七年三月十九日城陷翰林院簡討同繼室耿氏死節時耿懸於左偉熟視曰雖造次不可失序因移

耿氏於右同徐有聲字聞復江寧人崇禎辛巳特
經死諡忠節用官貴州司主事李賊破城
死常延齡字喬若開平王十四世孫襲侯封遇事
節敢言前後條陳利弊疏凡十餘疏俱關
國體歐陽序字維禮江寧人授福州府幕兩署閩
大務與侯官篆嘗獨俸償贖鍰持平出重
辟郡人吳嘉禎字源長江浦人崇禎丁丑進士授
德之戶部郎管通州倉陞泉州參議有
豪貴謀占人產重懲其僕有立凌世韶字官球江
私稅于洛陽橋者白撫按革之寧籍崇禎
甲戌進士授福清知縣不事催科上官徵賦踰期
坐謫汀州經歷署寧化縣縣境邊海民操土音不
可解凡以納課至者胥挑爲盜民莫能辨韶知其
弊痛懲之民乃得至公庭積逋爲之一清遷處州
府推官陳丹衷字旻昭江寧人崇禎癸未進士少
擢戶部事父母以孝聞登第後請纓自效
授御史名募苗兵沈向字德一萬曆乙卯舉人崇
破賊志未遂卒禎初任巫山令縣居萬山
中四面當衝時流賊攻城陷邑圍巫山月餘向誓
死與士民堅守賊不敢犯行取入都懷宗平臺召

問向侃侃應對十上嘉之授御史差巡漕向本衛籍夙知漕弊先列十八款於通衛手采肅然衛弁懾服

陸朗 字闇先上元人崇禎辛未進士由行人授戶科給事中條陳事宜動中機務上治河漕疏有關地方朝議重之巡兩浙漕糧剔弊釐奸吏民畏服家居訓教子弟分粟給衆優游終老

蔡屏周 號二白萬曆乙卯舉於鄉授浮梁令縣多盜周至恩威並用四境帖然時魏璫建祠撫軍率屬從之使至梁周登堂裂其移文禍幾不測璫敗得免崇禎中補開封郡幕會豫中寇起周請練鄉兵寇至剿之獲其渠魁乃以知兵名後以職方行邊叅贊機務多所建竪出守雲中大璫張彝憲監視巡方周抗義不合改調歸

王潢 字元倬江寧人性孝友能文章丙子舉於鄉父之藩慷慨好義重然諾能周人急潢晨夕定省善以色養與同學孝廉謝廷相黃艮汪觀王亦臨黃日乾計嘉聞爲南陔詩以娛親有南陔集

潘可大 江寧人起行間嘗建功齊魯又北援京師南援閩粤崇禎乙亥授安慶守備署游擊事流寇入桐潛可大偕兵道史可法多方堵截不解甲者數月

加衆將隨總兵程龍[illegible]勦遇賊鄭家店時賊數萬面所領三千餘人困守月餘矢盡營破可大取關防印襟袂數十處彼之程亦自焚死事聞贈都指揮使廕其子

皇清李敬字聖一世居六合竹墩里祖雲鵠有篤行嘗拾遺金還客歸鬻女隱德甚多父在公丙辰武進士有才畧敬中順治丁亥進士授行人考選廣西道御史多所建白出按湖廣兵燹後請免租稅改折黃絹民皆便之身至行間犒師征賊有功歷陞刑部左侍郎和衷詳慎出入稱平

錢源字伯開上元人父仁交有盛德人稱長者源中崇禎丁丑進士授東陽令陽民桀驁喜訟源恩威並用民感而化行取擬補給事中

國朝改授湖廣驛傳鹽法按察司救楚中紳衿被誣者多人致仕歸

郭亮字尉侯江寧人順治丁亥進士授隆德縣令縣係邊徼居處無屋食無稻粱人皆以為難亮單車入境與民相安行取授給事中屢上封章釐奸剔弊時論韙之轉平京道慈惠及人丰采益著

史允琦字寄玉上元人幼而孤事母撫弟有至性中順治丁亥進士兩

爲福建李官屢雪寃滯歷生山西提學士多頌之陳嘉善字伯敬江寧人性孝友勵志學問繼母鄭氏苦節嚴以教之嘉善承顏順受無異言登順治已丑進士歷官金衢道參政廉惠著聲

宋之繩字其武溧陽人崇禎癸未廷試第二本朝以逸民薦奉命赴京補編修丁酉以中允主試順天辛丑補江西參議淸惠著聲

馬世俊字甸臣溧陽人淹貫經史及諸子百家順治辛丑廷對第一性朴素釋褐貧不能具軒騎策蹇驢老蒼頭攜宮袍隨之傳爲士林佳話名對稱王者以天下爲家不宜示同異言論侃侃尤好汲引

白夢鼐字仲調江寧人少與兄夢鼎讀書尚氣節順治戊子拔貢辛卯舉於鄉庚戌會試第二官大理評事多所平反總憲魏象樞特以博學宏儒薦庚申

福建請補舉鄉試

特簡主考得士稱盛復命以疾卒於道

胡順忠字將美朴厚誠篤生平無欺人語順治已

丑進士授南安知府南安當閩廣衝粵東用兵所需立辦訟庭清肅若無事退閉家居閉門著述手錄甚富　李蔚號鍾山溧水人丁亥進士父應科慷慨能緩急人多義之蔚初授大行三奉使齊辛卯分校順天試陞工部以病歸卒　史正謙字六吉漢溧陽侯崇裔徙居高淳孝友性成數奇不偶晚以國學生授縣貳家徒壁立謁選無資邑故有虛糧累與邑紳王薇奔告巡按御史具

題漕米永折隨漕襍項獲免邑困稍甦至今賴焉家居以課子爲事年七十八卒於家子秉直康熙壬子舉於鄉丙辰成進士　史鶴齡字子修溧陽人幼穎異博覽詩文丁未成進士官編修庚戊充同考所得皆名士以書法稱

旨屢沐　恩賜講筵親切時賛許謨念親老乞假歸養卒於家　特賜諭祭　子夔壬戌進士授庶吉士　胥庭清字秉公上元人順治丁亥進士令餘姚時賊遍山野清單騎入山撫之四境以寧擢工部榷龍江關不取羨餘致仕歸兄弟百口共爨善事父母人稱孝友　狄敬字文止溧陽人順治己丑進士授工部主事榷夏鎮河道有請

譽遷屯田員外條陳事宜稱議陞湖廣提學得士心遷潼關兵備布政司參議益著能聲會修夏鎮志潼關志

蔡祖庚字小白上元人順治己丑進士授甘泉令地瘠路衝縣務久廢庚殫心經理民賴少安奉有急公好義之

旨陞戶部郎歷遷太原改眞定守戒屬員省事省刑與民休息尤以甄拔人才爲意轉河南副使補任粵西以親年及耄家居奉養數年卒

吳頴溧陽人順治壬辰進士歷官潮州知府多善政潮人至今思之

王瑞上元人康熙丙辰進士官翰林檢討充己未會試同考以疾卒於京邸未竟其才同館惜之

江南通志卷之第四十三

人物

蘇州府

〔商〕巫咸　太戊時作相尚書曰巫咸乂王家子賢亦商相書曰在祖乙時則有若巫賢殷復興考越絶書虞山巫咸所居也張守節史記正義巫咸及子賢冢皆在蘇州常熟縣西海虞山上葢二子本吳人也世傳宋嘉定閒土人掘山西靑龍岡得古碑入分書商相巫咸冢五字邑令王爚爲修墓立祠以祀之

〔周〕吳季札　吳子壽夢第四子也壽夢以賢欲立之札讓乃立諸樊攝行國事諸樊後除喪復讓札札辭曰昔曹人不義曹君將立子臧子臧去之君子曰能守禮札雖不才願附於子臧之義吳人固强之遂逃於延陵故稱延陵季子今墓在常州府之江陰墓碑係孔子書古篆文十字

嗚呼有吳延陵君子之墓

言偃字子游史記云偃吳人少孔子四十五歲北入中國而學於孔子聞道甚早自江淮以南爲孔氏之學者偃一人也始仕於魯爲武城宰以得人禮樂爲治孔子稱之語載魯論朱文公記云縣有巷名子游橋名文學相傳至今確爲虞邑人葢不誣矣墓在虞山側

專諸棠邑人王僚五年公子光客之遂居吳光嘗謂父兄弟四人當傳至季子季子即不受光父先立當傳光伍子胥薦專諸於光遂刺殺王僚左右亦共殺專諸光遂自立是爲吳王闔閭用專諸子爲上卿

〔漢〕皋伯通字奉卿吳中大姓有賢行梁鴻孟光偕至吳爲人傭春伯通異之舍於家鴻卒伯通葬之後名所居曰皋橋

陸續字智初吳縣人爲戶曹吏以楚王英事繫獄母至命門卒進食續悲泣曰母來不得見問何以知之曰母平日截肉未嘗不方斷葱以寸爲度是以知之故泣

使者以狀聞乃赦之

沈豐字聖通郡人永平中爲郡主簿歷零陵太守爲政愼刑重獄人有訟不令入獄口問手批其情立舉而事皆得平市無刑人俗有善則揚有過則掩風俗皆變民恒頌之

沈友字子正郡人年十一華歆行風俗見而異之因呼曰沈郎可登車語乎友逡巡曰先生銜命將以禆先王之教整齊風俗而輕脫威儀乎歆嘆曰自桓靈以來雖多英彥未有幼童若此者後事孫權極論王霸之畧甚清議峻厲年二十九遭譖卒

三國

張儼字子節吳人弱冠知名博文多識族人溫曰吾家顏子也寶鼎中使於晉賈充裴秀荀勗等欲傲以所不知皆不能屈

顧雍字元歎吳人德宇淹深不飲酒寡言語舉動時當權常嘆曰顧君不言言必有中進封醴陵侯爲丞相十九年卒次子裕襲爵孫譚與諸葛恪等爲太子四友

晉

顧榮字彥先雍子仕吳黃門侍郎吳平與陸機兄弟同入洛時號三俊官終尚書郎顧

衆字長始吳人父秘字公真有文武才父早歿事母以孝聞州辟主簿舉秣陵令並不行元帝爲鎮東將軍命爲參軍以討華軼功封東鄉侯

顧和字君孝吳人總角便有清操咸康初拜御史中丞劾奏尚書左丞戴抗贓汙骫法百僚憚之尋遷侍中以疾篤辭位

陸玩字士瑤吳人弱冠有美名賀循每稱其清允元帝引爲丞相參軍及蘇峻反遣與兄曄俱守宮城以功封興平伯

陸納字祖言玩弟少有清操王述引爲建威長史謝安常詣納兄子俶密爲之治具安既至納所設惟茶果俶遂陳盛饌安去納大怒曰汝不能光益叔父乃復穢我素業杖之

張翰字季鷹儼次子博學善屬文齊王冏辟爲東曹掾翰謂顧榮曰天下紛紛禍難未已吾本山林間人無望於時因見秋風起乃思吳中蓴羹鱸魚曰人生貴適志何能羈宦數千里以要名爵乎遂歸俄冏敗人皆稱翰先幾

孫晷字文度吳人學有理義辟命皆不就每獨處幽暗之中容止瞻望未嘗傾邪見人饑寒並周贍之時會稽虞喜隱居海隅有高世之風晷欽其德聘喜弟預女爲妻

北朝南宋張緒字思曼吳縣人武帝時累官中書令長於周易言精理奧一時宗之劉悛爲益州獻蜀柳武帝植於靈和殿前賞玩之曰風流可愛似張緒當年張充字延符緒兄子少好逸遊年三十折節讀書徵拜國子祭酒登堂講說皇太子至王侯多執經焉卒謚穆子

張褘少有操行恭帝爲瑯琊王以褘爲郎中令及帝踐祚劉裕以褘爲帝親信以藥酒付褘齎令鴆帝褘曰鴆君以求生何面目視息世間哉不如死乃自飲而死

顧覬之字偉仁初爲郡主簿遷山陰令山陰劇邑官長晝夜不得休覬之理繁以約縣用無事晝日垂簾門階閴寂遷左將軍爲湘州刺史卒謚簡五子約緝綽縝緄綽私財甚豐鄉里士庶多負其債覬之命出諸文券悉焚之

陸徽字休猷少有清操補建康令清平無私爲文帝所善持節督益寧二州諸軍事威惠兼著盜賊靜息蜀土安之卒於官徵兄弟七人時號爲七龍

陸法眞孝武時歷官有清節泰山羊希與孫詵書曰足下同僚有陸錄事者生東南名地持身至清年高官下秉操不衰計當日

夕相與申意後明帝時爲南海太守

李眞 字允眞年三十喪妻終老不再娶子昱嘗輸粟百斛賑饑有司旌以冠帶辭不受人稱其世義

〔齊〕全景文 字弘達郡人少有氣節仕宋爲驃騎參軍破晉陵賊復北討薛索兒皆有功封漢水侯

張岱 字景山州辟從事累遷司徒掾母年八十籍注未滿岱便去官還養有司將糾舉宋孝武曰觀過知仁不須按也後補山陰令職事問理齊高帝時復爲吳興太守更以寬恕著名

陸慧曉 字叔明清介正直不雜交遊張緒稱之曰江東裴樂也初應州郡辟歷諸府參軍以母老還養十餘年不仕廬江何點嘗稱慧曉心如照鏡遇形觸物無不朗斯遷兗州刺史輔國將軍以疾告歸卒贈太常卿

顧憲之 字子思弱冠州辟從事出爲建康令性清儉爲政得民和爲累經宰郡貧無儋石及歸環堵不免饑寒臨終爲書戒其子薄葬素祭所著詩賦并衡陽郡記數十篇

陸杲 字明霞少好學工書畫歷尙書中曹郎遷御史中丞性悻直無所顧望領軍將軍張

稷是杲從舅杲嘗以公事彈稷稷因侍宴訴帝帝曰杲職司其事卿何得爲嫌出爲義興太守寬惠爲民所稱

陸超之 郡人江州刺史隆昌元年宣城公鸞既專廢立晉安王子懋欲起兵招超之同事鸞遣於琳之害子懋琳之勸超之逃亾超之曰吾若逃亾非唯孤晉安之眷亦恐田横客笑人遂端坐俟命卒及于難時王元邈義之厚加殯殮

梁

張嵊 字四山仕梁適侯景亂邵陵王綸授嵊征東將軍嵊歎曰天子蒙塵今日何情復受榮號守義興侯景攻之遣使說嵊降嵊怒斬其使城陷被執景欲捨之嵊罵不屈乃殺之子弟皆遇害景欲全其少子嵊叱曰吾一門殉節留此何爲并遇害

陸雲公 吳縣人九歲讀漢書郎能全記祖倕與沛國劉顯質問十事雲公對無所失顯歎異之梁武帝召爲儀曹侍郎中書兼領著作

皇侃 吳縣人少郎著孝經疏語仕梁爲國子助教譔禮記註疏五千卷書成詔付秘閣召入壽光殿講說武帝善之加員外散騎

張率 吳縣人性敦重溫雅十二能屬文梁天監中授司徒

嘗獻賦武帝曰相如工而不敏枚乘速而不工卿殆兼之遷秘書丞官黃門侍郎有文衡十五卷[illegible]

陸襄吳縣人仕梁爲著作郎太清初拜度支尚書以功封餘干縣侯襄博學能文性至孝父母沒終身蔬食布衣不聽音樂

陸澄字彥淵澄少好學手不釋卷王儉自侍博識獨見澄自謂不及嘗數遺逸事數百條皆儉所未睹竟陵王子良得古器小口方腹以問澄澄曰此名服匿子良詳觀器底有字彷彿可識如澄言

陸倕字佐公少勤學嘗借人漢書失五行志四卷乃寫還之畧無遺脫梁昭明太子愛文好士倕與殷芸等同見賓禮武帝雅愛倕奉勅撰新漏刻銘記褒美之賜絹三十疋

顧協字正禮幼孤及長好學舉秀才沈約覽其策嘆曰江左以來未有斯作時與瑯琊顏協才學相亞時稱爲二協

（陳）**孫瑒**字德璉吳縣人少倜儻好謀畧博涉經史仕梁叅邵陵王軍事甚被賞遇歸陳除散騎常侍後主頻幸其第游宴賦詩卒贈護軍將軍諡曰莊

張種字士苗侯景亂奉母還鄉里及

母卒哀毀過甚在兵亂中能終三年喪以禮自處仕陳官至中書令仁恕廉靜識量宏博卒謚曰元弟稜亦知名

〔隋〕潘徽字伯彥郡人性聰敏少受禮於鄭灼受詩於施公受書於張冲講莊老於張機並通大義尤精三史善屬文能持論陳江總雅重之隋煬帝嗣位詔與陸從典褚亮歐陽詢等助楊素撰魏書

褚暉字高明郡人以三禮學稱於江南煬帝時徵天下儒術之士集內史省相次講論暉辯無能屈者自是擢爲太學博士撰禮疏一百卷

陸士秀字南容郡人博通百家幼時在陳容儀迅舉齊使李騊駼至江南問江南孟婆是何神也士秀曰山海經云帝之二女游於江郭璞注云天帝二女尊之爲神由此言之則以天帝女尊之爲孟婆猶郊祀志以地神爲泰媼也騊駼曰僑南之辯無以加焉後仕隋爲學士

〔唐〕張後胤字嗣宗甫冠以學行世其家唐高祖鎮太原引爲賓客以春秋授秦王太宗郎

位令羣臣以春秋酬難帝曰朕昔受大義於君今尙記之出爲睦州刺史乞骸骨帝見其彊力問欲何官偘謝不敏帝曰朕從卿授經卿從朕求官何所疑偘頓首願得國子祭酒授之永徽中致仕卒諡曰康

朱子奢吳縣人幼從鄉人顧彪授左氏春秋善文詞唐貞觀初高麗百濟同伐新羅連年兵不解帝授子奢散騎常侍諭旨平三國之憾子奢有儀觀三國尊畏之上書謝罪帝嘗欲觀起居紀錄子奢曰陛下所舉無過事雖見無嫌然以此開後世史官之禍深可懼也由是恩禮甚篤

朱佐日郡人兩登制科三爲御史武后嘗吟詩曰白日依山盡黃河入海流欲窮千里目更上一層樓問是誰作李嶠對曰御史朱佐日詩也賜綵百疋

于公異郡人建中二年進士李晟表爲掌書記朱泚平德宗見露布文曰臣既肅清宮禁祗奉寢園鍾虡不移廟貌如故帝覽泣下曰誰爲之辭或以異對帝咨嗟久之

張籍字文昌吳縣人貞元間進士韓愈薦爲國子博士歷主客郎中當時名士皆與游而愈賢重之張洎論籍爲詩長於古風與元微之白樂天孟

東野歌詞爲天下宗匠號元和體又長於今體律詩貞元已前多拘於常格至籍一變而章句之妙魁於流品

皮光業字文通父日休爲蘇州從事光業生於蘇十歲能屬文錢鏐辟以爲屬凡教令儀注多其所定美容儀善談論若神仙中人與父日休子燦三世皆以文雄江東

陸元方字希仲累官監察御史歷遷鸞臺侍郎同平章事或言其薦引皆親黨后怒讓之對曰舉臣所知不假問佗黨又薦其友元暐者有宰相才后知無他每進退羣臣必先訪問臨終取奏藁焚之曰吾陰德在人後當有興者諸子皆美才象先景倩景融尤知名

陸象先字崇賢器識沈邃舉制科高第爲揚州參軍事後以保護功封兖國公始象先名景初睿宗曰子能紹先構是爲象賢者乃賜名焉

陸景倩爲扶溝丞按察使畢構覆州縣殿最欲必得實有吏言狀曰某强清某詐清惟景倩爲眞清終監察御史

陸餘慶陳右衛將軍珣孫已冠未顯名兄元表惜曰爾名宦不立奈何餘慶感激閉戶讀書三年以博學稱舉制策甲科登仕

張承休郡人丁母憂廬

墓三年舉賢良方正終上柱國恆州刺史張說撰墓志云希言篤行去華從實非法不由非禮不動精於理物儆於從政

張從師 郡人仕終河南府法曹參軍張說撰墓志云冲和純粹辨博閎達卓犖好古倜儻逸羣忘懷樂道上元二年終葬虎丘西原子惟儉惟靜弱歲皆精左氏穀梁春秋

歸崇敬 字正禮長洲人天寶中舉傳通墳典科對策第一累擢修撰代宗召問崇敬極陳生民疲敝當以儉化天下大曆初充冊立新羅使海國傳其清德封餘姚郡公卒贈左僕射謚曰宣子登字冲之舉孝廉高第歷遷右拾遺裴延齡得幸能執易疏論之以示登登曰君雖獨處願竄吾名於雷霆之下順宗朝爲皇太子侍讀獻龍樓箴以諷累官工部尚書封長洲縣男卒贈太子少傳謚曰憲

張鎰 字季權朔方節度使齊丘子以蔭授右衞兵曹參軍會李靈曜反於汴鎰訓練鄉兵嚴守禦擢侍御史適朱泚以平盧卒戍鳳翔上欲擇人代之顧鎰曰文武兼資內外望重無易卿者乃以爲鳳翔節度使李楚琳作亂遂與二子皆遇害詔贈太子太傅圖形凌煙閣

陸長源

字味之餘慶孫贍於學始辟薛嵩幕府嵩󠄁後沭常從容規切歷建信二州刺史長源淸白自將去汝州日送車二乘日吾祖罷魏州有車乘而圖書半之吾愧不及先人云

顧少連字夔仲大曆五年擢第補登封主簿邑有虎孽少連命塞陷穽移文岳神虎不爲害歷吏部侍郎裴延齡方橫常與少連會田鎬第酒酣少連挺笏謂日段秀夫笏擊賊臣今吾笏將擊奸臣奮且前元友直勸解之改京兆尹卒贈右僕射謚日敬

楊收字藏之世居馮翊父遺直客㓨於吳收年七歲處喪若成人母長孫夫人親授經十三通大義善屬文號爲神童里中多造門觀賦詩至壓敗其牆會昌間擢進士兄發字至之開成間進士子涉乾符二年登第哀帝時同中書門下平章事昭宣帝禪位於梁以涉爲押國寶使其子凝式言於涉日大人爲唐宰相而手持天子璽綬與人雖保富貴奈千載何盍辭之凝式字景

沈傳師字子言治春秋工楷法貞元末進士度進士官至禮部尚書

授太子校書郎累遷制誥翰林學士終吏部侍郎卒傳師性冲粹無競初拜官宰相欲以姻私託幕

府者傳師拒曰誠爾願罷所授治家不尚威嚴閨門自化帑無儲錢鬻宅以葬云子詢字誠之亦能文會昌初登第

陸器 常熟人登狀元及第今河陽山有讀書臺遺址尚存

魏信 包山人貞元初進士為舒州望江令有仁政嘗為禱神祈雨文有云必也令長之罪神得而誅之豈可移於人而害其歲既卒百姓留葬縣立祠祀之

陸扆 字祥文光啟二年進士屬詞敏速常與諸學士金鑾殿上作賦扆獨先就昭宗歎曰貞元時陸贄吳通元兄弟善內廷文書後無繼者今朕得卿斯文不墜矣與宗人希載才名冠一時朝中稱為二龍

吳仁璧 字廷寶長洲人大順中及第善屬文嘗居廬山數年道士曰能學仙乎仁璧固陳求名之志道士曰一第猶拾芥耳但他年勿干英雄仁璧既成名吳越王錢鏐待以客禮欲辟之入幕固辭天復初鏐母奉國夫人水丘氏卒請為誌文不從鏐怒沈之於江

〔宋〕楊宗勳 郡人以父蔭給事東宮御軍有法真宗即位授左侍禁四方客館使累遷樞密

使如中書門下平章事卒年七十贈太尉謚恭密改謚恭毅

龔識 字默甫吳人端拱元年進士宋之吳士登科者始於識今府學題名猶以識爲首天聖中擢知何容縣發奸摘伏如神楊紘持節爲行部獨不入其境曰龔君治民所至有聲吾往徒爲擾耳初第時范仲淹深加禮重謂曰君德業清修他日必爲令器慎勿因人以進洎登朝未嘗游公卿門卒以清直淳厚號慶曆人材

謝濤 字濟之幼奇敏年十四講左氏春秋會汾晉平郡國當表賀濤私草之爲人持去郡將大稱惬時吳令羅處約與常州王禹偁書云濟之揚摧天人吾曹敵也與之定交常講學陽山白蓮院洎登第召試直史館判三司兼侍御史卒贈禮部尚書子絳字希深以父任秘書省子景初字師厚慶曆六年及第長於詩

范仲淹 字希文吳人二歲而孤舉祥符五年進士仲淹博通六經長於易學者多從之講解嘗推其俸以食四方游士諸子至易衣而出仲淹晏如也每感激論天下事奮不顧身一時士大夫矯勵尚風節自仲淹倡之時歲大蝗旱江淮京東滋甚乃命仲淹安撫江淮所至開

倉賑之條上救弊十事及陝西用兵天子以仲淹士望所屬扳用之而仲淹以天下爲已任會邊陲有警急與樞密使富弼請行邊遂以仲淹爲河東陝西宣撫使賜黃金百兩仲淹悉分遺邊將會病卒贈兵部尚書謚文正既葬御書其碑曰褒賢之碑贈太師追封楚國公性至孝以母在時方貧後雖貴非賓客不重肉妻子衣食僅能自充置義莊里中以贍族靖康初追封魏國公子純祐純仁純禮純粹

范純仁字堯夫始生之夕母李夢兒墮月中承以衣裾得之遂生純仁宋皇祐元年進士與父門下賢士胡瑗孫福石介李覯之徒從游晝夜肄業置燈帳中頂如墨色仲淹没始出仕以著作佐郎知襄城縣召爲殿中侍御使同知諫院言王安石變法掊克民心不寧願陛下圖不見之怨上曰何謂不見之怨對曰杜牧所謂天下之人不敢言而敢怒是也上嘉納之忤安石意改知河中府從成都路轉運使時秦中方饑擅發常平粟賑貸僚屬請奏而須報純仁曰報之無及矣吾嘗獨任其責徽宗即位陛觀文殿大學士乞歸養疾上不得已許之遣醫視疾疾華以宣仁后誣

謫未明呼諸子口占遺表命門生李之儀次第之文載史傳明日熟寐而卒謚曰忠宣御書其碑額曰世濟忠

范琪 字希世仲淹從兄以進士授開封府法曹讞議必正握節不撓改大理寺丞知鄞縣葺堰埭知常熟縣濬金涇鶴瀆二浦溉田千頃卒累贈金紫光祿大夫子師道字貫之天聖中進士孫世京秘書丞世亮熙寧中進士

鄭戩 字天休吳縣人戩少孤客京師事楊億以屬辭知名後復還吳億卒賓客散去戩乃倍道會葬舉天聖二年進士與兄載齊名官至宣徽北院使卒贈太尉謚文肅弟戡登景祐元年進士歷官刑部侍郎戡寶元元年進士太子中舍人

葉清臣 字道卿吳人清臣幼敏異好學善屬文舉進士會詔求直言清臣上疏言大臣專政仁宗嘉納慶曆初入爲翰林學士上御天章閣召公卿出手詔問當世急務清臣條對極論時政闕失言多剴切卒贈左諫議子均尚書司封員外郎

程師孟 字公闢景祐元年進士知吉水錢塘二縣皆有政聲慶曆中詔近侍各舉所知柳植施昌言以師孟薦知南康軍建議置倉適

凶歲卽矯發他儲不俟報吏懼白不可師孟曰必俟報餓者盡死矣竟發之徙河東路晉地多土山旁接川谷春夏大雨水濁如黃河師孟勸民出錢開渠築堰漑良田萬八千頃召爲度支判官告老還正議大夫致仕

滕元發初名甫字達道父高東湯人爲秘書郎卒葬吳遂家焉母夢虎行月中墮其室而元發生豪儁慷慨不拘小節九歲能賦詩擧皇祐進士除大理評事神宗卽位召問治亂之道對曰治亂之道如黑白所以變色易位者朋黨汨之也上曰卿知君子小人之黨乎曰君子無黨譬之草木綢繆相附者必蔓草非松栢也朝廷無朋黨雖中主可以濟不然雖上聖亦殆上以爲名言進知制誥在上前論事如家人父子言無文飾上知其誠事無巨細皆問之元發隨事解答不少嫌隱哲宗登位除龍圖閣直學士卒諡章敏

錢象先字資元天禧三年進士歷擢大理少卿兼天章閣侍講仁宗以其母年八十獨賜紫章服進待制象先長於經術侍邇英十餘年有所顧問必反覆諷諭以吏部侍郎致仕

陳之奇字虞卿其先長安人唐末徙吳資元

元年及第歷知丹徒泰興二縣告歸之奇孝於親約於身信於朋友篤行好學不爲聲利所遷吳人言高行者必推之

張詵字樞言父直史館郎中沔自浦城來家於吳詵舉寶元元年進士通判越州民患苦役詵科別人戶籍其當役者以錢雇人皆以爲便歷遷龍圖閣清河郡侯卒詵性孝友廉於財平生不殖田業弟詢字仲謨嘉祐四年進士

陳睦字子雍祖右司諫絳自莆田徙家于吳睦第進士治平中詔舉館閣才學之士睦與劉邠李清臣輩首被選擢拜監察御史改寶文閣侍制子彥文字經仲

盧秉字仲甫父光祿卿革自德清徙吳秉未冠有俊譽嘗謁蔣堂坐池亭堂曰亭沼粗適恨林木未就耳秉曰亭沼如爵位時來或有之林木非培植弗克大似士大夫立名節也堂嘗味其言中進士歷官集賢殿修撰乞歸有文集十卷

徐師閔字聖徒其先建安人父奭爲兩浙轉運因居吳熙寧十年師閔以司農少卿知袁州袁民歌之有瑞麥嘉禾之異爲治鎮靜有惠愛吏民生爲立祠官至東海郡侯

黃彥字修中父挺浦城人爲太子洗馬家于吳

熙寧中房與弟頡俱第進士爲越州教授知崇德
縣清直明恕民畫像祠之子策字子虛元祐六年
進士欽宗在青宮時聞策名大書隨　字子和
緣堂三字以賜因自號隨緣居士　**孫沖**　郡人熙
寧六年進士知含山縣稱循吏律已甚嚴秩滿家
人解其歸裝時有老僕畜一硯冲視之曰此非吾
來時物也　字希尹郡人熙寧三年與父伸
命還之　**鄭景平**　同登進士第景平剛正不撓居
官以廉介稱知饒州數月謝事歸或問故對曰天
子命景平爲郡當以撫字爲職乃不得行其志今
日須金若干明日須粟若干民已枯　字鵞津
骨矣捶考之亦何所取故亟賦歸　**尤輝**　紹聖元
年進士知建康府拜兵部尚書觀文殿大學士致
仕歸足不入城府徜徉湖上幾二十年年八十五
上賜壽觴命繪圖進覽題曰尤圖卒謚文憲子著
紹興二年進士著生而右手六指四歲尙未能言
忽遇老僧曰六指禪師其生於　字仲則吳江
此乎著日別來平善自此能言　**魏憲**　人與弟志俱
進士歷官至吳郡開國侯歸卒學者稱爲止菴
先生志字幾道志四世孫汝賢淳祐四年狀元華

夢得字少蘊長洲人登進士第徽宗朝自婺州教授拜崇信軍節度使致仕

李衡字彥平居崑山少博學能文紹興中進士授吳江主簿部使者怙勢侵民衡不忍以敲朴迎合即投劾去歸於圓明野墅日與門人講解經義名其堂曰樂庵

范成大字至能父雩居崑山成大大在懷抱中識屏間字年十二徧讀經史十四能文詞父亡讀書薦嚴寺十年不出取唐人只在此山語自號此山居士登紹興進士尋以起居郎充祁請國信使使金侃侃不撓金人嘉歎之除四川制置使教閱將兵修置堡砦蜀知名士孫松壽樊漢廣皆掛冠不仕成大表其節由是遠近歸心進資政殿學士封吳國公卒謚文穆

元

衛培字寧深文節公曾孫博通經史習知前代典故延祐七年郡以培充貢龍虎榜賦文不起草有楊馬之才嘗聘爲州學訓導號月山先生同時有李季高亦以文學並稱有容月集

宋无字子虛至元辛巳擢征東萬戶代典書檄丁亥舉茂才以奉親辭年踰五十乃就官垂二十載

致仕歸薄味清齋行不用杖日從林下遊與鄧光薦趙孟頫馮海粟友有翠寒吟囈二集

陸友 字友仁攻苦力學善詩尤長於五言律兼工行楷又情鑒古物闢斗室扁曰志雅齋庭植花竹旁樹湖石室中惟置名集

邵光祖 字弘道博學好古研精經傳講習垂三十年通三經著尚書集義尤究六書之旨著韻書四卷尤以闡異端禁邪說扶植名教爲務

尤玘 字君玉祖志有隱操賜號冲彝處士玘長身美髯才畧過人元初辟爲中書掾仕至大司徒開國魏郡公所著有歸問堂稿萬柳溪邊舊話

顧阿瑛 字仲英崑山人輕財結客豪宕自好年三十始折節讀書購古書名畫彝鼎秘玩築別業於茜涇西曰玉山佳處日夜與客置酒賦詩四方文學之士若張翥楊維禎柯九思李孝光方外士若張伯雨等咸主其家其園池亭榭之盛圖史之富並甲一時而才情妙麗風流文雅著稱東南晚耽釋氏書有悟遂祝髮稱金粟道人自題其像曰儒衣僧帽道人鞋天下青山骨可埋若說向時豪俠處五陵鞍馬洛陽街

明高啟字季廸長洲人少孤力學工詩洪武初以薦與修元史授翰林院編修擢戸部侍郎以不習國計辭歸里居魏觀守蘇州延問郡中政事得失接見甚密會觀得罪連坐死年甫三十九啟於書無所不讀其文喜辨覈馳騁而詩尤推名家所著有缶鳴息藻諸集 **謝徽**字元懿長洲人洪武初應召修元史授翰林院編修兼教功臣子弟辭歸六年起爲國子助教卒徽博學工文詞與高啟齊名有蘭庭集弟恭字元功亦能詩有蕙庭集 **葉顒**字伯邛吳縣人家洞庭東山顒學有端緒尤長於詩洪武初故人長興侯耿炳文遣人招顒欲薦於朝不應放情詩酒自稱浮丘醉史許光遠亦家洞庭應召至京獻詩又陳省州薄稅之策以老放還今洞庭山中有許山人亭 **徐達佐**字良夫吳縣人受書於天台董仁仲隱居光福山中洪武初鄉人施仁守建寧以幣聘請爲其學訓導達佐以建寧爲朱子過化地欣然即往留六年教勤教育卒於學舍 **王行**字止仲吳縣人幼穎敏授書即成誦經史百子無不探索爲詞章傑出一時臨川饒介見行所爲文驚嘆

日子敏而奇眞天才也洪武初延爲府學經師弟子員雜進問難行悉爲辨晰無遺所著有楮園半軒等集

施顯 字孟徵常熟人洪武丁卯戊辰鄉會試皆第一選庶吉士讀書勤苦盛暑坐帳中帳頂皆黑了緒集其文名兩魁遺稿

王明善 字復初號樵玉崑山人性剛介隱居授徒教律嚴謹時兵火之餘人鮮知學明善寶爲之倡聞風而負笈者幾及千人弟子宋璲字廷儀自少力學築室學宮之側設教三十餘年學者稱爲通儒先生

滕用亨 字用衡少從父德懋游學四方頗多見聞問學辨博文詞爾雅尤精六書永樂中被薦年幾七十矣名見面試篆書用亨作麟鳳龜龍四大字以獻又獻禎符三詩稱旨授翰林待詔尤善鑒古器物書畫嘗侍上閱畫衆目爲趙千里用亨言筆意類王晉卿及終卷果有都尉王洗名

兪貞木 初名禎字有立少聰敏篤志學問既冠或勸之娶貞木以學業未成弗聽洪武初知都昌縣修治周元公朱文公祠因以禮教其民翕然從化以母憂歸知府姚善方向文學數延致於庠序行乞言禮所著有立菴集

王汝

名璲以字行長洲人穎敏強記年十七中浙江鄉試嘗與學士解縉應制撰神龜賦汝玉第一名大振然忌者多羅以他事下獄死洪熙初追贈太子賓客謚文靖遣官祭於其家所著有青城山人集

盧熙字公暨崑山人洪武初授睢州同知時御史衛命搜訪軍籍熙以常隸尺籍者數人應命御史怒欲以格詔論熙乃詣御史曰州以無軍籍今民且散走獨有同知在請以充役御史竟不能奪後卒於官吏民挽哭者千人

黃鉞字叔揚常熟人洪武庚辰進士授刑科給事中建文三年以父喪歸其所厚方孝孺吊之屏左右密言曰北方不靖蘇常鎮京師左輔君吳人朝廷近臣今雖去當有以教我鉞曰三郡惟鎮江最爲要害守非其人是撤垣以納盜也蘇州知府姚善仁慈有餘治郡之良才又忠義激烈有國士風孝孺乃因鉞附書於善善得書與鉞慟哭以死自誓靖難兵起善起兵勤王以書招鉞鉞即日往會善麾下縛善邀賞善就刑報至鉞哭祭之曰吾與君義同許身忍背義獨生乎遂整衣冠赴琴州橋下死

龔詡字大章崑山人建文時留守金川門靖難

兵至詡顧宮中火起乃大慟亡命變姓名王大章匿走任陽馬陳二家二家義之藏之大囷中詡郎囷中讀書間夜渡妻省母賣藥授徒二十餘年周文襄忱撫吳聞其賢具禮就訪條上便宜二十事將薦于朝詡曰某仕固無害于義但負往日城門一慟耳及卒門人私諡安節先生

劉政字仲理長洲人肆力學問其行義尤厲洪武巳卯以春秋中鄉試第一主考方孝孺極賞之政感其知遇以忠義自許壬午聞國事感憤不食死

吳訥字敏德常熟人力學尚義永樂間館于襄城伯李隆家時黃河清李屬訥為頌仁廟監國見之悅問隆曰汝武臣此孰所為耶曰此臣客吳訥誤也仁廟書訥名於屏既即位拜監察御史出巡江淛立宋高宗所書九經論孟斷碑表陞贊里修岳飛墓所著有北溪字義晦菴文抄卒謚文恪

袁政字文理永樂七年以薦授湘陰典史勸民墾田力穡俗因以饑後遷遂安知縣未視篆宿於驛亭夢小兒被血者數輩撓其衣覺而問其父老知境內民貧產女多不舉乃嚴為之禁後縣民生女名曰袁留

王永邦字用節崑山人中乙榜以

薦擢兵科給事中劾奏錦衣指揮馬順怙寵驕恣又論蘇州都督王彧守禦不嚴直聲凜然巡撫淮右揚州饑永和親爲賑䘏全活甚衆奉命治河徐呂二洪築堤鑿石漕運以濟卒謚襄敏

張洪字宗海常熟人十歲能通書詩洪武間以明經除靖江王府教授洪熙時進翰林修撰一時文武誥勅多出其手所著有四書解義周易會通諸集

屈昉字季恒崑山人詩篇傳播爲揚文貞公所知楊問崑令羅永年季恒安在羅不能答楊曰若尚不識屈某耶羅心識之適詔舉明經行修之士以昉薦授南海縣丞所著有晚庵集

蔣明字奎章崑山人少孤力學舉永樂癸卯鄉試授慈利縣教諭奏請元儒臨川吳澄從祀文廟允之會臺使行縣傲慢無禮輒解職歸僦居東皋日吾先人敝廬可蔽風雨遺文可示將來遂考訂今昔作崑山邑志又註文公小學

沈璵字孟温太倉人鄉人延爲經師年幾六十目眚端坐辯說蚤暮無間後即其受徒處爲學宮所著有稽古錄崑岡文稿

夏昺字仲昭初姓朱崑山人受春秋於盧從龍盧以姚善連坐諸生皆遁去昺誓死相依

永樂乙未成進士由庶吉士改中書舍人成祖嘗試其書第一命書諸宮殿榜暴爲政不事名譽而人安其平易居家孝友而風流文雅有高人之致詩詞清麗尤工書竹石擅名天下至於朝鮮日本諸國皆懸金購之

張益字士謙吳縣人少長京師登永樂巳未進士選庶吉士與修宣廟實錄書成進侍讀入內閣典機務正統末死土木之難贈翰林學士謚文僖

劉鉉字宗器長洲人少孤力學永樂中以善書徵入翰林中順天鄉試授中書舍人與修三廟實錄正統戊辰命教習庶吉士爲國子監祭酒隨卒上嗟悼日安得學行醇篤如斯人者耶命官諭祭謚文恭

張和字節之崑山人少工古文詞正統巳未同弟穆登進士移疾家居執經者日踵其門名修宋元通鑑擢浙江提學副使其教以正心術愼行檢爲本生平以厚道自居嘗過陳僖敏座有議人得失者和正色日人當於有過中求無過一座聳然所著有篠庵集

陳繼字嗣初以古文名三吳遠近交聘爲學官以親老辭洪熙初楊士奇薦繼文學宜在近侍即日召之授五經博士時始開弘文閣延文學

士備顧問命學士楊溥侍施槃字宗銘吳縣人幼
講王璉及繼三人領之警敏隨父游維揚
主羅鐸家有都憲張某來鐸命其子與槃偕見張
令屬對曰新月如弓殘月如弓上弦弓下弦弓槃
應聲曰朝霞似錦晚霞似錦東川錦西川錦張大
奇之正統己未廷對第一授翰林修撰年甫二十
詩文逼古人楊張穆字敬之初仕工部主事天順
文定溥深重之初愼簡方岳十三人穆得山
東副使穆矢志肅清歷官九載表閔子孔北海狄
仁傑之墓訪孫明復石守道之後修茌平邑志命
斥華歆進馬周惓惓名教解官後無以爲魚侃字
生門生故吏爲買薄田於松江以老焉希
直常熟人永樂甲辰進士任刑部員外以清嚴稱
部長舉陞清河督漕運侃奏罝淺夫時加疏濬運
道遂通陞開封知府斷決明允日進菘菜脫粟飯
冢宰特疏其廉毋亡東裝歸不持官府一物貧無
以爲資或曰罷炊家人每呼之曰開楊翥字仲舉
封守亦有今日耶侃嫛然不屑云吳縣人
少爲鄉塾師有狂生每詈之翥若不聞人以告翥
曰豈無同姓名者耶鄰有闗室而簷溜落翥家衆

不能平者翕徐曰彼亦㵎隘無從出水且賜多雨少幸勿與較衆益服翕長者

徐有貞字元玉初名珵吳縣人幼慷慨有經世志見祭酒胡儼命賦詩援筆立就儼不覺躍起曰此鼎鉉器也由宣德癸丑進士授編修不屑專以文名凡軍旅刑獄水利錢穀無不講求或曰公職業在文字奚事此爲有貞曰此孰非儒者事使朝廷一旦有事學之無及矣景泰間河決張秋饟道阻絕特陞左僉都御史往視則審水勢圖地刑脩築疏閘隨宜後先三年而功成擢左副都御史丁丑景帝不豫偕張軏石亨等以兵入南宮掖英宗復辟論翊戴功封武功伯

龔理字彥文崑山人正統丙辰進士授工部郎中廉幹不受一錢會河決張秋擢徐有貞督治又慎簡方岳佐之遂廷推理景帝曰是不要錢龔郎中乎遂超拜山東左布政理以河工自任置八閘作九堰築大洪口每有參畫輒削其牘東山至今思之稱廉布政云

韓雍字永熙長洲人正統壬戌進士授監察御史巡撫江西至則首行均徭歲辦法均徭者均平十年之役歲驗册編役役畢九年無擾歲辦者里甲醵銀貯

千官有役則估直支給人稱便焉兩廣寇㺯靖改雍左僉都御史統兵先攻修任荔浦諸洞克之進次大藤峽長驅擣其巢俘斬不可勝記餘黨悉降雍日賊雖降不保其不叛乃改大藤峽爲斷藤峽徙上隆州于峽內更名武進立土官以司之又置藤縣千戶所以鎮壓之刻石記功而還蠻人震懾以文呼之而不名卒賜祭葬諡襄毅

葉盛字與中崑山人正統乙丑舉進士授兵科給事中土木之變京師戒嚴內閣大臣有奏留邊將以固根本者盛言今日之事邊關爲重向使獨石馬營不棄六師何以陷土木紫荊白羊不破敵騎何以薄都城若僅保九門其如陵寢百姓何宜趣遣固守宣府居庸爲便上然之遷都給事會河南陳州流民偏動命盛往視兼程而進宣諭威德發廩賑貸河南以安尋陞山西參政協贊獨石馬營軍務置暖舖以居邏卒立社學以教武士請官銀五千金市牛一千八百餘頭取勢要所占屯田授戍卒之不任戰者給牛種耕之軍費以充天順二年擢撫兩廣平岑氏之亂破大藤賊巢七百二十六年巡撫宣府築修城堡七百餘所陞禮部侍郎卒

謚文莊　**孫瓊**字藴章長洲人正統戊辰進士歷刑部郎中時錦衣指揮門達用刑苛刻羅織人罪法司皆望風承旨惟瓊多所平反太監牛玉假子犯法囑瓊瓊不少貸由是權貴積怒竟以事戍遠左成化初復官即致仕歸

盛景字允高吳江人景泰辛未進士授監察御史清山東馬政値災傷疏蠲民所負按廣東時瀧水賊猖獗景單騎諭之遂降未幾以言事謫古田典史遷羅江知縣値歲旱禱而得雨景曰此非久計乃教民鑿洲池一千二百五十餘所自是民不憂旱戴景德立生祠祀之

孔鏞字韶文長洲人景泰甲戌進士高州知府甫涖任有寇鄧公長合衆萬餘屯茅洞鏞乘一馬往招之賊覘鏞來露刃相向鏞徐行抵其營神色不動下馬中坐與極論禍福賊衆震聳皆降督撫上其功陞按察副使率兵討賊賊望麾羅拜曰此孔副使耶所至輒降父老立生祠于化州

夏璣字德乾崑山人景泰甲戌進士授涂令涂州固富商所集積引錢可千計商以例請璣却之悉貯庫備賑濟徵入爲御史奉勅清軍浙江草無漏籍民亦不知勾攝之苦以疾告歸時兄弟

三人皆先卒遺孤纍纍婚嫁皆出于璣自奉簡儉清修苦節以終其身

蔡蒙字時中吳縣人年十一爲縣弟子知府況鍾奇之年十三貢入太學選授溫州府同知會山中礦賊起朝命督兵勦禦衆議募民壯補伍蒙曰彼烏合之衆盍兵祗激亂耳曷不遣職官往諭禍福衆然之咸推蒙行蒙毅然深入往復宣諭賊感悟解散一郡遂安

張泰字亨甫太倉人天順甲申進士官翰林院檢討名聲籍甚四方願受學焉陞修撰卒所著有滄洲集李東陽爲之序

李傑字世賢常熟人年十七領鄉薦成化丙戌進士選庶吉士受編修每應制賦詩多稱旨賜寶鏹累擢禮部尚書時逆瑾亂政嘗囑以私傑不從欲中以罪武宗不許傑遂請致仕瑾誅吏部首以傑薦堅卧不起高蹈丘園若無名位者初號雪樵又號石城居士卒賜葬祭謚文安

徐恪字公肅常熟人由成化丙戌進士累遷河南右參政時河徙逼汴城有廷臣建議遷諸王府三司於許者恪疏五不可得寢陞副都御史巡撫河南布政司有羨餘銀三千兩贐恪恪正色卻之且自答曰吾乃不爲人見信如此

遷工部侍郎乞休上命馳驛歸卒賜葬祭　**吳寬**　字原博長洲人成化壬辰狀元授翰林院修撰歷陞吏部侍郎尋入內閣卒贈太子太保謚文定寬爲人静重醇實不爲慷慨激烈之行而能以文正大持身言詞淳雅文翰清妙無愧古人成弘之間以文章德行負天下之望者三十年　**姜昂**　字恒瀕太倉人成化壬辰進士知棗強縣爲治清簡獄無滯囚三年赴內召路遇盜盜見棗強縣封其偵事者曰棗強縣豈有長物相率環拜去授監察御史時方士李孜省貴幸昂露章劾其奸拜杖午門尋以親老歸昂資性方潔在官日惟市少肉供母侍食畢則自食菜子弟學書不許用官紙筆賚飡時置則磨麥作糜鄉人呼爲姜麥粥焉　**褚祚**　字昌應常熟人成化壬辰進士知臨海縣縣有嶺雨三日淖陷則薪米斷絕民有饑死者祚發工調役治之雨不爲患邑人名其嶺爲褚公嶺後召爲御史命理畿內馬政革其隱弊以疾卒官臨海時其弟往視之瀕歸無以爲遺以父所授田予之比卒無以爲斂　**章黼**　字道常嘉定人少負異才絕意進取隱居教授博洽多識以六經多訛謬

乃遵洪武正韻爾雅說文韻畧玉篇諸書考定同異集正韻三萬餘字編曰韻學集成

楊循吉 字君謙吳縣人讀書南峰山自號南峰登成化甲辰進士授禮部主事以文字爲公卿推重名籍甚而不習曹事服則箋南華篇以見意乞致政歸歸途登泰山謁先秦碑訪封禪壇明堂諸遺跡會詔求直言循吉以故禮官得言禮請復建文帝號不報結廬天峰院武宗南巡於北固山見循吉留題召之命作樂府立撰以進稱賞不置還築室支硎時知縣蘇祐以縣志請爲一操筆存一縣故典云

周木 字近仁常熟人總角有高識幼時或問讀書究心性理以道學自命念大學自朱子定註諸儒猶有紛更木以已見考正不爲苟同晚尤好易所畫諸圖因義文部子之所命者而衍之其於洪範所陳配合皆有倫類學者稱爲勉思先生

趙寛 字栗夫吳江人成化辛丑會試第一歷官刑部郎中以明刑著陞浙江提學副使人才多所造就遷廣東按察使卒寛爲人平易閒雅人樂與之交爲文豐贍葩藻筆不加點詩亦清俊所著有懶

溪集

莫旦字景周吳江人成化乙酉領鄉薦作一統賢關二賦名動京師嘗論吳澄以宋臣仕元不當列崇祀趙孟頫以宗室事讎不得為名臣所著有鱸鄉集

王鏊字濟之號守溪吳縣人父琬光化知縣有政蹟鏊年十六落筆驚人葉文莊公盛見而大奇之成化甲午乙未鄉會試俱第一廷對第二授翰林編修陞侍講憲廟實錄成晉侍講學士時上幸中貴李廣導遊西苑鏊反覆規諭上為罷遊武宗即位以人望入東閣與焦芳同事劉瑾方威鉗士類械辱者纍纍鏊曰士可殺不可辱時擬寬宥瑾時權傾中外然見鏊開誠間亦聽信及焦芳專事媕阿而瑾驕悖日甚鏊不能過遂乞歸鏊立朝三十餘年廉正守道如一日平生澹嗜欲喜文詞林居十四年世宗即位遣官存問賜金幣鏊疏謝上講學親政二篇年七十五訃聞予祭葬諡文恪有震澤篇及長語紀聞若干卷曾孫禹聲萬曆己丑進士歷官承天府知府亦以忤閹歸

吳瑞字德徵崑山人成化乙未進士授吏部主事改工部總督南河疏故鑿新河流不便高郵有甓社湖風濤最險行者指為畏途乃相

湖田橫亙四十餘里鑿爲腹河今所稱內河也弘治初乞歸瑞居官未嘗一日廢學及歸惟以書自課有別業在山西每棹小舟混跡田夫野老間自號西谿居士晚歲營地於陳墓題曰紫霞堆自爲文志之子蘭弘治乙未進士官御史

秦瓛字廷贄崑山人代父里役官辱之歸白其母勵志讀書成化乙未登進士授刑部主事何司寇奏瓛才堪理劇陞貴州副使以母老自投劾免家貧不能自給枯魚麥飯對客欣然詩文俊逸人傳誦之

張汝舟字濟明崑山人成化甲午舉人授南昌府同知會寧藩久蓄異謀凡宦遊者多方籠之否則齕之汝舟修溫太眞祠以見志焉藩人窃鶴適爲民家犬所齧訴之汝舟言鶴有牌民不當從犬齧鶴汝舟判曰鶴雖帶牌犬不識字禽獸相殘與人何與釋之致仕歸汝舟至性深篤田僅百畝時以周宗族歲饑鬻產典衣以飼饑者道有暴骸急收葬之又立義學訓鄉人人之力不能從師者聽更號二南弟汝栗癸卯舉人子擢秀嘉靖辛卯舉人

吳愈字惟謙崑山人成化乙未進士授南京刑部主事歷員外郎研精法理出知敘州以

最遷河南參政清理藩府占匿屯田以千萬計會有蜚語中之者乃自免歸**胡承**字安節太倉人早孤兄丞以經術教授里中撫之成立成化丁未進士弘治間選人分傳親王除翰林院檢討充益王府講官承負文學能持正在王府隨事規益後以疾請老王勉留竟卒於官**劉繆**字與清成化戊戌進士授武陵知縣視縣事若素習政知滕縣益明習法令治最召為河南道御史嘗劾外戚語侵中官忤旨下獄孝廟杖而釋之在臺九年權貴方擅權繆獨持正論讞獄多平反一時稱才御史歷陞兵部右侍郎卒予祭葬**伊乘**字德載成化戊戌進士授刑部主事居官持法甚平尚書張瑄特委重之凡奏大獄必屬乘裁正擢四川僉事秩滿乞終養歸里日以滲瀹娛親父殁堅臥不起搆丈室手一編自適興至或乘小舟徜徉山水所著有音韻指掌及皇明風雅等集子伯熊字臣皋中正德丁卯鄉試精易學海內宗之**張瑋**字嘉玉祖宗德國子助教瑋生四歲即坐祖膝口授經書甫成童淹貫羣籍從吳寬受業成化丁未第進士授工部主事嘉靖初起廣東參議

居官二十年晚益貧晨夕饍㸑或不時　劉遠字紹
舉卒府縣為賻䘏鄉人士斂貲葬之　卿蘇
州衛人從祖纓忤閹繫獄遠父佃隨侍客死於都
遠時甫成童蒲伏扶櫬纓以已故累佃厚遺之悉
辭謝纓奇之長就業國學不屑謁選得雲南按察
司經歷罷歸十餘年肅傲林下好學多聞喜談世
務嘗曰大官保守祿位小官受賄枉　龔弘字元之
法天下安得大平其論激而實正　嘉定人
成化戊戌進士歷官吏部郎出知兗州奏免額外
稅糧萬石時中貴李興過兗聲勢張甚弘獨長揖
不屈入覲以卓異賜宴陽　王秩字循伯崑山人成
服擢叅政以親老乞休　化丁未進士授永
康知縣有富民業其腴田移稅貧戶秩按籍履畝
其弊頓清歷官刑部時逆瑾用事為京官者側有
贄秩獨無瑾使人跡之果無貲裝　狄雲漢字天章
竟不問尋擢雲南布政告終養歸　太倉人
登順天鄉薦知沅江縣僻壤民俗朴野雲漢治
以寬靜民愛信之九年秩滿歸行槖蕭然有田二
十五畝在湖壖磽不任耕時或斷炊室人進食　楊
每云清官吃麥粥雲漢對竹吟咏怡然自樂

英字潤卿嘉定人成化丁未進士仕兵科給事中
上疏乞革弊政以保初治嘗夜出遇貴璫爭道
批其頰璫泣訴上上曰知是長楊須少避之
李應禎字禎伯長洲人以善書薦授中書舍人
人未適詔諸舍人書佛經應禎言爲天下國家有九
經未聞有佛經也上恚廷杖幾死歷官太僕少卿
致仕有郡守政苛暴人呼白面虎應禎作虎渡河
詩致之守怒按其籍無寸土詢其家無浹旬儲也
始慚
盛應期字斯徵弘治癸丑進士歷官四
川巡撫討平僰蠻有銀幣之賜
毛澄
字憲清崑山人七歲能詩弘治癸丑廷試第一授
修撰侍東宮講讀講論詳明武宗崩奉皇太后旨
與大學士一梁儲迎世宗於興
楊昇字起同吳縣人
邸勅蔭子一人不受致仕歸弘治癸丑進士
授戶科給事中慨然以言事爲巳責有大臣罪斥
者以貧緣進昇疏劾之京師爭相問曰此非新除
楊給事乎尋命覈遼楊邊儲按壞法者數十人邊
塞聳懼卒之日婦孕未產巳而得子伊志嘉靖丙
辰登第歷官右副都御史亦著聲績
都穆字元敬吳縣人七歲能詩
杜門篤學弘治巳未登進

士授主事遷員外郎上疏乞休吏部尚書楊一清重其學行覆請加太僕寺少卿致仕有名山記玉壺聽雨紀

周用 字行之吳江人弘治壬戌進士授行人遷兵科給事中擢廣東左叅議累陞南京刑部尚書督河政尋加太保卒諡恭肅

顧鼎臣 字九和崑山人弘治乙丑廷對第一授翰林修撰世宗繼統開文華殿講讀敷陳啓沃弘多超拜詹事加太子太保禮部尚書兼文淵閣大學士病甚草遺疏勸上親賢圖治興水利復鹽茨修邊備復河套皆國家大計云卒諡文康崑故無城鼎臣力言于撫按疏請修築至手出賜金爲士民倡城成邑人德之

錢仁夫 號東湖常熟人弘治已未進士歷官工部員外幼聞性理之學好著書負詩文重望學者稱東湖先生會逆瑾竊政遂致仕親沒常撫其遺物以泣與弟信夫友愛築廣義倉以贍族人子孫聚族居之曾孫永齡以能書名

魏校 字子才崑山人中弘治乙丑進士與胡世寧李承勳余祐友善稱南都四君子官刑部主事每會審監刑不御酒肉太監劉瑯逆瑾黨也衆皆趨謁校獨不往陞兵部郎移疾歸講學星

溪之上從游者嘗百人一日來溪上見天文四垂混混日星升沉雲霞舒卷覺乾端坤倪軒豁呈露其學大進自謂得之主靜云嘉靖初擢廣東提學副使毁佛像建書院士習丕變擢大理少卿轉祭酒充經筵講官旋改太常卿致政歸天下稱爲莊渠先生所著有體仁說大學指歸等書卒謚恭簡

吳一鵬字南夫長洲人弘治癸丑進士官翰林遇逆瑾不肯加禮瑾銜之遷南曹郎瑾伏誅方見柄用官至東閣大學士居嘗葺陳孝子祠復陸宣公墓建三賢祠以祀范文正胡安定尹和靖卒謚文端子子孝嘉靖己丑進士

蔣欽字子修常熟人弘治丙辰進士歷官南京御史正德初逆瑾專恣逐大學士劉健謝遷欽與御史薄彥徽等具奏言健遷係先朝顧命大臣不可逐又諫上宴朝廢學與馬永成劉瑾等馳驅射獵疏上瑾矯旨各杖三十削籍爲民欽益慷慨獨上三疏三受杖而卒瑾誅贈光祿少卿謚忠烈

桑悅字民懌常熟人家貧無蓄書從肆中借讀之髫年爲諸生部使者下邑悅前謁書刺江南才子桑悅年泰和訓導按察視學者別丘濬濬曰吾故人桑悅

幸無以屬吏視之及按察行部悅不在見顧問悅
今安在使吏名悅日連日雨淫傳舍圮守妻子無
服何候按察久待不至更兩吏促之悅益怒曰若無
眞無耳耶按察能屈博士奈何屈桑先生期以三
日來三日詣按察長揖不跪脫帽竟出按察
乃下留之所著有易春秋周禮傳解文集

徐禎卿字昌穀長洲人少與唐寅文璧相倡和弘治乙丑進士爲大理寺評事與大梁李夢陽信陽何景明論詩聲稱相埒有迪功集傳世

祝允明字希哲吳人聰慧博學工屬文中鄉舉仕至應天通判書法倣羲獻行草在顚素之間弘治戊午太倉建州成巡撫彭公禮曰書所以垂後必待祝允明桑悅乃可

文徵明初名壁以字行吳人父林爲溫州守有名德與吳寬李應禎沈周爲執友徵明受文法於吳寬受書法於李受畫法於沈爲人孝友溫恭修長者之行貢入京授翰林待詔修國史謝歸築玉磬山房日嘯咏其中長子彭次子嘉皆以詩名

周天球字公瑕太倉人隨父僑居郡中從文徵明游治經生業名日起知府王廷獨喜天球與彭年曰吾駁二龍恨晚耳球

肆力詩文兼善大小篆

唐寅字子畏吳縣人有俊才善屬文歌詩婉麗爲人磊落不羈弘治戊午鄉試第一以會闈事爲人所誣遂徉狂翫世與趣偶發時寄於畫下筆風致蕭灑輙追宋元名家晚遂注意內典號六如居士治圃桃花塢游其中自著悵悵歌於庭軒前題石曰江南第一風流才子與張靈善靈好交遊喜任俠不問家人生產縱游山水嘗與寅登小舟扣舷痛飲作野人田歌間畫山水清絕自異人欲得之惟掩其醉醒則不能也

皇甫錄字近峰長洲人弘治丙辰進士由郎官出守八十有八年坐忤部使者未究厥施子曰冲曰洴曰汸曰濂冲字子浚嘉靖戊子與洴同鄉薦洴字子安嘉靖壬辰進士以文學吏事爲當世所重於兄弟中尤能飭廉隅而自矜重汸字子循已丑進士其詩五言律最工濂字子約嘉靖甲辰進士人稱爲皇甫四傑

丁奉字獻之常熟人正德戊辰進士歷官吏部郎以養母歸築室尚湖之濱絕意仕進著書自娛爲一時清望所歸論斷二十一史與丘文莊濬史斷並行于時

吳山字靜之吳江人正德戊辰與弟巖同

登進士除刑部主事累陞都御史巡撫雲南時河患爲甚山根極利害著治河通考十卷歷官刑部尚書

盧雍字師邵吳縣人父綱有德操一日芝產於庭而生雍正德辛未進士官至御史雍性至孝尤喜表章先賢嘗刱董子毛公二祠及浣花三陳東坡遺直四書院

柴奇字德美崑山人正德辛未與弟泰同登進士上書言東南水利先以白茅爲急次疏七鴉葦五堰且請以沒人逆瓘之資給濟工費時楊一清爲冢宰大奇之上其議特命工部李充嗣司其事績用告成擢吏科給事中陞應天府丞乞歸卒予祭葬所著有鱗菴集孫應璧辛酉舉人

張羽字子儀崑山人三歲孤母王氏篝燈紡績以訓之成進士官刑部郎會大禮議起羽忤旨廷杖罷歸

黃省曾字得之吳人弱冠鄙時義好古文詞爲文閎衍好奇正德丙子魁易經上春官不第歸

朱觀字顒伯崑山人嘉靖癸未進士授吉安府推官擢拜御史疏放鷹犬清理光祿積弊忤旨廷杖仍令巡按陝西奏築花馬池至橫城堡邊牆西陲賴之歷官河南布政

袁褧字尚之吳人弱冠能文與

弟袠從兄袞同學袞袠並售去聚獨不偶遂棄舉子業精研古文作詩宗盛唐書法在懷素山谷米芾之間任意寫竹枝花朶饒有生趣晚耕於謝湖號謝湖居士

袁袠 字永之七歲賦詩有奇語嘉靖丙辰成進士授刑部主事典河南鄉試旋調兵部適部署災是夕主事楊次當直以他事託袠代比火作袠獨承辭不及楊論戍湖州築室讀書俊髦皆從游越三年赦歸林居築列岫樓於橫塘臨湖山之勝尤善詩法學者稱胥臺先生

沈大楠 字景明崑山人嘉靖癸未進士除東明令縣介三省爲逋逃藪大楠布法令明教化葺學宮表冉子墓邑中豪强隱匿田糧大楠履畝平其賦陞南刑部主事用法平允以才知福州出繫囚省郵傳罷通海市大豪無所牟利適以子紹慶發解順天遂棄官歸築留餘草堂吟詠其中而卒

吳中英 字純甫崑山人生而奇穎好讀書父爲置書千卷考論質辨多先儒所未發嘉靖辛卯舉鄉薦年且老矣嘗城東地藝橘千株鬻以自給書法遒勁奇倔類其爲人所著有東皐集

歸有光 字熙甫崑山人生庭有虹自地起祥光

燭天因名有光九歲能屬文弱冠補諸生屹然有述作之志嘗謂易亂於河圖洪範亂於洛書乃作洪範傳易圖論嘉靖庚子舉第二屢上春官不第講學于安亭弟子日益進嘗考三江故道作三吳水利書公車埀三十年嘉靖乙丑余文敏公有丁爲同考官手一卷古色闇澹喜曰必歸君也已而果然文體爲之一變授長興令其治專以德化民理寃滯出死囚興學校修廢祀存名臣之後友士大夫之賢者尋陞太僕寺丞仍留侍文淵閣掌制誥預修世宗實錄所著有太僕集

孫樓字子虛常熟人少敏悟日記數千言中嘉靖丙午鄉試工古文辭乞文者趾相錯或口授侍史書書者恆不給七試不第謁選得湖州府推官解組歸杜門較訂藏書逾萬卷所著有吳音奇字麗詞百韻

王應電字昭明少游星溪師事莊渠先生授周禮時吳中被倭去游江右從羅洪先學前席問難連晝夜三月羅歎曰昭明之書如盤根樛枝附麗宛轉即白虎諸儒莫能駕其上也楚人吳鳳瑞見之亦曰向顏之後罕見其比

陸粲字子餘長洲人幼穎悟受業於伯兄煥與弟釆自相

師友舉嘉靖丙戌進士選庶吉士授工科給事中時張桂用事夜草疏論之有鬼嘯於庭笑謂曰死即死耳吾義不可已也翼日疏入謫貴州都鎮驛丞稍遷江西永新縣乞休士民攀號追送者數百里不絕

秦鼇字子元崑山人孤貧力學嘗讀葉文莊西垣諫章慨然想慕其為人登嘉靖丙戌進士授行人擢兵科給事中壬辰彗星見鼇上疏言天象示異實由大臣語尤剴切謫為東陽縣丞陞樂安令

丘峻字惟陟嘉定人嘉靖己丑進士授大理評事有大闔出鎮廣東多為不法坐大辟遍賄當事得末減乃因鄉人以萬金為壽峻大詈曰五嶺之人思食其肉峻為法官而縱之乎竟論如法

孫雲字從龍崑山人父號桂蟾客死雲徒步萬里得父骨於昭平堡函之以歸將渡江旋風忽起舟人覺有異奪其所函骨擲之江雲躍入江中攫得之行里許卒抱函以歸登嘉靖己丑進士官刑部員外郎

袁曾字若冑以恩貢入仕委署得德州境有一水黃河支流生焦肥美臺司檄取如織曾請臺司禁之萬姓歡頌攝龍安縣事會有訟者殺老病叔以誣人曾廉得

其情反坐誣者臺司駁其獄案曾奮然曰吾官可奪獄不可枉也遂弃官歸

王賚汝字以善常熟人嘉靖辛卯舉人任廣東增城知縣增城地接五嶺多寇盜賚汝廣設方畧擒斬之督撫上其功詔賜白金二十兩遷知崖州崖有生熟二黎結連爲寇賚汝遣譯諭降咸願內屬擢知漢陽府漢水填淤梗行舟賚汝出府羨金鑿通之民不苦繇而溉田千頃民間名曰王公河

周大禮字子和崑山人嘉靖壬辰進士知興化府會大饑米價騰踊所在有司平糶大禮獨出令故高其價商販輻輳價爲立減又興木蘭陂水之役以備旱潦繕陂二十餘里惠政甚多後補山東登萊道海壖民捕魚爲業例抽緡錢大禮悉弛其禁

伊敏生字子蒙吳縣人嘉靖壬辰進士授慈溪知縣未三月有神君之謠改補臨安縣以清惠稱擢御史首論嚴嵩之奸巡按甘肅劾仇鸞并陳邊事再按湖廣時值大旱敏生設法救濟民多全活奉旨襃嘉性至孝居恒念父伯熊勤王事死每展遺像號哭卒年僅四十

朱默字時言太倉人父星字兆文深於易遠近師其所著有周易筆記

學默少讀父書登嘉靖壬辰進士授建陽知縣多政聲嘗分俸百金寄歸奉父父怒貽書切責曰吾辛勤教汝惟忠與孝汝甫邀一第乃以官中物汚我耶默得書益砥廉操時夏言當國默過其家一裁以法言賢之賦詩以贈

曹祥字世奇太倉人由舉人司訓建陽時時恤貧士邵康僖視學舉以風八閩博士官遷新昌令性矜直不可干請然恫坦無鈎距刑政悉平

王忬字民應太倉人嘉靖辛丑進士授行人選御史按湖廣大璫鎮承天爲民害忬至與約無縱舍人子漁百姓璫懾不敢犯再按順天世宗謂忬才能擢僉都御史治軍御無乏之請築京師外郭及城通州之張家灣薊遼總督員缺手勅吏部以忬往時練兵議起相嵩陰扼之以失事下獄御史方輅受鄢懋卿指言忬逗撓負上恩下詔獄論死天下寃之隆慶初子世貞上疏訟寃詔復其官

曹逵字履中常熟人嘉靖已丑進士爲御史糺侫宰汪鋐不法語峻上杖之謫知蘄水縣中人從章聖梓宫過急責供帳逵飭吏民牽攸水次已公服前引中人聞之曰是故强項曹耶引去

陳如綸字德宣太倉人

嘉靖壬辰進士令侯官留意學宮以贖鍰贍諸貧士緩催科歷官福建布政使司參議乞歸卒如綸性儉約口不言利永豐令某舊有恩以茶果百金爲壽如綸却弗視曰吾方飲水無所用茶其清操如此

周錫 字子純太倉人以貢至京時大僚應制作青詞錫有文名交致代草因擬薦留閣下錫賦烹茶詩寓意而歸蕭然著述者三十年年八十預刻死日作歌而逝

潘德元 字子懋崑山人中嘉靖甲午鄉試任商河令有政聲陞承天府同知會同官以部糧缺額連德元名於計牘遂降信陽其治信陽頗嚴嘗曰商河民瘠法宜寬信陽民多不逞可以粱肉進之痛者乎未期報最擢應天府治中歸里惟以詩文自娛筆法亦似晉人

錢泮 號雲江常熟人嘉靖乙未進士歷官江西參政會歸里而倭亂作邑令王鈇善騎射泮時從鈇把酒談兵倭劫關稅巨萬取道尚湖入海泮與鈇追至蘘塘伏兵四起遂遇害事聞贈光祿卿祠曰褒忠

龔有成 字子完嘉定人嘗學於歸太僕有光嘉靖丁酉舉於鄉謁選爲韶安令邑在嶺海之交倭難方發盜亦蜂起左右多爲賊

耳目者乃陰致賊首諭之令縛盜自贖盜爭解散城中有爲倭内應者中夜掩捕之乃遁去龍南三巢賊掠府庫有成親歷其巢曉以禍福賊大悦願輸租編里甲由是終任無爲盜者

陳鎏字子兼吳人少有大度巨蛇起坐側不驚一夕盜入室亦弗動嘉靖戊戌成進士累遷河南副使通判某饋食置羨鍰於罍以進鎏啓視矍然通判曰此例也鎏厲聲曰若不聞吾以不取爲例耶擢雲南副使領屯政後武定之亂軍典不乏鳳寇平民從賊自歸者多坐死鎏曰罪莫大於殺已降矧脅從乎晝釋之所著有已寬堂集便蒙類音草

陸師道字子傳吳縣人嘉靖戊戌進士授工部主事改禮部儀制司首揆必欲羅致門下師道弗屑以母老乞歸文章書畫皆入能品所著有五湖集

章煥字懋實吳縣人嘉靖戊戌進士授禮部主事歷遷右僉都撫治鄖陽調御宗藩建襄陽府學築樊城分毫不擾民煥居官實心任事上疏每忘忌諱故事權貴肘而身亦頻危兼瞻文學所著有華陽漫稿

沈啓字子游吳江人嘉靖戊戌進士爲南刑部郎多調畫出守會稽申嚴海禁

擢湖廣副使齟齬當道掛冠歸里搆別業雞嶺樓
進其中所著有均田議水利考吳江等志孫季文
萬曆丁丑進士歷官河南巡撫吳邑大水季文從
舊治貸萬金易粟之垂虹橋平賈又倡捐三千石
賑民**唐愛**字[illegible]德嘉定人嘉靖辛丑進士爲南安令多異政迻爲職方郎邊事告急寇薄城下
大司馬震慴計無所出愛爲從容區畫京師倚以爲重後數更藩臬事多可紀**嚴訥**字敏卿常
熟人生時有紅光墜星之異長與瞿文懿輩結社
號十傑嘉靖辛丑成進士授編修陞學士時上雅
好文詞嘗以撰文諸臣名覆金甌探之舉手得訥
及興化李春芳上大喜自是眷遇日隆晉吏部尚
書與春芳同進大學士入相乞歸訥生平爲民請
綱請賑者三吳民至今德之卒謚文靖長子治隆
慶丁卯鄉薦次子澂以蔭補中書舍人季子澤以太學仕中書俱善書**瞿景淳**字師道常
熟人三歲能誦關雎八歲善屬文嘉靖丙辰會試
第一除翰林院編修歷陞吏部右侍郎卒謚文懿
景淳于書無所不窺尤好左傳以古調爲時文學
者宗之稱昆湖先生子汝說萬曆辛丑進士歷官

叅議孫式邦丙辰進士官給事時請䘏楊忠烈徐
漣魏忠節大中周忠介順昌有直聲晚節尤著
栻號鳳竹常熟人嘉靖丁未進士累官南京工部
尚書撫浙江修築海鹽隄二十餘里撫山東上
書規江陵相奪
情忤旨罷歸　章美中字道華常熟人九歲能屬
文嘉靖丁未進士仕至廣
西副使身後家無餘財惟圖書數篋子士雅萬曆
已丑進士知嘉善縣有惠政歷官工部郎中父子
皆能詩曾孫在兹字素文喜交游有文名以明經
考授縣令未仕而卒弟靜宜亦能文與兄齊名早
卒　張勉學字益甫長洲人嘉靖丁未進士由翰林
出為吏科給事中以論駁陶仲文左道
不當封爵忤旨謫內黃丞　徐敦字汝厚太倉人嘉
歸所著有禮經說宦游集　靖丁未進士歷知
諸暨陽信二縣廉潔有威望以治行徵入南臺御
史抗疏論鄢懋卿忤相嵩出為山西僉事以介性
與時忤　王世貞字元美抒之子十五詠寶刀詩人
遂致仕　異之嘉靖丁未弱冠舉進士以刑
部郎與李攀龍諸子號七才子以事忤嚴嵩嵩計
殺其父忬棄官奔喪伏苫土幾十年已辨父冤特

復官擢浙江參政入爲右副都御史撫治鄖陽修軍政核長吏荊州地震世貞引李固京房占言臣道太盛張居正不能平遷應天府尹拂衣歸後起官歷刑部尚書乞歸卒世貞歷官四十年條論封事盡天下大計所至吏事尤精敏正位六卿閒退日多家無姬侍樂獎後進鄉里利病詣臺力陳終世貞日蒞州者無苛政其殁民巷哭罷市

王世懋字敬美世貞弟弱冠入太學嘉靖巳未成進士遭父難號奔毀墨終喪猶茹素不聽音樂者幾十年時從元美爲詩歌海內慕之呼小美隆慶初從兄白父冤由南京禮部主事累遷太常寺少卿卒

袁洪愈字抑之吳縣人嘉靖丁未進士授中書累遷至工部尚書致仕洪愈賦性剛介在位一不合於嚴嵩繼不合於高拱張居正急流勇退卒無以殮撫按知其貧爲經營喪事子一鶚蔭官治中

皇甫濂字時亨吳江人嘉靖丁未進士除南昌令轉主事進員外郎出爲廣東僉事備兵嶺西值苗民張璉煽亂毒流三省濂討平之擢參議駐惠潮賊林朝曦作亂濂出擒之功上奸黨持之僅加一級卒

殷乾吳縣人產

時爻拾古印一方其篆文一清道人郎字一清少讀書一室有徽商縢夜至峻拒不納又晨起如厠見人盜其物匿他所終不發其姓名嘉靖巳酉登鄉舉除德安知縣以清惠聞歸橐蕭然士民悲擁不能前笑吟曰仰面青天無愧色回頭赤子有餘情

徐學謨字叔明嘉定人嘉靖庚戌進士爲荆州守荆之興山有賊數千窟其中縣令中賊餌不以聞乃急發兵擊之一日降三千餘人而誅其不降者久之遷副都御史撫治鄖陽楚人德之由少司寇晉大宗伯乞歸卒賜祭葬

周大章字章之吳江人沈雄忼慨饒文武大畧嘉靖壬子舉於鄉値倭亂士民奔竄大章獨奮曰此智士建功之會也糾義勇數百人教練之以邑城畀薄倡義增築又以不望夾浦爲要害地設兵駐守日治戈船募驍鋭賊至則據險邀擊之總制胡宗憲聘贊幕府賊平上其功授兵備道力辭乃官其子崇仁爲蘇州衛千戶世襲

陸一鳳字子韶常熟人嘉靖壬子經魁官泉州府同知討海寇林鳳大破之詔賜白金一鎰凡三署府篆清理戎籍修屯政課鹺法俱能舉職孫崇禮戊戌進士

問禮壬辰進士南贛巡撫

顧章志字行之崑山人嘉靖癸丑進士授行人奉使南越絕饋遺時嚴嵩父子竊權人爭趨之章志獨不往移疾歸後遷廣西按察使乞休家居詔求遺老補原官歷陞南京兵部左侍郎卒于任喪歸衛士爐香哭于道詔贈右都御史子紹芳萬曆丁丑進士官春坊

吳邦楨字子寧嘉靖癸丑進士除刑部主事恤刑八閩一死囚行萬金求寬叱不顧按察湖廣時荊襄大水亘七百里邦楨亟集舟援溺取贖鍰補堤遷甘肅晉太僕卿居恒痛父山以忠讜會穆宗登極陳情政府得賜葬祭以太僕卿致仕歸

陳瓚字廷祼常熟人嘉靖丙辰進士由江西永豐令遷吏科給事中條上六事多切時政如楊繼盛賜諡忠愍楊順路楷以緞殺沈鍊抵法議咸自瓚發之仕至刑部侍郎卒諡莊靖子禹謨舉於鄉仕至貴州參議

龔起鳳字瑞周太倉人嘉靖戊午舉人授定州學正起鳳性潔清自重時主司典中州試故事學官先考後聘起鳳持不可曰禮聘者師也師可試耶監察然之遷杞縣令隣府歸德有豪李姓者殺人起鳳發其奸忤御

史竟以不及論罷縣爲罷市泣送者萬人杞人醵三百金請曰使君即不念家當顧行路起鳳曰勞苦父老我單行無所恐卒不受杞人聞之皆泣初第時草屋三間宦歸仍居破屋中灌園自給及卒友人張振之合錢治後事始得殯

朱邦臣 字子貞太倉人讀書舉於鄉知嶧縣屬大饑民嘯聚爲盜邦臣發庾賑之單騎入撫衆感泣歸業政聲日甚歷陞山東參議致政歸

申時行 字汝默吳縣人嘉靖壬戌狀元歷官東閣大學士加太子太保時行在閣十四年其累朝訓錄制誥玉牒皆總其事嘗名入撼閣疏劾徐爵論死安置馮保於南京且密揭張鯨罪過籌度邊事或撫或勦悉中機宜以冊立事乞骸去葬以皇孫覃慶膺存問壽登八十卒於家贈太師謚文定

王錫爵 字元馭太倉人生時萬爵集屋故名嘉靖壬戌會試第一廷試授翰林院編修神宗登極修穆宗世宗實錄成晉詹事陞禮部右侍郎時張居正奪情起復編修吳中行簡討趙用賢疏詆之居正怒錫爵會同官造居正喪次請解語半居正投袂入錫爵前引裾畀其說詞頗峻已奉旨中行用賢

皆廷杖去錫爵爲二人泣餞郊外遂乞省親歸及居正敗衆爭論其罪錫爵獨寓書當事言其相業可采當稍護之存國體甲申以禮部尚書召入閣力辭上遣行人趣就道時國本未建凡六疏乃許錫爵遂求歸上手詔慰問卒謚文肅所著奏草若干卷弟鼎爵字家馭隆慶戊辰進士歷官河南提學副使

王嘉言號笠洲常熟人嘉靖壬戌進士授肥鄉令肥鹽盜之藪猾胥爲窟嘉言一夕夔三猾胥盜解散政化大洽廣平患水諸屬邑幾蕩水至肥獨望城返時比於反風渡河官至參議

錢春沂字仲與嘉定人學者稱爲一菴先生父被寃繫沂以諸生慷慨上陳父得釋舉嘉靖甲子鄉試任德化令吏以羨餘進春沂却不受久之乞歸上官固留之遂書林下清風四字置馬首而去歸鄉優游詩酒者二十年世以比陶彭澤云

陳其詩字汝正嘉定人嘉靖甲子舉於鄉由教諭陞黃梅令時大旱具文禱於泰山夢神人授以杯水日令虔與爾解渴質明大雨事父孝雖在官一月中必數受杖父沒後至老言及必流涕

袁尊尼字魯望吳縣人十歲通經

二十一荐于鄉益耽書史文徵明引爲忘年交登嘉靖乙丑進士授刑部主事遷山東副使視學政修明正學凡所識拔後皆知名致仕歸卒

王穀祥 字祿之長洲人嘉靖巳丑進士歷官吏部文選員外大臣用事者欲招致門下不從乞歸養親有荐之者曰吾巳膏肓泉石出亦奚爲杜門幾三十年善篆書畫得寫生之趣

邵圭潔 字伯如世居虞山北麓學者稱北虞先生工制舉業尤工古文詞嘉靖巳酉舉于鄉五上公車不第爲人篤行與弟玉潔同居婚嫁其子女倭亂邑令王質造門問策上築城四策城賴以全又輯經濟錄若干卷

杜偉 字道升吳江人至性過人祖母目瞶以舌舐之而愈七歲喪母每哀啼父輒感泣偫乃破涕爲懽陰察枕席皆淚漬痕也嘉靖壬子舉鄉荐志聖賢之學海內從遊者數百人嘗過鄱陽湖巨盜刼之端坐不佴盜異之發篋得剌見其名曰此江南小聖人也羅拜而去所著有正學編四書尚書筆記

徐師曾 字伯魯吳江人嘉靖癸丑進士官刑科給事中時嚴嵩秉政十言皆不用遂謝病歸築室南湖讀書其中所著有文

體明辨小學何鈁字子宣常熟人嘉靖乙丑舉人
史斷等書温州平陽令平陽東並海南距
江土曠民勞永嘉及蒲門糧千五百石涉江踰阻
鈁悉以漕例議折民兩便之架石堡爲營房百有
二十以居戍卒在平陽六年計口受俸張鳳翼字
其勳蹟皆可記從孫夢齡以薦任中書伯
起長洲人嘉靖甲子舉於鄉四上春官報罷歎曰
母老矣尚僕僕千里外而忘朝夕倚閭耶遂歸獻
杜門讀書養母以終其身所著有處實堂集弟燕
翼有異稟十七以詩贄文徵明徵明輟食而讀謂
其客陸子傳曰吾與君皆不及也弟燕翼字叔
貽亦能文吳人爲之諺曰前有四甫後有三張梁
鳴鑾字九章崑山人耽嗜史籍嘗倣古論贊體作
史四十卷嘉靖中以歲薦爲黃岡教諭課率
諸生讀史不輟其所鄭若曾字伯魯幼有濟世之
著書歸太僕爲序志凡天文地理山經
海籍靡不周覽嘉靖初島寇擾東南若曾出爲當
事籌畫屢中款要總制胡梅林宗憲鎮府戚南塘
繼光皆折節延入幕後以敘功論授黃省曾字勉
錦衣衛力辭弗受所著有籌海等書之少

與兄魯會齊名嘉靖辛卯以詩魁鄉榜試禮闈不第遂棄去攻古文辭少受知於王文恪後以詩篇與李攀龍相酧唱性喜讀書每遇朔望必陳五經拜之著有五嶽山人集子嫗水顛郎夙慧環堵列奇石異卉獨坐焚香蕭然世外所著甚富有兩漢紀高素齋集

范昌世 字仁溥吳縣人登鄉薦授蕭縣令有治聲同鄉徐某成南丹道經縣昌世憐其非辜令佯逸潛匿署中使訓蒙及陞南昌慮徐失所乃爲娶妻籍其業爲居人生三子先後成進士長爲給事中次爲主事其季爲御史以事過吳訪求昌世時已卒後偕兩兄詣其家拜奠久之昌世幼子至南昌徐所娶婦尚存室中供昌世像每日必祭

王庭 字元直崑山人少學于葉文莊甚器之領鄉薦授鄜州學正貲遂厚遺而歸民田耕種以自給諸生束修無所取律身教人動以古道自負剛直百撓不回

徐思仁 字元之吳縣人性倜儻不治生產父言好施予思仁曲意承之待兩弟友愛備至時有賑恤常密遺之不令人知里中某繫獄贖鍰無措其子行哭於市思仁解橐代輸得釋會倭變思仁督鄉兵保障饗士

卒費無筭毫無吝惜

黃橋 字子通吳郡人少倜儻好義游于楚滇人宦閩歸以一篋寄之歲餘有繦經者至云父沒於途聞素與公交來候起居不言寄篋事橋詢實乃滇人子即出篋還之啓視則二千金在焉其子泣拜欲分其半橋笑而却之以明陸師贄爲之立傳子大緒嗜古勤學崇禎時以明經貢選揚州教年七十一猶著書不倦

褚承宗 長洲人性誠篤不欺家貧讀書報國寺值倭寇薄城時議遣僧爲兵一僧應遣私謂承宗曰我存亡不保有蓄百餘金以畀公我歸則以半奉公不歸公可自取承宗却之曰師可見隱處藏之我決不利師所有也卒年三十妻吳氏煢煢苦節歷四十餘年撫其子大化迄成立

陳淮 字禹𦫾崑山人父周爲新昌令淮持父喪歸遇盜淮抽矢擬之盜引去時爭異之及倭亂淮率衆禦之頗有殺傷卒遇害後子應期舉於鄉瀝血上陳詔旌其門立祠曰忠烈

王寵 字履吉吳人別號雅宜山人資性穎異於書無所不窺爲文非選固不學詩好建安書法在永興大令間與兄守齊名寵試輒不利名日益起而竟不售築草堂石湖之

陰垂二十年遇佳山水輙欣然忘去或時偃息於長林豐草間倚㢑而歌所著有雅宜集**陸治**字叔平世居包山性頴朗工經義好爲古文辭尤善繪事所寫山水點染花鳥竹石號稱名家居支硎涤圃種花人購其畫如珍寶**嚴鐸**字元振包山不得以利動意有所許即與之人少爲文有驚人語值倭亂鐸奮然曰吾母年七十聞兵至可乎因策于軍門請兵守要害寇從西來鐸候其半渡擊之獲軍輜鎧甲無筭傍湖諸境得不被兵皆鐸一戰力也上其功奉旨銓敘鐸詣闕乞養歸與二三文士放情山水絶**柴秩**字虞叔諸生島人口不談世務賦詩自娱通市者剽掠歳見秩策其必內訌與任輔元謀訓練丁壯多蓄弓弩人或笑之甲寅倭猝至城下令素知秩才勅輔元同守牛橋灣輔元能左右射矢無虛發每禦體飛行雉堞無有能傷之者倭始懼解圍與輔元絶不言功人皆嘆服**韓世能**字存良長洲人隆慶戊辰進士選庶吉士使朝鮮往返贈遺一無所受累遷至吏部左侍郎引疾歸卒予祭葬所著有雲東拾草孫治字君理萬厯丙午舉人積學勵行

官雲和縣令潔已惠民治子衿字誦先邑諸生砥行慕義强學不厭嘗以家財推與其兄卒時有詩曰一莖苦菜平生志數卷殘書汗漫遊蓋實錄也以子爕貴贈翰林院修撰大學士熊公賜履誌其墓稱爲篤行君子云

殷子義字集卿嘉定人隆慶三年貢淮安訓導授經里中垂四十年貢其學出入朱陸務遡孔孟之傳根極理要門弟子旣貴事之如執經時尤篤于孝友異母有弟少晝以遺產讓之而修脯所入歲必給焉學者稱爲方齋先生

蔣以忠字伯孝常熟人隆慶戊辰進士任長樂知縣縣故有濱閩二湖灌田千頃豪猾竊踞遂壅塞以忠執下於理大加疏濬民賴其利陞刑部主事遷廣平知府廣平高阜苦旱羣聚爲盜以忠建閘置倉經理諸荒政盜亦衰熄居官廉介內行修潔有文名

陳允升字晉卿崑山人隆慶戊辰進士爲湖廣提學放榜時書所首拔士懸而揭之與吏約每一人雋則鼓擊三達旦聞鼓聲不絕默計獲雋者巳十九人矣楚人盛傳其事

顧九思字與濬長洲人隆慶辛未進士授豐城知縣卓異第一欽名面對稱旨拔

兵科給事中陞通政所著有掖垣題稿

趙用賢 字汝師常熟人隆慶辛未登第入翰林張居正奪情與吳編修中行同抗疏聽終制其畧曰先朝楊溥李賢亦嘗起復然溥先以省母還家賢亦回籍奪情未有不出國門雍容鼎輔而可云起復者也疏上杖六十爲編民時稱翰林二諫居正卒起於田間仕至吏部侍郎用賢爲人孝友強直未嘗一日忘君父拜杖日刲股肉如掌夫人置櫝藏之每上疏輒以示用賢在南雍修國學遺賢斥豪右侵占之地亟請建儲及宥言官李沂罷閣鯨最爲剴切有奏議文集若干卷卒謚文毅

許承周 字公旦崑山人隆慶戊辰進士授蕭山縣令蕭負江海水多衝嚙爲民田患承周築西江塘又築北海塘役成而民不知今所稱許公塘是也禁溺女爲義塚以瘞貧不克葬者後罷歸子觀吉萬曆丙辰進士官工部

管志道 字登之長洲人幼工舉業隆慶辛未進士授南京兵部主事補刑部念天下事大可爲者九遂條上其重者志道短小有口辯貫串閩博尤精理學

劉瑊 字玉僑吳縣人幼以孝行聞隆慶辛未及第

二人授翰林院編修終南京國子司業藏端嚴方
正官居清華囊無一物居鄉杜門不問外事惟喜
博覽手不釋卷 **顧其志** 字太冲長洲人隆慶辛未進士初仕長興令遷南昌同知廉敏強立
晉工部營繕司員外與申相國爲中表兄弟引嫌
請外歷任藩臬陞陝西叅政以保靈武功晉臬長
賜銀幣尋轉陝西左布政礦稅二璫肆橫其志痛
加裁抑歷官左副都御史總督三邊清郵傳撤關
梁閉坑冶禁告訐剪亡命奏止礦稅減織造陰發
二璫之惡上意動撤之富平孫冢宰首推其志清
正宜掌臺事遂改總南憲便道歸省遂卒其志天
性孝友生平不躁進不藉推輓在秦十年竿牘不
入長安歸田之日居室卑陋清素之風世所僅見 **劉弘道** 字志甫吳縣人萬曆甲戌進士
授惠安知縣民不忍欺入覲不能具裝奏最選工
科給事中轉湖廣副使理驛傳禁冗員歲省千餘
金備賑晉雲南按察使致政歸杜門讀書于榮利
泊如也父與田悉推與弟凡貧戚皆周其衣食自
奉卒如貧士 **陸檄** 字羽行長洲人萬曆甲戌進士授工部主事分署夏鎮以堤束水以水滌

沙疏濬啓閉親自經畫進郎中高堰役竣推首功遷山西督學副使士習丕變投劾歸杜門讀書以娛老焉孫壽名字處實少能文中順治壬辰進士教授寧國府所著有鳳鳴集

沈瓚字子勺吳江人兄璟字聃和萬曆甲戌會魁直諫謫官贈光祿寺少卿瓚丙戌進士爲刑部郎按察江右移疾歸里立義莊贍族師死經紀其喪復迎其妻養之起廣東僉事卒

黃時雨字化之常熟人萬曆甲戌進士除刑部郎遷惠州太守王御史度死兵難子孫戍粤奏脫之擒岑崗寇惠人頌德擢本省副使再平海寇李茂之亂事聞俱有白金賚賜終雲南左叅政

朱熙洽字鴻甫崑山人萬曆甲戌進士授潛山知縣潛故土城當漢水下流數崩潰其田有藩封軍屯漁課埒不可理遂多田去賦存者熙洽瞿然曰吾知所以築城矣請之當道畝履而溝封之各歸其故而民田盡出因令民得入貲積金萬餘以築城易土以磚四閱月事竣歷至貴州副使皆以清嚴著孫日爍壬子舉人官工部督臨清廠有政績

龔錫爵字汝修嘉定人萬曆甲戌進士令永新陞都水司郎中時

上漕河議于大司空潘公以河强淮弱惟築堤束水可以濟漕卒如議遷廣東叅政有惠政歸十載盡林泉之娛學者稱爲石巖先生

魏學禮字季朗吳縣人博學彊識力爲先秦兩漢之學四方從受經者雲集王世貞嘗讀其詩歎曰壁壘上何可無季朗萬曆乙亥貢入國學授鎮江府訓導歸而故居已售徐學士僑居宜興迎學禮至罨畫溪居之

毛文煒字肇明吳縣人萬曆丙子登鄉書選授青浦教諭以理學氣節相勸勉修餽弗納知府許維新題其齋曰冰玉陞莒州知州文煒曰兩親贈典已膺吾州又何求竟謝職還里

伍袁萃字聖啓長洲人萬曆庚辰進士授江西貴溪知縣平賦清徭懲積蠹出寃獄創謝疊山祠置學田制大成樂在任六年所積贖鍰不以資交際而悉以散窮民入計僅攜圖書敝篋而已歷官湖廣兵備在官捐資倡築防城建祠祀海忠介引疾歸杜門却掃宦三十餘年無腴田廣宅以所得俸置義田贍族所著有權書崇正編貽安堂稿

嚴一鵬字化卿吳人萬曆丁丑進士授行人奉使楚藩峻却餽遺强納一錫壺已視之

知爲銀也遐之始發歸里時蕭然垂槖猶是十年前一塾師也脫簪質錢沽酒侍母與諸耆碩倡同善會濟孤貧葬遺骨仕至南京刑部右侍郎致仕卒

陳曄 字子潛吳縣人萬曆丁丑進士官禮科給事中上方事遊幸曄草疏極諫立命回鑾性清强爲邪黨所忌挂冠還里經史自娛生平重節概勵廉隅尤篤孝友母喪飲泣一日喪明疾亟謂諸子曰吾官雖不達無負于國生六十三年無愧衾影倏然而逝

張棟 字伯任崑山人萬曆丁丑進士授新建縣令時清田議起躬臨相視定上中下三等遂爲永利治以嚴辨聞擢工科給事中以儲位未定合詞上請上怒落職爲民角巾草履步出都門既歸杜門不出清强矯勵爲鄉邦所尊敬天啓中詔錄直言贈太常卿子祭弟文柱字仲立萬曆戊子中順天鄉試謁選得臨清知州以積勞暴卒棟文柱並有集

顧雲程 字務遠常熟人萬曆丁丑進士初令淳安會歲凶撫按令禁羅雲程曰遏羅非救荒策也但示販米者每十石官買其一餘勿問擢御史分巡九江平寇亂有威名官至尚書太常卿

李同芳 字濟美崑

山人父棠以孝友著同芳少有才名萬曆庚辰會試第二授刑部主事陞山東布政使請告歸子應昌字文長辛丑進士官至翰林院編修

尤錫類字孝徵萬曆庚辰以進士分校北闈執政以少宰司空子爲託謝絕之守貞定吏進羨餘萬金却不受巡撫檄取常例持不與被劾部議直之擢貴州副使值楊應龍叛署監軍錫類劇撫互用卒不搖賊晉雲南布政致仕

葉初春字處元吳縣人萬曆庚辰進士仕順德知縣時海寇充斥建木柵以遏其入路歲荒賑貸全活甚多丈量阡陌賦額一清名拜禮科給事中以爭建儲事褫職光宗登極追贈光祿寺卿

張恒字明初嘉定人萬曆庚辰進士由知縣擢刑部郎遷江西副使爲政片言折獄人皆稱之時相國以湖利與小民競恒奪以與民舉江右循吏第一後歸里著書有明志稿

申用懋字敬中時行子萬曆癸未進士授兵部職方郎中九載不調神宗特降手詔加太僕寺少卿先後歷樞曹十九年望最著陞兵部右侍郎進尚書時寇警禁旅積弛無一足當緩急上嘗中夜馳手詔傳呼絡繹或時御便殿

商摧機宜用懋夙夜在公閒出郎登陴閱視霜露沾衣五十晝夜未嘗解帶敘功賜賚尋乞歸居鄉敦睦退讓好施賑之捐館之日里人爲之流涕贈太子少保予祭葬姪紹芳字維烈丙辰進士

王有功字可大吳縣人萬曆癸未進士除遂昌知縣有循卓聲名拜御史巡視陝西茶馬歷按廣東肅法釐奸墨吏望風解綬致政歸林居十餘年敝廬不蔽風雨殁貧無以爲斂天啓初贈光祿寺少卿

陸枝號培吾常熟人由舉人遴桐鄉知縣平爲天下最陞湖廣彝陵知州稅關將抵荆爪牙吏恣爲姦利枝率州民追而沉之闔不敢問彝陵勒碑記之致仕歸以孝友爲鄉人子弟矜式

徐應聘字伯衡嘉定人祖一元交河縣主簿在太學與嚴文靖訥善時江南被倭歲復大祲一元計惟免漕可以救之乃代訥草一疏焚香祝天令奏上竟得愈旨東南之民賴再生焉應聘萬曆癸未進士授檢討後累遷太僕寺少卿卒生平孝友性成七歲時見父以歲祲爲憂輒流涕廢食與弟幼同寢處弟病以身掖之他若爲袁駕部立後以季女嫁故友陸大行子篤厚之誼類此

諸

壽賢字延之崑山人六歲入小學即龕孔子像危坐對之中萬曆丙戌進士性鯁直官禮部戚畹中貴有所祈謁㑹不一顧日若輩豈可與作緣會病請告歸授室國中以教授後學築室寶華山中纂述周易疾作絶筆於蹇

殷都字開美嘉定人萬曆癸未進士官彝陵知州居官刻苦自厲遷職方郞歸貧甚至質衣以奉客所著有爾雅齋集拾芴齋稿

時偕行字乾所嘉定人萬曆癸未進士歷知確山長興諸曁定海四縣所至有能聲舉卓異徵拜御史抗疏劾張位趙志皐石星宋應昌李如松皆闕國本一時稱名御史罷歸家食三十年臨殁以遺金八百授子懋順曰吾一生清慎所餘止此公塘爲州邑孔道民多病涉汝其築石梁以濟往來橋成至今賴之

黃世能字濟夫嘉定人以掾吏任陝西平凉衛經歷時靈臺縣賊聚衆滿萬殺傷官兵兵巡董國光以數百騎授世能使覘賊盡得賊要領以歸遂擊破之

袁黃字坤儀吳江人萬曆丙戌進士上授寶坻知縣邑賦畝二分有奇諸役編泒反倍之車運皇木最疲黃建議請乘漕艘未集由會通河運入

而移皇木廠于三賢祠北使濱水受木且去京窑邇取給便奏報可因盡革諸役省派里甲銀兩正賦而外毫無擾焉遷兵部職方中拾遺罷歸天啓追贈尚寶司少卿黃博學尚奇凡天文河洛水利役賦以及奇門六壬岐黃堪輿之學莫不周悉未第時嘗受兵法于終南劉隱士又嘗服黃冠獨行塞外九邊形勝歷歷能道之著有羣書備考立命錄功過格子儼天啓乙丑進士

顧允元字懋善崑山人萬曆丙戌進士授睢寧縣令爲政持大體婦孺皆得陳訴而執法不少假借持母服歸以疾卒子天敘字禮初萬曆戊子鄉薦選鉛山令

歸子慕字季思有光子萬曆辛卯領鄉薦春試不第入武林山中埋名閉閣黃汝亨心知是季思排闥呼之相與定交尋築室江村命曰陶菴縛茅插槿室中自琴書外一鑪一藥囊一瓶粟而已及卒虞山令耿橘題其墓曰淸遠先生崇禎時賜翰林待詔弟子顧萬曆間進士歷官刑部右侍郎有淸德忤魏閹致仕歸家居如貧士嘗使至惟葱湯麥飯清談而已

管一德字士恒長洲人家貧幼孤與母居草舍僅有三蘇文粹一

册朝夕諷詠攻苦力學中萬曆辛卯鄉試屢上
春官不第退而著世家考四書詩經閱覽等書
鄒泉
字子靜常熟人少美風儀有聲庠序曉著書淵
谷山中有宗聖譜尚論編經世格要等集督學
詹公顏其
門曰名儒
周詩
字以言崑山人風致倜儻兼精方
藥作內經解嘗之京師以詩文游
公卿間欲官之拂衣去遊武林匿影僧寺適提學
孔文卿應聞岳王廟題壁得詩所詠大驚命駕往謁
武林人爭延致之不懌辭歸
卒葬虛谷表曰虛谷山人墓
傅遜
字元凱嘉定歲
貢遜偉儀觀喜
談事凡當世大務及里巷徭役之微鑿鑿如指諸
掌倭寇崑山請踰城出詣軍府告急竟得兵以解
圍人皆
壯之
俞允文
字仲蔚崑山人年十二而孤奉祖
母及母以孝聞十五爲馬鞍山賦
長老皆推遜之十七入郡庠才名日盛然獨好古
文詞不樂舉子業一意隱居尢工楷法隸篆都元
敬曰崑山蓋有三絕仲蔚
詩熙甫文張子賓舉業也
王逢年
字舜華崑山人
負氣磊落慕長
卿太白之爲人好讀書然文自西漢而下詩自唐
以後弗屑觀也淮陰人魯道輯其詩曰海岳集卒

之日自起沐浴著新布衣抱所書佛經趺坐而逝

王伯稠字世周崑山人少有俊才父晃攜之入京見城闕戚里之盛輒有咏歌時號神童王弇州在北部請與相見曰故是吾輩人依隱傲世雅慕孫大初之爲人

王穉登字百穀毘陵人移居長洲四齡能屬對六齡善擘窠書授舉子業唐順之薛應旂讀其文詫曰此吾輩人也補諸生袁煒在政府引爲上客賦紫牡丹有色借相公袍上紫香分天子殿中烟之句薦入史館欲授以官不願歸日肆力古文詞名滿天下所著有謀野集

趙宧光字凡夫太倉人遷居郡中折節讀書卜地葬親傾家開鑿搜巖剔穴遂爲西山奇勝廬居墓旁足不及城市雖兩臺至惟蔬食五山品亦不下山報謁篆書字學爲三百年一人子均字靈均有志節從父傳六書之學

鄭光宙字道夫吳縣學生說書必依考亭言文必宗先正性至孝父病侍湯藥弗怠予敷教字士敬十二歲就童子試郡守以奇童目之庚午領鄉薦讀書註易爲士林所宗

王臨亭字止之崑山人萬歷巳丑進士授西安知縣値歲荒設粥

賑饑全活甚多三年陞主事恤刑廣東故事不得減至百人亨平反至二百餘人吏執案請亨曰我知活人耳遑他計乎遷雲南司郎中出爲杭州守未任疾作自草墓誌談笑而逝**錢桓**字握之太倉人萬曆乙丑進士歷官僉都御史巡撫南贛日靑乞歸桓性儉日蔬菜一盂放衙吏無他供億居鄉淸謹約束子姓至今人稱其淳德子炳以明經授富陽知縣孫增崇禎辛未進士**李先芳**字茂實嘉定人萬曆乙丑進士官四川參議卒祀鄉賢子繩之見從祀日濟嘆曰吾父豈與若輩伍抱主而出繩之至孝廬墓三年日繞墳呼號者三以道學稱先芳從弟名芳字茂才萬曆壬辰進士所著有李翰林集子宜之以詩名有寓園集**金士衡**字秉中長洲人父應徵嘉靖乙丑進士令奉新邑傍山無城捐貲築之後士寇竊發賴以保全陞刑部曹佐修律令恤刑兩浙浙尸祝之備兵贛南捕盜賊撫飢民終雲南參政士衡舉萬曆壬辰進士授永豐知縣應徵故廉吏居恒不營生產及士衡爲縣有父風用卓異徵朝中目爲東林黨竟中忌者以考察降復起兵部陞太僕

少卿引疾請告所著有留垣疏草

吳默字無障吳江人萬曆壬辰會試第一除兵部主事歷官太僕寺卿默立朝最淺遷除皆不赴時論高之居家邑令劉時俊重其行義恒就問政事默條悉以對由是劉令治有聲晚年徙家郡城臺使及王四方仕宦者日式廬請教而默亦知無不言

在晉字明初太倉人中萬曆壬辰進士授中書舍人轉浙江杭嚴道勸平劇盜免民船僱運人德之舉卓異歷任戶兵工三部尚書致仕卒

柴大履字旋文崑山人少孤不能從師每聞村塾講誦聲輒徘徊若有開悟里人顧若尹見而奇之館令就學萬曆壬辰進士授中書舍人轉兵部典試粵西得人最盛假歸有弁以千金謁者大履峻拒之卒後無半畝一椽

翁憲祥字兆隆常熟人萬曆壬辰進士選鄞縣令考最入省垣以惜人才存大體慎風聞化成心爲先務若參內瑺參閣部參勳戚請東宮講學請福藩之國請宥言官請慎中旨請發科抄等疏皆侃直不阿卒賜諭祭弟愈祥字兆和萬曆戊戌進士

陸化淳字君復常熟人年十三縣令試化日[illegible]援

筆立就萬曆壬辰登進士授工部主事治泉濟上身行淖泥中導流決塞諸泉悉理引疾歸所著有松韻齋續集弟化熙字羽明萬曆癸丑進士

王在公字孟凤崑山人萬歷甲午鄉薦遜高苑知縣持廉秉公每遇大獄輒焚香默禱摘發無遺嘗遇旱手疏虔禱明晨得雨雨不出境民歌頌之

趙一鶴字治心吳縣人萬曆甲午舉於鄉選授大名縣知縣縣禁革贖鍰蠲免徭稅悉與民休息補廣之徐聞卒于官士庶慟之孫炳皇清康熙丁未進士有文名未仕卒

徐如珂字秀鳴吳縣人萬曆乙未進士授刑部主事歷郎中以同舍建言國本鐫秩光宗立遷擢副使晉左通政時魏璫煽虐中外頤指如珂獨侃侃不阿後璫伏法科道交薦奉旨起用旋卒賜祭葬

毛堪字公輿吳縣人萬曆戊戌進士考選御史巡按雲南滇不產金歲加貢至五千搜括民間商民交困堪三疏力爭得報可仕至通政使

王衡字辰玉錫爵子與華亭董其昌陳繼儒練川唐時升婁堅輩以文行相砥礪錫爵忤張居正時衡年十六和淵明歸去來辭以寄錫爵笑曰吾不去

將爲孺子笑郎日歸萬曆戊子北闈領解忌者言其有私得覆試援筆立就人皆歎服辛丑成進士第三人授編修乞終養歸尋卒有繚山集

婁堅 字子柔嘉定人經明行貢于春官不仕而歸詩文爾雅工書法人爭傳購之晚與唐叔達程孟陽爲練川三老

唐時升 字叔達嘉定人少有異才未三十謝去舉子學專工古文詞縱橫踔厲爲時所稱嘉定令謝三賓合程孟陽婁子柔李長蘅詩文刻之日嘉定四先生集

李流芳 字長蘅萬曆丙午舉於鄉天啓壬戌上公車見璫焰方張遂絕意進取爲人孝友誠信外通而中介家貧資修脯以養母稍羸則以分窮交寒士書法學東坡書入元人吳仲圭詩在敘川香山之間有檀園集

陳道復 字白陽長洲人負才落拓詩畫爲一時取重隱居石湖終身不仕

葛一龍 字震父家東洞庭孤吟獨賞好游二京散財結客海內稱之以太學謁選授雲南藩幕縱觀金馬碧鷄之勝有集數種

馮復京 字嗣宗常熟人少業詩著六家詩名物考嘗論遁紀詳而野吾學裁而疎弇山

炫博妄而謬憲章典則可以無譏作編年書駁正得失日史略長子舒字巳蒼長於詩古文次子班字定遠博學工詩精書法爲人落拓自喜被酒無聊輒就座中慟哭人怪之目爲二痴班遂以自號所著有鈍吟集遊仙詩

俞琬綸字君宣吳縣人萬曆癸丑進士任西安令風流文采掩映一時但放誕不能居官臺憲劾之云聊有晉人風味絕無漢官威儀琬綸笑曰云絕無可稱知巳云聊有不無遺憾著書自娛臨池最勝

張大復字元長父維翰少即訓以經史漢魏唐宋諸家敵大復學有源本文日奇名日起父殁哀毀兩目喪明所著有筆談梅花草堂諸集

王志堅字弱生太倉人幼好讀書與嘉定李流芳同研席窮經辨志有古先儒者之風萬曆庚戌進士官至湖廣提學

歸昌世字文休有光孫十歲能爲詩歌有聲詞苑與李長蘅王弱生稱三才子屢困諸生遂棄舉業發憤爲古文詞書法逼唐晉更精墨竹子繼登崇禎癸酉舉人少子莊字元恭工詩文善書豪放不羈知名於時

陳敬純字吉甫崑山人負氣敢言爲文淹博以貢入太學時

張居正作拱日樓成有客請敬純賦之署客名以進居正訝曰故有五經庫乃其人耶客以敬純對居正諷選人欲授以翰林孔目不受歸

張鴻字子賓崑山人家貧與母兒居讀書無晝夜母曰讀書如捕風影盡休諸鴻泣曰亡父命之兒何敢忘於是與兒并耕隴上貰酒食養母歸太僕集中有張自新傳即鴻也

桑瑾字廷璋常熟人以儒士領鄉薦謁選得處州府通判邑故有通濟堰蓄水灌田可數萬畝久淤塞瑾修復之民賴其利

顧大章字伯欽中萬曆丁未進士歷刑部主事熊廷弼王化貞之獄起大章謂怪撫罪均弟經主守撫主戰今已戰敗不得重罪主守者且廷弼有守遼功宜引八議貰之以責後效衆不可卒論死後魏璫以大章為楊左黨遂以寬廷弼為齎獄自陝西副使逮繫與楊左六人并下
詔獄死崇禎間議卹贈太僕寺少卿謚裕愍

周宗建字季侯吳江人萬曆癸丑進士拜御史忠賢與客氏方表裏擅權首上章論列明年又三疏擊魏閹憾之誣以舊令贓私徵詣
詔獄死崇禎間贈太常寺卿謚忠毅

周順昌字景文吳

縣人萬曆癸丑進士授福州府推官守法不撓時稅監高寀橫歛民至激變順昌力持之事得上聞罷去寀以治行最擢吏部主事歷文選員外郎力以進賢退不肖爲已任嘗推一大僚失要人意遂引疾歸後閹勢益熾順昌每與人言遂形于色指斥不諱給事中魏大中以首攻逆閹被逮過吳門順昌與之訣因以女字其孫閹黨倪文煥洞得之誣奏削籍已逮問緹騎至吳順昌慨然就道合郡士民素德公詣開讀所向撫按號呼稱寃者以萬計緹騎斥之士民大譁至毆殺緹騎數人次日問主名則有顏佩韋馬傑沈揚楊念如周文元等五人自首服就刑順昌赴獄誣贓拷比血肉淋漓尚瞋目罵閹死崇禎改元贈太常卿謚忠介子茂蘭兄弟皆忠孝自矢不墜家聲

張振德字季修崑山人萬曆丙辰以選貢授四川興文知縣時永寧奢崇明反振德督鄉兵與戰力盡援絕退集居民城守振德度不支入署命夫人錢氏及二女淑昭淑慶等各持一刀坐後堂曰若輩死此吾死前堂乃取印緊肘後率家人北向拜日臣奉職無狀不能殺賊惟以一死明志夫人二女先伏劍死

德乃自刎一門死者九人賊見振德尸面色如生皆駭愕羅拜而去事聞贈光祿卿諡烈愍

王燾字濬仲崑山人萬曆戊午舉鄉薦選隨州守隨故流寇出沒地人咸憂之燾曰臣子敢擇地而蹈乎星馳赴任巨寇張獻忠猝至攻圍甚急燾身冒矢石且戰且守殺賊三百餘人力盡燾知事急北北自經死贈太常卿諡忠愍

蔡懋德字維立崑山人萬曆己未進士授杭州推官以最徵有以吏部餌之者懋德謝之補禮部以不拜璫祠乞差歸里崇禎初督學江西登白鹿洞著鹿洞成規立書院與諸生講孝經大義聽者感泣備兵嘉湖退海寇劉香擒巨寇屠阿丑廷臣以知兵薦歷井陘寧前濟南諸道所至有折衝禦侮功崇禎壬午陞山西巡撫特賜名對陳言靖寇之策當使民不爲盜欲民不爲盜在使窮百姓有飯吃極陳恤民諸事又言治平大道當從大學提綱挈領若節目上逐件照管便煩難不舉上是之賜饌賜銀幣抵任後以安撫百姓爲急改三立祠爲書院與諸生講理學經濟文章立千城社以招奇謀異勇之士三晉晏然會闖賊破潼關三秦淪陷懋德孤軍

捍禦守河干四閱月守危城三晝夜甲申二月無援城破草遺疏遣人上報天子入三立祠自縊死中軍應時盛從焉文武將吏同死者四十六人先是李自成遣牌招諭懋德碎其牌斬其使自成恨之乃驗屍亦首棄之水溝標官段可達求而得之瘞太原南門外之東國朝賜祠諡忠襄

王佐聖字克仲長洲人以氣節自負有文名中萬曆已未副榜授教諭陞四川遵義令水西苗時入剽掠佐聖扼城以守賊黨猝入佐聖知不可爲以縣篆付長子曰此國信不可爲賊得吾當殉民社耳横劍奮呼面受三刃以死士民立廟祀之

夏萬亨字元禮崑山人萬曆戊午舉人爲婺源教諭值大荒捐俸設糜以賑饑者陞西平令築城治隄練兵保甲流賊破南昌書絕命詞自縊一家死者二十餘人

龔元祥字子禎長洲人萬曆乙卯舉於鄉授霍山教諭崇禎八年流賊犯鳳陽燬陵寢因破霍山元祥肅衣冠秉笏坐明倫堂賊挾利刃脅之正色不奪罵賊甚厲遂縛之過文廟起叱賊曰此吾死所也觸賊死之季子炳衡擗踊號呼詈不絕口賊又殺之贈國子監助教建祠

祀之題額　薛志學字海觀常熟人由歲貢任廣西
忠孝祠　天河知縣天河四堡皆歿于賊
志學馳片紙諭之悉歸復治有循聲羅寵官家居年
九十四一夕夢登邑乾元宮謁老子命書堂聯逾
七日卒兄子道　沈承字君烈太倉諸生少負雋聲
文以孝義聞　攻書賦爲古文試必高等性
閒淡未嘗有干謁早卒所著有即山　吳震元字長
集妻薄少君作悼亡詩百首尋亦卒　卿太
倉人萬曆壬子舉人授德安通判時方奉旨追熊
廷弼籍遺貲產震元力庇之且分俸周其子母震
元博通經史尤精讖緯推測知時數喟然曰只今
便高臥已負半生閒因作負半庵杜門著述卒
朱陛宣字德升吳江人萬曆壬子登應天鄉試少
與周忠介同業又同鄉舉及忠介被逮陛
宣周旋患難晨夕不離左右崇禎甲戌　沈應明字
御史祁彪佳特疏表章贈翰林院待詔　鳴
熙由崑山遷郡城食貧篤學中萬曆已未進士由
仕部郎左歸日與諸子任講說忠孝剖晰義理卒
長子元符字子若篤行好學　汪起鳳字無朋長洲
砥礪節義鄉里奉爲表率　人萬曆辛丑

進士除揭揚知縣陞工部督木厰內官王朝縱役盜木草疏劾奏晉員外郎歷陞左藩忤崔魏矯旨罷官崇禎改元仍補左銜分巡海南卒於任子希汲丙子舉人任膺字元御天啓丁卯舉人有才名早卒所著有寸碧堂集

吳之佳字公美長洲人萬曆庚辰進士授襄陽知縣有善政擢兵刑兩科都給事屢著直聲時册立久稽與同官葉初春張棟三草公疏爭之諸臣皆削籍時稱東吳三諫天啓中贈太僕寺少卿予祭孫适字季字幼洪崇禎丁丑進士官兵科給事中

沈珫玉輿弟珦從兄琦同學琦字仲玉珫少好道與兄琦同登萬曆乙未進士依依母膝者三年母卒出守東昌尋按察山東布袍蔬食有海忠介之風棄官歸坐禪山中卒珦字幼玉甲辰進士

葛錫璠字中悟崑山人少穎悟萬曆辛丑進士授刑部主事遷員外郎有大司馬私人受戎帥賄事露屬大司寇庇之錫璠執不可卒按之以法直聲凜然仕至河南按察使子鼎有文名

繆國維字四備吳縣人生未匝月父天秩死從母張氏鞠于外家貧苦力學萬曆辛丑進士授南安知縣吏畏民

懷遷南國博擢貴州副使聞安氏難作叱馭兼程抵任枕戈坐甲者三閱月圍解叙首功當事抑之僅陞右叅政告歸卒其家

陸獻明字君謨太倉人萬曆丁未進士授嘉興知縣舉廉能第一旋授浙江道御史按湖廣時屬僚以魏璫生祠請獻明裂牘叱之楊漣死誣贓萬計令原籍追償獻明竭力保全之以太僕寺卿致仕

侯震暘字起東萬曆庚戌進士授行人擢吏科給事中僅八月疏三十餘上及客氏再入特疏請收回成命落職歸子峒曾子豫瞻天啓乙丑進士子演潔次子岐曾字雍瞻十一歲能文與兄齊名子弘字研德諸生工詩古文有掌亭集

孫元化字初陽嘉定人萬曆壬子中順天鄉試少好奇畧善西學所製軍中火器尤精天啓二年計偕上書當事遂以賛畫用逆閹用事諷其附已正色拒之遂以冠帶閑住崇禎間條奏時政十二事仕至登萊巡撫以兵變死

陳必謙字旦融常熟人曾祖言弘治丙辰進士撫州知府有惠政必謙萬曆癸丑進士選輝縣令倣古常平倉法積穀賑饑濬萬泉等河民利賴之擢南御史特疏叅戚畹

鄭養性及大臣婣戚者歷官河南巡撫有軍功陞工部尚書卒

徐鎮 字濟宇吳縣人萬曆辛丑進士爲諸生時能文尚氣節同郡有大司馬凌姓者請告歸以勢凌鄉里踞士人田產不與值鎮偕其同學往折之凌揮捍僕閉門歐辱衆皆踉蹌逃鎮獨夜畫坑儒圖扮丐者裝北上時凌氣燄赫奕私人廣布鎮晝伏夜行得詆京聲登聞上訴得直論凌爲邊衛克軍籍其產一時士氣得伸是後二年成進士歷官至陜西參議

李繼貞 字散尹太倉人萬曆癸丑進士調兵部職方山東典試發策以漢唐閹寺爲問時魏璫熖方熾指謗訕降調起補武選轉順天府丞特陞僉都御史撫天津疾亟具疏辭旋卒天下惜之繼貞負幹畧以孤立得主知三黜三起居家遠權勢蕭然若寒士所著有津門草堂虹閣集

王心一 字純甫長洲人萬曆癸丑進士由行人遷御史歷官太僕寺少卿應天府尹天啓間有劾奏內廷一疏黜客氏彈進忠危言讜論歷遭降奪崇禎初復職仕至刑部侍郎

顧錫疇 字九疇崑山人年十二爲諸生中文定公特加器重曰名位不在吾輩下

萬曆壬子入北雍會有侍御以直言被譴錫疇率
同舍生上書執政責以不能論救執政怒禍幾叵
測賴太司成趙某救免巳未成進士入翰林典福
建試會政府以請託不從傳成其罪削籍歸崇禎
初召用歷陞至禮部尚書會父卒錫疇泣血披麻
間關赴閩兵亂遇害葬溫州今有碑在文信國祠
傍　姚希孟字孟長吳縣人母文氏以節旌於朝希
孟爲人剛直舉茂才郎毅然以激濁揚
清爲已任萬曆巳未成進士入翰林時客魏用事
希孟知禍將作遂奉母歸母病卒希孟哀痛幾不
欲生扶喪潞河聞削奪報怡然安之崇禎初起官
在講筵四年因事納忠而溫體仁忌之遷南少詹
事歸二年病卒子宗典壬午順　范允臨字長倩吳
天舉人宗昌皆能世其家學　縣人文正
公裔孫天資絕人工於文辭萬曆乙未進士由部
郎出爲雲南督學取士稱得人轉福建按察使致
仕家居藏書數萬卷手自校閱一時風雅
咸宗之其書法學趙子昂與董其昌齊名　文震孟
字文起長洲人甫弱冠舉甲午賢書隱居笠澤父
卒倚墓結廬時有眞孝廉之目十上春官天啓壬

戌廷對第一人熹宗初衆正盈朝震孟以術學登上第侃侃發舒旣而逆璫漸用事正人以次竄逐震孟上疏曰空人國以營私竄幾似濁流之投訾道學以逐名賢有甚僞學之禁疏上降級調外崇禎改元起諭德拜禮部左侍郎兼東閣大學士震孟立朝不滿三載平章不過二月憂讒畏譏十居八九矢志君父繫念蒼生有范文正先憂後樂之風卒年六十二子秉果讀書有著述

陳仁錫字明卿長洲人父允堅以進士爲縣令有術卓聲卒於官仁錫時已舉於鄉哀毀備至天啓王戌及第授編修會魏璫用事冒爵給肅寧侯鐵券欲得誥詞仁錫不肯草璫怒曰屬草則鉉鼎不屬草則齒劍卒不屬草璫銜之削籍歸辛未復官分典禮闈得士爲盛生平編輯甚富爲著述家稱首

陸康稷字宇粒吳縣人萬曆丙辰進士授江西貴溪令性剛介有廉聲剖斷疑獄邑人稱神舉卓異第一移兵部主事奉命祭陵遇魏璫於道不讓幾罹禍尋落職歸崇禎改元復原官念親老絶意祿仕家居垂二十年卒

管玉音字振之長洲人天啓乙丑進士授工部營繕司主事

督造德陵殫心節費造城上篩簾時貂璫用事動輒破冒玉音節省過半羣璫大恨誣奏廷杖八十放歸

許士柔 字仲嘉常熟人天啓壬戌進士是科臚傳首文震孟庶常擢倪元璐黃道周并士柔爲四一時有壬戌四翰林之目授檢討掌坊事士柔向與諸正人爲伍人忌之遷尚寶司丞崇禎初頒詔大閹運皇木梗河道士柔命設龍亭樹旌節朝服立鷁首趣傳呼某太監朝駕閹氣沮遂巡詣駕前掘衣叩頭候詔使先行乃去其應變如此從兄河以舉人任浦江縣令多惠政卒俱祀鄉賢

顧其國 字在一吳縣人天啓壬戌進士授永豐縣知縣靖萑苻蠲羨耗歲值災祲曲減糧賦而民不知累稍積俸入建奎閣葺方橋爲兩縣士民與無窮之利名拜御史卒

李模 字子木其先太倉人避倭移居郡中父吳滋萬曆乙未進士歷任副使所至有政聲模以天啓乙丑進士爲東莞令舉卓異授御史力陳國計民情如立政貴圖久大及慎獄祥刑旱災水利俵馬驛累派徵包課等疏凡十餘上巡視三關旋以糾鎮監爲横噬謫南雍典籍歸杜門絕客喜著書究性學四方

稱重之

錢震翀字仲遠吳縣人天啓甲子舉人性醇謹不樂仕進生平以廉隅自飭以詩書課子輕財好施里人目之爲太丘彥方長子鍈陲學積行有父風仲子中諧順治戊戌進士由薦舉授翰林院編修孫顧琛康熙巳未進士皆世其德

包文達字行甫蘇州衛指揮崇禎乙亥流寇掠廬鳳間文達奉撫軍檄統兵進援安慶兵械草草人無闘志進戰伏發官軍烏獸散或勸文達遁文達按劍叱之矢盡援絕力戰死士人立包將軍祠

許國榮字允尊太倉人二歲喪父家貧母朱氏撫之天啓乙丑成進士授太常博士遷工科給事中時中人掌廠事布邏卒詗刺中外國榮上疏極論遂褫職後量移光祿寺署丞卒

沈幾字去疑長洲人天啓丁卯舉南畿鄉試第一登崇禎辛未進士除福州守性抗直不善事上官罷歸日與從遊講學不倦著有原易原莊原李及紫陽一燈等書

徐汧字九一長洲人少孤貧事節母朱至孝爲諸生時即以名節自任武塘魏給事大中被逮過吳門汧慕其忠直以珥簪質庫中易二十金贈之周忠介聞而嘆曰國家養

士三百年如徐生者眞歲寒松栢也崇禎戊辰成進士選庶吉士歷官春坊請假歸里甲申春賊陷京城洴聞變痛哭夜乘小舟投虎丘後湖新塘橋下死

葉重華字德元崇禎戊辰進士由工部禮部分守河南團結訓練賊不敢犯歷山東副使會亢旱大饑人相食乃捐俸設糜賑之歷太常寺少卿謝歸即卒所著有舊存諸稿

宋學朱字用晦長洲人崇禎辛未進士官監察御史抗疏劾楊嗣昌田惟嘉天下壯之戊寅巡按山東死於兵撫臣請䘏嗣昌銜怨不許後贈大理寺卿

顧䋲詒字敬承長洲人崇禎庚午舉於鄉授仁壽知縣賊勢日熾西川失守或來說降䋲詒厲聲叱之馳馬至學宮從容拜先聖望北稽顙縊死士民感其義烈瘞於龍腦橋側

王志長字平仲太倉人志堅弟年十六州守嘆其才聲名日起崇禎庚午舉於鄉庚辰中乙榜特詔與甲榜一體授官而志長以時事漸艱絕意進取著有晚香集

吳繼善字志衍太倉人崇禎丁丑進士授成都知縣獻賊破城執繼善欲降之大罵不屈爲賊所害一家死者三十六人同時太

倉有沈雲祚崇禎庚辰進士爲華陽縣知縣亦死獻賊之難俱廕卹 張溥字天如太倉人居西郭顏其室曰七錄齋日夜讀經史諸書聲聞籍甚登崇禎辛未進士選入翰林觸要人請假歸益讀書攻著述學者爭歸之旋以病卒御史稱溥砥行力學表章六經最有功請徵遺籍備乙覽奉旨呈進 張采字受先太倉人少敏慧折節讀書以復古爲己任崇禎戊辰成進士歸籍鄉老於城隍廟誓曰自今已往幸通籍毋以勢凌人毋縱奴僕橫毋使宗黨子弟肆里門毋使私屬隸官府有渝約者共斥之風俗亦大變令臨川移疾歸所著有知畏堂集 黄淳耀字蘊生嘉定人生而敏異弱冠即以聖賢自負著爲日曆晝之所爲夜必書之崇禎癸未登進士釋褐後寄弟偉恭書曰吾廷試傳臚時鼎甲先上殿人皆嘖嘖稱羨吾此時嘆息天地間自有爲數千年一人數百年一人者今人必不肯爲數千年之一人而必欲爲三年之一人觀此可以知其自命矣天性純孝南中文章節義必以淳耀爲稱首云 顧夢麟字麟士太倉人明季文尚險僻與註疏多悖謬麟與

常熟楊彝獨崇尚先正宇內謂之楊顧從遊甚衆人稱繼籛先生所著說約一書有功後學

陳宗之字玉立長洲人宗之攻苦力學癸酉以春秋舉於鄉授推官以親老辭歸所著有持論匏園賦草鷗盟雪籟等書

嚴栻字子張少保文靖公孫少穎悟善騎射工書畫篆刻中崇禎甲戌進士選河南信陽州知州時流寇充斥信陽實當其衝栻嚴守禦賊不敢犯以內艱歸栻孝友性成與長兄櫆友愛晚年心通內典歿之日盥洗趺坐而逝子熊邑諸生孝友能文

歸起先字裔興常熟人父德明再娶王夫人夢關壯繆抱一兒來授之五歲時德明提著膝上指所讀易卦晝脉之便若了了崇禎癸未舉進士授刑部主事絕意進取杜門養母讀書課子如諸生時所著古文詩集若干卷子允肅

皇清康熙己未狀元以覃恩贈翰林院修撰

趙士春字景之常熟人崇禎丁丑探花時兵部尚書楊嗣昌居喪起復晉閣部士春在翰林與劉修撰同升奮曰嗟乎天下乃有無父之人哉遂草疏伏闕疏上奉旨謫福建布政司檢校後罷

官里居惟著書垂後所著保閒

吳克孝 字人撫大倉人崇禎丁丑同榜進士堂集弟士錦丁丑同榜進士問進士授刑部主事恤刑粤東平反幾百人尋備兵保定保定殘破盜賊抄掠克孝至密擒渠魁斬以狥羣盜遂散以目告假歸卒於家

盛王贊 字子裁長洲人幼困窮力學强記崇禎丁丑成進士令浙江之蘭谿發摘如神舉卓異第一時詔朝覲官得陳地方利病王贊條奏三事曰南糧曰驛遞曰盜賊上深嘉之適丁内艱歸避居陽城故里茅屋三間日無再食屋傍有田一畝卒之日屬其子曰此祖宗所遺也

楊廷樞 字維斗吳縣人崇禎庚午鄉試第一爲人敦氣誼礪廉節屢上春官不第閉戶著書以文章道義引掖後進海内望爲山斗者三十年每歲旦作告上帝文焚于庭以名教自勵究無愧云

施美玉 字邦珍崇明人奉親竭力親喪廬墓側有友周陳二生以財搆隙審爲代償一日乘驢出城一貧民鬻男貸金與之令贖男歸終不責取慕靖節風自號半陶

尤挺秀 字實甫長洲諸生性孝友母病經年侍湯藥籲天請代兄負逋挺秀代爲子

償且割產讓之生平重然諾解紛

朱集璜字以發崑山人排難子淪字遠公以著述自娛少貧力學年三十始爲諸生以特恩貢於朝留心經濟凡兵刑水利賦役諸書靡不殫究甲申之變投東禪寺後澄潭死留句曰可質祖宗可對天地生無自欺死復何愧其友陶琰聞之亦閭戶自經同邑張謙蔡方燧孫道民俱死

許琰字玉重長洲諸生甲申聞闖賊變琰悲憤竟絕食而死其遺詩有忠魂誓向天門哭立請神兵掃賊氛之句聞者哀之有同庠顧瑶字東吳甲申之變亦肅衣冠赴學宮泮池而死時稱雙義

許王家字君聘長洲人府庠生博學嗜古素以名節自矢居澄河東甲申聞寇變王家痛哭不輟聲整衣冠赴泮水死家人撈之神色怡然

徐嶧字瞻洪常熟諸生孤介有品能詩甲申聞李闖之變焚儒冠于文廟赴泮水死

陳元素字古白郡人能文善書與俞琬綸爲莫逆交字倣歐陽詢善書蘭後人尤寶之子薦亦能書

沈爆字伯英吳江人甲戌進士授兵部歷官光祿丞乞歸日披卷帙以著書自娛同邑人沈義甫著樂府指迷爆復

整齊舊章攷訂音律九宮譜行世一時詞曲皆宗之稱爲詞隱先生　王曰俞字喜賡常熟人崇禎癸未進士任餘姚令多所施設未幾歸優遊著述鄉人士奉爲老成典型子澧癸未同榜進士

蔣棻字畹仙常熟人崇禎丁丑進士任南海知縣縣故多盜棻設方畧擒其渠魁餘黨皆散字民多惠政以最陞禮部主事未任家居與里中耆宿詩酒自娛年七十餘卒子伊

皇清康熙癸丑進士官御史　顧咸建字漢石崑山人癸未進士授錢塘知縣愛民如子摘弊若神邑人德之立廟以祀　葉襄字聖野吳縣人諸生博學能文評選古今文藝爲後學楷式著有紅藥堂稿　毛晉字子晉常熟人幼爲名諸生晚而博學嗜書其汲古閣所藏宋元人本甚多鏤板行世校讐皆出其手名重宇內爲人敦孝友樂施予有司理贈之詩曰行野漁樵皆謝賑入門僮僕盡抄書爲實錄云　顧世埈字君昇長洲人性孝友博學能文崇禎時與兄延祚同歲貢子韡邑諸生芳菁康熙丙午舉人孫焯丙辰進士官中書　何思佐字穎庀長洲人精曲

臺學著禮記說約子謙貞崇禎貢元官授國
學正孫棟順治丁亥進士現任禮部郎中

錢謙益字受之號牧齋常熟人萬曆庚戌進士歷官禮部尚書
皇清授內秘書院學士歸于書無不讀所著有初學
集有學集列朝詩選

金之俊字彥章吳江人萬曆己未進士歷官僉都御史
皇清定鼎授兵部右侍郎歷官國史院大學士乙未
更定官制爲中和殿大學士康熙元年拜疏乞休
賜袍服致仕仍許陳奏國家利弊星變求言復陳三
事易簀前口占遺疏語不及私訃聞
賜祭葬謚文通
著有息齋集

吳偉業字駿公太倉人母姙時夢朱
衣人送鄧以讃會元扁額至
童子時卽篤好史漢不屑屑世俗學崇禎辛未會
試第一殿試第二授翰林院編修給假歸娶當世
榮之
皇清順治辛卯總督馬國柱疏薦授秘書院侍講奉
勅纂修孝經演義陞國子監祭酒丁母憂南還里居
十餘年卒偉業以文學負重名尤好引掖後進爲

文宏麗詩尤擅勝稱大家

徐開禧字錫餘崑山人崇禎戊辰進士官翰林爲文秉先正法度舉業家咸師尊之

皇清膺薦與吳偉業並名入都會疾歸杜門養痾以終從弟開法克承家學嚴於課子子乾學秉義元文同胞三人皆殿試及第爲

本朝科名盛事

葉方藹字子吉崑山人少聰穎十歲即能文順治丁酉中鄉試

祖親試瀛臺賦取第一己亥成進士殿試探花及第授翰林院編修時被

顧問應對敷陳皆樸忠無飾語歷充日講起居注等官康熙癸丑夏

上御瀛臺賜宴從官皆進詩賦方藹獨倣古名臣製爲八箴以獻

上以示孝感相國熊賜履賜履曰諸臣累牘連篇不若方藹片詞隻字

上曰誠然因命撰太極圖說

賜貂裘文綺晉侍講學士戊午命以職事之暇入直南書房辦事總裁皇輿表鑑古緝覽二書晉翰林掌院學士明史總裁尋升刑部侍郎歲壬戌四月

以會推事入朝病發輿歸寓卒方藹清勤謹慎在翰林二十五年日則侍從講幄夜則繙譯經史布衣蔬食凡饒問宴會之事槩行謝却蕭然如寒素卒後幾無以殮上聞惻悼賜白金二百兩營其喪隨賜祭葬謚文敏兄方恒順治戊戌進士仕至濟寧道僉事治河勞瘁卒於官

尹明廷字莫階吳縣人順治己丑進士授廣西平樂知府李定國之亂城破被執不屈死遺骸瘞府治前牌坊下子正始往粵訪父骸骨詢一嫗得之負以歸事聞詔贈太僕寺卿蔭一子入監

孫承恩字扶桑常熟人順治甲午領順天鄉薦戊戌成進士殿試狀元及第承恩秀眉聳肩目光四射臚傳之日見者色動舉朝有得人之慶在翰林備顧問寵遇日隆己亥會試分考稱得人入直中寒疾歸寓卒訃聞賜白金馳驛歸葬承恩孝於親友於弟交友有至性文工六朝詩工溫李書似九成宮年不克永士論惜之

王時敏字烟客大倉人衡之子明崇禎初以門廕歷太常寺奉使楚閩凡藩府暨有司

贈遺止受書畫堅辭其金幣性孝友遇先忌舉家
縞素至老猶作孺子泣家居五十年朔望徒步拜
宗祠兄童年歿歲時必身親拜奠迎養寡姑孀姊
存歿恩禮並篤事父執友儼若猶子諸子及孫
本朝多擢上第入官翰林進封時敏編修門第高華
愈自抑下嚴束家人急公賦生平工詩文兼精隸
書畫法爲海內所珍 陳瑚字言夏太倉人少英敏
年踰九十卒祀鄉賢 篤志古學爲制舉業以
史漢唐宋大家爲歸壬午舉於鄉上春官不第即
閉戶著述留心理學卜居崑山之蔚洲村以詩酒
娛其親父病刺臂血寫疏籲天祈以身代父歿遺
產悉讓之弟卒祀鄉賢所著有確菴文藁

江南通志　卷之第四十三　署

江南通志卷之第四十四

人物

松江府

（漢）陸康字季寧吳郡吳人仕爲高成令以恩信爲治寇盜亦息遷武林太守轉守桂陽樂安二郡所在稱之時靈帝欲鑄銅人而國用不足乃調民田畝斂十錢康上疏諫內侍譖康援引亡國大不敬檻車徵詣廷尉侍御史劉岱爲表陳解釋免歸復徵爲議郎拜廬江太守平廬江賊與江夏蠻帝嘉其功尋加忠義將軍孫策攻廬江困守二年發病卒少子績仕吳爲鬱林守

（三國吳）陸績字公紀甫六歲於九江見袁術術出橘績懷三枚去術曰陸郎作賓客而懷橘乎績跪答曰欲歸遺母術大奇之績容貌雄壯博學多識星曆筭數無不該覽虞翻龐統皆與績友善以直道見憚出爲鬱林太守加偏將軍績有躄疾雖有軍事著述不廢時年三十二而卒

陸遜字伯言吳郡吳人少孤始爲海昌屯田都尉並領縣事勸督農桑百姓蒙賴會稽賊帥潘臨所在毒害遜募兵平之拜定威校尉軍屯利浦權以兄策女配遜調爲帳下部督會呂蒙力薦其才拜偏將軍右部督遂克公安南郡領宜都太守撫邊將軍封華亭侯劉備率大衆至彝陵立數十屯遜用火攻拔之破其四十餘營備夜遁捷聞加輔國將軍領荊州牧改封江陵侯後代顧雍爲丞相次子抗襲爵孫休時追諡遜曰昭侯

陸抗字幼節拜奮威將軍魏將諸葛誕舉壽春降拜抗爲柴桑督尋拜鎮軍將軍都督西陵督步闡據城以叛降晉羊祜率師向江陵抗破其將楊肇祜等大潰抗遂陷西陵誅滅闡族東還樂鄉貌無矜色拜大司馬荊州牧尋病卒

陸凱字敬風遜族子黃武初爲永興諸暨長所在有治跡拜建武都尉雖統軍衆手不釋書除儋耳太守討朱崖斬獲有功遷建武校尉討山賊克捷轉武昌右部督孫皓立進封嘉興侯遷左丞相其子褘仕晉爲太子中庶子右國史華覈嘗表薦曰褘體質方剛器幹強固董率之才魯肅不過云

陸瑁字子

璋遜弟少好學篤氣義從父績蚤亡一男一女皆數歲瑁迎撫養至長乃別州郡辟舉皆不就公車徵瑁拜議郎遷曹尚書孫權欲征公孫淵瑁上疏諫權嘉其詞理端切遂不行子喜亦涉文籍好人倫累官遷曹尚書

晉

陸機 字子衡抗子少有異才文章冠世太康末與弟雲俱入洛造張華華素重其名曰伐吳之役利獲二俊累遷太子洗馬著作郎趙王倫輔政引為相國參軍豫誅賈謐功賜爵關中侯時中國多難顧榮戴若思等咸勸機還吳機負才望而志匡世難故不從以機參大將軍軍事表為平原內史未幾穎與河間王顒討長沙王乂假機後將軍河北大都督統兵二十萬餘乂奉天子與機戰機軍失利會宦人孟玖弟超戰死玖疑機殺之遂譖機於穎言其有異志穎大怒使秀密害機機歎曰華亭鶴唳可復聞乎遂被害

陸雲 字士龍六歲能文入洛時張華荀隱俱重之刺史周浚召為從事謂人曰陸士龍當今之顏子也後補浚儀令縣稱難理雲到治之得宜一縣稱為神明

去官百姓追思之繪像配祀縣社成都王穎表爲清河內史穎將討齊王冏以雲爲前鋒都督雲屢以正言忤旨兄機軍敗穎聽盧志孟玖譖遂併殺雲與兄機並以文章名世

陸曄字士光伯父喜吳吏部尚書曄少有雅望居喪以孝聞元帝初鎮江左辟爲祭酒尋遷太子詹事以清貞著稱後平錢鳳功進爵江陵伯受顧命輔皇太子成帝踐祚拜左光祿大夫蘇峻之難隨帝在石頭舉止方正不以兇威變節峻不敢加害以勳進爵爲公

陸監吳郡人性抗烈嗜隱靜仕吳封西陽亭侯

南北朝

顧野王字希馮吳郡吳人幼好學九歲能文長而遍觀經史天文地理無所不通梁宣城王爲揚州刺史野王與王褒並爲賓客王甚愛其才野王又善丹青王與東府建一齋令野王畫古賢王褒書贊時人稱爲二絕

唐

陸元感字達禮生而敏慧父課道善班固漢書元感傳其學解褐參韓王府軍事除麥

州龍丘丞遷建德歷陽二縣令咸有善政加朝散大夫護軍行黃州司馬**顧道衍**字正平野王之孫開元中舉進士又登文學優贍科仕爲湖州司功叅軍廉平惠愛獄簡訟息民稱焉後棄官歸吳築室奉母

宋

衛公佐字輔之其先汲縣人徙居華亭舉進士公佐被恩命授將仕郎揚州助教母郁蚤卒事繼母陳盡孝聚書數千卷禮四方賢士教訓子弟熙寧未饑疫乃施粥給藥瘞殍給棺無慮數萬元豐中復饑百姓賦稅無出纍繫盈庭公佐又出粟代輸釋繫者年五十八無疾終**朱諤**字聖與華亭人初名紱進士第二徽宗時累官御史中丞尋兼侍讀嘗奏願開內閣延羣臣從容論道如神宗故事又請分命使者刺舉諸道有受令而不行及行令而不盡者論其罪歷禮兵吏三部尚書拜右丞相卒諡忠靖**章楶**字質夫試禮部第一歷任提舉尋授吏部考功員外郎元祐初以直龍圖閣知慶州西夏入圍環州楶伏兵鼓譟而出斬獲甚衆後哲宗問以邊事對合旨命知渭

州蓁築二城於要害賜名平夏城夏人屢攻不克
遁去上爲御紫宸殿受賀立邊功爲西方最卒論
莊　柳約字元禮華亭人約深於經學屬詞粹嫩靖
簡康初兼權殿中侍御史嘗論三鎮不可棄
後以直龍圖閣知嚴州兼浙西兵馬都監境內安
堵高宗嘉其忠進集英殿修撰約感激盡言會高
麗請修貢議遣使報聘上顧廷臣無出約右加試
戸部侍郎充其選當路忌之誣以事罷爲提舉未
幾卒贈　衛膚敏字商彥華亭人以上舍生登宣和
四官　元年進士累官秘書省校書郎假
給事中使金反覆爭辯侃侃不屈全國體以歸高
宗嘉賞后父邢煥除徽猷閣待制太后兄子孟忠
厚顯謨閣直學士膚敏皆言非祖宗法因是二人
改職又言揚州錢塘俱非帝王之都宜亟遷金陵
因陳守長江之策帝善其言字友魏華亭
除刑部侍郎卒贈大中大夫　錢良臣人紹興中登
進士孝宗時歷官叅知政事德望端偉爲時所重
上嘗褒之曰如卿眞可謂通世務之儒書通儒二
字賜之光宗即位詔良臣曰卿　許克昌字上達紹
二府舊臣宜力滋多卒謚文惠　興末舉進

士第一以有官改第二累官右正言將郡新涇塘爲海潮衝突鹹水延及嘉湖二境克昌請于上移堰入運港以避潮勢由是三州之田獲免鹹潮之患鄉邦德之

胡林卿華亭人淳熙中進士與史彌遠同年史既柄國勢燄熏灼林卿終身不登其門

田疇華亭人嘉定間嘗設講席於國學六館之士皆執北面禮所著有學易蹊徑四書說約

林至華亭人淳熙中上舍釋褐歷官至秘書常登朱文公之門有文集行於世

殷澄字公源華亭人家富好施人目爲殷佛子澄性介特事關大義委身不顧避地南錢元兵入華亭南錢猶未下將軍楊欲屠之澄扣軍門大言曰郡縣新附將軍不撫綏招徠而一顧欲盡勦斯民耶楊怒手劒叱之澄正色曰殺我一人活千萬人死猶生也楊感悟而止承相伯顏聞而義之授華亭軍民都總管使守其地澄不受後野服隱居浦上

元

王泰來字復元宋文正公旦之後居華亭性剛狷由鄉貢入太學至元中再徵不起御史程鉅夫奉特旨名入世祖與語輒至夜半將授以官與葉李一語不愜即拂袖起曰無辱我乞歸

泰來蚤以詩鳴有集行於世至正間出爲鎭江路總管歷官授嘉議大夫

費寀字子壽長興人徙居上海歷官至宣武將軍兼鎭上海總管沿海民船嘗流爲盜寀請錄編戶而官領之百姓安靜踰年乞間遷懷遠大將軍遙授浙東宣慰使賓禮名士輕財好施卒謚榮敏

衛謙字有山登進士第時鹽丁楊甲以妖煽衆千戶沙全疑邑民反側將并殲之謙亟詣全開譬事遂寢同邑錢忝政孫女賣謙家爲婢已而知之命嫗致養以奩具嫁之又立義莊以贍貧建義塾以教學者著有讀易管見三十卷行世

夏椿字壽之華亭人大德間饑死者相路貧者皆攜老幼依之椿闢廬舍具饘粥以養之醫病埋殣去則瞻之有司上其事表其門

任仁發字子明年十八中鄉試平章游公見而器之委招安海島遷貳都水監府凡水議皆仁發主之淤塞疏通之民獲其利官至浙東道宣慰副使所著水利書十卷傳世

葉以清字子澂華亭人清貧尚氣節德清尉劉杲監縣伯顏調兵昱嶺杲囑妻子曰吾死母老當往依華亭葉子澂遂死以清夜夢杲來曰以八口

累君越二日其妻子果奉母至善撫卹之晚
築室蕭塘躬耕而食一時士大夫皆重焉　**夏侯**
尚元　華亭人幼有大志好古深思時稱小太白趙
孟頫薦爲東宮伴讀入海都鄉王待以上賓
後王被誣誅尚元力陳王忠孝數事　**周之翰**　華亭
既自南歸不復仕揭徯斯爲傳其事　人博
究羣書兼通象數著有乾坤闔闢天地生成陰陽
變化山川流峙四圖幷贊以發其蘊講授於鄉後
壽終　**曾遇**　華亭人博學明敏以薦授安吉縣丞致仕
終　與王昭大詹潤徐順孫同游齊譽時稱爲
雲間　**曹慶孫**　字繼善號安雅以薦授吳縣教諭徙
四俊　淳安年甫四旬慶孫竟息意進取杜
門讀書摛文以自樂因浙西水作水利論說
數卷有司奉爲法又著有南山高蹈集行世

明

全思誠　字希賢上海人博學多才張氏據吳誓
不爲之用杜門著書洪武初以宿儒名
爲文華殿大學士兼　**袁凱**　字景文其先蜀人占籍
左中允後賜致仕　華亭幼孤力學少以白
燕詩得名人呼爲袁白燕洪武中爲御史太祖審
囚畢令凱送東宮覆審東宮遞減之凱復命上問

朕與東宮孰是孰日陛下法之正東宮心之慈上以其持兩端弗善也乃托疾歸讀書九峰中有海叟集

王公亮 華亭人洪武中爲吏科給事中陞應天府丞後陞四川右布政復調廣東公亮體貌豐偉儀度閒雅所至廉重愷悌人皆悅服永樂二十年卒

任勉之 字近思華亭人洪武甲戌進士授鄱陽令或以匿名書詆之勉之曰告我以過是忠於我也有寡婦愬夫兄弗育己判其衫背曰餓死事小失節事大婦感其言卒不嫁由是邑中風動稱爲賢宰陞爲瀘州歷遷嶺州府以事謫滄州泰然自處不廢著述

陳禎 字景祺華亭人洪武中以稅戸子弟舉爲禮部主事有能聲上使攝部事日卿見事敏四司之事宜悉知之禎益勤飭不敢怠

何潤 字子潤華亭人海濱錢鶴皋作亂據府治囚知縣馮榮等潤詣錢力請曰馮良吏無苛政願以十口保之榮等釋免先是府司八印俱失潤以私財募購於官官將聞於朝固辭乃止

陸文旺 號德林上海人三歲能識心斗二宿見者驚歎長好讀書篤孝友里有就文旺質成者誨以大義咸感悟去楊苗之亂流

寓苕溪人指其故處而言曰此陸德林先生居也相戒勿毀壽八十九卒

周顯字光遠華亭人少負奇氣涉獵經史丁父憂哀毀骨立奉母孫氏尤謹居里歲輸官租四萬石民困於重斂多負逋慢期顯具爲約遂無敢後者吳淞江故道塞水溢諸郡詔所司開浚御史范君素知其才請問方略顯取尺紙爲圖指畫形勢事畢御史舉酒勞曰是役也君之力也年四十八而卒

唐時荊南人從居華亭力穡安淡薄夏椿延爲館賓供御甚厚時曰吾素清儉不欲以肥甘損福椿心重之隣有孀婦私餽餅餌時毅然拒之椿知之益加敬楊維楨錢鼒等嘗資以學力後鼒以囊槖留時館中鼒死完封歸其家壽八十有七終

陸居仁字宅之以詩經中元泰定丙寅鄉試工古詩文與楊維楨錢惟善輩同稱三高云

管訥字時敏華亭人洪武中以秀才爲楚王紀善恭謹强力事不避難王深嘉之奏晉長史十年事無苟從年古稀乞歸王不忍親製詩慰之命世子書忠勤良佐四字以褒之仍奏留任

顧祿字謹中華亭人洪武中爲太常典簿自少才藻艷發能詩

善書國初有過鄱陽湖詩聞上太 金鉉字文鼎華
祖命盡進其作集名經進以此 亭人有孝
行當路欲薦之以親老固辭喜吟咏 杜隰字宗原
有古詩人風書畫皆擅長時稱三絕 好學持
正洪武初爲太常贊禮郎時麓川平緬未下議遣
宣諭有以隰名聞者召對稱旨賜襲衣甕藥力士
重譯爲介至詰其不庭卒以其人入貢上嘉獎授
禮科給事中以疾歸凡兩賜手書存問有雙清集
李至剛初名銅華亭人舉明經特命侍懿文太子
授祠部郎中坐累戍邊尋召爲虞部郎中
陞河南參議汴隄決建議假王府積木作筏濟之
賴以全活者甚衆調湖廣參議太宗立大臣薦爲
右通政是冬陞禮部尚書首上建都北平之疏二
年命兼左春坊大學士與解縉素厚縉被讒并逮
至剛後念其老擢近郡優 俞允字嘉言華亭人入
之改知興化府大有惠政 仕更名永力耕事
父洪武癸酉魁應天永樂甲戌進士授楚府紀善
輔導有體尋宰曾山創明理學士風丕振永樂初
救修大典授禮部主事方孝孺被難有幼子德宗
航海投允允收匿改姓俞以女妻之至萬曆中得

復原姓建祠祀方公以允配食

王鐘字公簴華亭人洪武中以薦爲燕府紀善恭愼小心夙夜不懈永樂初陞戶部右侍郎鐘爲人端厚沈靜臨事無留滯僚友多服其能

陳詢字汝同華亭人永樂戊戌進士爲庶吉士以才氣自負久不得遷同鄉沈度爲學士諷詢少貶損詢面斥之太宗聞之嘉其剛直擢編修陞國子監祭酒言論慷慨篤於友誼三爲鄉試考官人無異議

沈度字民則華亭人以善書薦入翰林授典籍凡大制作必命度書之日侍清密賞賚甚厚承顧問必以正對累陞至侍講學士度事親孝與弟粲友愛甚篤爲人貞靜不苟鄉人李至剛爲禮部時得君朝士希進者盈門度雖故舊未嘗輕造

何廣字公遠華亭人以明經爲上饒令累遷陝西按察副使精於律例時變亂成法者當大辟法家因仍凡一政令改易輙以附議廣嘆曰若是則大辟者接踵矣此但爲改律令者言也學士解縉聞而善之

石璞華亭人建文己卯舉人任陝西按察使剖決如流吏民畏服得憲臣體

衞青華亭人容貌雄偉勇而多智洪武末爲山東都指揮

備倭海上後妖婦唐賽兒爲亂攻安丘甚急青聞率千騎晝夜兼行至城下擊平之陞都指揮使子穎嗣自有傳

葉宗行 華亭人讀書尚氣節永樂中東吳大水松江尤甚宗行上書請濬其故道濬范家浜引浦水以歸於海禁近海民無私作壩以遏其流上善其言命從夏尚書原吉來治之水患果息原吉還朝薦其才爲錢塘令定役法息民訟按察使周新風裁嚴峻尤重之嘗伺宗行出潛窺其室中惟笠澤銀魚乾一裹新歎息時呼爲錢塘一葉清

張昕 字賓暘永樂初尚書原吉治水松江舉賓暘爲輔建議疏范家浜與葉宗行合原吉從之一境蒙利以薦授戶部員外郎

黃翰 字汝申華亭人永樂壬辰進士累官山東按察使翰爲人豪邁多權略凡疑獄一問即決爰辭如老吏會江西人以妖術惑衆廣東畜蠱毒採生殺人皆捕誅之仍刻石著蠱方以解之自是術不得行

蔣性中 字用和上海人宣德丁未進士時有司爲立表其門性中曰榮吾家曷若利吾鄉乎即移所費爲石梁於湖上往來便之除兵科給事中議節冗食以養驍勇陞江西右

參議論觸賦當均及一方不當私一邑時皆從之以疾致仕歸躬耕養母杜門卻掃時稱爲篤行君子

錢溥字原溥華亭人正統已未進士試薔薇露詩大見稱賞特授翰林檢討歷陞侍讀學士修大明志充副總裁後頒詔安南正使貽書與其王論郊迎禮未幾陞南吏部侍郎進尚書致仕謚文通

衞穎青仲子豐頤廣額語音如鐘代兄顒爲指揮領京營以勇幹聞正統已巳之變入勤王修沿邊關隘爲戰守計以功陞都督同知英宗復辟錄功封奉天翼衞宣力武臣柱國

張鎣字廷器華亭人正統戊辰進士累官監察御史寀雲有譌言不軌者受寀命往察因撫定之風裁大著性尤篤孝襟度坦彝歷任至兵部尚書加太子少保參贊機務卒賜祭葬謚莊懿

夏寅字時正改字正夫華亭人正統戊辰進士累官江西按察副使董學政崇實學黜浮華知人善鑒士復文山祠葺白鹿書院修陶侃讀書臺以風厲後學尋遷山東右布政所著有紀行集備遺錄諸書

林鍾華亭人有學行通詩書春秋三經宣德中任崑山訓導入侍經筵應制尋授慈利令蒞政

廉明邊境向慕作喪禮榜諭民有裨風化云朱應祥字岐鳳其先鳳凰山人生有異質時
徐王事觀家多藏書盡出借之於是學益閎富大
篇長什肆筆立成書隸數家爲人豪邁放意文酒

唐瑜字廷美上海人景泰辛未進士授南京禮科給事中陞衢州府有惠政民甚德之郡有孔
氏祭田爲他姓所奪瑜以私財贖其祖俾供祀事
轉湖廣參政分按荆襄襄河爲患作堤障之尋遷
雲南左布政使立待制王禕祠正士官定派以定
傳襲擢右副都御史巡撫甘肅詔使至飆令織細
毳充貢獻瑜執不從致仕七年卒賜祭葬張祚字永錫華亭人景泰辛未進士累官御史遷廣
東按察僉事廉慎精密嶺表信服之會韓襄毅雍
進討蠻寇以祚有才識檄使從征大破靈山及高
廉二州賊遁歸所掠男女五千餘人有金綺之賜張悅字時敏華亭人天順庚辰進士授刑
部主事歷陞南京吏部尚書改兵部參贊機務累
乞休加太子少保致仕悅學問該博操行清謹其
提學浙江杜絕請謁甄別才器尤爲士類所信
服在吏禮二部風裁益峻性素清約卒謚莊簡曹

時中華亭人母亡廬墓蔬食三年成化己丑進士屢官雲南僉事時安普洱海大旱蟲食苗時中齋素步禱蟲死歲大熟陞浙江海道副使勢家以巨艦捕魚海中聯千百爲羣禁緝曉諭犯者坐法與兩臺左遂乞養歸

張弼字汝弼華亭人成化丙戌進士以兵部員外郎出知南安府會地多盜聚山谷害民弼至悉平之大庾嶺商貨往來民素仰其雇直之利後奪於南雄遂以貧齊弼請中分之又以其路險隘取商稅餘工關之架橋甃石二十里便行者毀淫祠爲社學立張九齡劉安世周濂溪二程及李綱諸公祠築鐵漢樓風月臺示學者標準弼人品高曠以風節自持爲詩清健有風致

張誥字汝欽華亭人成化丙戌進士改翰林院庶吉士授監察御史出按湖廣有能聲陞四川按察使弘治初歲饑誥請裁荆襄等衞兌運又發庫銀易米隨在賑貸所全活甚多未幾陞右副都御史巡撫雲南決疑獄諭亂巒得撫綏體

張黼字士欽上海人成化丁未進士授南刑部主事進員外郎中有里嫗訟其子不孝者反覆開喻且呼其母爲四理髮皆感泣去每有疑獄

必焚香祝天忘寢食以求其情久之子鳳鳴 錢福
以御史官南臺郎日疏乞致仕上嘉其恬退
字與謙華亭人弘治庚戌試禮部及廷對皆第一
授翰林修撰福才思敏捷文不屬草既第後名聲
赫奕賓客輻湊忌者因察典中傷之然其性坦率
無畦畛詩文藻麗人皆得所請故雖以才見忌而
怨怒不及嘗有老儒薛某訪梁溪鄒氏詭稱爲錢
狀元童子師鄒大禮重之方置酒邀款適報福至
河下薛謂主人曰吾當往舟中與偕來遂詣福懇
告以實福欣然同往侍坐盡歡既罷酒薛詣舟謝
福笑曰愼之可一不可再 周佩 字鳴玉華亭人弘
也人服其雅度不可及 治庚戌進士歷官
刑部郎中武宗時逆瑾擅政每謂人曰刑部周秀
才吾不識爲何如人佩叩疏歸晚喜讀易詩文典
雅翰墨皆有法而天性孝友致甘露 顧清 華亭人
瑞芝之祥竭力以卹族人始終不倦 弘治癸
丑進士歷陞翰林院侍讀時逆瑾擅權清守正不
阿降編修瑾誅復任侍讀學士掌院事敎庶吉士
禮部右侍郎未幾引年乞休陞尚書致仕清好學
敦節行家居郡守陳公威修郡志未竟延清繼成

之乃屬岳鍾高企蔣惠吳稷纂校清爲總裁志成凡三十二卷所著有東江集行世

楊瑋字伯玉華亭人弘治丙辰進士授營繕主事貴戚張氏挾上寵數撓法瑋遂奏聞罪其僕人拜光祿寺丞時朝廷每月索子鵝腦作畫眉食瑋言天下民窮財盡焉能狠籍用物若此謫隰州同知陞瀘州以平賊功陞廣西叅議四川副使乞致仕

董恬字世良華亭人弘治丙辰進士授工部主事分司徐州改刑部員外郎有族子二人同毆殺叔母恬謂法當敘服制輕重司寇擬以同罪果爲大理所反奉勑錄四浙江平反明愼時逆瑾干政凡復命者必往謁恬不往乃撫以踰限罰米餉邊正德初進大理少卿賜章服閒居卒年七十有四

李希顏字原復華亭人弘治癸丑會魁任南刑部主事陞廣東僉事進本省右叅議露章劾梁文康子暴橫奪俸歸

陸深字子淵上海人弘治辛酉解元乙丑進士入翰林編修陞國子司業祭酒充講官講時委曲盡言爲當路所忌左遷延平府同知陞山西提學副使風裁大著歷陞四川左布政及侍讀學士扈駕承天命深掌行在翰

林院印侍行御筆乙去侍讀二字後致仕卒謚文裕

孫承恩華亭人正德辛未進士授編修歷陞侍讀學士禮部右侍郎充經筵日講官嘗世宗登極經筵多所發明及官南院上顧近侍曰何久不見稀髮中允以承恩少髮故云名掌詹事府應制賦瑞雪詩上特賜和詩時上奉元齋承恩獨不肯黃冠遂乞歸復名擢禮部尚書仍掌詹事府乞致仕歸卒謚文簡

楊秉義字士宏正德甲戌進士授行人遷兵科給事中時權倖爲姦引疾歸世宗即位疏劾中貴江彬受重賞劾侍郎楊儀姦回固寵罷之尋除吏科巡視京營上言宜詔兵部選將官實軍伍蓄戰馬如祖宗制以備不時之警遷右給事中會考察劾奏大學士張孚敬而下二十四人尋以病解官卒

吳穆字舜弼華亭人正德甲戌進士授金華推官時章文懿懋家居講學嘗造請以質所疑有海豐令以墨黜怙直指勢猶留治事穆露檄逐之忤直指意坐遷嶽府左長史進賢王箴芸窗賦以寓諷久之致政歸隱東郊人莫識其面所著甚富

富好禮字子超華亭人正德庚辰進士授屯田主事進

刑曹郎明愼平反獄以無冤會御史馮恩論冢宰汪鋐恩下獄好禮力爭謂無無死法汪以其庇鄉人銜之出守重慶時蜀府與都司以事詰奏詔遣科道按之累月不決當事者檄好禮往不十日爰書成陞憲副

徐獻忠字伯臣華亭人嘉靖乙酉舉人授奉化縣令邑大治會同社沈愷爲寧波守不願折腰事之遂謝政歸樂吳興山水之勝乃徙居焉同時董宜陽字子元有紫岡集何良俊字元朗官翰林院孔目喜南都山水奇麗遂僦居焉品題殆遍有何氏語林四友齋叢說張之象字元超由舉人謁選時以拒撰青詞忤時宰䟽浙江按察司知事適同郡友人某爲僉事檄其作文遂投劾歸有唐詩類苑王屋山人等集四人相得旣甚歡文彩俱麗時人豔之稱爲四賢

徐階字子升號存齋華亭人嘉靖癸未廷對第三人授編修充經筵展書預修會典以議孔子王號忤首揆張孚敬意謫延平推官淸繫囚弭劇盜遷黃州同知擢浙江提學僉事進江西提學副使以新建伯王守仁有功江西起祠祀之而推明其學後以皇太子出閤名拜司經局洗馬歷進禮部尚書尋兼文

淵閣大學士爲嚴嵩所忌會仇鸞敗欲以同直舍傾之詗知事自階發謀始息永壽宮災階請以三殿餘材造新宮上褒其忠進少師御史鄒應龍論嵩父子罪罷位上倚毗階益至自禮部至首輔十五年間請建太子者數四卒安皇儲主事海瑞論上過失欲殺之力救得免隆慶立階以考滿擬加支伯爵俸力辭屢疏乞休遂馳驛歸年八十遣行人存問尋卒贈太師謚文貞弟陟字子明嘉靖丁未進士歷官侍郎性貞介兄在政府不因取富貴子孫皆賢

潘恩字子仁上海人嘉靖癸未進士知禹州積儲爲列城最歲祲發庾貸之遷廣西提學僉事歷遷浙江叅政按部海鹽島寇猝至圍之時城無見兵但鼓舞吏人晝夜登陴不少懈城卒以全撫河南徽恭王子載埨嘗輕去其國多掠良家子女賊殺無辜恩與御史悉發其罪狀遷刑部侍郎再擢南京工部尚書左都御史飭臺綱剔利弊上嘉之後致仕享年八十有七卒賜祭葬贈太子少保謚恭定

馮恩字子仁華亭人嘉靖丙戌進士以行人勞王文成軍因薦東修爲弟子文成甚器之尋擢御史分司留臺論留守魏

公不得越江役衛卒時總憲汪鋐愎而險恩疏論之又彗星見東井恩劾張孚敬汪鋐方獻夫爲根本腹心門庭三彗上怒逮下詔獄及冬當就法恩長子行可刺血上疏請代死得減戍雷州赦歸雷人祀之十賢堂配宋寇準

張誼字履道贄永豐里等穆宗登極進大理寺丞杜氏遂家焉好譚易善占氣候寇亂時適至袁氏山莊出望雲氣拉主人疾走亡何賊突入見室廬乃去時有沈子猷詘峽桄榔力辭曰著逆不敢泊也解維不十里子猷被創蜀闖張守道提兵備倭來海上以槖鏹求寄并五歲兒屬焉守道戰歿誼募善泅者出其屍躬拭創吮血以殄出所寄歸其子昇櫬而還壽以貢入京抱痾歸隱柳溪

包節字元達華亭人嘉靖壬辰進士由東昌府推官爲御史巡按湖廣風裁峻肅豪右斂手時守陵巨璫廖斌恃寵驕橫節按部日聲寃者千人因抗章彈之斌反誣奏節震驚陵寢逮詔獄減死戍莊浪衞每得家報問太夫人安否即焚後聞母終晝夜哭泣竟得疾不起所著有湟中稿

包孝字元愛節弟嘉靖乙未進士累官中書遷南御史督稅下關摘發如

神蔵饑請蠲租以蘇民上爲採納抗疏論嚴嵩不法事幾叵測遂請終養旣喪母哀毀骨立未兩期亦卒兄弟同日並祀鄉賢**莫如忠**字子良華亭人嘉靖戊戌進士授南虞衡主事改儀制故相楊一清易名未定疏請得謚文襄士論以爲當擢貴州學憲道遠不能將母投檄歸後起浙江布政使致仕工古文詩辭書法二王一時詞翰皆仰之**陸樹聲**初姓林字與吉華亭人嘉靖辛丑會元改庶吉士性恬靜有骨氣自司業以至尚書多請告其官兩都不及一紀居家凡三賜存問加太子少保給月米歲夫予其子行人彥章終養卒年九十有七贈太保謚文定弟樹德字與成嘉靖乙丑進士累官僉都御史巡撫山東有政聲**楊允繩**字翼少華亭人嘉靖甲辰進士以行人擢兵科給事中疏論大臣受餽遺不貲蓋指嚴嵩言也尋巡視光祿有寺丞胡膏爲嵩客允繩劾其虛冒物料貪鄙不法膏誣允繩譏訕嵩陰中之上怒廷杖下獄比駡父律擬絞會星隕如雨占者以爲咎在臣下不忠遂死西市後嚴氏誅穆廟登極贈光祿寺少卿**朱大韶**字象元華亭人

嘉靖丁未進士授簡討時倭寇起大節以親老乞改南遂得司業迎養無何解任歸搆文園以吟咏燕樂爲事性嗜學丹黃未嘗去左右鄉雋無不履穴於戶云

周思兼 字叔夜華亭人嘉靖丁未進士授平度知州歲祲旁郡饑民掠食幕府將勦之思兼曰此輩饑求食耳作小木牌數千散置四郊令饑民執就撫於是雲集城下開城門名入給銀米諭之擢工部郎督廠清源河將決募民囊土築堤堤成三日而秋漲大發民賴以全

董傳策 字原漢九歲能文嘉靖庚戌進士時嚴嵩父子怙寵不法傳策爲刑部主事偕吳時來張翀疏論六事上怒下獄問主使拷掠慘毒再絕復甦會地震得宥謫戍南寧時按廣御史爲嵩私人傳策戴大帽跪舟次呼曰軍董某見御史邏迎之幾墮水有宜尉某齎寶劒玉幣相謁立戶外累日叱卻之隆慶復原官尋擢南京禮工二部侍郎

袁福徵 字履善華亭人嘉靖甲辰進士授刑部主事與李攀龍王世貞宗臣同官有詞林之號庚戌肅皇帝以邊事立辟大司馬丁汝夔怒諸曹郎福徵論救王職方不當死謫知沔陽佐郡黃

州潛師殲賊拓地二百里立黃安縣陞長史歸**李日宣**字尚德華亭人爲人有襟度日宣與弟日章少齊名後日章成進士宣歎曰有親在堂弟足祿養吾何能與命爭衡隱居爲樂動遵古人晩好吟咏年八十四卒**莊允中**字執卿少穎悟領隆慶丁卯解元郡鮮易學允中得歸有光之傳自是易學遂廣世居朱涇萬安橋故梁木也捐貲首倡改爲石一方利之年四十未舉子以百金置妾將婚之夕聞女父爲司倉逋官課被繫鬻女以償心惻之還其婚約不責原聘隨舉子元禎後登進士蓋厚德之報云**秦嘉楫**字少說嘉靖巳未進士授行人使周藩王偉其風度厚贐之悉謝却乃衣以一狐裘曰天氣方寒幸使者爲遠道計嘉楫不得已陽諾至杞縣托同年以裘歸王曰某賤臣也何敢辱王服其介節如此**莫是龍**字雲卿以字行更字廷韓有異資工古文詞書翰畫法學使者高其名行不次貢於廷時宰欲以翰苑處之雲卿意不屑也**彭應麟**字泰符華亭人嘉靖甲辰進士出守郡武內制山賊外禦島倭以病致政歸**吳丕顯**

字希文少孤母田氏織紝課之長而能文藉硯田自給登隆慶丁卯鄉薦除承天府通判視篆荆門州荆俗刁悍繁劇丕顯親履阡陌均其田賦衆始稱便遂廟祀之時建壽宮以觧木有功屢膺賚榮錫并得贈典左遷襄府審理歸

林景暘字紹熙華亭人隆慶戊辰進士選庶吉士授禮科給事中神宗幼沖小璫等在左右景暘進十二箴以諫轉兵科左巡視京營請廣名募選鋒均糧時張居正當國綜核名實景暘所奏皆得實行尋陞南太僕卿丁父憂毀瘠幾不支服闋撫按數薦景暘竟不出家居時會當事欲改金山衛爲州景暘遺書撫按謂設州必多置官吏所治少而所擾多事遂寢應撫劭執禮令所屬縣田出助役錢率七十畝徵一金景暘謂蘇松歲輸正賦以數十萬計民力餘幾且一著爲令有日益耳民隱謂何遂得減十之七南人賴焉

許樂善字修之華亭人隆慶辛未進士仕郟縣令入臺掌河南道晉南京通政使請告歸樂善在郟鋤除雜稅修築邑城在臺中值張居正奪情總憲率諸御史上公疏慰留諸御史皆署名樂善爲居正門下士獨不署按繼

南有棗强令倚門第鷄爲不法竟劾治其罪主計
時條上六事遂著爲令甲又疏請停礦稅救建言
御史曹學程舉朝稱之其後兩起卿秩旋赴旋
歸與陸文定後先以恬退稱所著有適志齋稿

徐三重 字伯同青浦人萬曆丁丑進士授刑部主事
時政尚綜覈三重獨持平恕尚書嚴清知其
詳愼使掌封事每有疑獄必咨度焉究滯咸理三
重操行端潔門庭肅穆坐無雜賓少博洽工詩文
旣謝病歸一切棄去潛心性命之學以朱子爲宗
學者稱爲鴻洲先生子禎稷辛丑進士官刑部主
事以平允繼其父守夔州府多善政乞侍養歸屢
薦不出以名德重于江南子銘常及兄禎秩子銘
敬皆登鄉薦世
以積德孝友稱

吳炯 字晉明華亭人萬曆庚辰進
士授杭州推官尋擢南兵部
歷陞南太僕少卿時顧憲成講學東南多借資者
疏別白之事核而氣平識者稱其有關世道居鄉
置義田三族仰食郡邑諸生赴省試
咸爲給資助邊至萬金人高其義

唐文獻 字元
徵萬
曆丙戌狀元授翰林院修撰已丑分較東宮大子
出閣文獻爲講官每講畢大璫出揖不通一言由

中允歷庶子兼侍讀江夏郭正域爲少宗伯與輔臣沈一貫議不合正域遂自免去值匿名妖書起詞牽宮掖上怒大索一貫疑正域知其事授意金吾捕其臧役備極拷訊無所承又使人迹之文獻素知正域慨然曰天日昭昭可昧耶率同列詣闕危言白其事正域獲免給事中李沂劾大璫不法逮杖闕下文獻徒步掖之手調湯藥晉少詹禮部右侍郎掌翰林院病卒贈宮保尚書賜祭葬諡文恪

王嗣響字霆叔華亭人以淹邃爲時所稱性耿介不苟嘗疏渠得甕金所居故婦家丁氏業妻疑母家所藏遂命還之唐宗伯文獻許通政樂善皆少與同學貴顯後過從輒不見有所贈遺亦不受門下士甚感學者私諡貞簡先生

錢大復字肇陽華亭人萬曆巳卯舉人授蓬萊縣令詢民疾苦撫恤流亡時詣黌宮集諸士講學致仕歸卒祀鄉賢子龍錫

高承祚字天錫萬曆乙未進士以館元入翰林歷撿討文筆似曾王而能自運卓然名家性好吟咏秀整高華而享年不永聞者惜之

張大綸字仲仁倜儻負奇氣有文聲與袁福徵莫雲卿輩以風雅相善

而大綸力行古道以魯連季布自許性友愛諸兄貧讓產償逋嘗以千計舉萬曆癸卯鄉薦鬱鬱不得志以終

顧正心字仲修爲太學生任俠喜交遊萬曆十六年歲飢出粟二萬以賑詔旌其門授光祿寺丞先是郡民苦徭役正心諗悉其艱捐私財買田四萬畝以贍役條畫詳密公私蒙利又設濟荒義學贍族諸田子懿德復斥產置田萬畝補青浦役田以成父志授光祿署丞

董其昌字元宰上海人萬曆己丑進士選庶吉士授編修光宗出閣充日講官因事啓沃光宗每日屬之主考江西尋有忌之者出爲湖廣按察副使陳疾歸三十二年起爲湖廣提學副使踰年致仕屢起副參政光宗踐祚問日舊講官董先生安在乃徵起爲太常寺少卿掌國子監司業天啓二年改兼翰林院侍讀學士奉詔至江南采錄諸司掌故萬曆朝章奏案牘輯爲三百本其留中之疏有切於國本藩封人才風俗河渠食貨吏治邊防議論可施行者別爲四十卷倣史贊之例每篇系以筆斷書成表進有詔褒美宣付史館遷南京禮部尚書時政在閹豎其昌深自引遠遂謝政崇禎六年

名拜禮部尚書掌詹事府事進太子太保乞骸骨
溫旨慰留賜乘傳還八十有二訃聞賜祭葬贈太
子太傅謚文敏少好書畫臨摹真蹟至忘寢食中
年悟入微際遂成名家所著有容臺集行於世

王孫熙字君文華亭人萬曆乙未進士授侯官令
侯官號難治孫熙獨務簡靜獄訟漸息入
爲大理評事有巨璫坐辟行萬金求免孫熙曰爾
金如山我案亦如山論如律爲台州知府台士瘠
有庸梟不知織生女多不舉乃購工爲機杼示之
教以經緯嚴溺女之禁久之所育女皆任織名曰
王公布子元瑞成
進士郎引疾歸

陸彥章字伯達萬曆己丑進士
選授得行人司父文定
踰艾生子時春秋八十彥章自以奉養日短不欲
遠違遂乞終養後十餘年遭父喪建廬於墓側葉
文忠向高
尤推重之

張以誠字君一萬曆辛丑狀元授翰林
院修撰敦尚名節以古人自期
分考會試主考福建多得名雋遷左春坊右中允
以東宮久虛講席上言宮闈非進學之地内侍非
勸學之官宜命皇太子出御講筵以重國本詞旨
剴切轉右諭德乞省覲未報會使命還父卒哀毀

不欲生營葬勞瘁尋卒

徐光啓字子先上海人萬曆丁酉順天解元甲辰進士選庶吉士歷陞庶事府兼河南道監察御史出練兵賜勅如巡撫監司副帥悉受節制會天啓改元光啓乃辭疾歸復起爲禮部右侍郎協理詹事府事懷宗憂國用匱光啓上言京東西屯田及畿沙種鹽策數萬言上讀之終日意嚮用之轉左侍郎旋加太子賓客是夏日食失驗欲罪臺官光啓言臺官測候本郭守敬法元時常當食不食守敬且爾無怪臺官之失占臣聞曆久必差宜及時修正光啓獨得郭守敬之意而法加密曆書告成勅光啓以本官兼東閣大學士參機務尋進文淵加太子太保光啓在閣值周延儒溫體仁後先爲首輔光啓不得展時年已老以勞瘁卒於位贈少保諡文定

呂克孝字公原青浦人有異才工詩文能書萬曆丁酉應天解元主考葉向高朱國祚相繼入政府延置邸中數載福藩分封稅璫四出天下震恐向高調護轉移皆克孝密爲籌畫館閣鉅文亦盡出其手晚授如皐教諭作人有法歷陞工部郎中出権荆關有大猾撓政疏奏撫論如法所居

城西陋巷屢空宴如所著有愧翁集蓼戲齋法書

張鼐字世調華亭人萬曆甲辰進士選庶吉士授簡討校禮闈進司業歷官南京吏部侍郎天啓中以忤璫削籍

李凌雲字峻甫華亭人萬曆甲辰進士授諸城知縣擢御史巡按福建鋤奸剔蠹人不敢干又却諸項羨金以備賑任三載歷任太僕寺卿

錢龍錫字稚文大復之子萬曆丁未進士由庶吉士歷南京吏部侍郎以助餉不敘大工罷免崇禎立特起文淵閣大學士上俾定逆案遂爲奸人所嫉乗東江之事陷之賴上知其謹厚謫歸卒

夏嘉遇字正甫華亭人萬曆庚戌進士授司理保定郤鹺羨數千金發倉賑貸廉惠爲畿輔冠名入授禮部主事時給事中亓詩教御史趙興邦挾政府恣爲奸橫人莫敢犯嘉遇奮彈之連上五疏邪黨側目尋改南禮部天啓甲子冢宰趙南星用物望題補銓司署選事魏璫囑姻黨陳九疇誣斥之

錢士貴字元沖華亭人萬曆庚戌進士授進賢令後補上饒以治行徵爲御史時有移宮紅丸梃擊三大案獄久弗決廷臣會議士貴請以可灼付東市論

政府容姦之罪會魏忠賢竊政悉反其議以傾縉紳士貴遂謝病歸崇禎初起本官遣督餉還掌京畿道尋遷南大理寺丞以疾告家居推餘貲以賑貧作廣孝阡葬無主喪歲饑士貴立義倉置粥廠全活甚衆

王陞　字超之華亭人萬曆丙辰進士爲工部主事當董作三殿時魏忠賢擅政欲見之陞不往改兵部職方司會天變尚書王永光疏請省刑薄斂陞爲屬草大忤忠賢意見斥崇禎改元補本官庚午典山東鄉試丁丑分考會試論功擢太僕寺少卿陞十餘年籌策悉中機要疆埸大吏條上便宜皆應時調度赴如影響六合舊無城當寇訌淮泗巡撫張國維議設兵守之陞以爲兵部所省江南驛站銀具在宜請而城之遂城六合爲江表屏蔽在冏寺值薛國觀當國怨陞不附巳再推山西湖廣巡撫皆不用遂謝病歸

杜喬林　字君遷華亭人萬曆丙辰進士除刑部主事出知湖州地多盜與隣郡合力擒之長與賊葉朗生亦就縛至五十餘日羣盜悉平加按察司副使知府事丁父憂服闋累遷浙江右布政使分巡溫處到官六日海寇劉香老入犯圍府城喬林募

勇士韋右生等晝夜捍禦凡三戰皆捷事聞再獲褒賜以病告歸卒

陳所聞 字無聲華亭人萬曆已未進士當試館職所聞曰不競之地可以自處請急歸明年授刑部主事時閹勢方燄內侍劉李輩以李選侍噉鸞宫獄在繫諸郎無不通殷勤獨所聞視之如常因明日上記尚書言內犯不省悠交外人宜禁未匝月調工部主事董作神宗陵所聞故饒心計虛冒無所容羣閹奪氣在官最有清望以父喪奔號又聞閹人與爲難者入用事憂憤而歿

董羽宸 字遂初萬曆癸丑進士初授餘姚令縣素稱難治羽宸釐弊燭隱興利除害報最擢雲南道御史巡視山東值妖賊徐鴻儒亂所至殘破羽宸與趙司馬彥謀力主以撫行勦不旬日盡殲巨寇脅從咸釋陞順天府丞崇禎初歷光祿卿晉左副都御史兼吏部左侍郎羽宸剛方獨立盡心報稱朝野倚賴竟以忤首揆意被劾歸

董象恒 字有仲萬曆已未進士時年最少初仕直隸開州守平役除蠹治行爲畿輔最未幾白蓮倡亂突犯州境象恒親率丁壯捍禦斬逐陞武庫司郎中時閹黨擅權象恒獨不少屈盡

心職務出爲右參政分守漳南道值鄭芝龍肆橫撫按檄象恒督勦遂歃血誓師分道勦擊閩粵遂平尋補福建屯鹽道右參政屯鹽鳳爲弊藪象恒釐剔備至商民皆便刻屯政全書特擢右僉都御史巡撫浙江盡却餽獻正色率下人不敢干以私值軍興多事需漕孔亟而浙艘回空獨遲兌期迫封客船以濟象恒稔知商民之困率先捐貲爲十一郡倡不費公帑不擾閭閻造漕船五百有奇督漕史可法題敘

何萬化字宗元上海人萬曆壬戌進士乞南部以便養母遷禮部郎中陞福建提學試稱得人後爲湖東參政平馬廖洋張普薇妖教之亂以疾告歸

林有麟字仁甫華亭人以父景暘廕歷官刑部郎中京師嘗獲一僧語言甚異皆疑爲外國間諜歷諸司莫辨有麟嘗見內府華彝譯語因令僧書其本國文字取而驗之天竺國人也遂奏釋之同官駭服出爲四川龍安知府署監軍道兵民感服呼爲林青天又以龍安爲省會北門令士子習騎射練兵三百人及寇亂人皆服其先見祀名宦子希顥

包爾庚字長明華亭人博學端方學者私謚爲貞文先生

以崇禎乙亥拔貢舉丁丑進士知廣東羅定州勤
撫字雪枉囚民甚懷之以循卓陞任所爲制舉藝
與董其昌張以誠後先齊名至今戶誦焉王鍾彥字粲伯天啓丁卯舉人祖明時萬曆進士
官副使爲人盛德居官以廉介著聞鍾彥性至孝
以節母李氏老乞學職得長洲教諭入爲國子監
博士遷工部主事轉員外郎闖寇被執不屈而死唐允振字叔起文獻從子有志操館於
遠方所得修脯悉以奉親無私蓄置田數畝爲兄
弟所齎怡然弗言就郡邑試文獻多剡引允振獨
不願竟以文章得首拔文獻甚器重之屢躓場
屋授徒課子恂恂樂善惟恐不及卒祀鄉賢沈
絡曾字復之大理少卿粲十世孫性至孝篤志勵
學聚徒授業從游者皆有令聞家居泖濱操
行峻潔著四一天民傳以自見有先世一硯舉以
遺子荃曰此祖德所憑爾其清修篤志以期無忝
可也後
皇清覃恩累贈通政大夫
皇清李雯字舒章上海人與陳子龍力敦古學文風
丕變海內稱爲陳李父逢申工部主事以

詿誤謫戍受卬闕陳辨得白還部進郎中受從侍京邸闖賊執逄申因自經死受哀號行乞得具棺斂　王師入破賊諸太學士素聞其才薦授內院中書一時詔誥咸出其手丙戌分校鄉闈卽乞假歸葬次年還朝卒

張安豫字子建明南安知府弼六世孫有經濟才入雍謁選得齊東縣丞剔治精勤攝青城齊河禹城諸邑事皆有聲值東省饑盜四起安豫拊循捍禦龍山賊負固單騎入賊營諭以禍福皆解甲降擢齊河令加秩郡丞屢著異績督理兵餉入京值

皇清定鼎授金華府知府招徠綏輯文治聿興尋守浙西道左遷長蘆分司歸卒

周茂源字宿來華亭人進士授刑部主事歷轉郎中陞處州知府處山路險仄海寇爲患騎兵往勦以崎嶇爲憂茂源募民開鑿二百餘里自是所過若坦途焉又招集流亡給牛種墾田一千八百頃有奇以逋誤左遷歸工詩文日事著述

顧大申字見山華亭人有雋才登進士才敏瞻有鶴靜堂文集授工部主事初督蘆政夙弊一清及分司夏鎮河道以居民繁而無城郭可守遂經營曠工公費爲

之建置人服其廉幹闢兩湖書院以教來學者又以吏人素强悍治尚嚴峻姦人懼赴闕羅告遣刑曹李天浴會總河楊茂勳訊問皆虛告者伏辜以郎中里居丁憂服闋陞陝西洮岷道僉事卒於官平日留心經濟好著述工六法素爲大司空朱之錫所重浙撫范承謨移咨江南濬劉河吳淞江亦用其議云

田茂遇字髴淵幼穎異受業於夏允彝之門年二十三舉於鄉會試不第遂留京邸與宛平王崇簡合肥龔鼎孳柏鄉魏裔介等訂交甚洽有燕臺文選癸卯授山東新城知縣投牒不赴築室貞溪曰水西草堂讀書觴詠其中自號樂饑處士所選有高言集淸平初選行世巳未應詔南歸病卒

常州府

漢 **王閎** 字選公無錫人明易及天文更始中爲侍御史終陳留太守不及豪强人號王獨坐

彭循 字子陽毗陵人建國二年海賊丁儀等萬人據吳太守狄君聞循勇謀以爲令與儀相見彭說利害應時散去民歌之曰時歲倉卒賊縱橫大戰强弩不可當賴遇賢令彭子陽

虞俊 字仲卿無錫人少以孝友稱哀帝時爲御史遷丞相司直王莽執政召爲司徒俊不應飲藥而卒光武卽位表其墓

彭修 字子揚毗陵人年十五時與父俱出父爲盜所劫修困迫拔佩刀而前曰父辱子死卿等何不顧死耶羣賊笑曰此義童也遂解去後仕郡爲功曹後賊張子林等作亂修與太守俱出討賊賊望見太守競馳射之修以身蔽太守爲流矢所中幾死賊數聞修恩信卽殺弩中修者餘悉降散賊謂太守曰我輩自爲彭君降不爲太守降也

蔣默 字秀芳弟澄字少明兗州守詡四世孫父横仕光武爲大將軍從征赤眉有功封浚遒長以司隷薦路諧死九子皆南徙七寓

廣陵二棲陽羨帝尋悟其誣乃族路就其居封之
黙居漏湖東封雲陽亭侯終諫議大夫澄居漏湖
西封西亭侯仕至刺史世
稱九子八封侯此其二也

三國吳周魴 字子魚廣平太守少好學舉孝廉爲寧國長錢塘大帥彭式聚冠以魴爲錢塘令旬月平之遷丹陽西郡都尉加紹義校尉魴奉密旨令誘魏大司馬曹休休率步騎潛入皖魴與陸遜擊勝之權大會諸將大加嗟賞賜爵關內侯表乞罷兵魴在郡十二年賞善罰惡恩威並行

晉顧愷之 字長康無錫人博學有才氣嘗爲箏賦以高奇見賞至荊州人問會稽山水之狀愷之曰千巖競秀萬壑爭流草木蒙籠其上若雲興霞蔚尤善丹青畫人成或數年不點目睛人問其故答曰傳神寫照正在阿堵中素重稽康四言詩因爲之圖恒云手揮五絃易目送歸鴻難圖裴楷像頰上益三毛觀者覺神明殊勝嘗爲虎頭將軍號顧虎頭世傳愷之有三絕才絕畫絕癡絕

周處 字子隱陽羨人膂力絕人好馳騁不修細行改過除三害州府交辟仕爲東觀左丞及吳

平王渾登建業宮釃酒謂吳人曰諸君亡國之餘今日得無戚與處對曰漢末分崩三國鼎立魏滅於前吳亡於後亡國之戚非惟一人渾大慚入洛累遷御史中丞糾劾不避權戚泰雍帥齊萬年反奉詔擊之處知其必死自旦戰至暮斬獲甚多弦絕矢盡救兵不至左右欲退兵處安劒而言曰是吾効節致命之日也遂力戰而死

周玘　字宣佩處長子强毅沉斷有父風烈陳敏恃功驕恣叛於揚州玘密告劉準令發兵已爲內應卒與顧榮攻敏斬於江東玘三定江南晉帝嘉其勳以玘行威武將軍吳興太守封烏程侯吳興寇亂之後百姓饑饉盜賊公行玘撫安甚有威惠百姓敬愛之境內寧謐帝以玘頻興義兵勳誠竝茂乃以陽羨及長城之西鄉丹陽之永世特置義興郡以彰其功復爵爲公

子勰襲父初封

（齊）陳慶之　義興人大通初除宣猛將軍渦陽之役慶之與魏軍相持凡數十戰魏犄角十三城慶之陷其四壘九城皷譟追擊斬獲略盡大通二年梁主命慶之送魏王顥還魏時魏元天穆已拔

大梁慶之奮擊天穆北走遂下大梁於是取滎陽虎牢顥乃得入洛有妖賊僧彊衆至三萬攻陷北徐州慶之討斬之尋爲豫州刺史値歲饑發庫賑救多所全活

隋 陳杲仁 字世威晉陵人仕陳爲監察御史未幾掛冠歸養母死嘗刺血書孝經繼母病思牛炙適禁屠刲股作羹以進母病愈郡上其事詔賜旌表至大業中奉詔平長白山及江寧授銀青光祿大夫義寧中與沈法興等剪東陽賊二十萬擢大司徒煬帝被殺沈法興入毘陵陽爲起義陰實欲據之懼杲仁不附已遂遇害屢見神于郡郡人德之卽其兵仗庫立廟祀之

唐 蔣渙 義興人與兄冽俱擢進士渙歷鴻臚卿使日本遺之金帛不受惟取箋一幅爲書以遺其副具道人臣無私交之禮父挺卒兄弟並廬墓側手植松栢千株

蔣儼 義興人太宗朝擢明經第爲右屯衛兵曹參軍上將伐高麗募爲使者人皆憚行儼奮曰以天子雄武威振四裔蕞爾小國敢圖王人脫不幸固吾死所遂請行爲莫離支所執以兵脅之不屈高麗平得歸帝壯其節

授朝散大夫後封義興縣子

李紳字公垂其先趙郡人父悟任晉陵令因家邑之梅里紳爲人短小時號短李元和初擢進士李錡鎮江南辟爲從事錡寖不法紳數諫不聽會朝廷遣使召錡錡不欲行脅使者代奏稱疾令紳作疏紳陽怖不能爲字下筆輒塗去盡數紙錡怒下紳獄錡誅或欲以聞謝曰本激于義非市名也乃止穆宗召爲右拾遺翰林學士與李德裕元稹同時號三俊卒諡文肅

蔣乂字德源義興人乂性銳敏博綜羣籍有史才貞元初爲起居舍人轉司勳員外皆兼史職帝嘗登凌煙閣視左壁文漫剝以問宰相無知者召乂問之對曰此聖歷中侍臣圖贊口誦不失一字帝歎曰雖虞世南默寫列女傳不是過也又問神策軍建置本末條據甚詳詔兼判集賢院事後遷兵部郎中未幾改秘書院少監復兼史館修撰與獨孤及韋處厚修德宗實錄以勞遷諫議大夫耿介自持常疏裴延齡罪惡及拒王叔文不與交世益高之後封義興縣公

五代南唐

陳喬字子喬從廬陵徙無錫爲觀察判官稍遷中書舍人元宗既失淮甸

欲釋機務陳覺輩請委國事於宋齊丘喬拼闔入諫曰大權一移臣見淖齒李兌復作也元宗驚悟乃止後主即位命喬總軍國事開寶中宋太祖遣使召後主入朝後主欲往喬曰往而見留悔將何及宋師南伐城陷人視事堂自縊而死吏爲撤榻瘞之宋克南唐詔求喬屍以禮改葬

宋蔣堂字希魯宜興人擢進士第爲監察御史仁宗廢郭后堂極論不可禁中火有司請究所起多引宮人屬吏堂言火起無迹安知非天意陛下宜修德應變有司乃欲歸咎宮人是重天譴也詔原之知益州慶曆初詔天下建學漢文翁石室在孔子廟中堂因廣其舍爲學宮選屬官以教諸生士人翕然稱之以禮部侍郎致仕卒

蔣之奇字穎叔宜興人嘉祐二年進士歷江淮荆浙等路發運副使元豐六年漕粟京師至六百二十萬石鑿泗州支河以避長淮之險紹聖中道鄉鄒公浩以言事獲罪之奇折簡贈別坐責守汝州崇寧初除觀文殿學士知杭州善經學工詩文集雜著百餘卷卒封魏公

錢公輔字君倚武進人英宗即位陳治平十議神宗立知制誥富

弼曰上求治如饑渴正賴君輩同心以濟公輔曰朝廷所爲是天下誰敢不同所爲非公輔欲同之不可得已王安石出滕甫鄆州公輔數于帝前言甫不當去遂拂安石意出知江寧府　**胡宿**字武平晉陵人登第知湖州前守滕宗諒大興學校費錢數十萬宗諒去僚吏不肯書曆宿曰滕侯有過盍不早正去而非之豈昔人分謗意乎僚吏大慙入知制誥唐介貶嶺南帝遣中使監護宿言介如道死陛下得無受殺直臣之名乎帝悟追還中使遷翰林學士居母喪三年不至私室雖貴達常如布衣時治平中數乞謝事詔以太子少師致仕卒謚曰文恭　**胡宗愈**字完夫晉陵人宿之從子舉進士甲科爲光祿丞英宗問宿子弟誰可繼者以宗愈對名試學士院王安石用李定爲御史宗愈爭之安石怒出通判眞州哲宗嘗問朋黨之弊宗愈具君子無黨論以進擢尚書右丞又罷爲資政殿學士知陳州徙成都府蜀人安其政召爲禮部尚書　**陳敏**字伯修無錫人年十一而孤廬于墓所受業胡安定之門安定一見奇之曰此錫之英也熙寧初舉進士徽宗朝諸蔡用

事所司馬光諸賢爲奸黨令郡國皆立黨人碑時
敏守天台曰誣司馬公是誣天也倅立石敏碎之
謝事　**鄒浩**字志完晉陵人登進士第章惇用事浩
而歸　上章劾其不忠慢上六事未報賢妃劉
氏立浩友田晝謂人曰志完不言可以絕交矣浩
上言帝持其章躊躇四顧凝然若有所思乃付外
明日章惇詆其狂悖遂削官覊管新州田晝迎諸
塗浩出涕晝正色曰使志完隱默官京師遇寒疾
不汗五日死矣豈獨嶺海之外能死人哉願君無
以此舉自滿士所當爲未止此也浩謝曰君子贈
我厚矣徽宗立名還蔡京用事素忌浩遂竄昭州
五年始得歸疾旣危楊龜山往省之猶惓惓以國
事爲問高宗卽位贈　**單諤**字季隱宜興人嘉祐四
寶文學士謚曰忠　年進士博學明經嘗著
吳中水利書蘇軾錄進于朝不　**錢顗**字安道無錫
果行後之言水利者必宗之　人初爲寧海
軍節度推官守孫沔用威嚴爲治顗當官行無所
撓遇不可必爭之由是獨見器重召爲殿中侍御
史裏行王安石行新法宰臣曾公亮依違不言顗
疏安石談堯舜而首財利公亮畏避固寵詔貶監

衢州鹽稅後徙秀州家貧母老至丐貸以給朝夕蘇軾遺以詩有烏府先生鐵作肝之句世因目爲鐵肝御史

蔣靜字叔明宜興人第進士調安仁令俗好巫疫癘流行病者寧死不服藥靜悉諭巫罪毀淫像三百投諸江擢職方員外郎中書舍人遷國子司業講書無逸篇賜服金紫進祭酒以顯謨閣待制爲大司成告歸加直學士

霍端友字仁仲武進人弱冠入太學通六經崇寧六年舉進士第一歷遷禮部侍郎除待制知陳州爲政以寬不立聲威陳地汙下久雨積潦時疏新河入百里而去淮尚遠水不時洩至是益開二百里徹於淮水患遂去官至通議大夫致仕

張壆字子厚晉陵人登進士調清溪主簿以親老不之當元豐元祐間廷臣交薦終不出閉戶篤學四十年手校數萬卷

唐棣字彥思宜興人政和五年進士以理學著嘗纂次程頤語錄凡百四十條

胡珵字德輝晉陵人宣和三年進士嘗受學于楊時陳東上書攻六賊珵爲潤色其書又與李綱同舟東下貶梧州紹興初召兼史館校勘時趙鼎爲相屬珵筆削熙豐元祐舊史已而以和

議忤秦檜去

張守字子固晉陵人家貧借書過目輒不忘登進士第擢監察御史建炎初獨抗疏上防淮渡江利害六事黃潛善汪伯彦不悅遂建議遣守撫諭京城守聞命卽就道上幸臨安遷御史中丞後累遷至叅知政事改知福州閩自范汝爲之擾公私赤立守在鎮四年撫綏凋瘵且請于朝蠲除福州所貸常平緡錢十五萬累請去郡歸名見除叅知政事後徙知紹興府會朝廷遣三使者括諸路財賦韓珠在會稽所斂至五十餘萬緡守求入覲爲上言之詔追還三使建康闕帥上曰建康重地用大臣有德望者惟張守可至鎮數月薨謚文靖

胡交修字已楙晉陵人首選詞學兼茂科歷遷學士兼侍講李成盜江淮議欲親征交修謂此將師之責何足以辱王師議遂格盜尋遯累進刑部尚書江東留獄追逮者尚六百人交修言若待其俱至則瘐死者衆矣請以罪狀明白者論如律疑則從輕詔皆如其言後以端明殿學士知合州免上供以萬計

周葵字立義宜興人宣和六年進士孝宗卽位除兵部侍郎手詔問錢穀出入葵言人主不宜留心細故

必有小人導之孝宗已動除政府嘗因召對言臣初爲言官曉忝侍從事有不可大節論奏小則堂白雖不盡從無愧于心出爲州事苟難行反覆條奏縱不從委曲行之百姓不至受敝亦無愧于心惟預政以來每與宰相議大率十事之中勉强七八爲有愧耳告老歸卒謚簡惠

周孚先 字伯忱晉陵人偕弟恭先往河南從程頤學與楊時相友善在門凡十七年惟以顏子爲法聞父疾兄弟徒步馳歸父卒免喪聞頤訃復馳至洛歸而爲城東書院以祀二程生徒自遠至者衆不能容又于城西創書院孚先主教于東恭先主教于西楊時至郡遂以城西書院館焉命爲諸生師孚先由鄉薦入太學特恩調四明監塲改建德尉皆不就所著有伊川語錄論語解兄弟祔饗城東書堂

胡世將 字承公初爲監察御史累擢刑部侍郎出知洪州建昌兵變世將以便宜發兵討平之宣撫川陝請老有星隕於營是夕訃聞謚忠獻

丘崈 字宗卿江陰人隆興元年進士授建康府觀察推官丞相虞允文奇其才光宗即位除四川安撫置制使兼知成都府以吳挺世掌兵柄

奏乞選他將代之後擬子曦叛識者服其先見卒謚忠定**尤袤**字延之無錫人由太學登進士第爲秘書丞累遷樞密院直兼左諭德孝宗嘗論人才袤奏曰近召趙汝愚中外皆喜如王藺亦望收名上曰然次日語宰執曰尤袤甚好前此無一人言之何也復詔兼直學士院力辭上不許一時制册人服其雅正卒謚文簡**蔣重珍**字良貴無錫人從尤文簡學嘉定十六年進士第一授湖州幕與太守議荒政不合引疾乞休名爲秘書郎兼從政殿說書每草奏齋心盛服有密啓則手書削稿遷著作佐郎久之詔守刑部侍郎致仕卒謚忠文學者稱爲一梅先生**李熙靖**字子安晉陵人舉進士除提舉淮東張邦昌立熙靖憂憤廢食家人舉進藥寬解之索筆書王維百官何日再朝天之句而卒贈端明殿學士**錢即**字中道宜興人舉進士歷鄜延環慶經畧安撫所至有聲績童貫宣撫陝西頓減市價賤入民粟闕內騷然即屢抗章極陳其害坐貶永州團練副使以功進龍圖閣學士卒謚忠定**姚訔**叅政希得子家居宜興適元兵圍常州守趙與鑑遁

詔以旹知常州與子焰及劉師勇王安節包圭等力戰固守城陷與焰安節皆死之

向士璧字君玉常州人紹定五年進士歷官兵部侍郎湖南安撫使兼知潭州開慶初元兵圍潭急士璧率軍一戰有功圍遂解理宗嘉其忠賜詔褒賞會賈似道忌嫉諷侍御史劾之奪官

元

陸垕字仁重江陰人未冠時即能佐父煥招義民捍鄉井至元間伯顏兵南下垕直入軍門與之論議兵不入境奏授江陰軍判官累官浙西廉訪副使所至抑豪强誅貪墨有以簫鼓迎神者名而杖之發奸摘伏咸以爲神棄官終養卒謚莊簡

許晉字德昭江陰人至正壬辰冬十月紅巾賊陷江陰晉有武畧仲子如璋亦英勇聚衆保護鄉井賊黨四散抄掠誘使深入悉殲而埋之尋聞官軍駐近郊陰遣人約爲內應十一月八日浙東師觀孫統兵入城晉率所募應之官軍少却晉弗知之尚與賊戰於城北之祥符寺前會賊黨自他所來犄其後如璋遂與家僮往救手刃數人借父力戰衆寡不敵父子皆死明日官軍復攻賊潰家人得父子屍斂而葬之喪車相繼父老皆

墮淚曰父死於忠子死於孝名其里爲忠孝里

陳文杰 字漢卿毘陵人授慶元儒學正浙東帥重之俾二子從學羣蒼頭臂鷹鷂日蹴藉無度文杰麾蒼頭去弗聽召二子曰有旨諸王駙馬不得擾學校汝敢是乎因奪其鷹縱之復詣帥具言云云帥竦立曰是愛我也後擢東流尹卽謝病歸

虞薦發 字君瑞性孝友處約而好施未冠舉於鄉族人有被掠者爲經理其田宅而還之歲歉有蓄米捐直與人招諸生講說義理士聞風而至當路欲致之於朝謝不往

陳祖仁 字子山武進人至正初進士第一累官翰林學士參知政事時四方兵起伏闕凡再上書皆不報明師至通州祖仁死焉

明

謝應芳 字子蘭武進人至正初隱白鶴谿上搆小室顏曰龜巢因以爲號授徒講學郡辟教鄉校子弟先質後文指授斐然既而兵起避地吳中時時乏絕未嘗以爲憂也既而吳人爭致爲弟子師差以自給好古嗜學每令諸生誦原道太極圖說西銘等篇以資玩繹所著有辨惑編思

賢錄毘陵續志龜巢稿

儲福　無錫人初隸燕山衛籍生平喜讀書慕顏眞卿文天祥之爲人文皇即位詔購戍卒入伍福在錄中調曲靖衛仰天泣曰吾雖一介戍卒義不爲叛逆者臣竟不食死妻范氏年二十奉姑甚謹每哭其夫則走山谷中不欲姑聞之也貧無以存一日往澗邊浣濯見其旁有蔣草因織之以養姑姑卒廬于墓側年八十餘卒卒後草亦不復生土人異之即其廬葺爲菴名曰崇孝

陳洽　字叔遠武進人洪武中舉能書永樂間累官至大理寺卿交趾黎賊搆逆上命佐英國公張輔討平之陞兵部尚書兼撫其地宣德初黎寇復叛命督成山侯王通軍務通引兵渡江洽力止之弗聽既而兵次寧橋與賊遇洽麾衆力戰竟遇害贈少保謚節愍官其子樞刑科給事中嘉靖中建祠致祭

黃謙　字損之武進人以儒生爲沛縣典史果敢能城下靖難兵至沛謙與知縣顏伯瑋縣丞唐子清集民兵伍千築堡備禦靖難兵不克去謙尋統死士往東昌援鐵鉉兵成祖登極執謙至不屈死

毛節　字伯尚武進人博覽經史工詩善書洪武間邑舉爲鄉三老負

版詣京過金山留題壁間上幸金山見之大稱賞徵行得之出一緘謂節曰吾有故人守常熟致之至郡開緘乃上手書以節爲御史巡按江西勅也守遂以禮送節之任節微服出行部一境清寧人皆稱爲真御史小民往往書其姓氏奉之

王思明字克明武進人洪武初以薦名爲右傳侍燕邸寅長恭謹每進對非仁義道德弗敢陳所言多有後驗先奉所校五色批點綱目及手寫大學衍義以獻日此二書萬世之龜鑑人主之藥石上因置二書于西齋宮朝夕披閱年八十一卒賜諡康懿

朱顒字德觀靖江人洪武初以才行舉爲臨江守時陳友諒據南昌旁郡騷動顒至力撫綏之奏最陞吏部左侍郎

朱杲字明通靖江人洪武時以才德薦授秦府紀善陞長史文皇繼統乞骸歸田御書貧善堂錫之所著有雪江集

華宗韡字公愷無錫人幼嗜書傳學經史元季奉其親往來蘇松間時平還錫修身教家斟酌古禮錄古人嘉言懿行一帙名曰慮得集洪武中屢徵孝廉明經辭不就學者稱貞固先生

孫作字大雅世以儒名至正兵起避載先世藏書數

百卷寓于淞洪武間纂修日曆尚書宁蒓言於宋
濂首以作薦詔與編修陞國子司業前後入載皆
儒官著書自怡宋濂得其圖說答性難等篇極爲稱許
錢本中
字德文武進人洪武中薦
知吉水以簡御煩小民爲豪强侵奪哨聚山谷間
詔勦之本中乞緩師單騎往諭衆羅拜願自新遂
不煩一刃而全活者數萬人後知樂安以詿誤免
翰林學士胡廣言于朝復任吉水無何卒百姓留
葬其地至今歲時奠祭焉
吳肇
無錫人洪武間以耆老拜御史建文嗣位齊黃削奪親藩太驟
嘗從容借漢事爲喩斥言李景隆非周亞夫比父
喪歸靖難兵渡江聞宮中火郎痛哭奉母居常之
孟墅以醫爲養
孫泰
武進人襲涼州衛指揮陞北平都司靖難兵起泰竭力守禦戰于懷來陷
陣死
殷序
字序賓無錫人永樂甲申進士歷江西
之四川布政使時方建北京遣序採大木
于蜀督役有方賜金幣羊酒轉雲南左布政使致仕自號西郊居士
陳濟
字伯載與弟洽浚同
遊謝應芳之門濟尤愼言行學問該博成祖修永
樂大典名濟總裁授右春坊右贊善又命授諸皇

孫書居官十五年儆室僅蔽風雨所著有詩
傳通證書傳補經元史舉要通鑑集覽諸書　**段民**
字時舉武進人永樂甲申進士授刑部主事轉郎
中以平恕稱妖婦唐賽兒反民以叅政討平之陞
戶部侍郎尋改刑部適遘疾稍差將出視事或止
之民曰數百人囹圄坐獄中翹跂待我可自佚哉出
三日疾大作遂卒　**趙琬**　字叔琰武進人永樂辛卯
諡曰恭肅改襄介鄉薦由教官累遷國子司
業矩範端嚴教人以忠孝爲先士有親老而
貧者爲遣書郡縣賙恤之所著有梅巷集　**尤文**
字務樸無錫人居東郭廻溪里弱冠讀程朱遺書
直探宋儒淵源舉孝廉上特遣行人盧玉賫書徵
之以母老疾無他子力辭　**嚴本**　字志道江陰人永
胡濙周忱等薦之終不出樂中以儒士薦授
刑部主事上命尚書宋禮採木于蜀本輔行烏蒙
蠻初見漢官徒衆大駭率衆負弩至同事者愕不
知所出本挺身諭以朝廷威德蠻衆慴伏宋自遜
以爲弗如洪熙初遷大理寺正前後平反冤獄甚
衆　**潘諒**　字友貞武進人德性淳篤寬毅近道中宣
德丙午舉人官禮部郎中將改吏部會繼

祖母訃至當承重將發喪堂官謂姑緩之以須會
下諒曰此關係大倫一念苟欺得罪名教矣堂官
愧服陞臨江守致仕家居卑
陋人不能堪諒怡然自足

倪敬字汝敬無錫人少孤力學舉正
統戊辰進士授監察御史崛強有大
節遇事敢言有詩文諫疏若干卷

王謙字益夫武進人
博聞強記宣德間舉文學試內閣中書遇雷震鳴
吻及星變諸災屢疏切奏上嘉納之後以太常卿
出守夔州郡無滯獄盜不入境
治行爲蜀最夔人畫像祀之

楊璿字叔璣無錫人正統已未
進士由部曹累官藩臬至副都御史在山西八年
督餉實邊民不知勞在陝五年西夏有警洪渠水
溢賜恤不遺餘力荊襄南陽山谷間流民嘯聚以
百萬計璿受命撫楚單騎往諭之弗悛一鼓而殲
其渠魁遂平之畿內大饑命璿
往撫先聲所加人皆慕賴焉

趙敔字叔成武進人景泰甲戌
進士擢監察御史以言事忤旨黜知介休是夜大
雹承天門災上感悟名還戍化初首言于謙等之
冤巡按湖廣河南興利除奸風采凜然及按江西
會大旱戶部請救賑濟奏免逋糧二百六十餘萬

貸鹽鈔二載免漕運一年軍民詣闕請留因陞爲江西按察使時有請設各省巡撫者獨江西以歉不更設也既而考察以正直爲權奸所陷去

劉本道江陰人由掾吏起家累進戶部右侍郎總督糧儲歲省羨耗五十餘萬石詔賜二品服俸寵異之

李庭芝字瑞卿宜興人廉直簡懿雅有古道景泰癸酉舉人累官平樂知府致仕家徒壁立

徐溥字時用宜興人景泰甲戌進士廷試第二授翰林編修累官少師華蓋殿大學士謚文靖贈太師弘治初天子明習國事獨溥忠誠逐劉吉而任之欽天監正李華罷忽傳旨復官溥言皇上即位別無內降若傳旨一行倖門遂啓臣不敢阿從時中官李廣以左道惑上具疏備論其邪妄後廣竟敗誅嘗置義田以贍族請命於朝詔許之復其徭以爲勸云所著有謙齋集

毛珵字良實武進人景泰丙子舉人累官泉州知府以簡御囂既歸鄉人有謂其不能自潤者珵曰家世淸白正所以潤吾身也屏跡讀書人問何樂曰每覩一書輒有新知以斯爲樂

張遜字時敏無錫人景泰丙子舉人授閩同安縣適歲荒

建倉備賑荒政稱最尋知涿州涿爲天下衝尤多
閹竪遙不阿不激處之帖然屢有疑獄逖按之數
語而服陞福州知府政 白昂字廷儀武進人天順
聲益著所著有鈍軒稿 丁丑進士拜給事中
屢陞兵部侍郎往修祖陵會歲祲節其費以賑饑
者賴之河決武原勑昂往治有功爲右都御史進
刑部尚書修問刑條例定百餘事晚歲家居内行
謹飭痛弟早世輒移蔭其子立義學以教族人子
弟卒贈特進 吳淵字本濬武進人天順丁丑進士
太保謚康敏 歷官福州知府雪枉獄者百餘
人不浹旬狴犴爲空民逋負以萬數計淵曰急則
殘民命緩則損上用于是裁省浮費勸輸正供民
不擾而公賦足 盛顒字時望無錫人顒外和内剛
以母老致仕歸 博聞强記中景泰辛未進士
授御史嘗劾武臣石亨忤旨出令東鹿以憂去服
除東鹿相率詣闕乞還從之百姓爲之語曰來鹿
令錫山盛清如水明如鏡石氏既敗陞邵武知府
累官布政所至政績大著入爲刑部右侍郎山東
饑盜起改左副都御史往撫之甫下車 芮機字惟
禱雨輒應致仕歸建方塘書院老焉 瞻宜

興人讀書過目成誦登成化丙戌進士官刑科多所論列有聲青瑣弟稷字惟馨成化辛丑進士亦官兵科黃門雁行一時稱盛

薛爲學字志淵武進人少以孝謹聞成化丙戌進士授監察御史出按河南入掌三法司事有能名卒于官

邵珪字文敬宜興人成化巳丑進士累官知嚴州府性頴敏不羣爲詩文多藻思尤善草書小楷得晉唐人筆意

高曇字景雲無錫人由國子生授漳州府判鄧茂七搆亂曇督軍餉次茶鋪遇賊及禍有司以聞詔贈工部員外郎

陸簡字廉伯武進人成化乙酉解元丙戌進士第三人授翰林編修預修宋元綱目累陞詹事兼侍讀學士侍經筵兩典會試號得人學問該博識趣超遠卒于官贈禮部侍郎有龍皐集行于世

蔣容字德夫武進人成化壬辰進士授潞州知州藩府軍校恣横不法容引繩不少貸左右激王奏徵詣闕潞民隨之者二千餘人累疏訟寃容竟得白改澧川判未幾謝官歸

卞謹字寅之成化壬辰進士父嘗以誣被繫謹方幼日詣獄躬視飲食家人請代弗聽初授兵部主事以使事經齊魯會

大旱疫癘疾卒發其篋得疏一通言東方水利荒政甚悉識者悲之

華山字仁甫無錫人成化乙未進士知許州有大司馬某壻王僉事子怙勢殺人上官欲曲全之山卒置之法及叅議湖廣適楚歲凶發粟賑貸楚人賴之

繆昌字廷讓無錫人成化戊戌進士觀大理寺政集同年爲講律會出爲山西叅議時久旱躬齋戒禱于山川一日遂雨遷守遼海歲饑撫臣欲散粟貸民昌慮官吏或乘此爲奸議以平時之價糴粟于軍秋收糴粟補官民稱便擢四川布政使尋卒

周㬅字克禮武進人成化戊戌進士任萬載知縣以剛直忤郡調福建永春勤政不懈民甚德之偶歲除齋居庭下忽蛙鳴逐之復至㬅默念曰未蟄而鳴其有冤乎因起隨蛙之所至于馬道旁有井蛙因投焉掘得枯骨有釘貫其項悉心推求始得主名寘之法邑人稱快陞太僕丞卒于官

陳周字文美無錫人成化辛丑進士授戶部主事奏調浙閩通稅時周議欲開引鹽鹽商入賄司徒以請周曰引故欲開不當以賄賄而開周在不可得也遂出爲河南叅政行部得冗金撒令悉償汝民之

負官租者汝民爲建邦金亭周王侵民田周以還民王怒召入便殿欲折辱之周不爲屈

白圻 字輔之康敏仲子年十八登成化甲辰進士賜歸娶授南京戶部主事歷官至右副都御史總督南京倉儲在浙時止開處州銀礦公私稱便樂清豪有謀人者久不服訊之竟得其情安吉州守爲豪右所誣聽者率避嫌不爲辨圻詳讞而白之條上七事皆切時弊

莫驄 字日良無錫人成化甲辰進士授工部主事管濟寧閘旁有月河洩水水去築壩水來復決歲爲民患驄議建石閘歲省費數萬有閹箠殺委官驄寘之法權貴歛戢改兵部陞車駕郎中歸卒有奏議錄顧齋集使餘雜咏

吳學 字遜之無錫人成化甲辰進士授行人擢御史巡按河南舉劾得體勸流寇敘功錄一子入監授二子衛千戶出憲青齊兼勅治河中州擢山東按察使加二品服俸値逆瑾竊柄乃上疏請老家居養晦爲人强敏博與於古今藝術無所不綜究詩篇翰墨落筆健爽大書尤爲名家所重

張愷 字元之無錫人成化甲辰進士官兵刑二部主事擢守黎平諸苗感化陞福建都轉運使

以疾歸行李蕭然所著有郡續志蘋窗餘音

華津字濟之無錫人成化丁未進士以松滋令陞刑部主事恤刑淮揚多所平反逆瑾用事津不爲趨附一日見瑾於左順門瑾第謂之曰來何遲盍往事事竟莫能害累陞山西右叅政卒於官

吳儼字克溫宜興人操勵清慎舉成化丁未進士以庶吉士授編修遷侍讀學士逆瑾欲與交驩不應爲南京翰林院學士陞禮部尚書武宗巡幸手具疏草偕府部大臣極諫卒於官謚文肅

王珀字廷瑞武進人成化丁未進士授監察御史巡南城中涓貴戚之罔利者嫉之謫睢州判官再遷南雄知府

胡華字惟峻武進人成化丁未進士選雲南道御史始巡京師搏擊不避權貴尋奉勅覈湖廣邊儲及巡北河兼理長蘆鹽課剗奸剔弊人甚便之陞廣東按察司副使累陞左布政使

楊文字宗周無錫人少嗜學躬耕自給登弘治庚戌進士司教金華上治道八事入爲國子監丞監有膳餘主者分致邦不受遷長史引疾歸學者稱爲淡成先生

邵寶字國賢無錫人幼卽嶷重年十入問學於莊定山淡器之舉成

化甲辰進士初知汝州時境內有蝗實至而去以禮讓爲治躬巡阡陌課民播種民愛之如慈母歷陞副使提學江西宸濠索題咏皆卻之既而以副都御史總督漕運致仕瑾誅起巡撫貴州陞戶部侍郎禮部尚書以母病予終養卒謚文莊

秦金 字國聲無錫人弘治癸丑進士授戶部主事轉河南參政行部至封丘流賊奄至逆破之於陳橋陞副都御史巡撫湖廣擒斬賀璋廖珙討平郴桂及香爐山諸苗時中官傳旨索鰉魚秋督責嚴峻金疏言不可事遂寢值武廟南征權幸橫索金抗辭直奏以一身當之民賴不擾入爲戶部侍郎轉尚書凡所建白皆著爲令與獻太后上尊號金與何孟春自陳諸聽歸已而起南京戶部尚書尋改工部未幾以引年再疏得請卒謚端敏所著有鳳山詩文集撫湖政要臺省奏議

王奎 字文明武進人弘治壬戌進士遷南京湖廣道御史陞江西按察司僉事在南道時有二重獄皆已誣服一以略賣魏國幼火者一以酗毆娼家娼家攘他屍陷之奎心疑其枉皆得實立爲平反江西德興尹素貪墨卒投其奸既勦桃源洞叛寇俘馘甚衆撫

諭三載例應考績巡撫以私怨疑之沮其行時奎在軍中久竟抑鬱以卒

夏從壽字如山江陰人弘治癸丑進士授工部主事轉戶部郎中出爲湖南叅議武宗南征江彬橫索無厭從壽力爭之移福建減市舶踰制之辜以淸盜源又留歲解羨餘贍軍貪擢副都御史撫治鄖陽以執法不阿見忌累疏乞休致仕

高貫字曾雅江陰人弘治己未進士累陞浙江副使獎廉黜貪各得其情天性峭直居官奉職不少假借丙子考績京師道卒

黃昭字明甫江陰人弘治丙辰進士授刑部主事改職方雅意釐剔冒濫諸璫撓法干請槩謝絕之晉福建按察司副使理屯鹽戎務黃田山寇嘯聚有司莫能制聞昭往相率散去閩城門卒葉元保倡亂昭行間諜擒首惡遂平之昭與貢安甫史良佐同在正德黨籍朝紳贈詩以爲榮

湯沐字新之江陰人弘治丙辰進士授崇德令擢御史按三晉陞湖廣僉事時逆瑾擅政怒不已附斥爲武義令瑾敗起廣東僉事理鹽政釐剔奸蠹不畏强禦陞福建副使會大計楊文襄典銓政薦沐才堪公輔特賜綵幣羊酒尋陞浙江布政平

孝豐寇嘉靖初巡撫四川平松潘寇乙酉擢大理寺卿免官家居廷臣交薦不起學者稱爲沂樂先生。

莊襗 字誠之弘治丙辰進士少貧好學遂以文知名既第出令寶坻寶故馮翊地戚畹中涓窟穴爲奸襗公廉無私必行一意邑以肅然舊無城請於朝造城二旬訖工冢宰倪岳特疏襗政績十七條行之天下擢户部主事劾藩臣匿公帑者因遣御史四出閱實帑藏出督徐倉會歲祲襗發倉以賑監司難之襗曰即有罪當坐襗後報可以忤劉瑾罷歸嘉靖初應詔陳江南十事上特詔所司行之。

陳策 字嘉言無錫人弘治癸丑進士以部郎出守饒州時有盜據桃源洞單騎入巢論降之以洞阻深奏建萬年縣擢福建參政時汀漳盜起策殲其魁蘇世浩餘黨悉降遷江西左布政宸濠亂後策撫綏彫瘵民賴以安。

貢安甫 字克仁江陰人弘治丙辰進士由長垣令擢南道御史時壽寧侯張鶴齡怙寵驕恣抗章劾之武宗即位疏救考功郎楊子器及請留兵部尚書劉大夏時論韙之逆瑾擅政輔臣劉謝相繼引去安甫諍之瑾怒下詔獄廷杖瑾誅起山東僉事三月

引疾歸

邵經字孔述江陰人弘治乙卯舉人守潞州潞枕太行依山拒險二鎮負固相攻殺官兵不能制經單車往收之瀋藩暴橫經繩之以法一無所徇有奸黨十餘輩匿瀋府卒吏卒捕之因檢瀋王不法數十事抗章列奏王誣以試題犯上上下詔獄窮治無所得釋之歸貧甚邑令張集重之餽之田不受

劉乾靖江人弘治已未進士初官戶部勤廉公明出督儲餉者五薊州爲立生祠兩忤逆瑾逮繫終不屈及改武選請託不行歷南光祿寺卿請勾稽往牒立條例慎出納又言本寺額辦煑膠歲輸費數萬請移北寺爲便詔從之著爲令歲省費十倍致仕卒賜祭葬

杭淮字東卿宜興人弘治已未進士自刑部主事累官中丞爲人廉明平恕以志節聞所著有雙溪集

徐問字用中武進人弱冠登弘治壬戌進士歷官刑部郎中持法不避權倖守臨江以方略擒獲大盜數百人累遷廣東左布政使適中使出採珠不中式御史欲下令責諸賈問持不可事竟寢而問以是受部參上不問無何入覲上賞其廉尋擢撫貴州以擒獨山土司蒙鉞功璽書褒勉壁兵

部右侍郎請告歸十年起南戶部尚書數月復乞歸間登第四十年家無長物生平學宗紫陽所著有讀書劄記山堂萃稿卒謚莊裕學者稱為養齋先生

史良佐字禹臣江陰人弘治巳未進士授行人擢南臺御史正德初與同官貢安甫等劾逆瑾瑶劉健謝遷瑾矯旨下詔獄命內臣監杖前後杖九十幸不死削籍南還瑾誅起雲南按察司副使平十八寨苗蠻之叛賜白金文綺又濬治海口得農田千頃瀕人大利尋告歸

華昱字文光無錫人性端重寡言笑舉弘治丙辰進士選庶吉士為戶科給事中未半載疏凡七上其論天下之財聚於大臣大臣之財聚於內官尤為中外傳誦已未會試劾罷考官程敏政擬昱外補孝廟重其去親定南京太僕寺主簿轉寺丞出守韶州清操益勵陞四川左叅政鎮守內臣饋金鈒扇百握對使者悉焚之復以重寶啖昱欲市茶西邊以規利昱峻郤不許事遂寢遷福建布政著有雙梧集

薛金字子純江陰人弘治壬戌進士擢戶科給事中正德改元勅查四川等處邊糧又勅理大同宣府獨石馬營邊務皆冒寒犯險親履

視事時逆瑾擅權冐耗內帑抗疏清核謫詹簿瑞敗晉廣西僉事定妖人李通保連結猺獞之亂又贊畫招集岑流諸邑之民全活無算廣蚳建祠祀焉所著有治齋集吾學正傳諸書

丁致祥字原德武進人正德戊辰進士授戶部主事監居庸德平軍儲清閩廣鹽榷之利奸宄無所容又疏利弊五事皆見採納漕舟阻滯與復儀真舊閘歲省費萬計擢湖廣布政司參議轉陝西按察司副使撫漢中流民威懷並行歷官三十餘年囊無長物惟題詠篇什甚富

張簡字允敬江陰人弘治乙丑進士正德初授兵部以職方郎參議粵藩會三洞賊首雷白倉等合兵稱亂簡遣將練兵密授方畧俘獲甚衆以功進階中順大夫遷移病致仕歸修江陰縣志又輯江陰文獻錄

吳仕字克學宜興人正德丁卯鄉試第一甲戌進士授戶部主事改禮部歷陞山西福建廣西河南四省督學衡鑑甚明

周金字子庚武進人正德戊辰進士仕至南京戶部尚書最後以都督馬昂納女弟於後宮跡疑李園請誅昂而黜其女女竟黜凡軍國要機九卿廷議衆輒目金金以數言而定

出撫延綏兩定軍亂招商聚粟廣屯積芻以飽士士以此德之

胡忠 字企周宜興人正德戊辰進士歷官廣西參政會勦賊王鏐土官岑猛負固殺守臣總制議討藩臬皆難之忠得檄即攬轡就道七日勦鏐岑猛遁匿廣西平擢副都御史鎮延綏尋致仕

毛憲 字古菴武進人正德辛未進士擢給事中武宗西幸疏請回鑾不報時儲嗣未建舉朝諱不敢發疏請建儲又不報及武廟回鑾有脅賜近臣憲獨疏辭不受因謝病歸所著有諫垣草古菴文集毘陵正學編毘陵人品記

吳襄 字服于正德癸酉舉人初任南平削奸釐弊吏胥慴服署故有巨蟒夜則懸百角樓垂飲于河襄甫下車蟒即避匿終其任七年不出及襄陞荼陵州蟒復出如故人皆異之再補知滄州中貴孫茂霖至滄襄衣繡不爲變服茂霖大怒襄不爲介意遂解組歸

喩義 字宜之無錫人正德甲戌進士官至武昌守甫八月丁憂去當路廉其清白令有司賻之一無所受服闋補廣西南寧土司爭立舉兵相攻義至諭以利害皆稽首服

楊淮 字東門無錫人正德丁丑進士授戶部主事監

出納者凡四指與中官共事積弊膠葛淮毅然釐革之歷員外郎郎中以勤慎清苦稱嘉靖初將升興獻帝神主於太廟淮與同志八人抗疏切諫廷杖死

周振 武進人正德丙子鄉薦令餘干再調天台以興學善俗爲首務在餘干會歲祲出巡阡陌隨宜賑濟天台有橋當要道橋長而水滿振禱於神橋成邑人名曰晉陵橋民立祠祀之餘干堂下有槐久枯振至槐忽復生茂人咸以爲德政所感云

孫鑾 字朝望武進人正德辛巳進士授刑部主事適勘一獄侍郎某授之意鑾不可出獄楚獄冤抑悉得平反出守漢中修堰溉田衛帥某貪饕肆毒鑾竟置之法陞雲南按察司副使邊地素乏鑾爲括羨賦捐浮費累歲積至萬緡一日檢舊牘有千戶役軍不如法杖死鑾直其冤尋陞太僕寺卿

承天秀 字鍾之靖江人正德乙卯鄉薦授錢塘知縣歷任九載會織造內監畢某有逆謀約翼日黎明發兵天秀偵得其實爲乘夜集兵城上張燈發炮郡守及仁和縣令俱未及相聞畢驚怒聚衆鼓譟見守禦已嚴始解散事聞置畢於法天秀陞南陽同知致仕歸

惲

釜字器之武進人正德辛巳進士歷任吏部考功郎後出知溫州會歲饑發倉賑貸上聞以酒勞焉時永嘉張孚敬爲相釜同年也方柄用釜剛直不阿時與之忤溫人以十善頌之皆實政云

張衮字補之江陰人正德辛巳進士歷官國子監祭酒在翰林十四年世廟時大祀皆與議間有不合輒具條奏上亦寵眷有加先是議禮諸臣逮繫侍郎何孟春等員外林惟聰等抗疏忤旨無敢申救衮獨上疏請釋復奏罷陝西織造止雲南採取撤浙江內監皆其風采最著者有水南集行於世

華金字子玄無錫人正德辛巳進士歷官天津副使生平不附權貴過上官不能屈節遂乞致仕太宰陸完與金爲至戚並官京師金足不及其門完敗家人星散金爲恤其孤收其母之喪於獄執政張孚敬貴用事與金同榜一日邂逅於朝招與共事金峻郤之張懟而罷

葉夔字司韶武進人少力學正德末歲貢授汝陽司訓世宗登極議大禮夔亦有繼統不繼嗣之說永嘉相張孚敬聞之走書邀夔夔笑不應會繼母年高投牒歸所著有元史提綱景賢錄忠義錄等書

顧可

久字與新無錫人正德甲戌進士授行人武宗將南狩可久偕同官孟暘張岳輩疏諫上怒下詔獄杖之謫遷國子學正世宗入繼大統首錄諫臣擢戶部員外郎值獻廟議可久上疏諫復杖之出守泉州擢廣東副使備兵瓊崖黎出劫可久至皆望風歛附俄落職杜門屏跡所著有溫陵庋州珠崖在澗諸集

蔣同仁字公甫武進人正德甲戌進士官寺正嘉靖初詔按閩獄多平反癸未議大禮伏闕受杖幾死久之陞叅議歸避居滆湖雖親識不見其面

董紹字宗達武進人嘉靖癸未進士授新昌令新昌邑敝而俗薄前令多以賄敗紹精敏而清介所需一切取辦于家既而入覲家人訣擕一銅缶已去任三百餘里趣還納之

薛甲字應登江陰人嘉靖巳丑進士授兵科給事中時方士邵元節用事表裏貴溪甲四疏指切時事而時排斥異端尤力貴溪惡之嗾其黨劾之謫湖廣布政司照磨尋陞四川兵備僉事竟以不偶於時相而歸著有易象大旨四書口義并文集行於世

陳皐謨字思贊江陰人嘉靖甲辰進士刺蒲州蒲當關洛要衝最繁劇皐謨

下車惟鎮靖之有犯輒秉公摘發羣奸斂手擢繕部正郎會倭亂起海上聲搖畿輔督理城守獨勞疾作卒有北遊南都諸稿行世

華察　字子潛無錫人嘉靖丙戌進士官至侍讀學士掌南院事乞歸詔使朝鮮賜一品服郡邮贈貽珍寶居鄉捐租助役繕學築城典鄉會試所取士王世貞尤瑛之屬皆天下才所著巖居稿翰苑稿皇華集

黃正色　字士尚無錫人嘉靖己丑進士歷仁和香山南海三縣南海霍文敏韜爲正色座師霍氏客犯法繩之文敏以爲賢取爲南臺御史首論兵部尚書張瓚武定侯郭勳士論韙之巨璫鮑宮護太后梓宮葬承天怙寵黷貨正色疏刻其罪忠等誣正色於梓宮前騎馬張扇上怒杖之闕下文敏力救得戍遼正色戎服荷戈赴戍所隆慶初復原官遷南太僕卿致仕祀遼陽三忠祠

王問　字子裕無錫人嘉靖戊戌進士除戶部主事改南職方以便養父擢廣東僉事行至桐江戀戀不欲去遂投劾歸父歿終不肯起築室於寶界山焚香讀易工詩文善書畫用自怡悅歸田四十年天下高之稱仲山先生

張選　字舜舉無錫人嘉靖

巳丑進士授蕭山令仁恕廉明名爲戶科給事中
上遣勳臣代太廟祭選抗疏諫上震怒廷杖選從
容曰吾不懼死不可使天子有殺諫臣名編戶
家居隆慶初詔復原官陞通政司叅議致仕　**唐**
順之　字應德武進人嘉靖巳丑會元翰林院編修
補春坊司諫上齋居不受朝賀順之與羅洪
先趙時春疏請元旦正東宮朝禮罷歸庚戌都城
戒嚴島倭入犯起兵部主事赦視薊鎮邊務條上
十七事尋視師浙直屢敗倭　**潘松**　字拊喬宜興人
寇擢淮揚巡撫勤勞卒於官　嘉靖辛卯舉人
授任丘教諭生徒貧而有志者捐俸給之擢令新
城寬簡得民而多巨璫往來松復請改教戢得福
州府訓迪如任丘河間　**吳性**　字定甫自宜興徙居
八閩稱師範者必推焉　武進性端介嘉靖乙
未進士乞爲教官得南陽府教授卓有師
模陞禮部兵部郎數請告以尚寶丞乞休　**薛應旂**
字仲常武進人嘉靖乙未進士授慈谿縣知縣改
教九江華亭徐階督學江右檄掌白鹿書院事旋
擢南京吏部郎中適當弊吏嚴嵩托人諷之令去
御史王曄應旂留曄而去其所托之人嵩大怒論

應旂建昌通判以何歷陞浙江提學副使士子翕然向風乃中以考功法罷歸所著有考亭淵源憲章錄宋元通鑑甲子會紀四書人物考高士傳薛子庸語浙江通志諸書

徐材字懋卿江陰人嘉靖丁酉舉鄉薦授兖州推官陞南京刑部郎中以母老乞歸初兖州有大獄有司不敢决者數歲材至廉得其實時當亢旱因以其事默禱於神忽六月飛雪繼以霖雨因成獄上請寘之法居鄉嘗畫稅法以均官民又嘗設役田以蘇窮族

湯明善字汝一江陰人嘉靖庚子舉人初署教長典湖俗親死不葬者什九明善畫地限日一日而藏其親者數百家戊午校士蜀闈號得人令即墨多善政轉倅嚴州郡金理究濬湖堤徙釁舍丁艱補湖州轉袁郡丞所在有去思祠以母老乞歸

周鰲武進人嘉靖辛丑進士爲人廉潔徑直好行其德累陞登州太守祛猾捕盜人服其神以憂歸囊篋蕭然旣卒御史周如斗助葬之

華雲字從龍無錫人嘉靖辛丑進士授戶部主事榷稅九江秋毫無染改兵部主事刑部郎中嚴嵩用事遂乞休晩歲倣宋范文正義莊捐田千畝

以贍族

萬吉字克修安典人性至孝居喪盡禮弟善病與共寢食三年不懈至老未嘗異戲帛教諸子先志行後文藝德成行尊學者咸尊事之以貢爲桐廬訓導與諸士深晰義利之辨士皆翕然

萬士和字思節吉子嘉靖辛丑進士幼承家學外和內介由儀部出爲江西僉事督學貴州歷官戶禮二部侍郎與張居正不合謝病歸其立朝常以退爲事自嚴嵩高拱徐階張居正相繼當國一無所偏徇卒謚文恭所著有履菴集

曹三暘字子泰安典人嘉靖甲辰進士授大理評事究心律令尤諳獄詞銳志經世蒞官所至治績卓然所籌畫悉中窾綮歷官南京工部尚書

尤瑛字汝白無錫人嘉靖癸卯解元甲辰進士嚴相嵩賞其才聘修宗譜不從自國子丞遷儀制司主事力清藩府之蹟出爲廣東僉事平劇賊李文彪陳忠祐等四十餘巢遷江西參政卒

劉光濟字憲謙江陰人嘉靖甲辰進士累官至南兵部尚書嘉靖末民苦賦役光濟撫豫爲一條鞭法奏聞通行天下累晉南樞會張居正奪情議起僉都王篆欲光濟首倡附之光濟堅執不從居

正聞而銜之遂嗾御史曾士楚論歸累薦不起卒於家**金九成**字鳴韶武進人嘉靖甲辰進士初令定海銳意興革增葺捍海堤人號曰金公塘調章丘一意撙節撫循剗奸弊杜請托悉如定海吏畏民安陞主事歸病卒**丘緯**武進人嘉靖丁未進士知侯官四年銓部夂天下計吏以緯爲第一補戶部督儲通州移昌平弁運多所乾沒緯按之如律竟以清勤卒於官**秦梁**字虹洲無錫人嘉靖甲辰進士授南昌府推官以卓異擢吏科給事中陞通政司參議尋忤嚴嵩外轉浙江提學副使轉江西右布政使居家修無錫縣志二十四卷卒祀南昌名宦**黃憲卿**字弘度武進人嘉靖庚戌進士爲戶部郎管德州倉事清聲蔚起不附嚴嵩晚擢憲副絕意仕進**馬濂**字濬卿無錫人嘉靖庚戌進士令僊居嘗存靖難死節鄭公恕之後并復其產嘉靖壬子倭寇焚黃巖將犯僊居濂率兵擊走之以清節內陞復出守桂林從討洞猺有以僞級微上賞者濂力辨其非於軍門越四月而眞猺父子果獲濂竟以積勞病隕浙粵并祀名宦**季科**字與登江陰人

嘉靖癸丑進士歷陞至工科都給事中乙丑大計以資望推秉筆郤餽懲貪公論故㤀因忤時相外補江西布政多所釐剔奉母至孝所著有寄寄堂稿閒居雪浪鷗盟諸集　**汪汝達**字志行無錫人嘉靖癸丑進士授黃巖縣令縣瀕海故無城島賊入寇殘破已甚汝達多方計畫捐俸爲倡衆競趨事越三月城完寇再至而民不驚理豪右所侵奪官民田八百畝給學宫以供貧士一邑遂安擢戶部主事遷叅議未幾致政歸歷官二十餘年清操爵然　**曹景暘**字子升部察院都事珂子也嘉靖乙卯舉於鄉薦金州知州時少宰魏公學曾金州人也爲州求良牧得之喜久之有間景暘於少宰者少宰曰曹君廉而不劌寬而有制先教化後刑罰政立而民懷之殆古循吏乎轉西安丞以病歸　**趙大河**字道源江陰人嘉靖丙辰進士時嚴嵩當國廉知其才欲授令分宜大河亟請歸已除義烏時倭寇兩浙特簡民壯親督騎射總制胡宗憲檄監大將軍戚繼光兵上功幕府擢太理寺評事踰月遷浙江僉事監軍如故練兵講武所拔部曲士皆當時名將尋以母病歸

養

袁舜臣字承華江陰人嘉靖甲子舉人其爲學自天文地理以至曆律兵刑之類罔不精貫及疾革握其兄堯臣手曰古樂不作久矣果無意於斯耶卒無一語及家事

周子義字以方無錫人嘉靖乙丑進士改庶吉士授編修陞國子監司業南中諸曹相習爲具文而國子諸生尤窳惰不振子義至則攝大司成事進諸生而鼓厲之成均肅然改觀丁丑張居正奪情議起南中九列業具疏請留而祭酒居義英佯就子義謀焉子義以正告居曰是吾心也故成均獨無疏居正沒始從禮部侍郎改吏部卒贈禮部尚書謚文恪

王鑑字汝明無錫人廣東僉事問之子嘉靖乙丑進士知武定州州困養馬爲請以銀代之州故有商稅歲千金上供僅十之二三乃盡括其羸募流民給牛種令墾草田逃亡漸復境內大治擢戶部員外郎太宰楊襄毅公知其賢調吏部歷遷稽勳郎中以親老遽引疾歸再有名命俱不赴年三十二喪偶不復娶設榻父寢旁朝夕依依孺慕不衰父沒以原官名尋陞尚寶司卿再轉南京鴻臚加太僕寺卿予致仕

席上珍靖江

人邑諸生彊力有膽嘉靖乙卯倭薄城人情惶駭
珍率鄉兵禦之從東門鼓譟而出殺數十賊東至
秦家橋賊衆　陸南陽字伯明其父奎以貢爲嶧縣
衛突遇害　學訓導性介直南陽類其父
以貢授湖廣善化縣知縣纖毫無染贖鍰悉以積
穀濟諸生上官有不便於民評之必得乃已久之
日吾倦遊矣　路九同字道真宜興人隆慶丁卯舉
遂謝事歸　人授通山令歲荒捐俸設粥
賑濟所活　施夢龍字伯雨無錫人隆慶戊辰進士
者無算　初知武定州考最稱天下第一
陞戶部員外郎榷稅淮西商民咸便補刑部郎卹
刑畿內議減二萬三千二百名免死一百十七人
擢九江饒南兵備副使卒於京所著有嶼南　吳中
稿三輔紀畧性理纂要詩式諸書行於世
行字子道隆慶辛未進士起家庶吉士歷官至侍
讀學士掌翰林院事張居正以父喪奪情中行
與同官趙用賢及刑部郎中艾穆主事沈思孝先
後上疏俱廷杖削籍杖創瀕死聞母訃伏枕大慟
嘔血數升居正敗下詔與用賢俱　范鳴謙字貞夫
起原官直起居注年五十五卒　江陰人

隆慶辛未進士授龍溪令邑多賠糧鳴謙以公餘償積逋以漲田補虧額六年徵擢御史抗疏陳灾異勸修德弭變奉命按眞定諸郡郡多親近臣不可問鳴謙一裁以法聲震馮翊歲壬午浙江兵民相繼告變朝廷推擇才望往特勑乘傳入境與守臣密謀收渠魁僇市中反側以安得代報命卒於潞河之濱　**唐鶴徵**字元卿順之子隆慶辛未進士授禮部主事歷官太常寺少卿請以陳獻章從祀文廟得允旣以言歸重起南太常計殲妖人劉天緒又疏劾璫毆屬丞得旨嚴治人轉忌之遂病免所著詩文若干卷郡邑志若干卷　**秦燿**字道明無錫人禾之子隆慶辛未進士爲給事中前後條議舉劾不激不阿得諫官體薦陟卿寺有所釐革悉著爲令擢僉都御史出督南贛等處軍務討擒岑崗逋寇李文彪孫李佩遂平巢又以策擒南雄妖僧李圓朗等百餘人自贛移楚歲大旱饑疫並起疏留金錢若于糴穀行賑隨蠲罰鍰貸歲租所活及收瘞無算還田里惟日手一卷坐山園中所著有吏垣四藩三楚諸疏稿及荒政摘要　**施策**字勵菴無錫人隆慶辛未進士初授

禮部主事陞吏部考功郎中奉使冊封高麗賜一品服俸力却餽遺清操上聞擢太僕少卿駐滁陽三年淸馬政蘇驛困著有實蹟滁人德之嗣陞正卿引疾告歸著有崇正文選唐詩四體行世

吳汝憲字道卿無錫人朴茂方正言笑不苟邵文莊公奇之以女歸焉篤於倫理期功之喪持服不廢治家嚴而不苟訓子姓惟務孝弟勤儉與人交洞徹肺腑嘗稱貸薛氏金其人歿於倭訪得其兄弟盡歸之其存心不欺類此

唐音字希古武進人少病其父令學醫音力學不廢領鄉薦公車竟謝不往專志於學久之就選雞澤縣知縣未嘗以上官意指爲趨向在任二年請去者三一以上議督民買馬一以上爲貴臣建坊一以上欲脫巨奸於獄卒從音議不允其請後卒於官無以爲斂諸監司部使者皆厚賻之

段實字伯誠民之長子端介有父風貧無居周文襄初撫江南買宅一區居之及文襄再至巳鬻矣文襄謂其不能守也徐曰諸弟婚娶衣食皆不給何忍獨安居鬻以分給之矣文襄更賢之在車駕時從征麓川凱旋實獨不言功槖惟圖書數卷于少保謙王太

宰直亟稱之爲福建布政司參政端巳卒　楊成字汝
物任法不撓年六十謝事歸環堵蕭然
大爲宋楊時十六世孫家無錫成少端謹舉進士
授工部主事以三殿功宜內轉成乞外歷藩臬以
卓異舉歷陞工部尚書乞歸復起兵部　王典宜
參贊機務家居僅給饘粥門庭閴然　王升人以
歲薦高等司訓京兆久之遷國子學錄張居正柄
國欲網羅天下知名士託升友道意升固不可竟
出倅成都有廉譽遷鹽課提舉遂謝事歸所著有
四書輯畧讀左贅言等書行於世學者稱爲孚齋
先生　徐常吉字士彰武進人甘貧好學舉于鄉署上
海教諭師道大振登萬曆癸未進士由
中書舍人擢南戶科陞浙江僉事清介不染始
終如一所著有易解事辭摘奇六經類雅諸書　王
遠字既明江陰人博通天文地理風角諸書不慕
祿仕會倭警長吏推擇統鄉勇障邑東倭由百
丈登陸薄江上鄉民奔竄死傷枕籍遠帶刀集衆
保障一方全活無算旣聞之總制禮致幕下謀不
同拂袖歸親沒廬墓不舍去斷葷啜粥三年如一
日統兵時官給牢醴糈饟盡散士卒不私一絲一

粒歸有光爲立傳　陳幼學字志行無錫人萬曆己丑進士令確山歷中牟益有尸祝召爲刑部主事卹畿內平反至三百餘人出守湖州遷按察副使予告歸最後徵光祿卿再轉太常卿俱未赴卒年八十四學者稱筠堂先生著有禮樂考芸堂日錄續錄等書　孫繼皐號栢潭無錫人萬曆甲戌狀元歷官少宰初對策即以商鞅惑孝公安石誤神宗爲言因忤時相十年不得調嘗疏救科臣曹學程于獄祈免臺臣二十三人之譴謫及佐銓極言選途壅塞章十七上得俞旨神宗移疾不攀送孝安皇太后梓宮再疏哀懇直聲震天下以此阻大用識者愈尊仰之卒贈禮部尚書予祭葬　嚴一鵬字化卿無錫人萬曆丁丑進士念母春秋高不謁選越七年始授行人手裁輒著擢御史歷官兩京刑部左右侍郎多平反圜爲之空卽引年致政崇禎丁丑年九十詔賜存問建坊明年卒贈刑部尚書予祭葬祀鄉賢廕一子子紹宗貢士孫繩孫康熙二十年以博學鴻儒官翰林檢討　萬象春號涵臺無錫人萬曆丁丑進士庶吉士改給事中上七十餘疏如議

復建文年號尊景泰廟號躬齋居重祀典酌議宗
籓裁內侍止內操停逮問開言路等疏多見施行
以昌言忤時出參山東兗州道時礦璫爲虐上疏
請罷之不報告歸當事屢薦詔起南京工部侍郎
疏辭未赴卒予祭葬贈都察院右副都御
史廕一子著有館試奏疏得閑堂諸稿

吳達可

號安節宜興人萬曆丁丑進士授會稽知縣丁艱
補豐城考最擢御史神宗倦勤上修政務學疏再
差巡鹽具悉鹽法利弊長蘆有羨銀數十萬一無
所取疏請貯庫按江西劾稅璫以安人心按直隸
適遇旱荒繪圖請救活饑民無數己丑考選政府
多用私人達可抗章引嚴嵩張居正爲戒會子正
志登第入官以建言得罪達可遂請假歸後十年
起遷太僕光祿通政使與同官彙緝一書名政畧
上之又上條議六
事皆報可告歸卒

褚國祥

字徵輿武進人萬曆庚
辰進士授上杭知縣與
巡按御史忤轉湖州府同知駐烏鎮欲迎養其母
母不從遂請歸終母喪郡縣强起之補兗州府同
知職專治河會河決晝夜拮据不避艱危

侯先春

總河李化龍惡其伉直論調遂謝事歸卒

字元甫無錫人萬曆庚辰進士給事諫垣二十年嘗上轉漕五策救荒十策閱視遼左列利弊三十條居鄉陳白糧轉輸剋剝之苦數千言廷議欲戍兵朝鮮而不給餉先春力主撤兵邊事旋定萬曆中播州平獻俘千餘人中多幼穉先春獨抗群論救之年十六內者皆免死方奉命閱邊大師置金輿軸中以饋立發其弊露章糾之卒以都諫贈太僕少卿祀鄉賢

顧憲成字叔時無錫人少貧受學於薛應旂萬曆丙子鄉試第一庚辰成進士授戶部主事張居正病舉朝走禱憲成不可同官代署名亟馳騎齋壇手削牘居正歿調吏部尋告歸讀易春秋者三年起驗封司疏論計典切直降桂陽州判官歷遷泉州府推官舉廉靜寡欲天下推官第一擢考功主事時有詔三王並封首倡吏部四司上疏諍之反復辨論事得寢後以建言謫光州判歸錫故有東林書院宋楊時講學處憲成偕高忠憲葉茂才等聞于當路復啓東林書院手著會約一遵考亭白鹿洞規要在躬修寔踐戊申詔起光祿少卿不就泰昌初贈太常寺卿璫禍作目爲黨魁追奪封誥崇禎初卹贈吏部右侍

郎諡端文所著有涇陽藏稿小心齋劄記大學通考還經錄等書

袁一驥 字季友江陰人萬曆癸未進士累官福建巡撫初在儀曹請建儲請日講請復建文紀號即改正尤有功正史補楚臬讞楚藩事特從寬議撫閩時稅璫高寀橫恣商民共苦一驥先有禁販罷稅之疏復縛其羽翼榜禁璫銜之乘國喪撤衛權衆突入撫署劫一驥勢洶洶一驥具疏聞凡五上得報可責寀激變撤回閩人歡呼一驥即六疏乞歸閩人立專祠祀之崇祀名宦

錢一本 字國端萬曆癸未進士令廬陵建王文成祠并祀鄒文莊諸人以倡明理學爲任擢御史首疏糾按臣祝太舟鈎取庫鑼巡按廣西一洗供億之費上建儲論相二疏語多觸忌削籍歸郡守歐陽東鳳建先賢祠傍搆經正堂講學推一本主之生平無他好獨潛心六經濂洛諸書尤精易學所著管見象鈔續鈔又爲範衍十卷

顧允成 字季時無錫人萬曆丙戌進士時新冊鄭貴妃允成射策數千言以內寵將盛羣小將逞爲憂讀卷者驚怖而殿之會南京都御史海瑞爲御史房寰所誣因與同榜進士彭遵古諸壽

賢合疏數其欺妄之罪前籍歸薦起南康教授以母老致仕後再起保定教授累遷禮部儀制司主事有詔並封三王與諸曹郎岳元聲張納陛等合疏爭之直聲益著歸從叔兄講學東林崇禎初贈尚寶丞著有季時大辨小辨偶存二書

史孟麟字際明宜興人萬曆癸未進士選庶吉士改給事中遷太常少卿艱歸起陞太僕卿張差一案廷臣請究主使御史劉光復因召對下獄時孟麟奉差封益藩途中得邸報即具疏救光復因請立皇太孫以絕覬覦遂被謫潛心理學建明道書院一時俊彥多出其門

沈應奎字伯和萬曆乙酉舉人少孤力學矜氣節然諾不苟喜急人難教諭崑山遷裕州守州旱民乏食嘯聚山礦間幾十餘萬衆督撫分兵勦之不克應奎單騎入其壘慷慨以禍福諭之衆感悟悉縱火燒山解甲去大冢宰孫公丕揚過裕不遣一使迎亦不遽謁孫怒突入應奎署應奎方焙餅炙韭遂邀孫共食孫奇之入朝言應奎廉應擢遂遷刑部主事萬曆庚戌上不豫召閣臣至宮門邸之時福藩猶在邸中外洶洶葉向高謂應奎曰事不可知且奈何應

奎曰竭股肱之力以衛太子萬一有變故公必死之請以不肖軀徇公上豫乃出後出知汀州稅監高宷播虐將由汀入粤應奎大書榜直達會城曰稅監將入海從倭抵汀境太守當領吏民擊殺之宷聞風屏氣不敢經汀尋以繼母病棄官歸踰年復起南光祿寺少卿逆閹柄國以東林削籍年七十餘卒

周繼昌字曰白無錫人萬曆乙酉解元己丑進士爲工部主事多所釐革陞僉事督學楚中以艱去起補山西晉藩素慢士往往禁士府第有直指以私隙欲殺一士皆昌力庇得免士氣大伸遷浙江溫處道討平礦寇歷遷順天府丞未任卒

王就學字所敬武進人萬曆丙戌進士授戸部驗糧廳主事中官需索橫甚解戸有累死不得掣批者就學稱引祖制章兩上卒得請著爲令改禮曹教習駙馬同鄉顧憲成雅重之尋調吏部會仁聖太后梓宮將發上當送之門先一日有遣官恭代之詔就學愕然卽夕具疏以聞上頷之終以此得罪無何削籍歸

龔道立號修默萬曆丙戌進士初授兵部有儒帥畏寇恣內徙廢帥落職求起用挾金幣以請道立拒

而罷斥之出知建寧彌亂卒撫窮黎日與士子講
學於濂洛諸賢故址及入覲鬻家產以資行李補
任江右與鄒元標根究性命剖析疑義本經術以
飾吏治晉湖廣按察使乞休歸著有考槃錄陶白
齋紫芝草　薛敷教　字以身應旂孫萬曆己丑進士會御
史王藩臣上疏不白憲長吳時來耿
定向交劾之敷教曰是欲爲執政箝天下口也抗
疏爭之回籍三年以薦起鳳翔教授尋遷國學助
教時詔並封三王具疏力諫趙南星被逐復抗疏
申救謫光州學正歸垢衣糲食出入不假肩輿居
喪盡哀嘗曰學者苟不見性靈任皦皦不污
終歸一節耳著浮弋集泉上雜語續憲章錄　葉茂
才　字參之無錫人萬曆己丑進士仕至南京工部
右侍郎家故貧少事親至孝初授刑部主事告
改南工部以便迎養榷稅蕪關一以寬卹爲主神
宗嘉之賚白金松布旌其廉晉南太僕寺卿時抗
疏辨朝黨邪正不報乃貽書當事明斥之謠以去
位通籍四十餘載官臻九列布衣徒步老屋數椽
崇禎初方需　張納陛　字以登宜興人萬曆己丑進
名用病卒　士授刑部主事改禮部時耕

諭禮部並封三王綱陛與岳元聲顧允成合疏爭之事寢告假歸所作詩古文有雲聲閣集

高攀龍字存之無錫人萬曆己丑進士授行人適四川僉事張世則疏詆程朱欲改易傳註攀龍上崇正學闢異端一疏再疏論大本大機俱報聞癸巳奉使還京上君相同心惜才遠佞疏語侵閣臣降揭陽縣典史甲午赴謫所潛究性學及歸作水居於湖濱復東林書院天啓改元起光祿丞轉太常少卿疏言明理以明心明心以出治極辨忠孝轉大理少卿晉太僕正卿奉差歸居數月即家擢刑部左侍郎辭總憲員缺亟推攀龍復辭不允入臺糾御史崔呈秀置之法爲羣小所忌削籍逾年毀天下書院首及東林攀龍方屏跡湖上玩易不輟聞繆昌期周宗建被逮自度不免先一日肅衣冠至晚看花聚酌如常時夜半從容入書室作字二紙鎖篋中謂二孫曰明日以字付官旂即命暫退務時趨赴園池以死及明而官旂果至崇禎初上覽攀龍子世儒訟寃疏手褒爲孤忠遂學秉節正終追贈太子少保兵部尚書謚忠憲特命祀郡邑鄉賢祠晚號景逸學者稱景逸先生著有周

易孔義春秋正業註天完錄就正錄家訓等書門人陳龍正合奏疏語錄詩文訂爲高子遺書二十四卷行於世

孫同倫 字汝明靖江人萬曆辛卯舉人初任江西德化縣令蠲例金蘇驛困築封廓桑樂二洲石堤百餘里更置石閘以洩瀦水民賴之陞湖廣荆州守豁羨丁出寃獄得士民心未幾丞濟南駐廣寧清馬政積弊時邊方經撫或逮或沒無全者倫獨固守廣寧間關萬死完身濟國擢守南安先事綢繆屹然屏翰甲子推陞雲南屯田水利道清屯地嚴私鬻開河以資灌溉滇民尸祝之丁卯轉本省曲靖兵備道衆政齎捧闕下請告家居卒祀鄉賢

顧言 字尚實江陰人萬曆壬辰進士初令慈谿捐俸遷縣治民不知役抗節抑礦璫片言定軍變立徵解法以除民累開杜白二湖以興民利轉刑部郎出守南昌絕權貴清宗祿忤執政左遷汝州歲大旱先發帑金全活以萬計復書院通水利擒盜魁治巫嫗政蹟尤奇陞以戶部郎督餉延綏奏捷賞功晉級丁艱起副浙憲力病請致卒于金華道中所至處皆祠祀

劉文栻 字應程靖江人萬曆壬辰貢授四川

什邡知縣陞雲南陸涼知州爾奉最遷梧州府同知其在什邡華美例清宿蠹建學宮修邑乘力爭採皇木之擾獲免者甚衆陞涼漢蠻襍處土司肆螯弑善懷輯之又築城置廬舍荒城漸成膏壤在梧州以才守為上官所倚任四乞終養歸

龔三益 字仲友號蘭谷萬曆甲午鄉試第一辛丑登進士授庶吉士以憂歸服除累遷侍講以事使楚邸王年少而驕三益奉詔書至門閽人導從掖門入三益曰天威不違顏咫尺王慢天子使大不敬某愚不敢奉教王慙闢中門見使者萬曆乙卯以諭德典北直試尋充東宮講官從諸大僚屢疏請開講未幾左遷湖廣參政以病乞歸著有本庵集

陳于廷 字伯諤宜興人萬曆乙未進士授光山知縣調唐山秀水治最擢御史歷遷吏部侍郎為御史時嘗劾閣臣朱賡挾私意逐諫臣又劾賡私人趙拱極吳有孚輩不安處要職正陽門災言皇帝久不當陽所致巡河東劾閹人張忠不法撓鹺政按江西劾湖口稅閹潘相罪又言銳嘗罷為太常卿時爭挺擊紅丸二案天啓四年魏璫黨勢漸成吏部尚書趙南星譴罷于廷以侍郎

代視事閹臣魏廣微欲以忠賢私人代南星于廷不可而薦喬允升馮從吾汪應蛟忠賢大怒矯詔削籍與揚璉左光斗同出國門七年緹騎絡繹且及于廷會熹宗崩乃免崇禎改元擢右都御史遷左都御史祝徽畢佐周以笞武弁失上旨下都御史議于廷謂天下將驕卒惰又摧挫法吏以長其焰恐成尾大之勢不肯罪兩御史凡五疏五不奉詔遂削籍歸

劉元珍字伯錫人萬曆乙未弱冠成進士歷兵部郎中萬曆乙巳大計四明沈一貫當國廕庇私人驅逐異巳乃詆上盡復言官之黜者留察疏不下元珍疏力諍併劾刑科錢夢皋疏入下九卿議一貫與其黨經營百端謂不廷杖議不可息將杖之會雷震郊壇竿木上懼乃反杖旨削籍歸一貫亦罷去泰昌改元起爲光祿卿值邊費畫劉國縉以招撫南四衛官民爲名擁衆數萬入投揭督餉侍郎令發天津登萊船南濟元珍復抗疏力寢之尋卒於官所著有依庸絮語三畏堂素業湖畔逸農遺稿

吳元字又于萬曆戊戌進士歷任湖廣布政性剛介元在刑部時妖書見朝天宮長安大索不得得僧

達觀葑聖書上怒下詔獄先是達觀結大內并大奄諸謁拜者輒高坐受之舉國若狂元獨不介謁刺東昌嚴州俱有卓政所著有率道人集

何士晉字武莪安興人萬曆戊戌進士父其孝得士晉最晩族姪利其資產爲所毆傷而斃繼母吳氏撫士晉哭曰何宗絶續惟汝矣匿之外家士晉讀書稍懈輒以父之血衣勵之士晉潛書父難時日於衣帶中自幼至長人未嘗見其嬉笑旣貴乃訟之官持血衣庭質仇人服辜初仕寧波推官擢講鄉約手演六條比以律例報最擢工科給事遇事敢言抗論張差挺擊事疏凡三上詞嚴義正上心動咎鄭貴妃而鄭國泰出揭自辨士晉即據揭条駁之未幾出爲浙江驛傳道光宗改元名拜尚寶司卿天啓初遷太僕少卿陞廣西巡撫上司叛移檄總督會勦搗其巢遷兩廣總督名爲兵部侍郎未至魏忠賢矯詔削籍歸尋卒

華允謀字汝翼無錫人舉萬曆庚子鄉薦就寶應教諭日與同志論學諸生中有爭地終歲不解者至是化其教各讓不取即其地築室三楹顏曰與讓尋卒

秦重泰字原博無錫人領萬曆庚子鄉

薦教諭郿城遷令長樂愛民好士庭不設杻械里不聞追呼以教化爲政偶以事忤當道卽稱足疾引歸杜門課子徧參宋明儒書研精性命之業卒祀名宦

繆昌期字當時江陰人萬曆癸丑進士選讀秘書與楊漣左光斗趙南星相交懽乙卯挺擊事起時議紛紜昌期非之甫拜檢討移病歸天啓辛酉補官典試湖廣論以周公愛君爲題程文有仇士艮趙高等語大觸魏璫忌晉贊善諭德時銓部院科皆屬同志澄汰品流多預其議附璫者益嗡訿如讐楊漣疏入一時喧傳以爲出昌期手而昌期亦不爲諱諸名賢次第斥逐中旨勒令閒住丙寅春與周宗建同逮及下詔獄璫屬獄吏鍛鍊楚毒備至坐贓勒追不少屈槖饘中傳片紙出自是遂絕斂時十指墮落諸子捧掬納袖中聞者無不悲痛崇禎元年贈詹事兼侍讀學士賜祭葬予三代誥命蔭一子

吳宗達字青門武進人萬曆甲辰廷對第三人授翰林編修歷官東閣大學士時上懲諸臣積玩政尚嚴覈宗達劑量於寬嚴間裨益殊多會有臺省得罪上怒命卽處決閣中相顧失色宗達集同官具揭救得不

一死上注念邊備分遣中官監視宗達草疏爭之文日名見擾闔上言不得已遣用之故宗達反覆執奏婉而甚力李守俊字念𠋫安典人萬曆辛丑進士授廣東高要知縣兩入秋卒謚文端

闈稱得人治最遷戶部王事權九江任未及期度無虧課即放關通緡免其稅商人德之造祠立像歷郡守憲副遷廣西布政時天下藩司皆爲逆璫建生祠守俊恥之不赴任削奪聽勘崇禎時攺補廣西湖廣布政卒於官歸櫬過吳亮字采于安興潯陽父老相率攜羊酒泣奠人萬曆辛丑

進士歷大理少卿素性剛直不避權貴諸所彈劾僉壬膽落其忝科臣瑜安性曲護權奸一疏時尤稱快居鄉建義庄設義學伯父母早世撫兩遺孤經紀其產自名其集曰止園凡數十卷黃卷

字文萃靖江人金山衛學訓導陞潮廣雲夢縣初在金山與衛弁爭謁廟禮學使者壯之定爲令蒞雲夢甫二載即以强項與豪紳左投劾歸天啓六年歲大祲民逃死相繼卷憫之苦囊無金急以所置杪木周身具質銀五十兩首倡助賑貢修齡字國由是邑令請上臺各發捐賑全活無筭

祺江陰人萬曆巳未進士知東陽縣革羨耗蠲贖鍰撫流亡杜干請積弊一清攝篆義烏治行一如東邑兩臺三薦卓異乙丑內名巳注銓部閹黨有齕之者遂補刑曹引經斷獄時稱明允晉少參董浙漕陋規鐫削至盡再副閩臬以介直忤漕憲投劾歸里居五年復起江西少參分守湖東單車就道與江撫某不合遂解組歸

張夢時 字伯可無錫人領萬曆癸卯鄉薦下第歸會同邑創起東林書院讀書其中與諸賢切偲往復者垂二十年天啓壬戌選安吉州歷遷常德同知山東運同在浙擒葉朗生餘黨在楚監偏沅征蠻軍在魯禦登州叛卒之亂功尤偉薦剡屢上竟告老歸著有會講商語蒲榻笑拈諸編

錢春 字若木武進人萬曆甲辰進士父一本爲御史有直聲少承家訓言動不苟恥爲詭隨筮仕高陽以平盜有功調繁獻縣地產鹽春爲革積弊民尸祝之徵入爲御史按楚以爭藩田忤執政被擠側轉分巡廣江後晉光祿卿適楊左事起借九卿疏糾忠賢與時相魏廣微同籍兩魏交惡之以蜚語入竟削籍崇禎初起通政司旋以戶部尚書督倉時漕政弊

壞春挽運爲速數月而一運首尾越三載上修復
祖制停倉差獨任春兼行趲運漕船歷白糧不得
上東南民運苦之春力除其弊白糧先漕行自春
始辭改南戸部尚書時軍興數起庚癸頻呼春悉
力調劑南北賴以安後與南大司馬范景
文合疏申救劉同升趙士春等忤旨乞歸　**惲厥初**
字伯生萬曆甲辰進士選行人仕至方伯歷治有
聲爲人和易不爲矯矯然亦不附聲援乞身歸里
後閉門謝客郡中有大故當事必式廬咨之生平
淡嗜徜徉山林惟以讀書賦詩自娱年八十卒
所著有考槃集　**周炳謨**字仲覲無錫人萬曆甲辰進士官
簡討疏請講學歷春坊諭德充經
筵講官主順天試進侍講天啓間憤權璫干政三
疏乞歸留中復進少宗伯纂修光宗實錄癸亥枚
卜中涓之私人有以撰席餌者厲聲拒之臺臣石
三畏以璫意劾令致仕未幾卒贈尚書謚文簡
鮑際明字伯祭無錫人萬曆甲辰進士令海康潔
已奉公育才興學在欽州登陴禦寇解散
賊圍在豫章抑稅棍催璫啖調寧都察贓胥假印
捐俸造官船兩載郷闈稱得士論者推文章吏治

爲百城表云

何懋基 字仲修武進人性孝友舉萬曆丙午鄉試選徐州學正俗好競懋基諭以禮義廉恥民皆化之任未三月聞母喪徒跣奔哭人不忍聞喪偶終身不再娶家居授徒百餘人所著有嬾菴稿祀鄉賢

鄒之麟 字臣虎萬曆丙午解元庚戌進士官工部主事博學負時名書法顏魯公畫師黄子久文章尤工小品

蔣紹煃 字光甫舉萬曆丙午鄉薦善詩文兼六法世傳寶之授如皋教諭轉國學時魏璫熾禍紹煃鬮戶草疏呈堂官蔡毅中列名疏上留中不發旋擢刑曹出爲漢陽守有古循吏風簿書盡瘁而卒

許鼎臣 字定于武進人萬曆丁未進士筮仕行人考選吏部主事時神宗端拱日久僚署晨星獨鼎臣于宗社安危諸大政事無不言人望日隆群宵致慍鼎臣請歸養母患瘡親爲吮血居家十載起光祿寺丞會璫用事鼎臣抗之忤旨歸里崇禎初起除本寺少卿諸璫聞其名莫敢横索節省以萬計寧武鎮兵叛開府山西單車就道陳便宜六事芟剔蠹租以卹貧窮使民不從賊增餉以募勇敢使兵不擾民未幾寧武遂平會有

汾陽墨吏與其同里監瑠此政猛于虎鼎臣白簡彈之又罪帥欲以重賄賂當路飾敗爲功鼎臣獨不可由是致憾益衆未幾有協勦豫寇之命以和順等縣處山間接壤中州檄兵駐防而直指竟撤使回省監當遂突以和順失事具叅在晋甫十月先後凡八十餘疏

董承詔字聖臣武進人萬曆丁未進士授中翰主廣西鄉試歷陞浙江布政先以犒邊功天子書姓名御屏事發疏言邊事六難在武選疏通選法致仕卒

陸大受字凝遠萬曆丁未進士歷官戶部郎中上疏請減福王莊田又上請衛東宮疏語極剴切又與相方從哲書論張差及內市事以氣節著

薛敷政字繩臺萬曆丁未進士授永新知縣以卓異擢御史按蜀會土司奢崇明殺撫臣徐可求等攻陷夔慶諸郡敷政趨入軍門收撫臣敕印圖籍隨題請左布政朱爕元爲撫臣復以便調劲兵倡義固守成都晝夜登陴捍禦出城督陣躬親矢石大小百餘戰連挫賊鋒三月餘矢窮竭斗粟累鎰雀鼠掘盡敷政吞布絮充饑腹三軍感泣願効死力乃檄石砫女土司秦良玉內外夾擊賊奔潰旋以大義

勉良玉等洒血誓師恢復州郡道路始通再造全蜀後按臣陳睿謨具陳敷政戰守狀恩䘏

陸完學字鳳台武進人萬曆丁未進士備兵杭嚴歲饑米價騰踴民情洶洶或議減價完學獨謂吾正欲昂價以來之杭不產米必資外轢若減價則商裹足矣越數日商舟踵至價果平民賴以安先是濱海颶風大作堤岸如徙完學撫浙首舉修築海塘浙民始免海患陞兵部侍郎尋轉尚書拮据樞政卒贈少保

華敦復字雍明無錫人萬曆丁未進士授戶部郎差督河西務值藩府出封慮王舟驛騷密請旨嚴禁地方獲安丙辰出守嚴州歷遷四川布政使時有議加派蜀糧銀六十萬者以去就爭之得寢奢安叛率官屬備戰守之具卒就擒叙功受賞辛未入覲陞奏遐方亟需循吏狀歸里卒

尹嘉賓字孔昭江陰人萬曆己酉鄉舉第一庚戌進士授中書舍人歷陞湖廣提學僉事晝夜搜討務得眞才卒于官宦游十年家計蕭然

董應揚號寅谷萬曆己酉經魁有至性少孤父墓未嘗勒石因自署曰石罪人以見志初任銅陵教諭當事三檄署邑象皆

承就歷陞兵部員外時在京文武官俱有進馬之
額應捐貧無餘金解束帶及邸舍用物盡質以應
清節益著里中以孫張董為三清謂慎行瑋及應
揚也後陞蒼梧道參政以疾辭不赴年七十四所
著有禮經衷說及土司款關記 **朱家栻** 字仲濟靖江人萬曆己酉舉人永豐知縣多惠政會
憲檄積逋甚急不忍以小民身命博膴仕即解組去所著爨白齋稿行世 **陳睿謨** 字常采萬
曆庚戌進士初授建安令再遷息縣擢御史按蜀
安奢之變厲兵訓士蜀疆倚重逆璫魏忠賢勢焰
建祠徧天下巡撫尹同皐諷睿謨睿謨正色曰禍
福吾安之矣卒不建未幾逆璫伏誅有詔褒嘉再
按畿輔以薊門一疏忤執政出為福建督糧道歷
江臬楚藩禹州兵備土寇楊四披猖單騎統千戸
劉定邦計擒之湖南北尚蠢動朝議請復設偏
沅鎮更置巡撫詔睿謨往甫到賊已再攻湘圍長
河睿謨授將士以方畧屢戰皆捷賊悉平既而獻
闖逼荊勢急楚撫臣疏請沅撫移鎮荊州護惠藩
睿謨方至荊與撫臣策戰守而惠藩已微服出邸
强睿謨保駕至岳州而荊陷矣上聞逮睿謨既而

得自歸一年卒所著有輔世編傳是堂文集奏疏數十卷

莊廷臣字凝宇萬曆庚戌進士令永嘉有惠政時稱清廉第一擢禮部主事歷遷郎陽守罷建魏璫生祠人重其氣節陞湖廣左布政在任二載耗羨一無所染前任杜詩有積欠侯勘廷臣積俸薪贖鍰爲之補解杜得免廷臣亦不言垂橐而歸上嘉知其廉特賜銀幣與兄起蒙起元著四書詩經導窺學者誦習之

莊起元字中孺萬曆庚戌進士授浦江令調繁蘭溪一日南關失火起元夜披衣往拜風返火滅守撫州有郡紳居要津奪民産立斷還之陞戶部督餉天津值三王並封邊警告急元籌畫海運等事省公帑金錢數十萬魏璫專柄逮李應昇至津門起元義其忠直獨爲款贈璫適遣豎崔文昇李明道督漕司道望風承旨皆執屬禮起元獨錦繡抗衡官至太僕少卿所著有滌園卮言行世

鄭振先字明初武進人萬曆庚戌進士釋褐歸省親讀書課姪與孫文介顧端文講學獨揭謹肅强恕兩言以訓選顧昌舉卓異第一分校得人以艱歸擗踊致殞

吳奕字世于萬曆庚戌進士令龍溪

澤水泛濫城不浸者三版奕力拯救民生得無恙水退築磯修橋不費民間力御下以法胥吏不敢作奸禁越販正匹嫡多不便於紳民遂投劾歸

吳馭宜興人任詹事府主簿生平刻志砥行立然諾好施予慷慨赴義一時吳詹簿之聲滿都下以使便過家請終養不起時宜興大饑馭輸粟助賑出錢以瘞死者又嘗捐貲三百金建義祠割腴田二百畝爲義莊至今義聲不絕人口著詩文若干卷

范世禎字獻吉靖江人以庚戌副榜授壽州學正陞羅田知縣羅楚巖邑民素刁悍禎甫至清汰里役令行禁止邑又介麻黃間豪紳大猾持吏短長禎爲治嚴明一無縱舍始各斂戢六年轉廣平郡丞威信更著

鄒忠應字黍回武進人萬曆癸丑進士初任錢塘有惠政陞兵部丁母憂哀毀骨立服闋陞福建叅議平劇寇劉香會有攘功者忠應曰人臣奉職何事言功轉九江副使當事欲移城鑿功忠應曰守在人不專在地徒妨農事無益以此忤當事投劾歸生平窮研經學所著有周易撰尚書稽詩傳闡春秋衷等書

沈應時字伯起無錫人母早世父從龍不再

娶而雙瞽應時為之泯膜俟父安寢然後篝燈夜讀中萬曆癸丑進士授吉安推官以廉敏著侍養歸補岳州擢兵科給事屢有建白以年例轉陝西僉事尋陞通政司叅議條奏戰守諸策庚午催督東南軍餉星馳受事精力交疲卒于京邱祀惠山尊賢堂

毛士龍字禹門宜興人萬曆癸丑會魁選杭州推官杭最衡難治士龍職稱其才擢刑科給事過同里何士晉寓值楊漣至士龍未與漣會于屏後聞漣語忼慨激烈即往定交毋事與楊相左右韋小嫉之內侍劉朝盜宮下獄魏璫用事朝夤緣內宣士龍嚴為指叅旨中寢俄朝以閣援得脫典禁兵喉璫害士龍時緹騎四出而蘇州有五人之變忠賢乃變計將離其籍而取之遂戍士龍平陽尋逮之士龍即戍所挈子潛匿以免璫敗訟寃奉赦崇禎末仕至僉都御史

周鼎字在調宜興人萬曆癸丑進士授平陽推官歷仕至總河侍郎加工部尚書崇禎甲戌河決長山洳河塞鼎受命治河往來相度決策開洳于是計工給糧懲侵扣稽勤惰凡三閱月而四十里之洳河告成又塞決口三百三十餘丈又以邳州三面距河

屢被水災特請改河羊山外邳州以安
自潘季馴楊一魁後治河未有如鼎者

李應昇字仲達江陰人萬曆丙辰進士授南康府推官一至即決積案六百餘件出冤民江九五等一十九人撤湖口關稅復白鹿洞書院會規招延生徒擢御史首陳保身及內操以清政源再陳吏治民隱以固邦本又參魏廣微魏忠賢崔呈秀救萬燝時高攀龍掌院應昇管章奏相倚如左右手呈秀被劾嗾黨曹欽程誣論削籍丙寅復以織閹李實誣奏被逮時緹騎旁午民間義憤塡胸及開讀郡城士民環集攘臂欲甘心旂尉應昇搏顙乞免旣赴詔獄五毒備至將死索饘中遺書訣別其兄應旵戒其子遜之時年三十有四崇禎改元追贈太僕寺卿封父鵬翀如其官贈祖蔭子褒卹有加

儲顯祚字文將宜興人萬曆丙辰進士授戶部郎領內官儲閹聚而譁縛其一人杖之天啓元年差理延寧糧儲時公私匱乏延鎮壓欠額餉至一百二十九萬顯祚具疏痛陳便宜調劑軍心以安遷襄陽知府計吏當入京而魏忠賢勢方張前所杖閹其黨也遂謝病歸崇禎初遷補下江道改湖南道

致　**蔣如奇**　字盤初無錫人萬曆丙辰進士仕至江西糧道恬澹好吟詠書法得褚遂良神韻名重天下

張瑋　字二無武進人萬曆己未進士授戶部主事時熹宗初立行大婚禮取給戶太倉餘羨猥籍時望爲金穴欲瑋典筦鑰謝不可陞廣東提學聚諸生講學士風大變會魏閹勢熖天下爭爲建祠撫臣移文于瑋瑋怒裂其文謝事歸踰年懷宗立復起備兵嶺北時諸山寇盤踞蹂躪郡邑瑋身冒矢石跋履叢篁毒箐間斬首千餘級又傳檄勸諭賊衆乞降未幾上疏乞休還里踰年復起山東驛傳道尋擢南京尚寶司卿上疏多切時政不報又疏乞休諭張瑋以清操擢用不必引請擢左副都御史召問天下治亂之故瑋奏宇內不靖盜賊蜂起皆由郡縣不恤其民巡方漫無激揚所致上悅因疏舉臺臣成勇糾巡方貪濁一人上又大悅時總憲劉宗周僉都御史金光臣與瑋同視事長安人頌之曰三清卒諡清惠

周詩雅　字廷吹萬曆己未進士授廣平令尋調寶坻初抵縣出滯獄數人又革馬戶侵占邑民王福魏汝平倡白蓮教京輔騷動詩雅討除之而福汝

平倶閹黨庄客因中傷詩雅左遷上林籍憤時政著指鹿爲馬論科臣採以入告冀動上心閹怒矯詔鐫秩閹敗擢戸部員外陞湖廣叅議分守湖南土賊八排蠻者最彪闞詩雅威懷之卒就羈靮後移貴州提學乞歸母喪三年不入臥內構一亭曰退谷數年没著書二十餘種

白貽清號惠風萬曆已未進士授戸部主事督餉山海關人方視爲危地貽清獨叱馭而前及備兵楡林屢立戰功有米泉三條溝張義堡紅溝青松南樂木磨川七捷以疾歸尋起戸部侍郎督餉宣大晉戸部侍書總督倉塲惟簡任所司務攬大綱時論謂貽清得古大臣風年七十六卒

張有譽字誰譽江陰人萬曆已未進士授南戸部主事督浦口倉出入量平軍民兩德之再推刑闗南莅任隨開小關以便往來正額足後五尺以下舟免稅放行守饒州清操愛民捐俸新郡縣學宮訓飭生徒皆親爲點課下至獄囚必躬親省視不令失所陞江西糧道屏騶從臨倉驗米酌定耗贈嚴禁需索官旗不敢剝民民亦爭先輸納運遂獨先諸省天津有警以兵法部勒漕艘五千餘退入海口事定抵

通陞七省漕儲峻却餽儀及郡邑夫價不啻數千金畢兩運丁、母艱廬墓服闋補順廣道尋遷蜀臬值蜀道寇梗踰年始達至兼攝藩篆文移旁午批給不停晷癸未大計舉天下大廉能五人居第一陞應天府丞將行藩吏有言存庫五萬金可充歸橐者揮不納中途復晉南戶部倉場侍郎乞休卒

湯兆京字伯閎宜興人萬曆壬辰進士知豐城縣巨盜范紹九劫掠袁臨吉贛之間而巢於豐之都村令左右皆其耳目兆京密擒之數千里之積患以平報最擢御史立朝面折廷諍執法不阿時人比之鐵面御史嘗請福王之國寢奪嫡謀後以論太宰趙煥擅權謝事歸卒贈太僕寺卿

蔣允儀字澤壘弘憲子萬曆丙辰進士授桐鄉知縣調嘉興允儀爲均田法縉紳照品優免外悉計田編甲而不與民同里上下便之天啓二年擢御史魏忠賢用事鄒元標馮從吾罷時値冬至允儀上扶陽抑陰疏忠賢大怒矯旨切責削籍

張三光字冶生萬曆巳未貢士授太倉司訓性高峻擢昌化令地故磽瘠民坐虛糧百餘石死亾幾半三光至酌陳六欵蠲免昌化二百年

積困始甦陞廣州府同知尋以疾辭垂橐東還蕭然自寄

江惟清字仲濂武進人童子試時即受知郡侯施龍岡拔入龍城書院孫慎行錢一本講學先賢祠推惟清爲首座其文筆人咸寶之

尤鏜字伯聲無錫人父瑛參政廣西卒於任鏜自梅嶺隨母扶柩還渡錢塘遭風舟且覆號泣禱天風頓息事大父母暨母最孝博學嗜古於書無所不窺拔國雍五擢監元赴銓授邛州判官不赴而歸貧甚友人爲築雲鴻館以居之著有獲鯖集停鈞書山水記酒志鑑湖集詩草共三百四十卷

金九皋九成弟初授上虞訓導陞武康知縣修學校嚴課程士論歸之武康故萬山中會秋大霖雨縣苦漂溺令甲縣災必以七月上聞時諸司皆入棘闈不得達既撤棘格於例難上聞矣九皋備查往年長興嘉興曾以災借運武康請于御史責償情悃迫切言與淚俱御史爲動容竟上請報可久之謝病歸著抱甕集

湯應麟字趾卿爲郡諸生一日家居方飯聞鄰父哭甚哀問之其妬死無以斂應麟遽投箸起醵金斂之人有以既鬻之田欺而售之者事泄應麟盡棄其

直不取奉母至孝與兩弟應鶚應虬相友愛　**許世**
卿字伯勳無錫人早孤事大父及以孝聞領鄉薦揭安貧戒五出入恒指以自警所居敝巷守令下車一謁後不得再覩其面著有中解編露穎編諸集　**張九方**字應皐無錫人以春秋鄉薦入胄監授汝寧推官不畏強禦被誣謝事歸售文自養學問該博詩文雄偉號月林居士有覆贊歸田　**俞安期**字美長宜興人少時傭於書肆遂成淹博長有詩名布衣遊公卿爲上客所纂唐類函諸書有詩集行世　**張邦紘**宜興人萬曆間由武進士授南京神機營守備遷揚州遊擊陞四川松潘參將副總兵征苗死於難崇禎巳巳贈官諭祭蔭　**湯建衡**字懷南宜興人弱冠舉於鄉性友孝撫孤侄如巳子再析產給其弟授新城知縣闖寇突至守備王址戰死得勝闖城中士民皆奔潰建衡冠服坐堂上自分賊至則死之賊見城門洞開疑有伏引去於是募民守城約束嚴明賊縱橫出沒衡起臥兵革者三年城卒以完或勸請兵建衡曰請而不至則衆解體

至而不足用增民害矣賊退乞休歸所著有燕臺感遇黎川稿歸田稿行世祀名宦鄉賢**儲昌祚**字肩宇宜興人令鄱陽多惠政士民追思崇祀歷官重夔僉事家食數十年足不入公庭長子懋端年登九十見兩孫元魁連捷皆謂德報云**萬德鵬**字九雲宜興人萬曆末以舉人教諭遷興寧知縣邑小而俗敝有斷腸草者無藉睚眦間輒取以自殺德鵬嚴禁之草遂不生禮士勸農一變其俗邑人至今思之丁艱起復補連江縣歷陞平陽知縣**顧文熊**字乘虬江陰人父貴以孝聞文熊補諸生高第少治禮經以陳可大集說無章句且多缺誤因參稽衆說分章疏解又以舊註喪禮多畧則以儀禮士喪禮及喪服經傳爲主遞考鄭注及賈孔二疏貫以己意補其未備名集解行世又以禮運意旨精湥作爲或問以發其妙究心天文爲曆象圖書三考象緯圖說嘗謂江陰分野當屬斗十五度正直織女漸臺輦道之下所著有孝經內外傳小學簡注翼圖新書脈學指歸本草詮要**范永齡**字德徵靖江人以貢薦授浙江新城令先是浙江有巨鏞懸而不鳴

邑讖云若要寺鐘鳴須應邑令清永齡至而鐘鳴
後築城掘得古碣文云城當七百年後邑令范承
齡造之紀年以唐適符其劵邑故多虎至是屏跡
枯栢枯竹俱重生又嘗被委均田富陽適遷榮藩
審理上臺固留卒業田賴以均流民之徙業者以
萬計旣事榮藩日引古禮定世子婚手筆經傳講
論不倦尋　朱維柄字啓明靖江人以恩貢授河南
致仕歸　浙川知縣歲旱蝗起露禱三日
甘雨如注蝗盡滅乃請賑發粟計口均分更　朱家
捐俸設粥邑門外以食饑者中蜚語解組歸
棟字伯隆靖江人以萬曆戊申歲貢歷鎮江府教
授致仕父大中陽明高弟家棟少承庭訓通經
考業三秉教鐸所獎拔多　劉士焜號石渠靖江人
名士所著有去華子集　天性孝友倜儻
有幹局邑中利弊慷慨直陳以崇禎庚　盧象昇字建
午明經授涇縣司訓擢嘉魚令多政績
斗宜興人天啓壬戌進士由戶部主事知大名府
擒盜魁馬翩翩立斬之陞兵備道賊相戒無入盧
公境甲戌賊掠湖南以象昇巡撫鄖陽卒苦饑銷
銀甲市牛酒炊餅蓐食士飽作氣朞年瘡痍稍起

乃濮入賊阻餘賊遯鄖復完乙亥賊首張獻忠掠湖北郎以象升巡撫湖廣賊望見盧兵旗幟郎遯獻賊東走南楚復完遂以象昇總理南直河南山東川廣五省軍務巳更總山西陝西七省賜尚方劍躡賊五晝夜及之滁賊數十萬攻滁聲援困絕乃鼓士奮擊呼聲震屋瓦覆之淸流關下滁水盡赤滁得完初滁城守登陴不知援兵至見城下一騎索糧以爲賊竿其頭乃盧麾下將也象昇免冑城下有舊太僕李覺斯者識之始延之入知州劉大鞏入軍門請罪昇以固守嘉之朝議重宣雲爲北京右臂遂以象昇總督宣大等處軍務邊民斗粟千錢遂倣趙充國屯田法糞沙磧爲沃野丙子丁丑兩有秋生粟二十萬無何丁外艱訃聞疏七上方允旋奪情起官督師援勦與本兵楊嗣昌議不合事勢掣肘兵餉俱竭以孤軍赴戰死

曹應秋　字安祖宜興人天啓乙丑進士歷任叅藩時流賊縱橫闖璫驕蹇而應秋峭直機敏不減祖風三世仕宦至於鬻宅其廉可知

華允誠　字鳳超無錫人天啓壬戌進士除工部主事値魏閹用事諸賢放逐遂告歸崇禎巳巳起營繕司員

外督琉璃敞卻羡金其冬都城戒嚴諸曹郎分守各門上徵行察勤怠多被譴至有杖死者允誠守得勝門獨完所製懸簾修廣如式上霽顏嗟賞頒白金五十兩加俸一年辛未調兵部職方員外協贊郎中事未幾以終養歸里著有春秋說四書大全參補等書

秦堈字儼海無錫人天啓壬戌進士初知澤州再補福寧州入爲戸部郎管東宮廳節費辭羡大著廉清居鄉忠厚正直爲先正高忠憲刻周易孔義二書著靜遠堂東臯唱和二集

邵名世字翼輿無錫人天啓壬戌進士由主事歷遷參議督雲南學政以禮法爲教常攝臯篆臨安屬有僧私鄰人妻因潛斃商人而誣鄰人以罪者府縣既奏當大辟獄上名世訊得其實釋其鄰人而置僧於法轉山東布政使生平孝讓事母尤謹雖老弗少衰自通籍至歸老鄉人無不以爲長者

劉熙祚字仲緝武進人天啓甲子舉人令興寧擢御史按楚楚事時已大敗熙祚至與左良玉握手欷噓勉以忠義將士聞而泣下癸未正月荆州承天陷熙祚釃酒誓江二月抵岳州熙祚親調各將分路堵截賊鋭盛敗而復振

者三自四月初八至十一日四戰四捷擒斬賊首數千級獲器械馬匹無算賊宵遯湖南聲勢稍振時賊老猾猶久據澧州垂涎常武平相復有甘許二賊陰通澧賊圖陷湘南熙祚視師至常道經平湘密授諸將方畧扼險設伏句日而甘明陽授首五月熙祚至長沙八月岳州陷賊既有洞庭得岳之險遂大舉寇長沙熙祚督水寨兵奮勇禦之無何陸兵先潰賊乘勢長驅熙祚令都司蔡鳩護吉藩衝圍而出路逢桂藩將走永令鳩并護二藩先行而身自斷後賊各路馳追踰永三十里至茅栗鋪及之熙祚大呼揮戈疾鬬力始被縛檻送獻賊營見賊大罵賊怒去其衣懸於竿首引滿弓示將發矢射罵益盛既復下之地親爲撫摩欲誘其降又勸之爲官熙祚唾之賊知終不可奪遂縛其兩足繫馬之尾曳而馳口鼻耳目潰爛銷敗血糢糊白骨支出已不能言猶噀血如罵狀死其子舉人晉蕃徒走入楚求父遺骸遇寧香廟僧海月授以所殮匣攜歸并得其永陽署中詩有精忠血噴九霄空萬古乾坤終不老等句

蔡鳳字翔伯武進人天啓甲子舉於鄉以忠孝自矢崇禎間避

格掄材授刑部主事恤刑三楚全活甚
衆出守開封時中州鼎沸鳳竟死其事吳士貞字元
滋宜興人幼孤遭家難發憤讀書事母盡孝登天
啓乙丑進士授上虞知縣案無留牘虞有梁湖不
塞其口則水溢病農塞之則病商士貞爲置閘時
其啓閉至今便之海塘潰捐俸增築民稱吳公堤
擢禮科給事中卒於官上虞立像祀之陸卿正字廷表武進人天啓
乙丑進士授貟定令
時所在立璫生祠上官檄日四五至卿正屹不動
璫敗璫福建興泉道海寇劉香老横甚前道官康
承祖洪雲蒸等往招撫俱被執卿正慨然兼程往
謁廣撫熊文燦力言主撫之非條上戰守十議熊
卒用其策香老焚死護其魁陳斌全吳無能等八閩平周士登字伯昇武進
人天啓乙丑
進士歷官川東道副使仕宦十餘年侍母執禮如
成童時方闖賊犯夔州士登駐節涪陵相去二千
餘里致失陷朝議嚴詰百姓聞之旬日間爭先樂
輸充餉數十萬左侍郎倪斯蕙等上言道臣之去
留關蜀蜀之勝敗關天下乃仍命士登監軍四省
卒兵追寇賊首一字王普天飛等皆就擒餘黨撲

滅殆盡

吳桂森字叔美無錫人幼有至性長從顧憲成高攀龍講學不倦以萬曆丙辰歲貢廷試歸學易於毘陵錢一本受所著像象管見爰廣其意作像象述天啓丙寅攀龍殉璫難時書院已毀獨力建麗澤堂又搆小齋名曰來復講易於中學者稱素衣先生卒祀崇正書院著有像象金針易說談易隨問眞儒一脉一班錄書經說金曲禮說註釋春秋大全開泰錄息齋筆記等書

鉉字伯玉武進人天啓丁卯順天解元崇禎戊辰進士時年十九自國子博士遷工部主事時太監張彝憲用事關賊勢熾鉉屢疏諍之彝憲借驗十六門火器誣鉉削籍歸尋起補兵部主事崇禎十七年李自成已陷大同而宣撫鎮方有太監杜勛監視鉉又上疏言宣府京城之蔽宣府不救慮在京城撫臣朱之馮忠勇足恃恐受內臣之掣請亟撤之不聽未幾果聞杜勛以宣府迎賊朱之馮被難賊至居庸聞大監杜之秩亦迎降賊至彰義門城下鉉亟黠禁兵歸哭告母曰鉉守皇城城亡當與偕亡願乞此身殉王事母曰噫久謂汝讀書知大義乃今始向我乞身哉鉉出命僕追以朝衣

隨之賊入殺監察御史王章於城上鉉撫其尸哭畢鉉遂被朝衣投御河而死適內監呂伴兩手反接而坐視曰此金兵部耶豈彼能死吾獨不能哉亦自沉死僕奔告其母母曰孝哉鉉也急正冠帔投井中妾王氏隨之死其弟琮哀號亦死井中賊遁後幼弟鏡求鉉屍得遺骨一堆頭上網環猶可識認而骨與呂監雜不可辨矣遂奉以歸斂

王章字芳洲武進人崇禎戊辰進士諸暨令以賢調鄞有中使賚旨至海上府屬甸郊迎章獨不爲禮且戒舟車不得由城內海寇劉香掠昌國石蒲大常諸衛猖獗甚章定計請調閩粵兵會勦賊就擒擢工部主事改陝西道御史甲申巡視京營無何賊攻眞定乘勝逼京師命章守阜城門自成兵薄皇城下章手二礮賊少却頃之賊矢如雨集章急入宮問上耗遂躍馬前賊至呼章下馬章叱之曰賊逆勤王兵至我死汝不旋踵賊怒拔刀碎章膝坐地罵賊益甚賊攢槊殺之從僕賊砍以刀不忍去又斫方走脫及暮覓章屍見猶坐地不仆張口怒目如罵賊狀僕乞民戶半扉舁纏足布畧章屍而力不能負忽一義士覩曰此非王御史

罵賊不屈者耶負章屍至寓酬以金不受問其名不答而去

管紹寧字幼承武進人崇禎戊辰廷對第三歷官禮部嘗與遜國方孝孺卹議壯直有氣

曹天錫字公純武進人進士授莆田令以忠孝率民廉介自守地有寧海橋長三十餘丈久廢天錫捐俸修之多政績民感之復任卒於莆

劉綿祚字季延武進人崇禎辛未進士授永豐知縣距贛百餘里有九連山界楚閩江廣間賊窟其中綿祚蒞任即練兵措餉請師合勦廣撫熊文燦以兵五千應賊諜知之卒衆薄城綿祚統兵民守禦敗之三日三捷賊愈恨屯黄牛洞戶綿祚直入其巢窟撫平之永豐祀之名宦

岳虞巒字舜牧武進人崇禎辛未進士知杭州有冰心鐵面之謡陞江西按察家居杜門自題其齋曰湖山貧太守惟以著書爲事垂二十餘年晚尤好易究天人理數之學有周易感七十三卷春秋平義五十四卷書成之日無疾終

薛寀字諸孟武進人崇禎辛未進士以刑部郎中擢守大梁時流寇蔓延中州寀至郡釐兵餉築外城邀守將登陴捍禦會經畧王撫寀欲先勦快快成

疾戊寅冬寇圍汴城三日黃左諸帥統兵突至勉餽給之返郡流涕大呼日時事去矣投劾歸生平著述甚多

劉呈瑞字君開武進人崇禎辛未進士授戶部主事擢御史按粵廉正持大體時海寇初平多伏莽滋民害呈瑞至四境安然歲告祲粟價騰踴發廩賑濟全活甚衆後按順天彈劾不避權貴條陳時事前後凡五十餘疏京師聞警上言通州爲重地臣不可不出守後諸州多潰惟通獨全

王孫蘭字畹仲無錫人崇禎辛未進士授刑部主事歷守成都紹興兩大郡廣東南韶道副使癸未冬獻寇逼粵屬邑多潰警報疊至士女爭出城孫蘭手劍當門不能止歎日事不可爲遂北面再拜投繯死韶人祀之名宦著有道濟畧等書

馬世奇字君常無錫人崇禎辛未進士授翰林歷官中允丁丑會試分考已卯典試江西知名士多出其門丁父憂旣祥猶飲泣澹寧居中不使母知母微聞之曰爾乃以哭父忘君耶服闋遽遣之上道時事孔棘懷宗數召廷臣問策世奇奏日前要著在收拾人心而收拾之方須從督撫鎮將約束部伍令兵不虐民民不若兵

始上以其言諭樞臣無何闖賊入京城世奇方早食赴朝聞難輟箸大慟曰是我死所矣有老僕跽以太夫人請曰毋多言捉筆啓狀太夫人南向拜哭肅冠服奉所署司經局印北面望闕拜云臣世奇萬死不能報國一死以謝陛下耳以印授其僕云有不測還禮部妾朱氏李氏皆死世奇從容投繯而卒賊入門羅拜呼忠臣云順治十年
賜諡文肅給祠田七十畝

沈鬥科 字銘臣江陰人崇禎辛未進士授建陽令初至庫餘千金吏曰此備公費用者科叱之以補窮民逋欠以人命訟者往驗得實則聽之否則立置誣者於法里豪劉孝廉暴橫列狀聞兩臺疏參削籍巨盜黃赤奸民虞華訟師范文諸人素營窟莫敢問均得其主名立斃之丁丑內召抵都以外艱歸卒

吳鍾巒 字巒穉武進人幼以文行著受業顧憲成從高攀龍悟治心養性之要門下士數百人江陰李應昇為最應昇撄璫禍被逮過郡交遊閉戸不敢通鍾巒獨迎至館談論如平生以季子訂姻年五十七始序貢得選光州學正崇禎癸酉中河南解元甲戌成進士初令長興分較浙闈得

錢肅樂馮文煒吳夢白諸名士以催科政拙不善事上官被譴家居集同志講學尋補紹興府幕移桂林府推官未幾卒所著有周易卦說大學行義霞舟語錄十願齋文集數十卷

陳組綬字伯玉武進人天啟辛酉舉崇禎甲戌進士授兵部主事旋改職方勤勞盡瘁以其暇著職方圖凡關軍機要害者悉載焉丙子典試山東事竣赴部籌兵畫餉倍于平時積勞成疾臨終呼曰吾此身不死疆埸而死床第乎簡篋中猶見代謀制勝奏草生平喜臨池乞書者麏至所著有五經副墨孝死編史觔齋詩文諸書

吳洪昌字亦如武進人崇禎甲戌進士授建德知縣清操惠政卓異內擢授禮部主事以疾假歸建德之民懷其惠立祠歲祀

陸自巖字魯瞻武進人崇禎丁丑進士知湖州歲饑每米一鍾值萬錢民群聚掠食巖諭民以仁義禍福立捕其渠魁杖殺之餘黨驚散歲饑故例郡國災傷必臺使者上之巖謂轉請勢緩恐不濟即被例自草疏奏請糴䄂充漕饑民受其利

劉憲章字端甫武進人崇禎丁丑進士授中書科舍人壬午順天以憂歸尋卒

分考得人最盛考選御史巡城行保甲法凡國戚奸民悉屏跡不敢橫暴疏數十上皆關人才得失民生利弊其尤著者救劉宗周張瑋金光辰一疏巡按順天奏請免徵豆料與誦載道流賊熾張協同督撫晝夜厲兵防禦又條三關邢襄一帶奔馳不敢言瘁屢奉溫諭

高世泰 字彙旃無錫人崇禎丁丑進士授禮部主事典粵試遷員外郎中旋擢僉事督學於楚嚴立教條江夏故有濂溪書院因下令修葺遴通省名士數百人講業其中癸未春任滿乞歸建燕居廟春秋仲丁行釋菜勤舉講會又修葺部文莊二泉書院并止水祠皆䄙益名教卒祀名宦鄉賢

王行儉 字質行宜興人崇禎丁丑進士授南戶部主事出知重慶府辛巳賊張獻忠陷夔州重慶宿重兵行儉撫馭有方釋失律之趙總兵某而言之巡撫後與賊相持數年果得趙力城破時趙亦死于難獻賊縱橫巴蜀惟重慶苦戰死守及聞京師三月十九之變守者稍懈城遂陷行儉被擒賊刲行儉縷析之肉盡默若禪定者以死行儉僕粱五亦斷右臂脫歸

俞泰交 字子開武進人崇禎癸酉舉人

庚辰歲朝廷破資格擢天下舉貢二百六十三人埒進士賜特用時泰交名第二授戶部主事凡四奉差革除羨例商民德之

秦鏞字大音無錫人年十一而孤謹守父訓事母盡孝登崇禎丁丑進士令清江五年凡所釐舉務求實惠己卯分較所得皆知名士歸里蕭然木榻絕不通人研極性命之理疾革口授辭世語弟鐄代寫畢徐請歸正寢年六十五從祀東林道南書院著有易序圖說周子通書解皇極內篇小衍參同閣集奏疏講錄諸書

曹玑字子王江陰人崇禎丁丑進士授戶部主事以部郎督餉告歸闔門于城南隅詩酒自娛吟咏不較有嘯歌萃琴漫園諸集蘭竹譜行世

胡時忠字伯昭無錫人崇禎丁丑進士甫釋褐即疏其母虞氏苦節上旌表除南昌府推官己卯壬午兩分闈試稱得人民饑盜起數用方畧定萬年金谿諸邑民變癸未春土寇李肅七肅十等造讖僭號通楚獻賊反巡撫張鳳翮會虔撫林一桂大發兵討之承檄行監軍事乃定計殲渠散黨布謀用間以撫為勦不越月而平安民發賑清還子女收瘞

枯骨三縣各立生祠擢御史奏疏多大計借不能用時忠奉母至孝老猶孺慕所著有聖學源流歷代廢興說鑑斷集要冷香齋懷古堂文集諸書**趙繼鼎**字取新武進人崇禎庚辰進士筮仕公安令莅任甫二日有惠藩承奉旗校率衆抵驛取民夫擾甚繼鼎身爲衆夫先詣承奉承奉許之不敢縛騷而去陞兵部主事以父喪歸隱居授徒以終其身**路進**字修期宜興人大父雲龍江西叅政多惠政貴州平播有功父文範與進並登崇禎戊辰進士以戶部郎督浙兌艘無留行筦榷九江有稅無罰著爲令歷遷至右布政使七省漕儲道崇禎辛巳湖州饑荒多盜民不聊生進捕戢有方一時巨盜咸束手就縛著有守湖輯要治若八法**劉士焜**號石渠靖江人天性孝友倜儻有幹局邑中利弊忼慷直陳以崇禎庚午明經授涇縣司訓擢嘉魚令多政績邑人頌之**堵景濂**字濂生無錫人崇禎壬午舉人後學冒督居家以授徒講學爲務立講會文會使人旁誦耳聽而口甲乙之前後授學者入百餘人每歲倡同善會以濟貧獨壽八十四無疾考終學者稱

爲禾齋先生著有禮經貫四書就正語諸書**楊應育**字體英爲人孝友有至性歷判寧海州有治績又判通州治南漕軍民便之時州方欲營魏閹祠屬應育主其事應育艴然怒曰吾不彼附罷官而已即日劾歸家居一日早出遇有人方鑽垣竊厥粟應育遽引避謂家人曰若饑耳一發則終身負盜名其長厚類如此**薛應玢**以太學生除陝西隴州同知流寇困城玢率兵民嬰守百餘日食盡援絕城陷有勸其降賊者玢大罵賊怒亂刃殺之**薛聞禮**崇禎末以吏員授黃陂縣尉多惠政值歲歉漕運民無以應聞禮自往漢口貸千金謂諸逋者曰歲稔當償後賊至頗聞其名欲官之挾與俱去暮即亡歸縣**華**率衆誅僞令賊復大至執之罵不絕口遂見殺**白滋**字子梁無錫人少從顧憲成高攀龍遊明季入粵爲養利學正值交趾人寇城陷乃登明倫堂具衣冠拜闕題詩自經妾姜氏撲殺三歲兒亦縊于堂祀名宦著有石袍當哭諸稿**嚴彀**字佩之無錫人弱冠遊邑庠年二十七讀高子遺書心好之順治庚寅纂東林書院志成高世泰延

爲主廡江南學使張能鱗修理學宮命有司禮聘表其門曰力扶正學晚貧甚足又不良於行詠歌一榻弟子百餘人著有生軒存稿易說易同諸編

過俊民字尊伯無錫人郡庠歲薦上疏備陳漕白二糧利弊報可除常熟司訓崇祀鄉賢

鄒期禎字公寧無錫人性至孝爲郡諸生與弟期相舉賢良方正終日研求經義學者稱期禎經畬先生期相忠餘先生祀崇正書院

任元浡字還生宜興人天啓丁卯舉人崇禎間授望江教諭流賊突至隣縣皆潰元浡護印城守賊偵知有備去居未幾縣令又缺賊又至當事檄元浡攝縣事時賊號數十萬人無固志元浡登陴誓衆曰我全家數十口願殉此城有二心者死無赦於是士民皆感泣死守夜半坐敵樓有流矢至史卒方熟睡浡欲鳴鼓恐其張皇使門吏于陴服中放一銃內外寂無聲比曉視城外馬跡雜沓若千騎蹂躪狀蓋賊嚮枚襲城先發一矢知有備而去云

徐洪祚字式國宜興人幼孤力學舉人授程鄉知縣劇賊鍾陵秀擁衆十餘萬據鼓嶂勢張甚洪祚出奇制勝平之原其脅從復爲

善後計於海潮程平四縣之間割地設鎮度地計工不踰時告成遷荆州同知時荆州缺守流賊將至守禦無策巡撫一見洪祚名喜曰此人可以辦賊遂檄署印擐甲乘城暑月不解帶者二十四晝夜會滇兵二千應調至無支餉洪祚多方措給藉以擊賊城賴以全丙子乞休

儲瀧字剛甫宜興人少爲諸生有聲受學於錢一本遂棄舉子業專心理學人以爲迂獨浙江章宸一見執弟子禮崇禎初巡按祁彪佳聞其名請見必欲得所著書將薦于朝瀧以疾辭乃表其門曰理學真儒所著有易疑諸書

黄廣字冠龍無錫人少從顧憲成兄弟游遂淬志理學乙丑丙寅間詔毁書院時璫焰熾廣日趨講席不輟高攀龍死難有司欲縶其子廣聞之要華孝廉國材極陳罪不及孥之意其子獲免已巳以貢除鎮江學博旋擢安遠令先是邑有重獄讞辟候决忽流賊至脅獄囚皆從之中有董傳等願出死力守城城得不潰尋以疾卒於任所著有禮樂合編承天紀世覽玉磬齋詩集諸書

張雲鸞字羽臣無錫人孝悌廉正數以文字受知於有司然一無干謁惟覃精經

史刻求聖賢心蘊雅善講說遠邇名家爭以厚禮延致師事之從同邑顧憲成游著東林講議祁彪佳按吳式其廬一時與二鄒齊名

丁明俊 字彥超無錫人年近壯始志于學舉動一遵儒禮每日靜坐雖盛暑不弛冠服論學一宗紫陽廣同善會以賑貧寡

秦爾載 字彥熙無錫人梁之孫少受書於葉茂才以親賢遠佞見稱既而師事高攀龍刻近思錄朱子節要二書每日手注功過於籍以自糾考事後母生母吳交盡其孝自奉甚朴而粥飯者絜凍者楷殍者歲以爲常無倦色子鏞鉞鋏亦皆有學行

華允誼 字汝正無錫人允謀仲弟也孝友質直力追古人一領歲薦不赴廷試初偕其弟允誠受易于毘陵錢一本繼見高攀龍於東林聞其教憬然有得從事敬靜晚自號後菴年八十四卒學者稱龍超先生著有三像粹精春秋傳載記纂疏等書

萬象 字與調宜興人舉人司宜城鐸捐俸葺學宮課新寒士麻一鳳等十人俱聯擢巍科任江右和順令頑俗爲醇時有大兵駐順師不能馭兵譁象新單騎赴營諭之聽命壬戌考選治行第一擢南

垣時魏瑺專擅象新勇退請告尋遷南昌郡丞藩府驕恣中丞不能制而獨憚象新之剛直各省建瑺祠監司將媯工象新執不可未幾瑺伏誅陞刑部郎中年六十乞歸居家六載捐貲建小宗置祭田贍貧睦族

吳正已字興則宜興人博學善文貧而好施親友待以舉火者數十家由萬曆乙卯舉人崇禎間累官戶部主事丙子督餉艮涿時值軍興正已出入矢石軍賴以濟尋管祿米倉時其收放解戶無稽留之困瓜代時餘米豈數千石正已悉上之後以郎中管明智坊草塲又值軍興盡瘁遷郎襄兵備道乞歸年七十一有開滿堂詩集行世

錢爾登字叔嘉無錫人生平篤志正學登崇禎癸未進士授長興令蠲竹木之浮稅懲訐詐之刁俗民甚德之

莫可及字君愚宜興人由監生授長沙照磨崇禎十六年護寧鄉縣印流賊破縣不屈而死二子若鼎若鉦聞之號慟奔訪骸骨并罹害

皇清**呂宮**字長音武進人順治丁亥進士廷對第一授秘書院修撰

世祖章皇帝親試館員宮僚對首請建常平倉深稱
上意擢學士尋晉吏部侍郎肅清銓政歷弘文院大
學士薦舉江東耆舊請停織造江浙白糧以甦民
困持身謹飭
聖眷有加積勞引疾五疏乞休加宮保馳驛歸里
遣官存問癸卯
世祖山陵襄事力疾會葬號慟至陵嘔血增劇歸而
卒訃聞　諭賜祭葬所著有詩集五經辨訛羣書
通解

劉光斗字暉吉天啓進士司理紹興多雪冤獄
功攝會稽時海寇劉香橫海上浙撫以爲監軍有
邑賴之立諸暨兩邑篆海潮壞岸築石塘圩岸兩
祠祀焉擢御史彈劾不避權貴乙酉
王師南下郡邑震驚擇人安撫光斗以大理丞
安撫蘇常賴以安輯壬辰典試廣西道卒

莊應會字春侯廷對二甲第一授禮部主事歷福建提
學順治三年以薦補江西參政值逆賊金聲桓
亂秉間奔譚大將軍勞具言賊可殲狀既而逆賊
授首以軍功遷右布政時江西以從逆當屠成應
會入言錢糧重寄所司書吏乞貫死大將軍立旗
招之非吏者亦爭趨赴活數萬人癸巳入覲疏請

汰袁瑞兩府浮糧得旨乙未移四川左布政尋晉刑部右侍郎卒於途賜祭葬楊廷鑑字冰如崇禎癸未廷對第一授翰林院修撰先是張清惠瑋廷鑑師也以總憲卒於官無子廷鑑麻衣哭泣經紀含殮謝絕賻贈曰不敢以此傷公身後廉也順治間內閣經略交薦以病未就里居讀書積善郡邑學校頹廢久廷鑑捐金倡助歲饑東西設粥暮夜施苫生全者無算所著有靜山日鈔東皋遺稿朱子全書抄等書卒崇祀先賢莊冏生字玉驄順治丁亥進士授翰林檢討世祖章皇帝名試國書名次第三超擢贊善辛卯典試湖廣還朝適范文肅懸冏生山水圖於弘文院上臨幸見而愛之立命給筆札更圖以進冏生畫一駿馬以聖主得賢臣爲喻上大悅撤御前金盌衣二襲賜之陞右庶子以憂去今上即位拜左庶子兼侍讀年五十三卒孫自式字依月年二十登進士官翰林條奏巡方科場二事疏極剴切主順天辛卯鄉試又疏自請爲本縣令詔歸治疾自號鳳山歸杜門著四憶詩數卷馮達道字惇五順治丁亥進

士授戶部主事歲入覲詔覲臣奏地方利弊江右藩司以袁瑞二府浮糧對疏下部議同官咸難之逵道力爭得報可出守漢中時漢南半爲軍營地有吏索營債者向守追捕逵道厲聲叱曰某爲朝廷官爲若輩追逋耶謝事告去帥府隨縛前吏撻之始出視事轉河東鹽道舊例鹽價必先封後掣貧賈患之逵道令先掣後封商樂其便

楊兆魯字泗生順治壬辰進士歷任福建延平道晉秩少叅在西曹多所平反衝文江右所得皆名士刱南昌新建學宮再修白鹿澹臺書院任福建適有封藩移鎮之命及抵延罷供張屏驛騶革四大弊去三大害尋移病養母闔遂初園課子以終

莊應詔字宣侯性孝友恩貢令與寧山賊竊發惠潮郡縣皆尨解應詔集民兵繕器械躬自帥戰衣不解帶者五月餘士民感奮適王師至賊宵遁赴部改授道經豫章值金聲桓叛大將軍譚泰知其才品特疏題補瑞州推官未幾致政歸與寧之民皆建特祠祀之

鄒祇謨字訏士順治戊戌進士事母孝母教嚴謨承歡讀書

日記萬言與董以寧工爲詩詞有鄒董之稱著有遠志齋集傳世未仕卒

董以寧 字文友郡庠生隨父進士上治爲工部主事治惠河有勞績以寧天性孝友文才敏贍所爲詩歌古文詞皆有古人風旁及天文曆象樂律方輿之書無不貫通

鄒忠倚 字于度無錫人父兖金庚午孝廉多陰德忠倚幼時求夢於忠肅公祠夢見忠肅若倚其身者然因改今名未弱冠舉於鄉已丑成進士壬辰廷對第一授翰林修撰爲人孝友謙謹無聲色貨利之好卓然公輔器也竟早卒于京

薛信辰 字侯執無錫人應旂會孫順治已丑進士授潮州知府隨征赴任順治癸巳知潮人郝尚久有逆志密聞於上未幾尚久叛脅署僞官信辰拒不從被收下獄乃上潛遣其子出城約總兵吳六奇進兵內外策應爲逆弁所知尚久縛信辰將斬之士民萬人哀號救免仍入獄時一門投井仰藥死者五人復密遣家丁間道潛會大師至九月十三夜一鼓城下始得脫督撫疏聞補保定知府陞副使備兵井陘圉地令下善調劑兵民莫不感悅擢江臬陟浙藩所至多惠政以侯調歸里閉

戶著字銘柏無錫人可久四世孫少負文武
書卒顧煜材意氣卓犖不可一世嘗忤墨吏至黜
落賴其師馬文肅白復之年近五十登順治己丑
進士宰象山仁儉自勵革弊政祛蠹吏練兵却寇
履畝平徭設觀瀾社集諸生講課邑大治以失上
官意論罷去位之日邦人歌思之所著述有尚書
講義經濟鉅文　張令憲字嘉仲無錫人順治丁亥
古文粹諸書　貢携其子赴香山任壬辰
滇寇破香山父子遇害事聞贈僉事　唐德亮字釆
賜
祭葬廕子惜無餘子繼其絕者　臣無
錫人少有才思以制舉業開闢風氣順治壬辰成
進士官戶部郎督糧寧夏管通州倉以勤死于官
所著四柳亭　儲曾字觀我宜興人順治己丑進士
書巢諸集　任永豐知縣豐邑多盜曾擒渠
首誅之寇悉平兵有奪民財者寘諸獄其黨五人
自稱提標官捧檄索獄中兵曾識其詐并執付獄
訊伏法自是驕兵斂跡明靖難魏晃子孫隸所衛
戍伍曾搜舊牒除其籍以民逋糧免歸越一年奉
檄回豐清額欠境上有民挈妻迎拜車下者問故
則向有豪欲奪民妻訟諸官曾斷歸民至是生男

女各一故戸祝不忘云至縣治百姓環泣爭完逋課得復歸

劉熙學字乾之靖江人以數奇困諸生後子疇成進士不易其故新宗祠輯家乘敦倫睦族人欽其德

路遴字子將宜興人少與兄邁互相師友及邁掌銓衡杜門力學謝絕干請登壬辰進士母老歸養服闋官刑部多所平反條議革九鎖柙杻遷永平守地濱灤河通七里海水發輙潰隄遴積俸率屬築石堤數百丈俗多獷悍鋤擊不畏强禦歲除錄所行事焚香告天以求無媿在郡三年訟息庭清巡撫董國興督學熊伯龍并薦治行第一卒於官士民祠祀著望古齋集

岳鍾淑字天濤武進人武穆後裔壬辰進士以詩經名家卓有文望授錢塘令省會衝疲躬厲廉隅力裁供億積困稍甦民至今謳思焉調閩令惠績尤著以循卓擢吏部主事陞員外持正却例門無私謁儆邸舍止容膝退食焚香讀書不事交游飲燕丙午丁未鄉會分校所取盡一時名宿順天張烈姑蘇趙炳其首拔士也時銓法變成例六曹計俸通陞淑得比部郎雅不爲意尋假歸生平古樸醇厚有執特宦槖蕭然爲錢塘墊所逋

課民弗能應毀所居宅償之居鄉有長者風人此爲陳太丘云

周仲球字虞卿鼎次子與弟季琬同登壬辰進士授寧波推官甲午分房浙闈所取得人罷官歸里爲人耿介無聲色之好於勢利泊如也每遇歲荒必出米貸耕者施粥施棺力行無怠

周季琬字文夏鼎幼子由進士選庶常第一改御史江南遭政積弊甚多季琬具疏力言漕蠹爲之惕息康熙五年廷臣成望

皇上親政而莫敢言季琬因議祀典請躬承匕鬯以發其意疏入留中明年春季琬卒於官前疏忽奉

兪旨因　賜馳驛扶櫬蓋異數也所著有尋烟草致遠堂文集行世

潘瀛選字仙客空與人順治巳丑進士授中書舍人甲午分房北闈丁酉主考廣西皆稱得人遷兵部郎中知河間府以原籍錢糧罣誤降調寧波同知遷長蘆都運青州分司卒于官先是辛丑春河間營以餉不給夜謀砲聲四震瀛選坐堂上馳名其帥曰餉自我辦何譁爲諸弁素服瀛選立爲解散質明設法貸辦餉次第給人服其有應變才云

劉幬字江舟靖江人少負儁才諸生時爲邑令陳函輝所賞識丁亥

進士筮仕閩建安時八閩未靖建安山賊盤踞勢甚賜張幬同

王師進勦拮据蓐餉數月賊盡焚積聚逃匿入山城下日惟有積屍餘燼幬隨命家丁掩骼埋胔誅茅結舍招集流亾時大兵雲集饋餉不繼晝夜奔馳一病幾亾兵四出搜勦幬爲請命全活甚衆流亾漸歸多方撫揖至今建民德之子鑑字氷函以明經授魏縣丞丁艱服闋補淳安軍功例得以縣令陞用時值耿逆變叛

王師雲屯餉芻軍器解運無停晷鑑櫛風沐雨露宿行間積勞成疾卒于官浙撫憫其勤于王事而死具題馳驅歸葬

戚藩字价人江陰人壬辰進士授陜西安定縣令縣故極西鄙日課諸生人文爲之一變尋報罷日杜門爲文刻課兒近藝拮題大旨共若干卷爲人硜介專靜不事浮競康熙乙卯無疾而終學使邵嘉廉其實行祀鄉賢

徐之龍字仲升江陰人順治三年以恩選入貢授神木知縣庚寅春逆賊王永强啃黨攻城之龍嬰城固守城陷之龍及二子廷綸寵綸不屈皆死事聞贈僉事賜祭葬廕子叔子錫綸訪父骸骨

中塗物故其弟琬綸鳴綸復相繼病没今垂三十年輿櫬未歸知者無不爲之感嘆朱應鼎字凝和靖江人有文譽邑弟子多從之遊自處端重方嚴與人簡易直諒事親最孝後膺貤封享大耋人以爲修德之報惠疇字庶康江陰人順治乙未進士不競仕宦惟課子讀書以自適其性至于地方利弊無不一力仔肩如開濬瀫港建立文星樓懇請當事永免楊舍雜差種種陰善至今誦德不衰云陳維崧字其年宜興人工詩文舉博學鴻儒特授翰林院檢討卒于官

鎮江府

漢包咸字子良曲阿人受業長安習魯詩論語王莽末歸鄉里途爲赤眉賊所執晨夜誦經自若賊異而遣之光武即位舉孝廉除郎中授皇太子論語遷大鴻臚每進見賜以几杖經傳有疑輒遣小黄門就問顯宗以咸有師傅恩而素清苦俸祿增于諸卿咸皆給諸生之貧者子福拜郎中亦以論語入授和帝

左恢曲阿人官至尚書左丞京師稱其清高子忠爲邑令所至有異政

三國吳華覈武進人以文學爲中書丞孫皓即位封徐陵亭侯更營新宮制度玄廣飾以珠玉覈上疏諫不納遷東觀令右國史前後陳便宜及貢薦良能解釋罪過書百餘上皆有補益後以微譴免

殷禮字德嗣雲陽人少起微賤顧邵拔而友之爲立聲譽吳王權名除郎中與張溫同使蜀諸葛亮甚稱歎之曰東吳菰蘆中乃有此人遷零陵太守子基以才學知名著通語數十篇

韋昭字弘嗣雲陽人少好學能文爲太史令撰吳書孫皓時封高陵亭侯領左國史時所

在數言瑞應皓以問昭昭答曰此家人筐篋中物耳又皓欲爲父和作紀昭以文皇未登帝位當立傳不當爲紀皓滋不悅誅之所著有洞記三卷宮職訓及辨釋各一卷子隆亦有文學

晉**何無忌** 居京口同劉裕起義斬桓修衛安帝封安城郡開國公初桓元聞裕等起兵甚懼曰何無忌劉牢之甥酷似其舅其見憚如此遷鎮江州率舟師拒賊盧循敗績衆奔散無忌握節督戰被害謚曰忠肅子助官至侍中封安成公

檀憑之 字慶子高平人世居京口少有志力治家雍肅撫從兄五子若已生累官寧遠將軍義旗之建與劉毅俱以私難墨絰而出領一軍至羅落橋遇桓元將與戰軍敗被害贈曲阿縣公

劉毅 字希樂居京口少有大志剛毅沉斷劉裕辟從事誅桓元有功初毅丁憂及軍役漸寧上表乞還京口以終喪禮詔不許封南平郡開國公都督荊州諸軍事

劉簡之 世居京口有志幹初爲劉裕所知赴義封晉安縣五等男弟謙之廣州刺史撰晉紀二十卷

孟昶 字彥達父馥移家京口昶矜嚴有志局少爲王恭所知預

義旗之勳遷丹陽尹尚書僕射

孟懷玉世居京口從劉裕平京口定建業盧循逼都以戰功爲參軍循平封陽豐男弟龍符驍果有膽氣爲劉裕所知以軍功封五等縣子從伐廣固乘勝追奔被圍見害追封臨沅縣男

臧熹字德仁家京口少好學善三禮貧約自立太元中立國學謝元舉熹爲助教議宣太后不當配食中宗從之又因太廟災議祧禮學者多是之

南北朝

劉粹字道冲家世京口初辟州從事以佐命功封建安侯文帝元嘉三年討謝晦晦與粹善以粹子曠之爲參軍帝甚疑之王弘曰粹無私不必憂及受命南討一無所顧帝以此嘉之晦亦不害曠之遺還

向靖字奉仁居京口從劉裕平京城討盧循所在著績高祖受命封曲江縣侯立身儉約不營屋宇無田園商賈之業時人稱之

劉秀之字道寶穆之之從子少孤貧何承天雅器重之妻以女元嘉中令建康有政聲令襄陽修復廢堰培良田數千頃既都督漢川値饑饉躬自儉約遷益州刺史時南郡王義宣據荊州爲逆遣使徵兵于秀之斬其使以功封康

樂侯

劉琨之 琨族弟碑竟陵王誕司空主簿誕作亂以琨之爲中兵參軍不就死之

徐豁 邈之子有父風以孝聞爲山陰令精練法理爲時所推

劉康祖 世居京口康祖膂力絶人每犯法文帝以勳臣子原貸之後爲參軍被委任折節自修元嘉中魏太武圍汝南帝遣康祖總制爲前鋒攻破魏軍

劉道產 簡之子襲侯爵累遷梁南秦二州刺史有惠化後爲雍州領寧蠻校尉諸蠻不受化者皆順服百姓樂業澤被西土卒官喪還諸蠻皆縗絰號哭追送至沔口

劉延孫 道產子官南徐刺史時帝遷竟陵王誕使居廣陵誕方命遣使邀延孫延孫斬其首送京師役遣兵渡江受沈慶之節度官至尚書左僕射贈司徒

蕭道度 南蘭陵人與弟道成俱受學雷次宗父承之問二兒受業次宗答曰兄外朗弟內潤皆良璞也隨承之征伐仕至定安太守

蕭思話 南蘭陵人襲父爵封陽縣侯以外戚令望早見任侍歷州十二仗節監都統凡九愛才好士人多歸之子惠開襲侯

蕭惠基 思話子仕耿介峻異爲御史中丞百僚畏憚

齊爲都官尚書掌吏部尚書王儉朝宗貴望惠基同在閣非公事不私覿焉初思話于曲阿起宅有閒曠之致惠基常謂所親曰須昏嫁畢當歸老舊廬時稱爲善士

蕭赤斧南蘭陵人竟陵王反赤斧攻戰有功封亭侯出補晉陵令治政爲百姓所安蕭道成輔政用爲雍州刺史在州勤于奉公及卒家無儲積子穎胄有父風荆州刺史好文義弟穎達好勇使氣官至左衛將軍世祖登烽火樓詔羣臣賦詩胄詩合旨世祖曰卿文弟武宗室便不乏才

蕭景先南蘭陵人少遭父喪有至性世祖微爲侍中遷丹陽尹荒人桓天生引蠻寇入掠詔討之景先至鎮屯軍城北百姓乃安軍未旋而卒景先器懷開亮幹局通敏義兼勳戚帝深悼歎之

蕭景字子昭南蘭陵人八歲居父喪以哀毀聞既長好學才辨能斷建武中官丞寧令政爲百城最太守范述曾居郡號廉平雅服景乃榜郡門曰諸縣有疑滯可就永寧令決之高祖踐祚封吳平縣侯南兗州刺史在州清恪有威下不敢欺會年荒計口賑恤死者給棺具人甚賴焉

臧嚴字彥威燾孫幼居父憂以哀毀聞孤

貧勤學性孤介未嘗造請梁僕射徐勉欲識之嚴終不詣歷官義陽武寧郡守郡介蠻左嚴以數門生單車入境羣蠻悦服有文集十卷

劉璡 字子璥惔六世孫居京口方軌正直嘗爲武陵王曄叅軍王自割鵞炙璡曰此膳夫之事殿下親執鸞刀下官不敢安席因起請退兄瓛夜坐閤壁呼璡整衣束帶畢然後應聲生平目不覩邪色爲人蓋甚方嚴

王僧孺 世居京口家貧傭書養母好墳籍聚書至萬餘卷其文麗逸多新事終南康王諮議叅軍

蕭琛 字彥瑜思話重孫舉秀才累遷司徒記室光祿大夫有才辯善于使命所撰漢書文府齊梁拾遺文集數十萬言

蕭介 字茂鏡思話孫少穎悟有器識辟府長史在職以清白稱武帝謂何敬容曰蕭介甚貧可以處一郡復曰始興郡頻無良守可以介爲之介至郡甚著威德會侍中缺帝曰我門中久無此職可用蕭介爲之應對左右多所匡益

劉勰 字彥和秀之從孫早孤篤志好學家貧不娶依沙門十餘年博通經論撰文心雕龍五十篇昭明太子沈約等咸愛重之辟記室累官步兵校尉

臧盾 字宣

卿齋曾孫辟尚書中兵郎累官領軍將軍爲人敏贍有風力長于撥繁職事甚理幼從徵士諸葛璩受五經璩曰此生王佐才也

蕭濟 字孝康南蘭陵人少好學博通經史預平侯景之亂封松陽縣侯入陳官五兵尚書爲揚州別駕高祖嘗取州曹事省覽謂人曰本期蕭長史長于經傳不意精練繁劇乃至于此終祠部尚書加給事中

江德藻 革子世居京口好學美風儀性至孝友事親盡禮與異產昆弟恩惠甚篤陳武帝受禪爲秘書監累遷御史中丞公事免後補新喻令政尚慈惠頗有異績著文十五卷

蕭乾 字思惕南蘭陵人性恬簡善隸書九歲補國子生十五舉明經慶官超授五兵尚書嘗使說諭熊曇朗等皆順附除建安太守留異反陳寶應助之守宰並受其署置乾臨郡獨不屈寶應平世祖甚嘉之

蕭引 字叔休介子當歐陽紇反都人士皆惶駭惟引恬然謂友人曰君子正身以明道直己以行義何憂懼乎官至吏部侍郎中庶子

唐

馬懷素 字惟白丹徒人擢進士第累官左臺監察御史武后詔令按問崔貞愼魏元忠

反狀懷素解白之引漢高用欒布爲驗后意解宰相李迥秀歛賕翫法懷素劾罷之歷任修文館直學士開元初封常山縣公肩輿以進每宴見帝自送迎事以師禮卒帝舉哀于門外

桓彥範 字士則丹陽人以門蔭授官狄仁傑見而器之累擢御史中丞與張柬之等謀誅張易之昌宗于廡下太子即位以定策功封譙郡公韋后干預朝政上表切諫不納尋封扶陽王罷其政武三思矯殺之後睿宗復其官爵謚曰忠烈

蕭德言 字文行引子仕唐歷弘文館學士奉詔裒次經史百氏帝王興衰之故又詔以經授太子兼侍讀請老不許封武陽縣侯進秘書少監

孫處懸 潤州人以學行著名李濬刺潤州薦徵爲左拾遺神龍初功臣桓彥範等用事處懸遺書論時事得失彥範不用其言乃去官還鄉

陶翰 京口人進士歷官禮部員外郎工詩同郡殷璠評其詩云既多興象復備風骨三百年以前方可論其體裁

蕭穎士 字茂挺梁鄱陽王恢七世孫西歲屬文十歲觀書一覽即誦舉進士對策第一客濮陽名士多執弟子禮號蕭夫子名爲集賢校理

宰相李林甫欲見之穎士不詣林甫怒之調廣陵
參軍乃依春秋義類爲傳百篇名乘傳詣史館而
林甫方威福自擅穎士不屈愈見疾竟免官交祿
山寵恣穎士郎託疾遊太室山已而走山南祿山
璘名之不見後客死汝南門人共謚曰文元先生
子存亮直有父風能文官至比部郎中疾裴延齡
奸去　**施敬本**　丹陽人爲四門助教明皇將封禪詔
官所在有司講求典儀敬本歷陳古制
言盥洗乃褻人之事侍中位宰相非褻
人比最爲得體屢遷至右補闕校書郎　**權皐**　字士孫自
畧陽徙居丹徒天寶中進士安祿山表爲薊尉署
幕府皐度祿山且叛不可諫欲行慮禍及親因使
獻俘京師還過福昌尉沖謨佯痞死乃得逸去潛
奉母南奔旣渡江而祿山反天下聞其名爭取以
爲屬永王璘舉兵皐又詭姓名以免帝嘉之除監
察御史拜起居舍人固辭李季卿爲江淮黜陟使
列其高行以著作郎名　**儲光羲**　丹陽人開元中登
不就元和中謚貞孝　進士第名中書試
文章歷監察御史工　**包融**　京口人能詩與賀知章
於詩所著有詩集　張旭劉眘虛皆有儁名

號吳中四傑終集賢院學士二子佶何兄弟齊名工詩世稱二包**皇甫冉**字茂政丹陽人十歲能屬文張九齡歎異之與弟曾皆善詩天寶中相繼舉進士王縉表冉書記曾字孝常歷官殿中侍御史當時比張氏景陽孟陽云**權德輿**字載之皋子徙居曲阿七歲居父喪哭踊如成人未冠以文學稱德宗聞其材名爲左補闕裴延齡判度支德輿疏斥其奸不報屢遷中書舍人獨直兩省上書請循舊例分曹相檢帝曰非不知卿勞但擇如卿者未得爾元和初拜同中書門下平章事上嘗問政之寬猛孰先對曰列聖皆尚忠厚德輿辯論開陳古今本末以覺悟人主爲輔相寬和卒贈尚書左僕射謚曰文**權璩**字大奎曲阿人德輿子擢進士歷監察御史有美稱爲中書舍人時李訓挾寵以博士在翰林璩遣章劾訓傾覆陰巧不宜出入禁中不聽尋貶徙鄭州訓誅時人多璩明大體能世其家**戴叔倫**字幼公金壇人歷任撫州刺史作均水法民便利之耕餉歲廣獄無繫囚期年賜詔褒美封譙縣男容管經略使德威著聞所至稱最德宗嘗賦中和節

詩賜　丁仙芝曲阿人舉進士爲餘杭尉工詩郡人之又有殷遙張潮皆以能詩聞于時後世編唐詩者往往采焉　丁袗字德祥金壇人弱冠爲楊行密討黃巢以勇應募戰功多爲都押衙擒孫儒以功擢都知兵馬使行密性猜忍袗不自安謝病歸平生不殖貨不嗜酒不掩人善生於亂世而得明哲保身之義歷五代至宋乾德初年九十一歲卒　許渾丹陽人舉進士授太平尉遷監察御史歷睦郢二州刺史所賦詩號丁卯集

宋

刁衎字元賓其先上蔡人父仕南唐賜田京口因占籍家焉仕爲集賢校理入宋授知桐廬縣上書諫滛刑獻文四十篇名試授殿中丞通判湖州上言五事歷知廬潁諸州輒有政績終兵部郎中有集二十卷子湛湜渭皆進士　吳淑字正儀丹陽人從李煜歸宋以薦名對便殿歷充秘閣校理爲太宗所賞嘗獻事類賦百篇累遷起居舍人擢職方員外郎時諸路所上閏年圖皆鑾儀司掌之淑上言周禮職方氏掌天下圖籍請以圖上職方從之淑純靜好古善筆札工篆隸有

集十卷

吳遵路字安道淑子第進士累官至秘閣校理奏事切直出知常州嘗預市米以備歲儉民賴以濟知開封府馭吏嚴肅元昊反建議復民兵遷龍圖閣直學士知永興軍及卒仁宗悼之遵路爲政簡易立朝敢言無阿倚居平廉儉既歿友范仲淹分俸賙其家

刁約字景純衎諸孫第進士官直史館嘗使契丹改判度支院出知揚州浩然有山水之志掛冠歸蘇軾輩皆與之善

邵必字不疑丹陽人舉進士充唐書編修官必以史出衆手非古人撰述之體辭不就出知高郵軍京口轉運使居官振厲風采入知制誥時契丹數伐界上種木又數漁界河中事聞命必往以理折之契丹屈服還加龍圖閣直學士知成都

邵亢字興宗必從子舉茂才時布衣被名十四人試崇政殿獨亢除推官趙元昊叛亢獻兵說十篇名入直講館閣仁宗繼嗣未立亢因集兩漢以來帝系承襲著興亡論十篇上之英宗訪以世事稱曰學士眞國器也擢同修起居注言治國先齊家願採用古婚禮帝深納之卒贈吏部尚書

陳汝輿字公武晉江人徙居丹徒第進

士知海州歲饑不俟報發廩賑爲監司所奏貰請以身坐毋及僚屬朝廷嘉之罷不問母憂去官遂終身不仕

張偶 字大方金壇人登進士官屯田員外郎號廉能吏

王存 字正仲丹陽人登進士爲密州推官修潔自重與王安石厚安石執政數引與論事不同郎謝不往累上書陳時政因及大臣神宗察其忠以爲國史編修起居注累官至吏部尚書時朋黨論熾存言人臣朋黨誠不可然或不察則濫及善人以右正大夫致仕存性寛厚不爲詭激之行至其所守確不可奪司馬光嘗曰並馳萬馬中能駐足者其王存乎

蘇頌 字子容同安人父紳葬潤州因徙居之第進士調南京留守推官留守歐陽修委之以政杜衍家居見頌深器之頌後歷政多類衍英宗時送葬丹使宿驛舍火頌不動徐使防卒撲滅還入奏稱善累遷知審刑院時知州張仲宣例杖脊黥配頌奏請免神宗令免杖而黥之頌曰古者刑不上大夫貸死而黥所重汙辱衣冠耳遂免因定爲法元祐七年擢左僕射兼侍中門下侍郎頌爲相量能授任深戒疆埸之臣徼功生事卒贈司空魏國公

頌器局宏遠雖貴奉養如寒士經史百家無所不通有子十人嘉京攜最知名

姚闢字子張金壇人第進士授項城令通州通判所至有聲時以辭章相尚闢獨究心六經而論說多所開發修禮書有太常因革禮一百卷歐陽修甚稱之

顧方丹陽人第進士爲象山令始至名父老詢民間利病建學以教其子弟親爲講說民大化服方病邑人禱於神者千人弗痊繙服以進者十三人竟不起百里內號泣思慕爲之立祠

陳廓字彥明金壇人第進士歷官廣東轉運判官同列多以獻羨財進用廓曰財民力也有羨當還民可剝民以爲已利乎奏罷除所與錢監移廣東提刑鄒浩稱其文高學博趨操堅正云

蔡肇字天啓丹陽人從蘇軾游第進士歷仕至中書舍人後奪職會赦知睦州卒坐黨籍斥不用有丹陽集三十卷弟載字天任工詩以薦除承事郎建康中李綱薦爲辦事後屢徵皆稱疾不就

蔣猷字仲遠金壇人第進士歷仕御史中丞有直聲嘗論士風浮薄廷臣伺人主意承宰執風旨此風不可長輔臣奏事殿上雷同倡和畧無所可否非論道獻替

之體內侍省不隸臺察紊元豐官制揚戩不當除
節度使趙良嗣不宜出入禁中皆嘉納之累遷吏
部尚書靖康初奏黜童貫卒
以徽猷閣直學士贈特進
宗澤字汝霖義烏人其祖家於潤澤
第進士歷官登州通判奏免不毛之地歲輸萬餘
緡靖康元年命知磁州即日单騎就道至磁繕城
浚池治器械募義勇爲固守計除河北義兵都總
管康王開大元帥府澤履氷渡河見王謂京城受
圍入援不可緩宜急引軍趨澶淵汪伯彥等難之
遣澤先行澤自大名至開德十三戰皆捷時二帝
北行澤聞即提軍趨大名欲渡河邀還二帝而勤
王兵無一至者王即位南京澤入見涕泗交頤陳
興復大計李綱上言緩復舊都非澤不可徙知開
封府前後請帝還京二十餘奏每爲潛善等所抑
憂憤成疾諸將入問澤矍然曰汝能克敵我死無
恨翊日風雨晝晦連呼過河者三而薨詔贈觀文
殿學士
謚忠簡
都郁字子文丹徒人易學純粹爲鄉里師
任惠州教授學者多宗之子潔字聖
與由進士累官淮南總領世其家學有
周易說義十四卷周易體裁十六卷
洪擬字成
李丹

陽人第進士爲監察御史時王黼蔡京更用事擬無所附會坐貶建炎間爲中書舍人上言兵興餽餉無名之歛殆無虛日執政議移蹕饒信間擬力爭不可累遷吏部尚書紹興中以論奏切直罷爲徽猷閣直學士又與兄子典祖同上封事侵在位者俱罷

葛勝仲字魯卿丹陽人第進士爲太學正帝幸學多獻頌者勝仲獨獻賦首名權國子監司業太常卿詔續太常因革禮書增爲三百卷及進春宮以勝仲兼諭德採歷代太子善惡成敗之迹日進數事除國子祭酒歷知數州有政績忤朱勔罷歸

翟汝文字公巽父思自開封徙丹陽汝文第進士除秘書郎以諫沮東封謫監宿州稅久之名除著作郎遷給事中高麗使入貢詔班侍從之上汝文言春秋之法不可卑近列而尊陪臣內侍梁師成强市百姓墓田汝文上言被黜紹興中忝知政事與秦檜不合罷去

張縝字彥智金壇人以父蔭官至寶文閣學士金壇縣開國男建炎三年守揚州時金兵圍揚州朝廷恐縝力不能支許退保鎮江縝堅守不動後城潰及妻子皆死之

張綱字彥正金壇人爲校

書郎入對論君子小人混淆稱旨與蔡京不合出主玉局觀久之還故官朝議遣童貫蔡攸使朔方綱力言不可出爲西浙提刑名權監察御史進徽猷閣待制致仕秦檜用事綱居家二十年絕不與通問檜死名除叅知政事摘利民八十事乞鏤板宣布告老致仕嘗曰以直行巳以正立朝以靜退高天下所著有華陽集及他書百餘卷

陳東字少陽丹陽人以貢入太學欽宗即位率其徒伏闕上書請斬蔡京梁師成李彥朱勔王黼童貫六人言極憤切金師迫京師李邦彥議和李綱主戰邦彥因罷綱東復率諸生上書言綱可用邦彥可斥軍民從者數萬喧呼震地綱得留吳敏奏補東官力辭以歸高宗即位相綱旋名東東至未得對綱去乃上書乞留綱而罷黃潛善汪伯彥不報未幾竟斬于市高宗後悔詔贈秘閣修撰

洪興祖字慶善丹陽人少讀禮至中庸頓悟性命之理登第爲宣教郎高宗時爲太常博士應詔建言爲時宰所忌出知廣德軍爲陂塘六百餘所新學舍知眞州請復民租闢荒田至七萬餘畝卒後贈直敷文閣所著有春秋本旨周易通義等書共

百餘卷

洪造 字彥襲與祖弟兄弟同登第授歙州黟縣尉時方臘陷郡縣造與賊相持賊入城首取造擊殺之曰爾復能拒戰否璽書褒之與一子將仕郎

湯鵬舉 字致遠金壇人登第歷官當塗令聽訟敏決姓名狀貌一見輒不忘歷官本路轉運副使自潤至杭苦徭來征稅鵬舉奏罷陞淮東漕使秦檜死名鵬舉爲殿中侍御史白上黜檜姻黨極論董德元附檜爲非罷其官請釋趙鼎子汾及王之奇等累官參知政事

褚籍 字彥文金壇人官青陽縣令先是賦稅兩倍隣邑籍奏免四之一後有申其說者遂再蠲之邑人深德焉

湯東野 丹陽人知建康府時成兵剽掠人莫能禦東野峻法繩之民恃以安遷知平江建興中苗傅劉正彥作亂赦書至平江東野與督府張浚合謀秘不發密告韓世忠等統諸道兵勤王帝復位苗傅伏誅論功超拜工部侍郎陞工部尚書

何公務 字子忠累官至康州防禦使精醫學高宗疾徵入侍藥疾愈授德壽宮太醫院使時秦檜執政遂謝官隱居京口卒胡銓誌其墓

湯喬年 丹徒人爲人慷慨自負博

學工文秦檜欲館致之使學官諭意喬年曰是主和議者吾方爲天下讎之又安能出其門乎後以特恩授韶州推官不赴

張扶字少持丹徒人博學有文累官國子監祭酒弟瑾字少瑜與兄同登進士調信州司理不赴歸日抱書一卷泰㾃與之同年數求見執不肯往

陳從古字晞顏金壇人進士歷知衢饒信州直秘閣力學工文嘗取易復卦六五義名其齋曰敦復所著有洮湖集

王彥融字炎弼金壇人父宋以林靈素譖死彥融時年十九徒步走京師上書訟冤名對命官紹興初平羣盜歷官轉運判官終知雅州子萬全知辰州居官有廉聲萬全子遇進士歷官常州守以公廉稱子逮以父恩官知寧國府家有產業盡分族人萬全弟萬樞以父任歷官終知吉州所至以治行著人畫像事之子逢遂舉進士

吳交如字亨會金壇人進士歷官至大理卿明年獄空璽書嘉奬重義疎財人稱長者

袁孚字仲誠金壇人登進士爲詞賦首選累官右正言坐論德壽宮私酤事出知溫州

張大允字德誠丹徒人進士累官揚州僉判兼宗丞好

學篤行鄉人以舍人君子稱之**張處厚**字進道丹陽人登進士官至吏部侍郎知建康寧國贛廬諸州奏疏甚多精確中事機奉祀家居藏書至數萬卷**湯邦彥**字德美鵬舉孫中博學宏詞科累官左司諫兼侍講建言請分揚廬等州爲七路每路文臣一人充安撫使治民武臣一人充都總管治兵以規恢復報可孝宗嘗賜手書稱其以身許國志若金石協濟大計終始不移慨然請使金以變受書禮爲巳任金不從坐貶南歸所著有順堂文集**田曉**字蔗堯丹陽人登進士歷官建康府教授性疎直不肯唯阿取容早挂冠歸**劉宰**字平國金壇人登進士調江寧尉歲旱賑荒多所全活蔬食水飲去官惟篋藏唱酬詩調眞州司法時朝旨下州責狀供不讀周惇頤程顥程頤等書方得考試宰喟然曰首可斷此狀不可得告歸理宗初累召遷太常寺丞行至吳門拜疏竟歸時相收名譽望一時畧盡所不能致者宰耳朝廷嘉其節卒謚文清有漫塘集三十卷傳於世**霍箎**字和卿丹徒人進士歷揚州推官舉廉吏以名聞改秩累遷城都府路運判箎

少刻意古文尤長於詩有集

周孚字信道自濟北從丹徒二歲通春秋左氏傳讀書過目輒成誦日過鄧氏書肆得盡閱天下書舉進士終眞州教授有蠹齋集三十卷

湯泳字叔永丹陽人粹於理學與弟沂同游考亭之門其問荅見文公語類官南廊簿領未赴卒

實從周字文卿丹陽人志尚沖雅年五十偕弟澄從學朱子得操心之要及歸兄弟築室講道專以爲己爲學者倡一夕盜入其室睥睨久之知爲從周居謂其徒毋驚此公相率去朱子曰忠信可行於此見之

沈括字存中杭人居丹徒官至內翰博學善文於天文方志律曆音樂醫藥卜筭無所不通皆有論著子孫家於京口

李拱字應辰金壇人進士再中博學宏詞科歷官咸寧令詞學爲後來之冠

丁明字子公金壇人閉門讀書二十年手編事類讀史通考等書百餘卷以特恩對策官修職郎生平無書不讀及卒鄉里稱日博雅先生

艾謙字益之丹徒人再舉於鄉孝友天至從游門人多取科第稱爲澹軒先生有澹軒類藁易學理窟數十卷子慶洪慶遠並進士

錢爾 字舜俞金壇人少刻意舉子業既壯熟韜鈐決勝科薦皆不報慶元中授蒲圻縣西尉未上趙卒爾輕財重義聞人過面折不避學者嚴事之

時侃 字仲和金壇人書過目輒成誦慶元二年登第宰句容抗疏乞通下情及論備邊實政皆嘉納累官工部侍郎時侃忠孝性成博聞強記明習典故所著有容齋筆錄等書共一百三十卷

丁宗魏 字景舒金壇人嘉定進士楊子縣令金師進攻儀真人情洶洶欲渡江以避宗魏獨不肯曰守禦之臣職死封疆敵至而遁孰爲之守皆不聽累官至朝奉大夫知廣德軍

王遂 字穎叔金壇人登進士紹定三年知邵武軍剪平凶孽民恃以安擢監察御史疏劾史嵩之欺君誤國疏李知孝梁成大莫澤三凶之罪乞正典刑因條上邊事又言君德必純乎剛帝皆善之累官至權工部尚書卒謚正肅著有諸經講議等書

陳景周 字仲思丹徒人繩巳嚴而待人恕登進士授溧陽尉溧陽地大事繁多重辟滯囚景周謂察獄在初而初情惟尉能得之務察極微隱獄

成不可變而田文虎字炳叔自儀眞徙京口寶慶
邑無冤民二年進士仕至樞密院檢討
出知常州居官廉介妻子顧奎字應文丹徒人好
衣布死之日家無餘貲學篤行後進師尊
之每郡博士必執弟子朱叔瑨字德裕丹徒人刻
禮迎致鄉校以爲領袖意古學爲京口七
原畧倣柳宗元晉問呂江字子恒金壇人八歲能
其他擬古詩文甚多著文及長爲學以近思
錄爲要主吳縣學吳士多所成就歸里絕意榮胡
進所著有山中山外吟學者稱爲四平先生
緝字舜舉丹陽人舉於鄉爲府學正工范炎字黃
詩文孫尚書覿稱其非前輩所及中其
先自唐山徙居潤以祖恩授知晉陵縣治績上最
眞德秀帥湖南辟主管機宜文字年四十乞歸養
母王巳字君文丹徒人淳祐中登第除京官丁大
全忌之棄官杜門不出者十年復爲招撫
討平衢州洞賊就領州事言足兵裕陸秀夫字君
民類事皆當時要務遷右司郞中實鹽
城人徙家鎭江高桂字德芳其先祥符人祖徙居
詳淮安人物志丹徒第進士歷官高郵知府

後扈從之海上進樞密使與陸秀夫同死於海**茅湘**字清淑丹徒人少慷慨有大志與陸秀夫善秀夫薦之朝擢兵部侍郎從海上厓山破湘遂同秀夫蹈海死元祠祀秀夫厓山獨以湘配**俞德璘**字宗大父卓爲廬江令家丹徒景定中魁鄉薦咸淳中魁浙江元丞相辟行省郎中不就行大司農江浙行省累薦皆不就性孝友好施予博學多識人咸敬慕有佩韋文集十六卷輯聞四卷

〔元〕**羅壁**字仲玉丹徒人至元中初通海道運漕立漕運萬戶三而壁其一壁首部漕舟十數日入京師賜金虎符進同知淮西道宣慰司事請兩淮荒閒之田給貧民耕墾三年而後量收其入從之歲得粟數十萬斛陞鎮國上將軍都元帥改廣東宣慰使乃誘致諸洞蠻長假以官位曉以禍福咸率衆歸服卒謚桓敏**青陽夢炎**丹徒人世治春秋宋末第進士授官咸淳中忤時相意不復仕世祖聞其名名見賜第晨夕獻替官至吏部尚書子翼字君輔工古文不仕與俞希魯謝

震顧觀號京口四傑林桂發字德馨其先錢塘人徙京口爲大學生伏闕上書言賈似道誤國害民之罪咸淳甲戌附正奏進士出身宋亡應名官終淮東道儒學副提舉俞庸字時中德璘子初爲明道書院山長大德中以地震陳格天心名和氣九策丞相嘉之補試戶部令史累官至尚服院都事性倜儻善議論達時務有復辨集若干卷藏于家楊如山字少游其先蜀人宋末游江南四詣漕舉宋亡不仕大德間起爲淮海書院山長因家京口有詩集十卷讀史說三卷春秋旨要十卷王垚字樂天其先汴人自鄱陽徙京口工詩文尤長于康節經世之學至大改元瀋陽王引見奏充說書從王使高麗還陳便利三十餘事郭畀字天錫丹徒人氣岸雄豪累舉不第歷鄱江書院山長江浙行省辟充掾史工書畫嘗學於趙孟頫極得其法曾爲寫松雪集孟頫跋其後稱賞備至詩文若干卷多散逸高皓孫字商叟居丹徒嘗爲郡學錄後謝官不仕號方山有居龍集十卷湯炳龍字子文其先寶應人居京口辟慶元市舶提舉學問

該博善談論四書五經皆有傳註尤深於易詩歌甚工號北村集

俞希魯字用中德璘子丹徒人辟從仕郎歷官松江路同知學業浩博淹貫金華宋濂見其文稱爲先輩有竹素懸鈞二十卷聽雨軒集二十卷

陳鈞字公秉由樂清從金壇歷官至湖南權茶提舉通諸經尤長於易著原理原數二篇有文集

曹楡字舜洛金壇人辟建德路儒學教授長於春秋及史學詩文甚工有集

何水字思潔丹徒人進士知洛陽縣以廉惠著精醫學時災疫盛行水施藥活數萬人至元間伯顏罷科舉政日亂水遂致仕累徵不出

顧巖壽字子靜由金壇徒丹徒累官建康路總管府推官器識宏遠博通時務歷職三十年所至有聲有詩文集

王昌字榮之益都人注籍鎮江辟通政掾史歷官餘杭縣尹經理田土前官增賦十之二昌到任力言於行省仍復其故民立石頌德

堵簡字無傲金壇人學詩於學士虞集歷官浙江行省檢校官張士誠陷松江平章慶童擊之署簡爲檢校官部從以行爲賊所執簡不屈遂遇害葉萬戶爲輿尸歸葬

顧觀

字利賓巖壽子丹徒人元季爲星子縣尉少工詩從趙文敏游一時名公鉅卿皆欲置之館閣道路阻絕不果名臨川危素復薦之亦不果有容齋集二卷素評其詩清麗雅暢爲序之尊異甚至

明

滕毅 字仲弘丹徒人徵從事徐相國幕下授起居注命輯往昔人君善惡以爲龜鑑洪武元年初設六部首擢吏部尚書名見面諭盡職叅政江西有詩稿行世

鄭亨 金壇人從高帝起義兵敗陳友諒於鄱陽湖征張士誠於蘇州授六安衛千戶陞大興左衛指揮從取居庸關克敵有功封武安侯子孫世襲

束清 丹徒人洪武初由人材知萬載縣性廉介儉以自奉民逋租自鬻衣以償

史遷 字良臣金壇人篤學慎行洪武初累徵起知州所至以治稱工於詩文有青金集行世

王豫 字用悅丹徒人以貢任御史風裁凝峻聲譽赫然累遷至雲南左布政使德威並著卒於官

戈鎬 字仲京鎮江人元末隱居不仕洪武初徵擢禮部主事所著有鳳臺集

張存 字性中丹陽人洪武中歲貢任江西安遠縣主簿五歲能賦詩從劉基宋濂遊其學以敬

爲主有雪字伯鎮丹徒人希魯子洪武末由洞集行世 俞圭 明經聘爲郡庠教授以古文世其家 郭任 丹徒人用薦入官廉慎有吏才仕至戸部侍郎靖難兵入金川門不屈死之子經亦坐死 張德 字仲敬丹徒人建文元年以薦詔試禮部授右軍都督府斷事上治安五策燕師起德復上書至東昌勉將士以忠義與北兵遇奮勇擊殺馬蹶被執燕王趣釋之德瞋目攘臂言日異日何以見高皇帝於宗廟王怒劍斷其臂左右亦交下德至死不仆建文詔議贈謚未行文皇即位誅逆黨德以陣死不入籍族得全 虞謙 字伯益金壇人洪武中以太學生擢刑部郎中知杭州府永樂初擢大理少卿陞左副都御史改大理卿謙上言法旣定斷罪當一以法帝從之天津倉火御史按視論死者百餘人坐流配者衆至七百謙白其寃得減論爲都御史巡視淮揚請發粟三十餘萬石賑民又請令官爲民贖還所賣男女皆從之受詔考察廉貪上書言便民十數事多見施行歷事三朝卒於官賜祭葬生平工詩畫所著有玉雪齋集 高遷 字景升金壇人以永樂辛

卯舉人爲國子監學錄時選使日本改行人賜一品服以行使還以不辱節擢翰林編修賜扇御詩以榮之正統中宦官用事殺侍講劉球遷疏救不聽乃托疾致仕所著有菊庵文集卒祀鄉賢

儲懋字世績丹陽人永樂中領鄉薦歷吏科給事中英宗初立改翰林修撰進侍講福建用兵命懋以戶部侍郎督餉至則遍曉有司毋急歛困民多方規畫軍事以濟景泰二年改禮部侍郎奉勅迎上皇復命陞南戶部尚書卒於京邸

王猷字景暉金壇人累官陝西僉事工詩文

何淵字彥澄丹徒人博通六經諸子史精於醫洞裏徹微於諸症悉見毫髮明永樂中徵隸太醫院時仁宗在東宮禮遇極隆後御極屢欲官之不受呼其字曰彥澄不名優以太常寺正卿祿至需藥多用親札前後所得積三十一紙自慶千載之遇裝潢成冊藏於家又賜文馬二家人二高麗所貢輪藏藥斗一具卒自親王逮名公卿詩以輓之凡數百章楊士奇爲志其墓

丁禮字思敬丹徒人以耆年辟知南陽府眈吟咏工書札永樂中入覲獻周禮補註所著有三餘集蘭室吟稿

李熹

字景豫丹徒人博雅能詩書法趙文敏又善寫梅菊晩得一鶴每天氣清佳携遊園亭對之吟嘯有遺世志所著有氷蘖稿琴清集

盛祥字天瑞丹徒人永樂戊戌進士知道州以儒雅飾吏事有惠政境多虎齋宿爲文禱於鼻亭翌日二虎渡河去一虎自斃於祠下及卒百姓素服哭拜州門外祀於寇萊公祠所著有寅清集十卷逆耳集若干卷

殷時字宜中丹陽人永樂甲辰進士歷官吏部考功郎中以清謹稱卒於官貧無以殮魏冢宰驥以漆棺遺之

湯應績字公讓中都人居丹徒尚書周忱巡撫南畿薦其才累官都指揮僉事克參將守延綏寇入徙禦之被害績才性敏捷賦詩數十韻能立就所著有風雅遺音蛙池鼓吹五雲漫稿演雅新聲六體香奩東谷遺稿

沈固丹陽人永樂初領鄉薦同知沂州有言沂產銀鈔請置局採辦固執奏不可累遷山東參政鎭大同累有建白皆邊防要務已巳之變以城守勞進都御史終戸部尚書

謝瑢丹徒人舉宣德壬子鄉試第一任南城教諭青州府教授學術醇正師範嚴起迪生徒拳拳奬掖不倦諸生思之

殁而祀於學宮　**鄭霦**字希山其先同安人居京口辟武學訓導都水主事多籌畫景泰初都憲王竑守居庸薦置幕下贊理邊務所著有孫子本義吳子增釋行世工書真行篆隸悉臻佳妙　**畢昇**字孟輝丹徒人正統丁卯舉於鄉任金華仁和教諭遷廣信教授嚴師範以清介自持楊善獎能一時推譽以爲學職第一祀鄉賢所著有慎齋稿行世　**丁元吉**字无咎丹徒人博學尤深於易年踰三十弟子日益進元吉皆能達其材成就之惟至孝喜吟詠考古論事談養生治疾之方更多所裨益所著書百四十五卷文集六十四卷以子璣貴封中書舍人　**費閶**字廷言丹徒人成化己丑舉會試第一選庶吉士歷官禮部右侍郎兼侍讀學士卒於官閶儀度閎偉善談論雅言人過孝宗臨太學賜坐講經甚加褒異爲詩文清徤有則所著有自考集貽笑集瀛州奇處錄向陽書屋稿補庵隨錄臨雍錄　**靳瑜**字廷璧丹徒人以太學生任溫州府經歷爲政勤敏民有戴姓者數犯法與捕卒相持部將怒欲以謀逆聞瑜力爲白之所活甚衆又嘗築海堤民獲其利名曰靳

公堤既去溫人思之爲立祠後以子貴贈光 楊一
祿大夫太子太保戶部尚書武英殿大學士
淸字應寧其先雲南安寧州人舉奇童充翰林院
秀才登成化壬辰進士除中書舍人遂家於丹
徒陞山西提學僉事改陝西副使大興士類持法
嚴峻宗室及撫按無敢撓其權者一時名流皆所
造士陞陝西巡撫兼經畧邊務陳戰守之策報可
遂興築邊墻尅期完功與劉瑾意忤削籍逮詔獄
放歸安化王寘鐇反名總制陝西與張永討賊一
淸與永言內變事永入京如其策上之立誅瑾名
入爲戶部尚書尋加太子少保疏上十一事俱嘉
納改吏部尚書兼武英殿大學士乃因災異上疏
自劾且言用舍違宜疏入遂謝病乞致仕武宗南
巡至鎭江幸其第御製詩十二章賜之時左右復
有熒惑乘輿至江浙者一淸杯酒勸阻世宗在藩
邸興獻王嘗語之曰楊一淸異人也嘉靖乙酉起
一淸于家以輔臣總制三邊詔入閣進首輔時張
桂新進更張一淸務培養元氣愛惜人才冀復弘
治之舊遂爲其黨霍韜疏論歸一淸宏偉沉毅有
濟世才靖大變定大事功在社稷嘉靖二十七年

贈太保謚文襄所著有鳳池西巡獻納諸稿玉堂前後諸集關中綸扉諸奏議並石淙詩文集行世

于鎰字南金金壇人成化甲午舉人德性端重以孝友見稱知萬載縣專務以德化民於書無所不讀尤究心理學嘗獨坐一室靜觀氣象因著中說祀鄉賢

丁璣字玉夫丹徒人成化戊戌進士授中書舍人嘗因星變陳治道本末反覆千言而根極於正心歷南禮部郎中擢廣東按察司副使提督學校生平守程朱之學其教人正容端坐澄心定氣使躁釋慮消方與講爲政先風化而一以誠意將之所著有補齋集八卷大學疑義一卷四禮儀注四卷大學士靳貴嘗從受學尊事之終身

孫昂字爰暉金壇人成化辛丑進士監收通州倉糧革吏胥積弊授南京戶部主事適江西諸省歲旱昂力請得減稅服官數十年手未嘗釋卷以詩文名歷郎中卒

靳貴字充道丹徒人弘治己酉舉鄉試第一庚戌會試第二廷試第三授翰林院編修選東宮講官歷官禮部侍郎掌翰林院事時逆瑾專政嘗因事諷貴密書京官殿最以進貴不從銜之左遷光祿卿巳乃復

陞禮部尚書文淵閣大學士進武英時儲嗣未定貴勸釋宗藩之近且賢者置之京師以係海內人心俟皇子誕育仍歸藩邸卒謚文僖所著有誦抑齋文稿四十卷詩八卷

殷敏字惟勤金壇人事母以孝聞能詩文登弘治庚戌進士歷官浙江叅議時峒賊猖獗敏竭力保障設疑兵以撓之賊敗退饑疫大作敏區畫賑䘏全活甚衆敏爲人拱手屛氣緩步徐言然未嘗媮合苟從也居官清謹敬歷中外幾三十年家無中人之產著南洲集藏於家祀鄉賢

唐成字惟敬丹徒人詩有晚唐風書得晉人筆意蓄名帖古書畫終日吟玩所著有天慵集二十卷京江遺響四十卷瓢稿十卷

俞桂字時芳丹徒人力學好古操履方嚴潛心於易與丁元吉相友善嘗與元吉居壽丘山同修郡志所著有霽野漫稿家範族譜以子燦封奉直大夫

楊烱字季德丹徒人弘治已酉舉於鄉敦古博學介然特立與人愼許可爲古文詞得唐宋大家之遺大學士靳貴爲志其墓

湯禮敬字尚本丹陽人少貧傭書雲陽驛弘治丙辰成進士授行人賫詔使寧藩王厚遺之不受擢刑

科右給事中正德時逆瑾用事禮敬首疏劾之謫冀州判官瑾誅言者榜四十人於朝堂禁錮之目爲奸黨碑禮敬名第一瑾敗屢名不起鄉人無少長皆愛敬之有諫垣遺稿行世

殷鏊 字文濟丹陽人弘治丙辰進士有詩名與李夢陽相唱和正德中任僉事疏請建儲語侵逆瑾論戍

韋椿 字大年丹徒人少穎異長益力學喜寂靜慎交游兼綜六經子史尤喜讀易詩有陶韋風書能得蘇黃筆法弘治中郡守熊佑王守忠先後欲薦之朝椿不屑也爲人能自刻勵甘貧賤外餙而中介不與時俯仰所著有考槃集自鳴稿答客言及史外別言

于湛 字瑩中金壇人正德辛未進士歷任河南叅政歲祲出廩粟以活饑民擢右副都御史巡撫陜西會黃河徙運道艱阻遷總督河道鑿野雞河九十餘里以達運河乞終養服除起戶部侍郎撫治鄖陽破徒媥亂擒治悉平卒賜祭葬祀鄉賢

朱錫 丹徒人任榮府紀善嘗從王心齋艮游潛心理學所著語錄行世

鄔紳 字佩之丹徒人弱冠成嘉靖癸未進士知烏程縣値歲饑不俟監司報可輒發倉賑貸擢戶部

郎中出知青州府旋改平陽福州所至多善政擢四川按察副使奉詔平賊降其衆五千赦而撫之諸降者輦金數萬爲壽紳堅却之歸杜門讀書與鄉士大夫晨夕江山間以詩文相娛樂所著有中憲集四卷鄉人久而誦之

曹大章字一望金壇人嘉靖癸丑會試第一殿試第二授翰林院編修擅才思能文章每於大市最喧遝處作文歸而伸紙疾書之嘗曰使爲文必枯坐畏聞人聲彼塲屋中豈有此靜境著文集二十卷

鄔仁卿字汝元丹徒人少能爲騈語名日起嘉靖壬子舉於鄉時世宗好神仙嚴嵩乞仁卿作青詞幣聘者再岸然弗屑也選授湘潭令改龍陽士民莫不愛敬

鄔佐卿字汝翼丹徒人幼負異資成童輒能爲詩克貢上春官忽太息向人言年愈壯安能復旅諸生進退遂謝去稱丹徒布衣砥礪道義風化鄉人嘗客錢塘遇道士坐石上呼佐卿語是後佐卿多語人談長生問及兵畧後及期赴道士約忽端坐逝生平楷書工黄庭經詩工唐律所著游草若干卷芳潤齋集若干卷

王濂字仲清金壇人以正德癸酉舉於鄉丙子任湖州府

推官學識精明才猷練達深爲大吏所重 金玥字起川丹徒人正德中以貢任端州訓導歲饑議發粟賑濟有司以未得請不決玥爭之曰請而後賑民無遺矣且以此獲罪不愈立視民死乎監司義而從之改太和俗積棺不葬更多溺女請於部使者嚴立保甲禁之自是風俗爲變有薦其可大用者即上書乞休歸爲人醇厚性狷介非其義千金弗顧孝友篤至卒祀鄉賢祠稱金玥先生云

潘時字一中金壇人嘉靖中任餘姚教諭致仕歸避囂於天荒之濱臨水看山吟咏自適有集藏於家

唐侃字廷直丹徒正德癸酉舉人少以至孝聞平生砥礪名節年二十獨居所讀書處夜有奔者峻拒之明旦遂移其處嘗出遊得商所遺金不啓囊還之爲永豐令欲以古教化爲治令日從理者左從和者右久之民多立于右嘉靖吏民不忍欺立木牌二于庭左曰從刑右曰從化中知武定州章聖太后梓宫往承天道出山東中官横索百端侃以死當之皆引去遷南刑部郎卒于官舍貧不能具棺殮尚書及諸僚賻之錢乃棺殮還其家唐順之銘其墓

王臬字汝陳金

壇人性剛方正德丁丑進士初任兵部主事武宗欲南狩臯以職掌車駕獨具疏以上廷杖幾死嘉靖初歷南京吏部郎中出知東昌府平易近民以母老乞便養改守寧波終山東按察司副使所至有惠政平生篤于忠孝大節澹于名利權門要路不一濡跡居常如對大賓尤留心文獻所著有遲庵集卒祀鄉賢

何文熙字景城丹徒人天性孝友年十二由邑郡至督學凡三試皆第一下筆刻數百言日披閱書盈四五寸游其門者率爲名士所註有左國註八卷讀史緒言二十卷

吳淮字宗海丹徒人嘉靖癸未進士累官御史持法不撓出知黃州府上計考治行第一三年積穀至十餘萬後值歲大歉發穀賑貸全活甚衆部使者檄旌于家

眭曄字子蘊丹陽人嘉靖己丑進士授行人屢使親藩皆郤其贈擢戶科給事中旋掌刑科益勵清節嘗巡視十庫得貴人奸弊夜昇金祈免不受而劾之奉勅募兵關陝上籌邊十策多見採行以母喪歸哀毀成疾遂不起

嚴寬字栗夫丹徒人嘉靖壬辰進士辦事戶部疏論十餘事忤執政知海寧海寧健訟寬廉按以法

風稍變再遷知杭州府適歲大旱禁弢閉糶又以杭多火患爲法援救使不延燒桑田利重稅輕圩田利輕稅重兩均之去後二十餘年郡人猶思之居鄉清厚祖業盡與諸弟卒年八十三

王暐字韜孟金壇人自少力學勵行嘉靖乙未進士授吉安推官治獄明恕擢南京戶科給事中三疏發嚴嵩隱惡并及其子世蕃出爲山東僉事益勵風裁以任滿赴部踰限奪官平生廉潔一介不取仕宦有年貲產不增于寒素病時蕭然一榻布衣蔽體邑令來問疾見而嘆服之所著有樗庵集七卷卒祀鄉賢

王樵字明逸金壇人嘉靖丁未進士授行人負清望冢宰欲識之終不往見遷刑部主事日讀律弗輟活人無算萬曆初用撫按薦分巡浙西尋入爲尚寶卿疏請勵精聽納急宗社大計歷官南京都察院右都御史致仕樵素恬默接大僚嗔笑無所狥至與之談經學則娓娓不倦閉門獨坐手未嘗釋卷僕遨如寒士徒步里中與負擔讓道無忤容年七十九卒贈太子少保謚恭簡賜祭塟所著有周易私錄尚書日記春秋輯傳四書紹聞編方麓居士集讀律私箋等書

萬木

字若木丹徒人嘉靖丙午舉於鄉知左州自爲諸生即以學行著聞有司報貧生木辭以不貧居官清謹俸入悉以分弟生平一介不苟鄉人敬信祀鄉賢

夏儒 字汝醇丹徒人嘉靖癸丑進士朴茂孝友知鄞縣多惠政築堤黃潭決塹張村爲鄞永利倭警至部使者下議築城儒以爲擾民持不可乃稍增葺之而練卒積餉爲守備倭三至不敢犯陞戶部主事員外郎所得俸悉分族人

姜寶 字廷善丹陽人嘉靖癸丑會試第三選庶吉士除編修時嚴嵩當國寶與同志數人以講求身心世務相約不得一至權門嵩惡之出爲四川提學僉事轉福建提學副使敦尚行誼崇雅黜浮士風文體皆爲一變再遷至國子祭酒復積分之法期不失國初養士至意後累官南京禮部尚書告歸詔加太子少保致仕家居置義田立義學申宗法以統理族人

周柱 字廷直丹徒人少遇相者言骨貧賤且殀柱曰修身以立命骨相如我何未幾舉嘉靖乙卯鄉試讀書焦山足未嘗入公府夢帝謂之曰曩相者言非妄顧汝有隱德以一官酬汝今龍游有大獄命汝往折此選果得龍游

令會有以姦致疑獄者杜按問廉得狀活三
人改贊皇龍陽凡三任吏治肅清民甚德之　賀邦
泰　字道卿丹陽人嘉靖巳未進士知莆田縣陞戶
部主事出知瓊州府遷湖廣叅政討平五開叛
賊擢江西按察使告歸邦泰在瓊降海寇李茂及
囘茂巳立功爲大帥以珍寶鉅萬餽之𨚫不受茂
固請取沉香一片爲佛像而　曹棟　字隆卿丹徒人
巳後以孫世壽贈光祿大夫　嘉靖巳未進士
知鄱陽縣以廉幹擢兵科給事中疏言官論事異
同乃所以相成黨比非以自靖居省垣七月疏凡
八上以直聲著歷官浙江按察副使卒於官署槖
無留金棟少罹父難奮不顧身及父寃得白卒能
顯名于獄訟坎壈之餘以名諫　張祥鳶　字道卿金
臣聞當世所著有同聲集行世　壇人嘉靖
巳未進士嘗管臨淸稅務終年不得權關一錢老
於曹事者皆服其詳練聲益著張居正當國願見
之會雜沓不得見乃毀刺以去居正憾之出爲鹽
運司運同陞雲南知府居一年引疾歸讀書爲詩
文步趨漢唐所著有華陽洞　范崙　字子大丹徒人
稿二十二卷行世卒祀鄉賢　嘉靖乙丑進士

任嘉興知縣岳州府同知奏最卓異擢福建僉事歷官至工部尚書生平愼重渾厚以陵工告成蔭其子爲官生　陳文　字美中丹徒人嘉靖甲子舉於鄉任同安知縣立徵收法著爲令民得不苦於耗羨備倭有功陞鄧州知州賑荒二載全活者甚衆陞寧波府同知庭淸如水復學校歲租給諸生之貧乏者乞休歸作詩文以自適先後三任能愛民禮士寧波祀名宦崇禎間祀鄉賢　吳芊　字蔓之丹徒人少工舉子業讀書僧寺中虀粥布衣足不窺園者十年遂窮六經子史爲古文詩歌專師柳子厚以貢司訓海陽文教蔚起署邑篆期年平反數獄終始不取一贖鍰御史中丞薦之告歸築草堂吟咏其中過其盧者　陳永年　字不矜式之工五七言律有遺稿行世　從訓丹徒人讀書傲然不可一世游踪所至題詠爲滿人以窮愁歸之者周旋弗倦詩在中晚間字畫亦名一時　阮時行　字坤儀丹徒人性孝友隆慶初舉於鄉後易名時升任上猶令舉卓異調泰和奉母喪歸三年哀號未嘗入內後出刺瀘州値採木使者橫恣時行以一死力爭爲所中傷謫

瀘五年讀易蕭寺瀘老稱奔叩闕下事得白歸杜門法言端行爲黨里所矜式壽八十沐浴援筆賦五言絕句四章而逝生平著作甚富

于廷燮字調陽金壇人隆慶庚午舉于鄉沉靜好古篤志理學爲時所稱吏部尚書高弘圖以文行薦追授都察院都事

于孔兼字元時金壇人由進士授九江府推官讞決廉明再陞禮部郎中力排三王並封之議自是封議遂寢會疏救考功郎趙南星出爲安吉州判尋投牒歸杜門著書發明理學與梁溪顧憲成高攀龍相應和光宗立特贈光祿寺少卿諭祭其墓祀六賢祠所著有春曹書疏

姜士昌字仲文丹陽人寶次子萬曆庚辰進士授戶部主事疏請早建儲位又抗疏爭貴妃祖鄭福墳價過踰常額弗納士昌年少直聲震天下補江西驛傳道值入覲疏論時宰被謫後贈太常少卿

于仕廉字元貞金壇人少至孝友萬曆丙戌進士爲戶部郎墾田興水利任副使分巡台紹舉卓異陞廣西布政捐貲賑濟歷任至戶部侍郎所著有職掌錄修城通河救荒等書

王肯堂字宇泰金壇人萬曆己丑

進士選翰林院庶吉士第一授檢討時倭寇聲言內犯疏陳十議願假御史銜練兵海上而忌之者衆引疾歸家居十四載以祖產讓季弟用吏部侍郎楊時喬薦補南行人司歷仕福建參政力辭免尋卒生平獨好著書於經傳多所發明有論語義府尚書要旨律例箋釋醫科證治準繩等書盛行于世書法深入晉人堂室輯鬱岡齋帖數十卷手自鈎搨爲一時石刻冠

孫雲翼字禹僉丹陽人萬曆辛卯舉於鄉知彝陵州解綬歸三十年不謁守令左圖右書終日披誦生平撰述甚富文工齊梁體有清暢齋騈語鰲陽漫藁橋山梅亭四六註行世

史懋文字崇質金壇人萬曆巳卯舉于鄉官南雄府推官有治聲祀典寧名宦

鍾鳴陛字中散丹陽人萬曆壬辰進士授永城知縣陞戶部主事以爭國本事謫天啓中贈光祿寺丞鳴陛少負才名文章皆本六經子史惜多散佚惟制義傳世

史弼字伯直金壇人萬曆壬辰進士授崇安知縣擢監察御史時鄭貴妃愛福王久不令之國弼疏謂遷延日期恐冊所安言甚愷切即定行期按湖廣會水旱游至蝗

爲災請助採木而留權稅與蠲賑并行多所釐剔罷自居言路每折閹宦時魏璫方羅織正人雖以資望內陞光祿寺卿旋削籍追奪誥命崇禎初詔復官起用不就生平性孝友澣衣粗食絕聲色之好建宗祠置義田里中稱爲典型

華鈺字德夫丹徒人萬曆乙未進士授湖廣荆州府推官荆大猾劉襄以貲雄人莫敢忤覘鈺至立擒殺之荆人大悅閹人陳奉開稅荆州勢張甚荆人洶洶鈺立擒其奴桁而榜諸市荆人又大悅奉具疏言阻撓國稅者而以鈺爲禍首逮詣闕受杖鈺大呼太祖太宗明日又復杖肉盡骨露在繫凡五年遇赦歸用都御史鄒元標議詔贈尚寶司少卿鈺平和渾厚與人言學娓娓不倦海內士大夫望之爲祥麟威鳳常不遠數千里一見顔色郡學崇祀鄉賢

劉覲文字叔熙丹徒人萬曆乙未進士授開州知州改汝州蠲滌煩苛以禮法繩豪右無不凜肅汝故無城覲文搜贖鍰得七千金倡率士民不期月而城工成陞禮部主事奉命存問申時行卻䫉贈與巡撫指陳地方要事併官吏賢否嶽嶽無所遜歸卒于里貧無以殮同年生共醵金

葬之歿四十年盜起秦入豫汝當其衝城堅民憑以守得免鋒鏑相與祠而尸祝之

笪繼良號我箴父鳩自句容卜居京口萬曆辛卯舉人署寧國府教諭作廟祀考禮樂考二書示諸生又上釁宮六議于學使者遷鉛山令講易鵝湖書院晉守鋒州時逆閹魏忠賢勢正熾附之者擬置祠上林繼良執不可尋遷順天判魏崔惡之矯命以東林邪黨削奪歸崇禎初起戸部郎中首上賦役便民之議出知汀州命監海運告歸建天心書院闡明良知之學有語錄行世著鵝湖讀易十二卷汀人崇祀名宦

潘槐字廷卿金壇人萬曆中貢士任盧州府訓導性好學博綜羣書於六經史傳俱有發明以經術受知於大吏任英山令入覲撤署篆爲汰浮糧白寃獄黴刁頑閱四月而頌聲大作以疾歸與顧憲成高攀龍講學於八卦亭所著有鳴志錄詩數百篇

賀納賢字治原丹陽人萬曆庚子舉人爲攸令以治行擢守巴州值賊叛以巴州義勇赴援成都事平陞夔州同知入爲南戸部員外出守慶遠時土官相賊殺納賢以計縛其渠魁晉按察副使引年乞歸

駐石

字金卿丹陽人萬曆辛丑進士官檢討工古文詞操筆數千言立就時宮中有郭貴人者其母甥也以甥舅禮請通石不許日六世而祖免吾家去趙州越六世矣何能序昭穆耶貴人尋卒詔究所賜寶履親屬有波累者人皆服其先見有東蓀集行於世

蔡秉元字長卿金壇人萬曆丁酉舉於鄉官滄州知州爲治先教而後行日進諸生課藝後滄士之貴顯知名如戴司農明說輩皆昔受知秉元者

談自省字季曾丹徒人性孝友萬曆甲辰進士歷官江西左布政使舉卓異歷應天府尹時逆閹魏忠賢所在建祠人有以諷自省者自省正色以拒遂削奪歸崇禎初復官起用不就年八十賦詩一章以卒江西祠祀之

荊之琦字鳴玉丹陽人萬曆甲辰進士授南戶部主事爲人謹愿而過事踔厲風生歷任山東武德副使時山左新被蹂躪琦籌量兵務日夕不解帶聞有警率身先將吏所屬郡邑賴之以安

張國華字懷禹丹徒人性直諒人有過輒面折之授經數十年及門多所成就其貧不能具修脯者反貲助之有補博士弟子者奉白金爲壽輒

正色以拒以明經訓導蕪湖獎進　張拱昌字幼文
士類清操介行極爲大吏所稱　丹徒人
以貢官達州同知多惠政屏餽遺陞順寧府通判
致仕歸生平端慤清嚴性孝友著有義倉濬河二
議燕游草　馮曾櫺字艮選金壇人萬曆甲辰進士
入蜀吟　授開封府推官卻餽遺斷獄仁
恕陞禮部主事持節封江夏王歸朝三疏劾假子
冒封言人所不敢言謫瀘州知州初瀘爲奢寅破
陷省城圍困月餘曾櫺會各道兵進恢復四城賊
平補嘉定知州陞戶部員外郎尋以外艱歸遘疾
卒平生孝友與物無競有所入郎分散弟　王政新
族卒之日在城無寸椽僑寓蔽風雨而已
字闇生丹徒人萬曆丙辰進士任福清知縣考選
御史天啓中兩疏糾魏忠賢語切直罷歸崇禎初
起原官巡山東轉江西　符應乾字徤甫金壇人萬
布政司參政未履任卒　曆丙午舉於鄉官
零陵知縣著惜夫惜馬歌沿途皆咏之陞南康府
同知主白鹿洞教事與諸生講學著鐸講行世卒
祀鄉賢　賀世壽字函伯丹陽人萬曆庚戌進士授戶
部主事陞郎中時顧憲成高攀龍講

學東林書院世壽少負意氣嘗從之滓疏論趙家宰煥丁巳京察落職光宗即位用鄒元標薦起戶部主事復爲逆璫所逐崇禎初起禮部主事歷官兵部侍郎兼僉都御史巡撫天津致仕歸所著有淨香池集

史記言字司直丹徒人事孀母以孝聞萬曆壬子舉於鄉知長沙縣以廉幹擢陝州知州時盜賊四起陝當賊衝記言捐貲募勇士簡練鄉丁擊斬賊數十級生擒二十餘人賊首率部十數萬環州城記言守三月會夜大雪賊登城記言縱火自焚有少室僧排入挾記言出同砍賊越城而下三人皆負重創賊追及誘記言降記言大罵逆賊今日有死知州無降知州也身中四矢刃裂腹洞胸以死事聞　贈光祿寺少卿建坊予祭

湯道衡字參予丹陽人萬曆丙辰進士由戶部主事陞南昌知府改東昌所至吏民愛之擢山東武德道尋督本省學政禮部考核第一陞僉都御史巡撫甘肅以軍功廕一子世襲錦衣衛百戶母老乞歸卒道衡有吏才能治繁劇其在南昌也聽事前爲屋數楹令訟者居之一宿而決

錢應婁字慕黔丹徒人少爲諸生尚名節好

持清議與弟應旂同學於顧端文之門端文深器重之讀書考訂經史旁及鼎彝書畫每風日晴和登三山分體賦詩人有爲不義者不敢令應晝知年九十無疾而逝

陳應昌字克彝丹徒人少爲諸生薄制舉業早謝去從事天文地理律曆旁及太乙六壬奇門諸書以占候罔不奇驗

賀懋敬字止叔丹陽人舉萬曆巳酉鄉試知寧陵縣務以德教化民臺使者有所怒屬懋敬殺之懋不從曰吾安能殺人媚人也流賊兵薄城下懋敬敗之賊宵遁尋罷歸以經史自娛善楷法識者比之王濛

鄧鋐字元愷金壇人天啓壬戌進士授中書舍人時魏閹三冐鐵券例應中書赴銀作局閹寫鋐憤不徃閹敗署科篆追論璫事甚切癸酉主考山西擢監察御史疏言加派之弊語甚切直尋命巡按浙江指水自誓讞獄務求明允金壇大饑疏請改折秋糧從之卒祀杭州名宦

史纘烈字武璵金壇人天啓壬戌進士授山陰知縣瀕海民遭颶風蕩折死者十餘萬具棺衾收瘞之築塘壩以捍漂没歷陞黄州知府時流寇欲下黄取道渡江纘烈出私帑置火器及守具築壕

臺分兵據要害日爲牛酒饗士賊不得渡壓雲南曲靖副使其父弼嘗命以仁恕爲本烈謹遵之故所至有惠政云

高鳳翔字沖虛金壇人天啓乙丑進士授公安知縣縣有火災將逼鳳翔慮燎諸囚與期而縱之曰吾寧失一官以活諸人之命諸囚感泣後皆來歸獄歷戶部主事歷大名知府有惠政康熙二年大學士成克鞏舉祀大名府名宦

曹廷傑字去非丹徒人家貧喜讀書以跛坐臥一小閣酒後掬管立草數千言家人告薪水匱絕咿唔弗顧也天啓中楊忠烈糾逆奄二十四大罪疏草創於廷傑而削成於繆昌期後昌期陷獄廷傑遂杜門不出

史元調字鼎如金壇人惟堡子性亢爽尚氣節慷慨好施崇禎辛未進士觀政吏部兩抗疏白父冤授江陵知縣縣逼江時患衝決加修堤岸屹然保障焉伸雪冤抑崇學校判人至今思之楚宗盛支裔多爲盜元調擒其魁沉之江惠王疏其擅殺宗室革職歸後巡按汪承詔因士民呼籲疏復職康熙六年祀江陵名宦

葛樞字居所丹陽人崇禎辛未進士授行人擢戶科給事中疏言朝熱二審非止覆

奏其死正欲婉求其生請自今以後每遇朝審熱審則從前月奏季奏罪不至死者務期逐一讞決有淹滯者法無赦上是之命著爲令樞偉貌敢言己卯因星變上書語侵執政貶謫以卒

王士鑅字元治金壇人崇禎辛未進士授桐鄉知縣時東林南黨互相攻擊一登仕籍各有攀援仕鑅一無所附擢戸科給事中郎劾輔臣誤國改兵科平生廉慎無餘蓄自祖父授田外未增寸土晚年兀坐一室人罕得見其顏色

陳德諭字心言丹陽人由恩貢廷試第一授德平縣令清廉平恕訟獄幾息歴雲南麗江府判捕豢化黠獠李青吾繫之獄郡其賄以除民害賓州近山多水泉德諭以吾地揷蒔法教之滇南至今多受其利土司蓄異志德諭曉以順逆利害土司德之以南金貺甕甕膝行前德諭又揮郤之感泣出甕中金範陳太守像世世祀焉

賀應選字繼登丹陽人天啓甲子舉於鄉授四川資陽令張獻忠已躪荆全蜀選嬰城固守城破闔門十七人俱被害

本澈字濂之丹陽人崇禎甲戌進士出溫體仁門下與同年負氣節者誓曰異日苟待罪言路

宜别邪正罔顧私恩執政者銜之授𢑴昌推官所屬南豐瀘溪令爲相私人激發其陰事白直指罷之益怒誣以浮跡免官歸

張明弼字公亮金壇人早負才望古文詩賦擅名一時崇禎丁丑進士授揭陽知縣多異政又作三不便四大患議署杭州推官監軍平許都之亂性純孝割產以贍同姓歷官十年猶僦屋而居著螢芝集二十卷兔角詮十卷行世

荆偉字元升丹陽人對策高等授墊江縣毅然蒞道既至繕城隍厲兵甲爲固守計賊龔遂等依山爲阻數出剽掠偉設奇敗之會獻賊窺蜀約遂爲內應城陷不屈死

陳册字用卿金壇人崇禎六年授四川寧番經歷署屏山縣事流寇破城罵賊死

周鑣字仲馭金壇人天啓甲子鄉試第一崇禎戊辰進士授南禮部主事疏請卹錄建文死事諸臣又疏三事一撤管部務內監張彝憲一救黃道周華允誠一糾孫元化宋光蘭詔革職後起北京禮部郎歸爲權貴陷下獄死

沈元鑑字竟亭金壇人授湖廣隨州吏目流寇張獻忠犯隨鑑同知州晝夜防禦閱兩月援兵不至城陷賊衆脅令降鑑曰有死

而已遂被害其子文淵赴難賊剸其手死而復甦負骸骨歸葬

皇清吳贊元字次修丹陽人舉崇禎庚午鄉試順治二年由中書舍人擢監察御史巡按江西時豫章初入版圖四方反側未安贊元撫輯有方威信大布遂收建饒廣贛諸郡又奏免袁瑞二郡浮糧二郡人戶祝之

張鳳儀字君表丹徒人少孤性孝友制舉業奇姿横發尤精廿一史考證同異辨晰是非每與客劇談舉古人忠孝大節及成敗利鈍之故慷慨激烈子九徵登第遺書誡曰入仕在自立毋輕受人恩我爲諸生三十年未持一門生刺所見有王文成高忠憲其人乎外此無可北面其負氣不下人類此

蔣超字虎臣金壇人丁亥成進士一甲第二名授弘文院編修辛卯主浙江試所識拔多知名士陞修撰歸娶未幾父鳴玉逝祖母韓尚在超里居奉韓者七年蔬食布衣讀書備極刻苦丁未起督北畿學政士有當意即加歎獎與諸生語如家人父子學田外增置孝田凡聖廟俎豆祭器散失一一釐舉修飭之事竣疏陳十事如禁有司笞辱諸生酌復進

取舊額皆有關士風世道者力請解官遊匡廬湖荆襄至蜀之峩嵋結廬山麓趺坐而終卒之日預定時刻焚香賦詩超性廉靜於利名無所嗜生平博學强記手錄書至數百卷楷法得晉人遺意行草規摹唐宋不名一家所著有綏安集

顧言字子訥丹徒人行嚴慤敦孝友由明經授石隸訓導遷豐縣教諭嗣陞池州教授辭不赴所至訓諸生先德器士風丕變著易編合朱纂道學正宗諸書行世石埭特祀陵陽道學館豐崇祀名宦

荆其惇字勅五丹陽人順治己丑進士爲鄖城令時師行絡繹惇獨臥大將軍幕府外日鄖獨有令令可役也大將軍知其廉爲結歡而去初惇領鄉薦司教南陵訓子弟嚴而有恩在鄖築堤龍塘河口鄖人德之植荆堤上號曰荆堤南陵鄖城皆祀名宦

賀裳字黃公丹陽人少以諸生入太學與張溥楊廷樞友善年三十始知古文詞因發所藏書讀之畏聞戸外聲十年博極羣書所著有載酒園詩話少賤齋集

楊志遠字留寧丹陽人順治乙未進士授刑部主事歷官汝南參政爲人清謹在刑曹多所平反出爲監司清靜

爲理民自化之至利害興革則毅然不少假借奉裁歸里布衣徒步若未嘗貴仕者

何應任 字鳴瑞丹徒人爲諸生時與陳名夏宋之繩輩訂文社齊名壬辰以明經第一授推官乙未改知永嘉縣修築長埭爲民田利時駐防兵以勦盜有所俘仕自於帥分別釋之寇陷鄰邑老弱數萬投永嘉帥不內又涕泣請內之多方安措且給食焉以逼城修葺城垣誓以死殉去官後永嘉民圖像以祀應仕性仁厚撫少弟養孤孀視猶子如子敦族誼人稱爲盛德

張玉裁 九徵子字禮存丹徒人幼敏悟九歲通五經稍長與弟玉書博綜羣籍考訂治亂成敗之蹟數千年如指掌選拔入成均時甫弱冠已名滿天下丙午登賢書丁未對策大廷指陳時弊沉痛篤切既奏擢一甲第二名及第授翰林院編修在史館介立嚴毅引掖後進庚戌分校禮闈焚香誓天所得皆知名夙學引疾歸劇不起海內惜之

李琚 字玉樹丹徒人由順治乙酉武舉授福建興化左衞干總以勦山寇功擢福州閩安鎮水師守備丙申秋寇二十餘萬犯

福州境琊連戰三日斬寇甚衆身被數十創遂殁于陣家五十餘口俱遇害康熙丙午
朝廷允部臣請給銀二百兩營葬加贈琊都司僉書明年遣官致祭

何金城字元長丹徒人壬午舉人任西安推官鞏昌同知湖州知府以慈惠得民心遇屬吏勉以清白不苛責細過凡斷大獄有可矜疑即爲昭雪撫按信其誠篤倚任獨專歷官幾三十年卒於湖州貧不能歸同知于琨爲歛金以歸其柩

江南通志卷之第四十四終

江南通志　卷之第四十四　官

江南通志卷之第四十五

人物

淮安府

周

鄭國 海州人舊名邦史記作國子徒孔子弟子贈朐山侯從祀廟庭

伍舉 下相人爲楚大夫楚子侈舉曰夫六王二公之事皆所以示禮也諸侯所由用命也今君以太母乃不濟乎其後靈王作章華之臺舉有德美之對寓諫焉舉子奢奢長子尚次員

秦

項籍 字羽下相人同叔項梁項伯起兵與沛公共伐秦秦號西楚霸王

漢

韓信 淮陰人少寄食漂母初事項羽羽不能用乃歸漢拜大將軍定三秦擒魏取代仆趙脅燕破楚下齊立爲齊王將兵會垓下滅項羽漢取天下大抵皆信功後徙爲楚王高祖僞遊雲夢至楚擒信赦爲淮陰侯家僮上變呂后殺之

枚乘 字叔淮陰人爲吳王濞郎中王異謀切諫

不納去之梁景帝拜弘農都尉以病免武帝即位以安車蒲輪徵之道卒 **枚皋** 字少孺乘子武帝名見詔使賦平樂館喜之拜爲郎貴幸比東方朔從巡狩遊觀有感輒使賦之受詔立成賦甚多凡可讀者百二十篇

孟卿 俱東海人卿師事蕭奮以禮記授蒼蒼授沛人慶普魯國夏侯始昌梁人戴德戴聖德號大戴聖號小戴由是禮有大小戴之學官至少府

后蒼

孟喜 字長卿東海人父卿以禮春秋授后倉疏廣喜從田王孫受易由是易有施孟梁丘學舉孝廉爲郎典臺署長

澓中翁 東海人善詩書宣帝在民間依倚許廣漢兄弟及祖母家史氏詩會受學

嚴延年 字次卿下邳人少學法律爲郡吏舉侍御史宣帝即位劾霍光擅廢立無人臣禮朝廷肅然憚之後爲涿郡郡太守摧强扶弱令行禁止遷河南太守威震旁郡兄弟五人皆有吏治至大官

嚴彭祖 延年少弟以春秋公羊名家宣帝時爲博士歷河南東郡太守人爲左馮翊拜太子太傅廉直不事權貴人或勸其少自免抑彭祖曰凡通經術固當修行可委曲從俗苟求富貴

予家世傳業儒者稱之

薛廣德字長卿下相人爲人溫雅有蘊藉及爲三公直言諫諍始拜旬日上幸甘泉郊泰畤禮畢因留射獵廣德上書諫其秋上酎祭宗廟欲御樓船乃當乘輿免冠頓首曰宜從橋陛下不聽臣臣自刎以血汙車輪陛下不得入廟矣上乃從橋後乞骸骨上賜安車駟馬黃金六十斤東歸沛太守迎之界上沛以爲榮懸其安車傳子孫

翼奉字少君東海下邳人敦學不仕好律曆陰陽之占平昌侯王臨以宣帝外屬侍中稱詔欲學其術奉不肯與言數上封事陳雅正六情十二律之要嘗以爲祭天地於雲陽汾陰及諸寢廟不以親疏迭毀皆煩費爲古制又宮室苑囿奢泰縱佚以故民困國虛疏奏天子異其意及匡衡爲丞相陟南北郊皆自奉發之以諫大夫終子及孫皆以學爲儒官

薛宣字贛君東海郯人初爲不其丞累官御史中丞數言政事便宜歷郡守政教大行盜賊禁止守左馮翊時屬令楊湛謝游皆貪猾不遜嘗持郡短長宣求其罪贓後察湛有改節敬宣之效乃密以手書相曉湛即解印綬終無怨言游自以大儒有名輕宣

宣移書顯責之游亦解印綬去得郡中吏民罪名輒名告其縣長吏使自行罰曰不欲代縣治奪賢令長名也後代張禹爲丞相封高陽侯

薛惠 宣之子亦至二千石始爲彭城令宣從臨淮遷至陳留過其縣橋梁郵亭不修宣心知惠不能留數日不問以吏事惠自知治縣不稱宣意遣掾送宣至陳留令吏問所以不教戒惠吏職之意宣曰吏道以法令爲師可問而知及能與不能自有資材何可學也人傳稱以其言爲然

曹竟 字子期山陽人漢末去官不仕莽莽誅更始徵之爲相赤眉入長安欲降竟不從被害見歷代忠義錄

衛宏 東海人與河南鄭興俱好古學從九江謝曼卿受毛詩因作序得風雅之旨從司徒杜林受古文尚書由是古學大興光武以爲議郎宏作漢舊儀四篇以載西京雜事又著賦頌七篇皆傳於世

謝安 下邳人建康元年陰陵人徐鳳寇掠郡縣自稱無上將軍安應募率其宗親設伏斬之封平鄉侯

趙興 下邳人肅宗時司隸校尉不卹忌諱發入官舍輒更修繕廨宇後建改築而家人爵祿益川豐熾官至潁川太守子竣太

傳以才器稱孫安魯相三葉皆爲司隸

周紆 下邳人少好韓非爲渤海太守免後起名陵侯相政尚嚴明遷洛陽令下車問大姓吏對以閭里豪強紆怒曰本問貴戚豈能知此賣菜傭乎部民望風震慴貴戚跼蹐徵爲御史中丞兼將作大匠

吳樹 下邳人爲宛令之官辭梁冀冀賓客布在縣界以託樹樹對曰小人姦蠹比屋可誅將軍以椒房之重處上將之位宜從賢善以補朝闕宛爲大都士之淵藪自侍坐以來未聞稱一長者爲多託非人誠非敢聞冀嘿然不悅樹到縣遂誅殺冀客爲人害者數十人由是深怨之後爲荊州刺史臨去辭冀冀爲設酒因鴆殺之

陳球 字伯眞下邳淮浦人遷繁陽令魏郡太守諷令納貨賄球不與爲零陵太守賊寇李研頓消散州兵朱蓋等反與賊胡蘭等轉攻零陵郡中無備掾吏白當遣家避難球怒曰太守任受一邦豈顧妻孥而沮國威重乎卒破賊斬朱蓋爲廷尉竇太后崩宦官以積怨欲以貴人禮葬球議如禮後欲誅宦官謀洩下獄死二子瑀從子珪珪子登竝知名

陳瑀 球之子舉孝廉拜議郎遷吳郡太守

陳

珪球從子字漢瑜呂布與袁術爲婚珪言必受不義之名布乃絕其婚使子登爲布求徐州牧不得布怒拔戟斫几曰卿父勸吾協同曹操絕婚公路今吾所求無獲而卿父子並顯重但爲卿所賣耳登不爲動徐喻之曰登見曹公言待將軍譬如養虎當飽其肉不飽將噬人公曰不如卿言也譬如養鷹饑則爲用飽則颺去其言如此

陳登字元龍下邳人忠亮高爽深沉有大略守廣陵海賊萬餘戶束手歸命甚得江淮心破孫策軍遷東城太守廣陵民拔郡送之後登卒曹操每臨江歎曰恨不用陳元龍計令封豕養其爪牙許汜嘗言陳元龍湖海之士豪氣未除劉備問汜君言豪寧有事耶汜曰昔過下邳見元龍無主客禮自上大牀臥使客臥下牀備曰今天下大亂君有救世之志而求田問舍何緣當與君語如小人欲臥百尺樓上臥君平地何但上下牀之間耶高堰之築創始於登爲後世永賴俗稱伏波將軍廟祀於泗之洪澤橋

臧旻射陽人熹平間爲揚州刺史平妖賊許昭爲中郎將使西域遷太尉袁逢問西域諸國土地風俗人物種數旻口陳其狀手畫

地形逢以忠正稱桓靈時歷位三司光和五
奇其才**陳耽**年詔公卿採謠言舉刺史二千石爲
民蠹害者時太尉許馘司空張濟承望內官受取
貨賂其宦官子弟賓客雖貪穢皆不敢問而虛糺
邊遠小郡清修有惠化者二十六人吏人詣闕陳
訴耽與議郎曹操上言公卿所舉率黨其私所謂
放鴟梟而囚鸞鳳其言忠切帝以讓馘濟由是諸
生謠言徵者悉拜議郎宦官怨之遂誣陷耽死獄
中**臧洪**字子源旻之子射陽人舉孝廉補郎丘長
中平末太守張超請爲功曹董卓圖危社
稷洪說超倡義誅卓超與洪往陳留見兄邈計事
邈與語大異之時諸牧守大會酸棗設壇將盟推
洪洪攝衣陞壇詞氣慷慨聞者感激超遣洪與劉
虞共謀兵阻因寓於袁紹紹以爲東郡太守後曹
操圍張超於雍丘時曹袁方睦洪請救超紹不許
因絕紹紹圍之歷年不下士民感其德不
忍去遂共死守至掘鼠煮筋角爲食比城陷紹生
執洪欲服之洪瞋目曰洪力劣不能推刃爲天下
報讎何謂服**陳容**射陽人隨臧洪爲東郡丞被執
乎遂見殺於袁紹容曰將軍舉大事而先

殺忠義豈合天意紹慚使人牽出謂曰汝非臧洪
儔空復爾爲顧曰仁義五常人所固有蹈之則君
子背之則小人今日寧與臧洪同死不與將軍同
生遂俱見殺在座者無不歎息竊相謂曰如何一
日殺二
烈士

三國漢 糜竺字子仲東海朐人祖世貨殖僮客萬
人貲產鉅億徐州牧陶謙辟爲別駕
謙卒竺奉其遺命迎先主於沛後呂布襲下邳擄
先主妻子竺進其妹爲夫人僮客二千金銀貨幣
以助軍資於是賴以復振後去官隨先主周旋益
州平拜安漢將軍待以上賓弟芳叛迎孫權荊州
已失竺面縛請罪先主崇
待如初竺慙恚發病卒

魏 王朗字景興東海郯人師事太尉楊賜賜薨官
朗行服徐州刺史陶謙以爲治中說謙勤
王謙乃遣使至長安天子以朗爲會稽太守會稽
舊以秦始皇像與夏禹同廟朗以無德之君不應
祀去之後爲孫策所破曹操徵之累官至大理文
帝卽王位遷御史大夫上疏以育民省刑爲勸改

司空以帝好遊獵上疏切諫又止吳蜀之師竝修營事嘗著易禮春秋孝經周官各傳甍謚成侯子肅

王肅朗之子事魏官至祭酒景初間宮室甚興肅上疏極諫後爲散騎常侍所著有諸經傳註卒從祀廟庭子恂

王恂字子良大有通識在朝忠正歷河南尹侍中爲令袁毅餽以駿馬不受建立二學崇明五經兄弟八人俱顯曾孫雅

繆斐字文雅東海人該覽經傳事親色養六辟公府漢帝在長安舉名儒徵侍中竝不就子襲多才學官尚書光祿勳

劉靖沛人爲政初雖碎密終於百姓便之嘗上書陳儒訓之本都督河北時開拓邊守屯據險要大興水利邊民利之子弘仕魏亦有能聲

吳

步騭字子山淮陰人秦漢之際有步將軍者以功封陰侯是其祖也避難江南種瓜自給晝勤四體夜誦經傳後爲持節征南中郎將誘斬吳巨撫納蒼閭討平武陵蠻代陸遜撫二境條列賢士在荊州者後代陸遜爲丞相猶誨門生手不釋卷披服居處有如儒生在西陵二十年鄰敵敬

其威信喜怒不形於色內外肅然

吳展 字上李下邳人忠足矯非清則厲俗信可結神才堪幹世仕吳爲廣州刺史吳平還下邳閉門自守不交賓客

裴元 字彥黃下邳人官至大中大夫嘗與嚴畯張承問管仲季路其說皆傳于世又問子欽齊桓晉文彝齊四人優劣欽荅所見與元相反覆各有文理丞相步騭薦賢士十一人以裴公爲之最

晉

陳郃 字節良東海襄賁人郡察孝廉不就以儒學徵爲陳內史累遷至王傅撰周禮詳解行于世泰始中詔稱陳郃清貞潔靜行著邦族篤志好古博通大籍耽悅典誥老而不倦立在左右以篤儒教可爲給事中卒于官

王雅 字茂達東海郯人肅之曾孫性好撫下敬愼奉公武帝深加禮遇雖在外職侍見甚數朝廷大事多參謀議帝每置酒雅未至不先舉觴其見重如此拜太傅時帝以道子無社稷器乃選時望以藩屏將擢王恭殷重堪等先以訪雅雅以恭等非當世之才不可大任後竟敗人稱其知人三子並有士操

徐寧 字安期東海郯人爲輿縣令廷尉桓彝稱

有人倫鑒嘗至廣陵還遇風停浦中因上岸見一室宇有似廨署訪之云是輿縣乃造之寧欣留數日夕彝大賞之結交而别先是庾亮每屬彝覓一佳吏部及至都謂亮曰爲卿得一吏部矣亮問所在彝曰人所應有而不必有所應無而無不必無徐寧眞海岱清士後爲江州刺史

南北朝

虞丘進 字豫之東海郯人少隨謝元討苻堅有功封關內侯後從宋武帝征孫恩有功從定建業除燕國內史封五等侯及討盧循孟𥙿等議奉天子過江廷議面折之隨戰勝後封男卒追論功

徐秀 雅有文義號南學

趙倫之 字幼成下邳僮人孝穆后之弟幼孤貧事母以孝稱倫之雖外戚貴寵而身儉素久居方伯公私祿籍入爲護軍之資子伯符

徐羨之 字宗文東海郯人沉密寡言喜不形爲桓循撫軍中兵參軍與宋武帝同府深相親結武帝北伐稍遷太尉左司馬掌留任副貳劉穆之後累官封南平郡公從孫湛之

徐湛之 字孝源數歲時與弟淳之共車行牛奔車壞左右人來馳赴之湛之先令取弟衆咸其識居官威惠並行

官至尚書僕射封枝江侯

王諶 東海人明帝時爲司徒參軍兼中書舍人有學義甚見親遇帝所行慘僻屢諫止之後拜中書侍郎諶少貧常自紡績及通貴每爲人說世稱其達

鮑照 字明遠東海人文辭贍逸臨川王義慶好文義才學之士照欲貢詩言志曰千載上有英才異士沉没而不聞者安可數哉大丈夫豈可遂蘊能使蘭艾不辨終日碌碌與燕雀相隨乎於是奏詩甚見賞遂顯榮

何長瑜 東海人與謝靈族弟惠連潁川荀雍太山羊璿之以文章賞會共爲山澤之遊時人謂之四友臨川王慶招集文士長瑜自國侍郎至平西記室參軍

何承天 相傳東海郯人爲御史中丞時魏軍南伐文帝訪群臣防禦之畧上安邊四事博見古今爲一時所重詳流寓志

齊

曹武 本名虎頭字士威下邳人高帝使領白直生百餘人幹偉善誘納有知鑒拜雍州刺史建武二年追封侯

王摛 諶從弟以博學見知王儉嘗集才學之士隸事惟何憲爲勝摛後至

操筆便成舉坐擊節取篳扇登車去

梁王僧孺肅八世孫家貧傭書養母天監中從南海太守拜中書侍郎兼御史中丞工文善楷隸多識古字聚書萬餘卷所著各譜七百七十餘卷

徐摛字士秀東海人少好學善屬文其形質短小仕於梁武帝奇之因曰摛必有仲宣之才以爲晉安王侍讀王入爲太子轉家令寵遇甚隆朱异嫉之出爲新安太守政治清靜教人禮義勸課農桑期月風俗頓改徽爲太子率更侯景陷臺城簡文居永福省賊衆上殿侍衛奔散摛獨侍立不動徐謂景曰侯公不宜造次當以禮相見遂能折景下拜時感服之卒贈侍中謚曰貞長子陵最知名

王沈字彥流東海人歷官皆有能名清廉誠慎身恆仕祿而居處日貧死之日無宅可厝可殯故吏爲營棺殯

徐勉字修仁東海人六歲能爲禱晴文王儉每稱其有公輔之度天監中拜中書侍郎嘗與門人夜集有干以私者正色拒之曰今夕止可談風月不宜及公事凡有表奏輒焚其藁省中事未嘗漏洩居顯位不營產

業曰人遺子孫以財我遺之以清白所著有流別起居六百卷左丞彈事五卷選品五卷太廟祀文二卷會林五十卷前後二集四十五卷文學表集十卷

徐伯陽 字隱忍東海人敏而好學所讀近三千卷善色養爲新安諮議參軍所友皆一時俊士遊宴賦詩勒成卷軸盛傳於世

何思澄 字元靜東海人勤學工文與宗人遜及子朗俱擅文名時人語曰東海三何子朗最多

何遜 爲揚州法曹廨舍有梅一株嘗吟咏其下後居洛思梅因請再任及抵揚梅花方盛開徬徨終日

何朗 蚤有才思周捨每與談論服其精理嘗爲敗塚賦擬莊周馬融其文甚工

鮑泉 東海人博涉史傳有文華累遷信州刺史撰新儀三十卷行于世弟宏

何敬叔 承天子任長城令有能名清廉不受禮遺夏節至忽病門受餉數日中得米二千餘斛他物稱是悉以代貧人輸租

何遠 字義方東海郯人仕魏嘗以事抵蕭懿懿遭難子弟皆潛伏遠求懿弟張藏之家屬至繫遠渡江迎武帝帝見之曰何遠丈夫能破家報舊德遷武昌太守愈勵廉節太守巡屬縣

皆盛供張遠獨設糗

水清公爲天下第一

陳

徐陵字孝穆摛之子八歲能文官御史中丞時安成王頊權傾朝野陵奏彈之朝廷肅然遷吏部尚書國有大文皆出其手著作三十卷四子皆知名遷居京口

徐孝克東海郯人陳宣帝徵秘書丞不就後爲國子祭酒侍宴取膳羞珍果徵納紳帶中以遺母宣帝勅自後宴餉席前並遺將歸餉母陳亾入長安家壁立母思粳米粥不能常辦母亾常啖麥終身不復食粳米

徐儉陵子溥陽內史爲政嚴明盜賊靜息入爲御史中丞公平無所阿附尚書令江總望重一時爲儉所劾後主浚委重焉

徐份陵子少有父風爲令多政績入爲太子洗馬性孝悌陵嘗疾篤份焚香泣涕跪誦孝經三夜不輟陵遂豁然而愈人頌其才感

隋

鮑宏字潤身東海郯人年十二能文嘗和湘東王繹詩繹賞嘆不已歸周累封平遙伯奉使山南爲王謙所執不屈謙敗馳還文帝受禪進爵爲公有集十卷行於世

包愷海東人兄

愉明五經愷悉傳其業大業中爲國子博士于史記漢書尤稱精究學者宗之教授嘗數千人劉

臻字宣摯下相人十八舉秀才高頻伐陳以臻隨軍典文翰進爵爲伯精于兩漢書時人稱爲漢聖開皇間卒有文集數十卷行于世

楊士林

淮安人隋末朱粲有衆二十萬掠漢淮間每破州縣食其積粟將去悉燒其餘軍中乏食乃教士卒烹婦人并嬰兒噉之士林倡義勇起兵攻之諸州皆應粲大敗士林率漢東四郡降唐高宗以爲顯州道行臺

唐

徐曠

字文遠南齊司空孝嗣五世孫曾勸李密繼絶扶傾歸高祖爲國子博士因帝幸學發春秋題論難風生帝異之封東莞縣男孫有功

王義方

漣水人少孤且窶事母甚謹性謇特高自標樹舉明經詣京師客有言父宦遠方病且革欲往省困不能前義方解所乘馬以遺不問姓名而去補晉王府參軍魏徵欲妻以妻之姪辭魏卒乃娶人問其故曰初不附宰相今感知已故也以善張亮故貶吉安徙洹水亮兄子皎將死諉妻子願以屍歸使僕負柩轂馬載皎妻身徒步

之葬皎歸妻其家而告亮墓乃去後擢侍御史欲劾李義府問計于母母成之義方對仗三叱義府下乃跪讀所奏貶萊州司戶參軍遂聚徒教授母喪隱居不出

徐有功名弘遠以字行漣水人補蒲州司法參軍爲政寬仁不忍杖罰民更相約曰犯徐參軍杖者必斥之訖代不辱一人武后時酷吏用事告變者無虛日有功數犯顏爭枉直所獲宥者數十百后嘗詔詰曰公比斷獄多失出何耶對曰失出臣之小過好生陛下大德皇甫文備嘗誣有功縱逆黨久之文備坐事下獄有功出之人怪其何故生之曰爾所言者私忿我所守者公法不可以私害公凡三坐大辟將死泰然不憂赦之亦不喜卒後加贈越州都督謚忠正

吳通元海州人與弟通微皆博學善文工書畫通元舉神童復擢文辭清麗科與通微相繼名爲翰林學士德宗凡有誤述非得通元筆卒不滿意當時名臣碑刻往往得其書則誇以爲榮至于文藁斷幅殘紙人爭傳之

趙嘏字承祐楚州山陽人杜紫微見其早秋詩吟咏不已因稱爲趙倚樓又贈以詩曰今代風騷將誰登李杜壇爲名流

賞異如此宜宗嘗索撮詩首卷題秦皇云徒知六國隨斤斧莫有羣儒定是非不悅由是功名不顯卒于渭南尉

吉中孚 楚州山陽人以詩名在大曆十才子之列貞元初與陸贄韋執誼等同視草

孫魴 淮人性聰敏好學善吟揚吳據有江淮文雅之士幷集魴遂與沈彬李建勳爲詩社仕爲正宗郎有詩篇

徐溫 海州朐山人剛毅寡言唐末從揚行密起兵以功封齊國公鎮潤州溫客嚴可求善籌畫駱知祥知財利溫信任之及吳建國拜溫大丞相都督中外諸軍事封東海郡王

張雄 漣水人僖宗時與里人馮弘鐸合兵渡江壁白下取蘇州別將趙暉數剽江道雄擊殺之詔授刺史未幾卒雄善馭衆人思之爲立廟

五代

張鈞 海州人事節度使時溥爲宿州刺史及梁分相澶衛三州爲昭德軍以鈞爲節度使事唐爲京兆尹兩川安撫使爲人好施予所至不爲歛民賴以安

劉崇俊 楚州山陽人祖全父仁規相繼濠州刺史有仁惠南唐歷濠爲定遠軍以爲節度使卒贈太尉諡曰威

魚

崇諒山陽人徙陝州幼能屬文仕晉漢至周時爲翰林學士書詔繁委皆其爲之後表陳母病歸宋太宗拜授兵部侍郎致仕

沈斌下邳人仕晉爲祁州刺史擊敵不利敵將趙延壽招契丹犯境邀斌罵不屈城陷死之

南唐**張彥能**楚州防禦使周兵攻淮南諸郡皆降獨楚不下圍四旬守益堅世宗自督攻克之彥卿與都監鄭昭業率衆拒戰矢刃皆盡彥卿舉繩牀以鬬死之所部千餘人皆死無一降者

宋**劉承規**字方大山陽人太宗初超拜北作坊副使討泉州土民亂太平興國四年率師屯定州以備邊眞宗嘗詢承規以西事自朝陵東封皆留掌大內禮成賞進秩表求休致改新州觀察以月廩歸于有司卒贈節度使諡忠肅好儒學喜聚書間接文士質訪故實寢疾惟以公務爲念奏求免贈賻

徐石山陽人以神童舉知羅城縣卒于官

朱同宗鹽城人嘉定間中武

舉狀元謀猷經畧重于一時

徐積字仲車山陽人三歲而孤事母至孝以父名石終身不用石器從胡瑗學惡衣食不恥應舉入都載母以從比登第同年共致百金爲壽卻之母亡廬墓三年雪夜伏墓側哭不絕聲時甘露降木成連理廷臣薦其孝廉爲楚州教授卒謚節孝

劉福下邳人倅岸有膂力以功累官雄州防禦使至部按行城壘調鎭兵以給繕完出私錢以資宴犒寇雖大至恃以無恐淳化初遷涼州觀察御下有方畧爲政簡易人甚德之

趙師旦山陽人以太子贊善移知康州儂智高叛來攻吏民驚擾欲避之兵馬監押馬貴入言師旦叱之曰汝欲試劍耶太守守土有患難則盡力不足則死死奈何去康定中西部有變耿傳爲通判尚死之我反遜耶監押起拜曰惟贊善命旦遂戎服登城自引弓矢射死五人明日賊大至師旦出戰兵敗師旦尚力戰手殺數十人度勢不可乃還至黃堂賊至師旦叱之曰恨力不能斬賊遂遇害年四十二幼子在襁褓棄草間三日不死事聞部贈光祿大夫以子觀爲右侍禁次子覿爲將作監主簿歸葬江山老幼相攜

哭祭康州人　**張吉**　熙寧中淮安鎮守烽卒夏人寇東谷掠得之脅以兵使呼城中言淮安諸砦已破亟速降吉反其辭呼曰努力諸砦無虞賊糧盡且去矣愼毋降賊害之至死罵不絕事聞贈內殿崇班錄其子作廟以祀

胡松年　字茂克海州懷仁人徽宗時爲中書舍人時方有事燕雲松年謂邊釁一開有不勝言者咈時相意提舉太平觀金欲得重臣計議松年毅然而往秦檜秉政松年獨鄙之至死未通一問

張耒　字文潛淮陰人三歲知文十七時作函關賦已傳於人蘇轍愛之因從遊軾稱其文汪洋沖淡有一唱三歎之妙在頴間軾訃爲舉哀行服安置於黃誨人作文以理爲主久於投閑家益貧郡守欲爲買田固謝不受

王資深　字取道山陽人趙稔叛於恭州獄事追逮歲餘不竟徽宗憂之資深知上意不欲多殺越次進曰畧小節而治戎首臣請以一月決之因多所全活入爲御史首論大臣一二醜狀草具將上蔡京謂曰謹勿言當以此位相處資深不荅明日出知揚州改明州子洋中甲第上閱卷見資深姓名曰王資深有子可嘉命復原

官目爲美髯翁覽遐執政奏不見貧深名問王洋美髯翁何不與嘗著周書并方言數十卷

王洋字元渤資深子省試第二中宣和六年甲科歷典三郡所至有異效晚守番陽洪忠宣以北使歸人無敢過其居洋獨修舍坐免去有文集三十卷周益公爲之序

劉晟山陽人以氣槩名鄉里嘗與鄉薦紹興初假從事郎權本州錄司事時通判劉晏先以劉光世將敗降敵後擁兵復歸本朝命通判楚州久耿望謀再叛晟數以禍福不聽晟性剛鯁晏嘗憚之

丘岳海州人端平初趙范趙葵復三京岳爲叅議官謂必開釁致兵不聽卒如其言知眞州部分嚴明守具周悉嘗敗元兵于胥薄橋殺其驍將後爲淮東制置使理宗以其在揚與元戰多捷閫職修舉兼命淮西親書忠實二字旌之

孫傳海州人登進士中詞學兼茂才科歷監察御史欽宗即位拜尚書右丞俄同知樞密院輔太子留守金邀太子去傳願以死從死于朔庭紹興中贈官謚忠定

歐陽澈字德明鹽城人尚氣大言慷慨不少屈憂國閔時出于天性靖康初先後上安邊三十策爲三巨軸徒步

走行[illegible]高宗即位南京與太學生陳東伏闕上[illegible]力陳汪伯彥黃潛善誤國之罪遂見殺年三十[illegible]著有飄然集六卷紹興四年贈朝奉郎秘閣修撰朱文公語錄載澈死時在八月鹽城三四日大雷云

魏勝 宿遷人多智勇善騎射紹興末知海州事隆興間知楚州與敵戰俘馘甚衆或當危迫中輒呼曰魏勝在此敵皆辟易後扼淸口援兵不至死之贈寧國軍節度使謚忠壯

繆朝宗 淮陰人宋環衛官知海州有義氣後從文天祥於平江天祥歸福安自婺間道以從精練幹實孜孜奉公軍府器械悉出其手空坑之敗自經於山間文山集杜詩云空荒抱熊羆摧殘沒藜莠乎生江海心其人骨已朽

米立 淮陰人三世爲將從陳奕守黃州奕降元立潰圍出江西制置使黃萬石署爲帳前都統元兵畧江西立迎戰被執不降遣萬石諭之立曰侍郎國家大臣立一小卒爾何足道但三世食趙氏祿趙氏亡何以生爲竟不屈

張孝忠 淮人德祐初呂文煥導元兵東下呂師夔與武萬戶分定江東地知信州謝枋得走入安仁調孝忠逆戰團湖坪矢盡揮雙刀

擊殺百餘人前軍稍却後繞出孝忠後軍驚潰孝忠中流矢死

張德輿 淮人端宗景炎二年與淮西野人原寨劉源等起兵興復司空山民傳高起兵應之遂復黃州壽昌戰于樊口殺元將鄭鼎未幾元襲破司空山復陷壽昌德輿死之

黃文政 淮人戍蜀軍潰間道走靜江馬暨邀與同守城破文政被執大詬不屈元軍斷其舌以次剮刖之文政含糊叱咄比死不絕聲

陸秀夫 字君實楚州鹽城人寶祐四年進士李庭芝鎮淮南辟置幕中才思清麗一時少能及之每宴集坐樽俎間矜莊終日未嘗少有希合三遷至主管機宜文字咸淳十年庭芝制置淮東擢參議官德祐元年邊事急諸僚屬多亡者惟秀夫數人不去庭芝上其名除司農寺丞累擢宗正少卿兼權起居舍人二年以禮部侍郎使軍前請和不就二王走温州秀夫與蘇劉義追從之名陳宜中張世傑相與立端宗于福州進端明殿學士同僉樞密院事時君臣播越海濱每朝會秀夫儼然正笏立如治朝日書大學進講或時在行中淒然泣下以朝衣拭淚衣盡濕左右無不悲慟者端宗崩

又立衛王以秀夫爲左丞相祥興二年崖山破乃仗劍驅妻子先入海夫人趙氏抱舟木即下復諭之曰爾先去怕我不來旋即負帝赴海死年四十四後宮諸臣并將士感于秀夫忠義從死者十萬餘人

元匡才 雎寧人丞相衛之裔仕金爲武畧將軍歸元授沂邳東河監軍袁方作亂大破之加兵馬使徐守張名叛復敗之進元帥

趙篔翁 字維清宋丞相鼎六世孫宋末遷淮爲山陽人元延祐甲寅始設科取士篔翁首膺鄉貢第二名會試第五名賜進士泗州判官每念故祖忠簡公嘗謫于潮秦檜使人逼殺之潮人立祠祀焉乃願入潮訪求遺祠後爲總管中大夫補製雅樂卒于杭有覆瓿集

龔開 字聖予淮陰人宋亡不仕家益貧賓客造訪至無几席子浚每俯伏榻上就背按紙作唐馬圖人輒以多金購之嘗爲文天祥陸秀夫作傳

韓渙 字叔宇山陽人才資警捷登延祐丙辰進士歷刑部尚書經國濟邊中外倚毗稱爲社稷臣孫覽

金原舉 鹽城

人美儀容善吟咏博通經史尤工楷書篆草弱冠
爲郡學錄後發贊總兵廓平山東陞吏部掌銓科
歷州郡守元末歸鄉後薦授江
西南康令終於家有雲谷集
明**李文** 字方平鹽城縣儒學訓導一日修廢井得
白金數十兩弗納乃買經史古文數千卷
以遺後學陞江西樂安令善吟咏有易辨疑讀書
記四書直解幷雜文若干卷藏于家卒祀鄉賢
楊靖 字仲寧山陽人洪武乙丑進士歷官刑部尚
書兼太子賓客上欲試其材乃命以布衣抵
安南借擢靖至爲宣頒恩化諭其長翰 **成寧可** 字仲
罘京師上驚歎改左都御史以事賜死
謚鹽城人志行高潔工篆隷善吟咏洪武初以
監生授浙江御史陞廣東按察司卒祀鄉賢 **李**
澂 山陽人由國子生任考工監令 **楊泰** 山陽人洪
有幹濟才洪武中陞工部尚書 武中由薦
辟擢給事中遷北平按察僉事 **王德芳** 清河縣人
永樂中爲通政進刑部侍郎 洪武初以
賢良方正徵授武昌知府愛民守法 **羅拱** 安東人
聲聞於朝入覲特賜召對歿祀鄉賢 洪武中

子舉人歷任兵科給事中陞河南叅議自內廷以至外藩賢能丕著咸有成績

張士彬 山陽人洪武中以才行卓異薦授江寧知縣尋遷江西道御史以正直稱陞河南按察使在任風紀振揚

湯子厚 清河人洪武間以懷才抱德徵授陽朔令因修公所掘地得金數十斤人獻之叱弗顧當道以清奬之祀鄉賢

劉江 宿遷人官左都督鎮遼東倭大至江伏兵山下潛燒賊船自拔髮舉旗鳴礮伏兵盡起縱以兩翼賊大敗餘衆奔櫻桃園江開四壁以縱之仍分兩翼擊之無一得脫者

劉榮 江子襲父職以靖難功封伯卒追封侯謚忠武

陳擇善 字從之安東人能詩洪武十五年以聘赴京遙授州佐放還十七年復名授御史十八年使台州公暇出勸善文示其官民有漣隱集一帙失其傳

郇旃 沭陽人洪武甲戌進士永樂間任給事中性警敏有吏才機事慎密受知于成祖言無不聽寵遇之隆冠于一時陞鴻臚少卿卒於官諭祭

成均 鹽城人性至孝永樂乙酉舉人授御史彈劾無所避累官戶部侍郎出總浙江糧稅事多利民民祠祀之正統

問致仕卒於官訃聞遣官諭祭

王振 贛榆人任福建惠安巡檢捕賊被賊殺其子冒矢石入陣擬殳亦被殺有司具奏廕一子入監表其忠孝

楊清 永樂中初以指揮僉事備倭鹽城修築城池善於撫恤軍民德之

馮善 永樂初任鹽城守禦所千戶聰明威武訓練有方修築城池居民安堵

羅銓 山陽人永樂辛丑進士宣德間拜御史以才能陞湖廣按察司使克振風紀

湯思恭 睢寧人永樂庚子舉人歷任臨安知府居官以公廉稱里居以名德重

王衍 清河人字伯蕃以楷書入監爲人威嚴爽慨行已接物毫髮不茍擢監察御史永樂間交阯不服上命征之選御史中才幹可寄節鉞者加行都察院交阯道御史衍至諭以盛德交阯感化祀鄉賢

賈進 安東人字勤道永樂甲午舉人選教諭陞御史巡按雲南平蠻寇刁蹇之亂還朝日凡金玉賸遺一無所受又按南畿陝西劾罷軟官一百七十三員辨寃雪枉禱雨息蝗招撫逃番六十族陞貴州湖廣按察使所著有樂道子詩集祀鄉賢

高安 即劉安字志康山陽人從祖母家姓

宣德間知南宮縣慎操守勤撫字白蓮賊張普祥騷動河北捕其黨得簿錄姓名輒燒之全活幾萬人祈雨李陽冰之廟仆碑自立大雨霑足新其廟掘地得錢六十萬緡遂爲修葺之需以其羨市巨木送學宮仕至浙江參政

金濂 字宗翰山陽人永樂戊戌進士擢御史宣德初浙江豪民史慶眞等肆劫掠行吳楚間奉勅討平之正統元年陝西寇兒邊時方居父憂特詔起復陞陝西副使督糧餉兵食不乏陞僉都御史鎮寧夏尋陞刑部尚書十三年閩寇鄧茂七猖獗濂參贊軍務克奏戎績進太子賓客尋加太子太保兼戶部尚書未幾卒賜葬祭歷仕五朝精忠偉望祟祀鄉賢追封沭陽伯諡榮襄

宮安 山陽人宣德間以貢授溫州府推官陞廣東僉事以清慎勤敏著聞致仕歸貧無生業初安早喪父其母以貧改適北商携之去及貢入京師陸行避雨店舍母子相遇抱持慟哭其母已生三子安往來定省終身不缺

丁珏 山陽人居淮北鎮授徒鄉塾有澄清天下之志成祖渡淮獻十二策宣德中以人才徵授御史奉命籍廣右豪族珏潛往廉其實不枉遂一

舉撲滅之旣而率諸御史劾錦衣紀綱竊權亂政舉朝爲之肅然

王璟海州人正統巳未進士祖規任大理寺評事布政司參政有清明之譽璟少承家學博極羣書聲聞赫然規於本鄉奏築堤坊絕海潮泛田之害璟題免東海養馬遺愛舊德至今賴之祀鄉賢

金銑字宗潤山陽人正統辛酉舉人知蘄州聘典江西文衡甄拔多名士擢克翰林編纂官遷廣信知府訟簡刑清報則登臨賞會常自謂公事湖中了乞歸著有省菴集漫叟日錄

李讚山陽人正統戊辰進士由庶吉士改給事中封駁彈劾不避權要時號剛方所至著績官至布政司使

史瓘字德輝景泰甲戌進士授御史屢陳時政多見採行陞浙江副使持憲有體

潘欽宿遷人字志學以人材舉景泰間授陝西涇陽主簿剛明有爲興利除害文廟修葺忽生靈芝之二莖後欽二子皆登科第卒祀鄉賢

史敏字德敏山陽人正德巳未進士授刑部主事陞員外郎出爲河南右參議時南陽歲饑流賊蜂起敏張恤撫字遂以寧謚晉右參政卒于家平生坦直無他營工四體書好吟詠有

松泉集行于　**謝環**字良珍海州人正統戊辰進士
時祀鄉賢　器宇淡厚與物不苟歷貴州叅
政世稱　**沈翼**字克敬山陽人宣德庚戌進士正統
長者　間征雲南土官思任發爲轉輸時連
歲荒歉供饋不絕奉勅撫北邊奏減廬州額外稅
五萬餘石西寇欲擄通州積聚勅往燒之乃焚
腐草烟焰蔽天敵遁去景泰間陞南京戶　**丁泰**字
部尚書賑濟山東全活者殆百餘萬子琉　時
亨海州人正統辛酉舉人授戶部主事立朝以剛
正自持未嘗輕與人款洽人呼爲鐵面丁以糾劾
故謫判興化清慎愛民賑歲　**沈瑤**字廷貴天順丁
饑弭虎患綽有善政祀鄉賢　丑進士冊封藩
王餽遺不受在諫垣十餘年多所建白舊制四品
以上官由吏部推選進呈俟上可否然後擢用一
日忽御批四品官俱由內選人莫敢駁瑤慮中官
專權上疏極論言甚剴切竟得俞允權貴忌之遷
太僕少卿未　**葉贄**字崇禮天順庚辰進士當官外
幾卒於官　和內嚴庶獄緣情定法人不敢
干以私歷守三大郡孜孜盡職累官工刑二部侍
郎操履堅定貧約終身居鄉近則徒行遠則買舟

有前輩之風　**李勝**　鹽城人天順中以忠勇隨總兵
焉卒祀鄉賢　顔彪征勦兩廣賜秩千戶保障
軍民邑
里賴之　**錢貴**　海州人以祖父戰功襲府軍右衛指
揮使正統中以外戚陞中軍都督同
知爲人謙謹多
謀卒賜葬祭　**高雲**　字從龍山陽人成化辛丑進
士歷南京禮部郎中性沉靜
寡言笑學本自得尤長于詩公暇常閉門覓句或
對客揮毫興致不淺平生言動必循禮所著有靜
齋集香奩百
咏藏于家　**潘亭**　字從禮山陽人由舉人授順慶
府同知新例清軍官清出名數
有溢額者陞賞以故多附會平民爲軍亨行以直
道數不及額當道甚銜之及覈實㳄服其公改武
昌操持益謹致仕卒于家　**齊昭**　字雲漢山陽人由
所著有冰壑老人詩孫塤　監生授長清訓導
以學行聞擢御史陞山東提學僉事數　**陳讓**　字德
教有方士習丕變後致仕進階副使　光大
河衞人由天順丁丑進士令寶坻擒首惡寘之法
歲凶勸民出粟歲豐如約給還遷宛平權貴請托
不行陞杭州守境內大治時海勢內徙逼海寧城
請鬬支河築內堤海不爲患人立生祠以祀退居

二十年一剌不入公門卒浙祀于名宦進祀于鄉賢

尹珍 大河衞人剛方不苟合成化乙未進士授工部主事監徐州盤詰漕舟不徇親故重建官廠五百餘間植柳鑿井以便行人三月而成陞員外郎轉守太原病卒祀鄉賢妻子貧甚不能爲生子京

楊理 字貫之山陽人舉成化丙戌進士歷刑科都給事中封駁詳允冊封不受餽贐同考禮部稱得人歷陞大理丞詳讞平恕勘陽曲王府事悉解寃濫巡撫河南築汴堤賑饑民全活不可勝紀趙王府獄事尤重爲陳父子慈孝之道王竊事遂寢陞工部右侍郎卒汲引後進性圓和與物無忤

張和 字宗禮山陽人成化己丑進士試工部政差保定分守臣世據關隘嘗厚留分司隨其計者輒爲阻撓和以禮自防盡釐其弊守臣饋囊帛木以償官時以剛方稱之陞御史卒於官

潘洪 字裕夫敘子宿遷人由成化乙未進士歷吏科給事中兩受勅冊立藩王餽金悉却之遇天變詔內外言得失洪已註籍休沐疏奬政數十條上之出守邵武疏楊鐸呂炯之罪改守青州遇新封藩王中貴驕橫不稍假借奪還

所侵民地後卒邵武青州俱祀名宦

蔣琮字潤之山陽人少孤力學以葩詩承家領成化辛卯鄉薦授仁和訓導教學大行典山西文衡自聘幣外別無所受二藩大臣方交章論薦竟以疾卒于官門弟子如喪考妣

樊琦字克用山陽人成化戊子舉人授利津教諭復補任平原分典山西文衡藻鑑公明權勢弗能奪平生無髮交居家孝友凡祿養餘貲推濟族屬以疾卒于官

韋斌字彥質大河衛人成化戊戌進士授戶科給事批逆鱗遭廷辱不懈于位嘗曰假彈射以快私讐掇細微以責公道吾所深耻同考禮闈有取當軸子孫者斌力持不可當軸者銜之外轉廣東提學僉事陞福建提學副使衡鑑精明嘗曰糊名命題我則試人塡名揭案人試我矣庸高下其手耶當時頌之　祀鄉賢

趙沄字汝達山陽人有介性成化辛卯舉人授順天府學訓導分典山東江西文衡陞長山令積年疑獄決之如神歷陞南京刑部員外郎在部九年掃媒阻絕陞雲南參議有年劍錢吏以進白御史罪之遂革前弊致仕歸家徒壁立卒祀鄉賢

田潤字德潤安東人隱居

教授環堵蕭然日課童蒙以供薪水雖居陋巷門多士大夫車服則鼓琴咏詩以此自終

芮鎬字廷器山陽人成化中歲貢任蒙陽訓導學行推重一時修靑州郡志陞魯府紀善纂修實錄輔導修職郎忠勤進階

張素字元卿山陽人通五經大義由成化乙酉舉人授河陰令歷官五年淸操愈厲家貧甚安處三十餘年惟以文史自娛所著有檜泉集敘姓千文和續咏史詩咏物詩各數卷祀鄉賢

顧達字存道大河衞人十歲爲府學生提學御史戴珊甚器重之登成化戊戌進士累陞陝西行太僕寺少卿在宜陽一意惠養不以利害爲前却濟饑民寢開礦埋刑獄風勵學宮冊封代府悉還贈物痛祿養不逮其親每獨坐則泫然淚下舉宗族之不能葬者四喪學者稱曰貫初先生卒八十有五祀鄉賢

夏昇鹽城人以人材舉任衢州府知府袪奸弊籍丁糧定等則均賦役民感戴之前守姓曾後守姓簡民謠云曾也曾不上簡也簡不下若要知民情除非是老夏卒祀鄉賢

陳玘龍鹽城人任崇明州同知建大學創義倉除賊寇去奸宄反寃獄却其報金

二十五鎰殁祀鄉賢

許鵬字雲程山陽人成化乙酉舉人任四川邛州知州轉山西蒲州皆有惠政進階四品卒

張輔邳州衛百戶驍勇過人邳河南岸與流賊遇奮勇入陣戰死都御史張縉爲文祭之謂其忠赤不負乎朝廷勲烈不忝乎厥祖一日之死千古之雄

陳秉彝沭陽人成化戊戌進士任四川忠州知州勵操愛民吏民畏服考績之京過家病卒忠州人塑像附祀陸宣公祠

張鵬溧陽人成化乙酉舉人授南京戶部司務歷任雲南廣西府知府進階從三品正直端方鄉人至今稱之祀鄉賢

石渠字翰卿號天全成化丙戌進士官臬司仁恕明敏居家有則以友愛聞祀鄉賢

乙瑄字崇璧鹽城人成化丙戌進士爲人剛直授吏部文選主事陞禮部郎中轉山西左參議益勵清操巡邊徼大同等處威德信孚西陲賴以輯寧歸橐惟圖書時都給事中林廷玉謫判海州欲爲起第力止之後祀鄉賢

段泰清河人字世亨成化庚子舉人授壽光知縣陞江西瑞州府判以忤劉瑾謫邊衛寧濠爲逆抗節不從爲世所稱

稽綱安東

人成化丙午舉人任海鹽令陞守陝西河州剛　張
正明敏愛民好士興學校鋤彊梗案無留牘
金　邳州人成化丙午舉人正德初爲鄢令政尚寬
平德存遺愛既乞歸鄢民不忍忘數致起居祀
名宦　鹽城人弘治壬戌進士初令祁陽以才
鄉賢　藍郁　調繁浙之嘉善所在有聲民尸祝之居
鄉樂易近人　胡璉　沭陽人字器重弘治乙丑進士
人皆愛重之　以刑部郎中遷爲閩廣二藩兵
備職勦賊不以殺爲功多所全活島寇佛郎機牙
肆海上璉選鋒猝入奪其火器俘之遂爲中國利
因號佛郎機遷藩臬長晉中丞巡撫遍歷兩京戶
部右侍郎致仕遇征安南薦起督餉卒年七十三
祀鄉賢歷官以廉稱子爾不事標顯遂於經術家學
有法其子劾才知府劾忠京府判孫應徵經魁應
嘉都　徐鸞　沭陽人弘治甲子舉人任湖州府同知
給事　居官惠愛持身清約部民鄉黨咸化焉
祀鄉　蔡昂　字衡仲別號鶴江少穎異嗜讀書家貧
賢　不能致每假之蓄書家一覽即能成誦
正德丁卯領鄉薦第二甲戌試南宮奉大對皆第
三人爲鄉試主考者一會試同考者三在史舘侍

經筵幾三十年聲震當時歷禮部右侍郎兼翰林侍講學士俄改翰林學士兼詹事府卒于官祀鄉賢

潘塤 字伯和亨之孫正德戊辰進士在諫垣八年矢忠盡職屢疏直諫劉瑾盜政欲牢籠朝士之有聲望者塤不應繼叅江彬朱寧毛倫三權臣拜河南巡撫畫荒政擊平青羊山賊以拂當路者旨致仕歸累薦不起平海寇錢法及河防諸議正名宦鄉賢預作生壙自誌銘之

高瑁 睢寧人正德戊辰進士以戶部主事督徐州倉廉恪稱最歷官山東僉事

楊谷 字遷喬山陽人正德戊辰進士令松陽政大修舉江西大盜流劫浙省谷身先士卒區畫方畧不旬日而定擢御史條陳多切時弊母老乞歸不以一字入公門

尹京 字兆之山陽人正德辛未進士以工部主事監寧陽七十二泉以清謹稱改刑部員外郎時權奸擅政執法無所撓歷山西僉事妖賊嘯亂窖擒其首惡餘黨解散遂免用兵礦賊平遷浙江副使復有以妖術惑衆者亦誅其魁餘釋不問每臨大事好謀善斷類此

佟應龍 山陽人正德辛巳進士授新昌令治績有名擢工部郎中出理

河道河決張秋深思詳畫不日就塞運道賴焉轉守鳳翔得士民心如新昌竟以忤權貴抗疏歸德量爲一鄉所頌卒祀鄉賢

萬雲鵬 鹽城人正德甲戌進士爲湖州守勤恤利病纖毫不取後官浙廉憲閩方伯風節皦然不避權貴清介獨持始終不改

邵思忠 字廷臣贛榆人正德丙子舉人令商城多惠政釐奸別弊而清平不擾五年如一日遷戶部主事榷滸墅雲中清節尤著乞休里居蕭然自好

董傑 字尚父贛榆人正德間歲貢授浙孝豐令典除以明農課子爲事皆因民志邑人深德之獲俸以分親族優遊林下年逾八十爲鄉耆碩

劉守良 字君遂贛榆人正德辛巳進士官行人工部郎性峭直不隨時俯仰爲諸生時母病思鮮菌不可得守良叩天悲號竟夕據木椿倦而假寐既覺有物簇簇然視之菌也爲羹以進母病遂愈其生菌處至易代後鄉人猶能指示之

王倶 字汝翼清河人正德中歲貢貌樸而古神明內腴分教於河南澠池奔母喪哀毀絶而復蘇補山東濟寧州司訓所著有四書義濟人傳習之

韓廣 大河衛指揮守

備贛榆時流賊劉六等圍城廣備禦多方射死數人賊退城賴以安

張虎 邳州千戶善騎射正德五年流賊猖獗奮不顧身單騎遇賊射中賊渠首三箭賊遁又對陣梟賊首八顆羣賊畏威遠遁

張瀛 海州千戶有謀畧正德間流賊連歲攻刼節數萬攻城瀛率驍勇五十餘騎直當其衝連發三矢三中渠首賊衆驚曰海張至矣遂遁去居民賴以保全陞指揮僉事世襲

朱用之 睢寧人幼負勇畧正德六年流賊攻睢城用之倡衆戰敗被執賊愛其勇力 用之義不肯降見殺

徐庠 大河衛指揮使正德七年同知府劉祥出兵至七鍾吾與流賊遇死之

房永 宿遷人前六安衛指揮正德七年流賊猖獗聞永善騎射襲其家刼以爲帥永諭以大義不從遂被害

倪潤 大河衛人字伯雨嘉靖甲辰進士授南城知縣廉靜自守陞工部虞衡主事益勵清節監龍江及蕪湖抽稅毫釐不私有中貴恣肆力遏之罷監守之貪婪者直聲動一時轉都水員外以憂歸卒篤好性命之學所輯有雲門錄藏于家祀鄉賢

相棟

山陽人中嘉靖戊子鄉試初有大志負奇氣直節嘗值歲饑上荒政書于郡郡施行之大有所濟遇事役之妨民者即代爲論訴雖觸犯不自危獎善愛材眞若已出而面排不善縱親故不恤也最篤孝友周人之急不顧計豐約植梅數株讀書其下人號梅南先生祀鄉賢

王通 清河人字文達有文譽由胄監任鴻臚寺序班有餽以私者悉却之歿之日遠近赴弔者咸有天喪善人之歎祀鄉賢

王圭 清河人字宗錫德芳之子任都察院司務清愼盡職陞工部都水司員外郎致仕捐貲修學祀鄉賢

雲霓 桃源人嘉靖初歲貢任泉州府通判賦性廉謹平生取與一介不苟歸來足跡不至公門卒祀鄉賢

胡思忠 桃源人嘉靖己丑進士歷官辰州府知府孝友夙成謙公素著屢戒子弟無干公事和睦族人以節義詩禮訓廸後進歿祀鄉賢

朱仁 桃源人嘉靖中歲貢任於濰縣教諭天性至孝方娶父賓病即絕私室躬調湯藥及卒結廬墓側單衣跣足隆冬不易芝草產墓歿祀鄉賢

皇甫貴 安東人景泰間歲貢任浙江天台縣令豪邁挺屹不避權

勢政平訟簡有廉名祀鄉賢

朱箎字懋學桃源人嘉靖丁未進士授南戶部主事時彈齊庶人之暴肆與楊忠愍同楊忠愍劾嚴嵩下獄故識不敢通問箎時餽慰之因出爲口北僉事仇鸞巡邊多不戢箎以法繩焉陞僉都御史擊賊累奏戰績回籍九載起撫寧夏移代雲中皆屢獲邊功所著有龍岡文集若干卷祀鄉賢

沈坤太河衛人嘉靖辛丑狀元歷南祭酒在翰林二十年無尺牘請寄天性鯁直任氣違俗居母喪時倭寇數千犯淮孔棘因散家貲募鄉兵千餘獨居城外倭縱火延燒官兵且卻坤率鄉兵親當矢石射中其魁乘勝追殺城上人望呼曰狀元兵來幾倭寇二十二船從泗而下焚殺尤慘坤極力會戰大破之起陞北祭酒爲忌者所中下獄卒弟坊郡庠士善詩文有隱德

丁士美清河人字邦彥嘉靖己未狀元五司文衡皆稱得人修永樂大典管國子監東宮侍班日講教習庶吉士陞禮部右侍郎轉吏部初第有柄要謀以內之姊子歸士美辭之書疏問候一切謝絕每進御前必以正言格論反復開導御書賜以責難陳善四大字卒贈禮部尚書

謚文恪祀鄉賢

裴天祐字順之嘉靖庚辰進士令建安食御如寒士爲政務厚民巡按山東初出朝時一權貴嗾之曰某州某判官墨且酷宜亟去既而廉知其賢竟優奬之罪人挾萬金賂免死籍其金于官寘之法晉大理人稱不寃擢光祿三月約省二千金既歸杜門謝客詩酒自娛有拙逸亭稿祀鄉賢

馬煥山陽人嘉靖戊戌進士筮仕刑部主事典十三省章奏時有勳戚跋扈嚴嵩受賄囑解免煥執法不阿嵩遂矯旨被逮幾不免乃作四懷詩自遣嵩敗起用以病辭組歸詩有淮南近集

閻大祥字應和贛榆人嘉靖乙酉舉人端方嚴毅爲諸生試金陵同舍生王臣死於客邸大祥罄囊以殮歸櫬於里及登賢書判嘉興以惠政貞操著

宋敬號東川鹽城人嘉靖丙午舉人除蒙陰令廉惠公慎與民休息蒙人爲之謠曰日兒和風兒細南山頭豆熟北山頭犬睡政聲聞於朝神宗特賜金旌其賢將擢用會有[illegible]民侮翰林公家僕敬杖而釋之翰林怒未已敬曰法如是止矣與其狥私寧棄吾官遂解綬歸

祝尚義淮安衛人嘉靖丙午順天解元壬戌

進士以南陽推官遷刑部主事出彰武伯寃獄都
人稱快歷守潞安鄖陽二郡廉潔不愧古人卒之
日同年捐金以爲殮
張朝瑞字子禎海州人隆慶戊辰進士會州有倭警築城修坊資佐其
急令鹿邑時清衞豪侵地七千餘頃以不附張居
正量移南行人副累陞金華守歲饑全活近百萬
人葺書院市腴田二千餘畝以贍師儒叅政抗嘉
湖時礦役興抗疏直陳利害轉南大鴻臚奏分黃
導淮之說大失策人服其先見後攝府尹以疾逝
所著輯有孔門傳道錄表忠彙錄禹貢本末貢舉
考南國賢書宋登科錄鹿邑縣括地志兩邑節愛
錄金華荒政崇正書院志鄒魯水利常平倉紀疏
稿文集族譜等書祀鄉賢
楊伯柯字直甫大河衞人萬曆丙戌進士爲令去民思之立石頌
遺愛擢南計曹時上久不視朝疏言御大廷至樂
居深宮至勞言甚剴切不報後貳汾陽郡事宗
室之悍者繩以法居家孝友俸貲所餘析之兄弟
及親故所著有宗廟考求野錄綱目訂正左傳摘
疑東征客問隆平條議續秦吟蜀遊記正名錄及文集共數百卷
朱維藩淮安衞世襲千

戶字介卿年十六籍郡庠家貧甚嫺友諷其空囊韎韐笑不答讓職於弟萬曆丁丑成進士兩令鄞縣上虞以清操舉卓異擢南垣上疏勸御朝請建儲疏凡七上條議疏瀹秦淮水引長江人晒都荷金繒之賜林居十餘年野服角巾非押見者莫識爲貴人淮人常言朱公三絕謂絕足公門絕面士大絕口宦途舊事也

高鹿鳴 字子賓山陽諸生孝友端慤母余病刲股進羹立愈與伯兄巳割產兄家計復落更推畀不吝兩姪孱提挈之如巳子里中不平咸就質焉鄰被誣雪其枉緘金謝却不納

丘度 字志中山陽人萬曆丁丑進士授南康李宦僕殺人私占民田諸閹官首鼠度度歸民田而抵之法御史劉臺之獄獨執不可監九江鈔關諸瑣屑及乘風宵渡者俱不問而額亦不乏之守汝寧清慎推天下第一補歸德至郡釋無辜獄數十人晉潼關兵備謝絕餽遺轉太僕寺少卿時缺開府當推人有諷其見當軸郎可得者度笑曰有呈身都御史耶晉光祿屬官掖中璫爲奸利劾奏罷去寺政一新進戶部右侍郎卒祀鄉賢

蕭鳳來 大河衞正千戶嘉靖三十八年領兵

於廟灣地方征倭寇陣亡**蘇臣**大河衛百戶征倭陣亡**劉世光**字晦卿山陽人萬曆己卯經魁令趙城再補沈丘沈久祲乃訪古常平法為社倉以預儲稽查庚羨以抵歲逋全活數千命吏民立祠尸祝焉所著二金草青藜館集藏于家**劉一臨**世光子年十六先其父舉萬曆丙子鄉薦己丑成進士令長興常山更調信豐皆葺學宮恤貧士勸農息訟法之所在雖權貴不避也卒于官子自竑崇禎甲戌進士仕至浙江按察使有氷蘗之聲自竑子芳聲順治己丑進士官刑部精心平反多所全活陞山東提學僉事自世光以下科名四世鄉黨稱之**蔣正**邳諸生文鈺學醇出為廣文故人單姓者身喪家亡育其稚子同己子携之任所歸以女妻之知其能豎立分財產與之學者稱曰毅齋先生**王久章**山陽人一歲而孤母陸氏守志撫之久章感母苦節以勵志顯揚萬曆癸酉舉於鄉選河南別駕令江以西守河以北所在標政績而名誼自持俄掛冠歸盡以其財析諸弟姪孝友足稱**張世才**字德夫山陽人萬曆己丑進士授戶部主事飭約子

弟母以榮宦綸里中不瀆公府適儀制司以建儲冠婚及東封諸大典累被譴署錢谷累條上同舍見其牘爲動色則曰此之關繫國家何如敢顧身乎東封事則力排特論爲不可至闕白以謝恩僞表進辨其是非檢閱北闈黜戚畹家子由是外補居鄉足不越里門奉親睦族著有詩文藏於家

沈維中 山陽人父早逝事母孝母沒哀毀不勝終其身飲食非薦不敢嘗遇忌日號哭竟夕事兄如父與弟維貞廢箸復合萬曆中以明經丞浙之餘姚一錢不取遷荊州幕歸

周于德 祖瓚父一正俱有軍功于德年十七由郡庠襲大河指揮中武進士歷福建都司開父訃即促奔七日抵家人稱其孝陞靖州叅將精勤明肅進右軍都督總兵江淮等處有功陞南京前軍嘉靖乙卯倭犯浙統兵護糧運却寇全漕陞廣西鎮守猺獞久亂撫勦多功地方感之祀崇報祠復任南京左府致仕贈榮祿大夫年七十七著有蘭墩詩稿子尺襲職中武進士代完前官指揮許新舊欠漕糧千餘石歷四川都司年七十七子天祿中武舉歷川廣叅將

胡一炳 應徵子郡學生父母

歿時在襁褓長知爲槀葬卽卜地厝焉倚廬三年哀毀如新喪有雙鶴徘徊墓側人謂孝感其叔故有女在孩爲撫育及笄適李斥田得三百金治奩具未幾寡無子復携養之全其節而終殯葬不謀之李也姊歸於盧亦無子而寡養之二十年而終厚殯之族嫂夏寡而貧爲繼饘粥備衾櫬焉聘妾得吳氏女詢之孤也遣還之不索聘猶子兆元以罪戍閩族當爲治裝獨出百金津遣之不累一人迄今里中誦之

趙有年 郡學生一語不妥一介不苟處貧晏如遇婚喪大事卽空匱務成禮父病滯醫謂識遺味甘苦以別藥劑嘗之天性醇篤硜硜自守友人胡一恕卒無子年倡義爲立後嗣

梁兆明 字子晉山陽人潨究王文成良知之旨於海內儒羅李耿胡相印發以明經訓鳳陽士先踐履而後文藝令安義俗囂訟輕生山有斷腸草動以此自殞而傾人下令凡訟者先納草一石由是根荄盡絕矣邑有水利阨於坳區阻於豪右正其經界而治之遂灌山田數十百頃陞南陽府判人誦神明歸無臝貲撫孤姪如已子有語錄若干卷

唐之秀 山陽人幼穎異垂髫

補郡諸生親老矛辱仰事俯育必竭力惟甘清苦潯暑祁寒披吟罔輟歲貢授肥城訓習無爲州學正歸槖蕭然著語錄行世

王知止 雎寧人素業詩書長精騎射隨任山東適隣警戒嚴泉倚重焉性慷慨剛正其次兄早世遺孤五歲撫若已出既而孤又歿事嫂如兄有夫貧欲鬻妻者遂捐粟麥助使完聚里人交頌之

吳承恩 山陽人性敏而慧博極羣書爲詩文下筆立成清雅流麗有秦少游之風以明經授縣貳未久恥折腰遂乞休歸卒有文集存於家丘少司徒訪而刻之

楊子臣 郡諸生通政谷之裔也英敏博學議論風生潛究諸經史百家更留心當代之務爲詩文率多雄杰之氣當路爭奇其才輯神光兩朝淮郡實錄卒刻有枝元堂集

張奕頴 山陽人號九霞世才孫崇禎庚午舉人官戶部主事內十庫帑金久爲奸璫竊踞毅然清剔旬月省帑金十萬有奇通州爲糧儲咽喉軍興孔急力爲釐剔得巨憝奏請掠殺之幾轆大祲白骨滿道括倉粟哺饑民所全活以萬億計與祖世才俱崇祀鄉賢

王伯度 鹽城人以武科於崇禎中授崇

明守備崇明濱海多賊伯度毎率兵禦之多斬獲一日大出兵搗賊巢被賊賊騎圍數重中流矢死弟伯聖以單騎潰重圍負兄尸出巡撫張國維特疏襃之

劉自靖字共位山陽庠生世光之孫一臨之子子丑間淮水暴漲居民惶惶首備椿木募民夫築堰以障之三城賴以安寧子昌言孫愈始恢相繼成進士人皆謂厚德獲報云

王啓運字馭六安東人博學善書事親至孝里人疫有貧不能備棺者施具以葬之選貢登崇禎已卯賢書病卒著有露濤天河唐書諸集行世

劉文炳淮安海州人明泰昌后兄子以恩封新樂侯甲申三月闖賊陷京城急歸告母杜氏母繫縧帶樓上作數十繯命家僮貯薪樓下並名已嫁二女歸同死賊至俱投繯令家人於樓下舉火時文炳見賊入即同駙馬都尉鞏永固射數賊馳歸永固焚第自刎文炳聞知日都尉先我矣遂投井死文炳叔繼祖與弟文燿亦投井死劉氏闔門死難者四十二人惟祖母徐氏年八十託老友申時泰家得以壽終幼弟文炤令蓍頭張科匿之得免

李幹才鹽城廩生崇禎甲申間李自成

破京師郎焚儒衣冠絕意不食終日和陶淵明歸去來辭同學諸人爲詩文生祭之瞑目無一言而死

王弘安東人聚白蓮賊被執不從釘於二樹之間罵不絕口而死

皇清胡之駿字伯驤山陽人順治丙戌進士由翰林庶吉士補給事中言論丰采震動當時未竟其用而卒子可及戊戌進士爲廉吏

胡國祥字君祉沭陽人事親誠孝備至與兄瑞廷友愛六十年無一間言兄逝撫育遺孤同於己子教子尤嚴無論寒暑已先呼唔達旦諸子好學成名皆由庭訓仲子簡敬貴掌纖輔文衡名重翰苑封祥如其官沒後大學士李霨誌其墓

葛維恒字聃辰沭陽人崇禎甲戌進士任成都李官審獄多全活諸臺司重之丁丑冬流寇薄成都自行請援兵擒獲賊黨解省會兩月之圍攝守重慶豪猾帖息善佐軍興考最陞工部主事旋授吉安郡守吉人尤戴之

孫榘字不踰鹽城人性孝友博綜經史砥礪品行天啓甲子登鄉薦癸未進士授上虞令下車三月政聲大著歸里日與高士二三人講究詩文徜徉自終著有四書講義岳

亦圖諸集行世

吳安邦

棐孫字君輔耻章句畏入城市第室涇河之陽因號涇南子詩名義嘗剖巳田急人難族黨食於家者數十人家益落不恤也孝奉孀母三十年如一日海內賢士大夫多重之有千里來壽者閩中黃文煥真定梁以樟兩公嘗爲文敘其生平子三瑰璜珊俱能詩文爲名諸生有隱德孫晟康熙壬戌進士官翰林

倪文純

號杜青贛榆人性豁達抗直善詩歌古文辭著有偶存十卷教授生徒明季官和州訓導改壽州訓值闖逆亂守城禦賊屢建奇功中丞薦陞太和令母壽九十有六奉以歸每去官泣留遮道勒石祀焉

周龍甲

字霖公號天飛山陽人順治乙酉科禮魁壬辰進士歷任司李部曹山東學道報最得擢少卿龍甲天性孝友覲學山左稱知人得士祀名宦鄉賢

王元齡

順治辛卯恩貢任江西廣信府永豐知縣多政績祀名宦著有曲台講義及燃藜編警世祿諸文集行世

嵇宗孟

字淑了號子雲安東人少穎異善屬文博綜經史舉丙子鄉魁以揀選授浙江溫州司理轉湖廣武昌丞擢守浙杭郡乞休歸未幾以薦

儒

詔徵詣闕壆以疾請放歸著有立命堂初集二集楚江蠡史陋樂行田錄武林棱士錄**張新標**字鞠問心經却聘詩省罰箴諸集行世存奕潁子已丑進士授吏部考功文章宦跡卓冠一時子鴻烈

詔徵博學鴻儒授翰林檢討**陸騰駿**字馭之清河人順治初授懷柔令轟密雲清強豪侵占民田代完密邑逋穀千餘石豁重編四百六十餘丁轉戶部河南司主事先是豫省有以墾田進秩者加糧二萬民以賠累致死者千人力清豁之監鑄督關每多宦績卒祀鄉賢**陸求可**字咸一山陽人系出厓山世守忠孝大母與母耒三十而寡求可甫十齡而孤幼篤志好學博綜羣書過目不忘乙未成進士守裕州蘇驛遞墾荒田人以父母歌之擢刑部陞閩中督學考最轉叅議卒**劉昌言**字禹度山陽人天性純孝已亥成進士授岑溪令縣按五嶺猺獞雜處號難治下車旬月民風丕變容縣彭奇作亂擁衆數千突至岑城城官兵僅三十人以忠義激發士卒招集鄉勇

多張疑兵密授方畧未幾賊黨李勝高縛彭奇并獻花名冊請功曰此皆良民爲賊首魁脅若按冊所株連何以令反側子自安乎誅其渠魁焚其冊全活者數千家岑俗故輕生嘗以睚眦小忿遂茹毒莽草隕命立嚴禁絕之巳酉聘廣西鄉試同考拜蒼梧篆甫浹旬以勤勞卒兩邑士民悲哀崇祀名宦祠著有四書曲臺稿古人會編諸書行世

張樹屏鹽城人戊戌進士授臨縣令捐公餘銀三千五百金并免修城加派銀九千餘兩臨民至今感其惠焉

楊名耀號修野山陽人乙未進士擢吏部歷考功文選有清通簡要之稱充會試同考多得名士補太常寺少卿卒

岳薦字西來其先晉人商於淮遂家焉生而端凝警敏夙成善屬文肆力於古留心當世之務孝事二親至老不衰親歿哀毀幾不支無嗣卒於粵岑溪之宜廨

薛鼎臣字式九鹽城人以薦擢授中翰登甲午北闈賢書轉戶部主事

世祖特擢兵科給事中條奏彈劾悉奉

兪旨復遷工科疏五大險工俱中要害庚子主湖廣鄉試多得名士年甫壯以弟丁酉舉人盡臣早世

乞假終養居鄉二十年恬退自安及艾而卒江淮人士惜之**張翩飛**字千子鹽城人乙未進士授龍泉令性亢直不阿歸里後嘗憤小民爲府縣差役所苦力陳弊竇於淮揚道張萬春聲淚俱盜萬春涕洟然加禮遂釐其弊里人交頌之**孫助**字益我鹽城人天性孝友每歲時祀親輒流涕又敦睦姻族爲善不倦日以詩禮躬率後昆仲子一致戊戌

廷對第二人助累封翰林院侍讀加一級杜門謝事郡邑守令造謁不一見晚參天竺嘗夢大士接引之年八十無疾而終家風誠樸蕭然如寒素鄉人稱歎不置

江南通志卷之第四十五終

江南通志　卷之四十三

江南通志卷之第四十六

人物

揚州府

〔漢〕劉瑜字季節，廣陵人。少好經學，尤善圖讖、曆算，方正，上書陳事，言中官裂土，女嬖充積，宜遠邪佞，放鄭、衛，於是特名問災咎之徵。竟不能用，拜爲議郎。及大將軍竇武欲大誅宦官，引瑜爲侍中，同謀。武敗，瑜被殺。宦官悉焚瑜所上書，以爲訛言。子琬，傳瑜學，舉方正，不就。

劉熊字孟陽，廣陵人。仕爲酸棗令，拔金王之孫，俞鄉侯平之季子，守約履勤，敷敦五經，練州部吏民，愛之，相與採摭謠言，刊之碑石焉。

徐璆字孟玉，廣陵海西人。少博學，辟公府，舉高第。時董太后姊子張忠爲南陽守，怙勢放溢。璆當之部，太后遣中常侍以忠屬之。璆對曰：「臣知爲國，不敢聞命。」太后怒，遽徵忠爲司隸校尉，以相威臨璆至州舉奏忠贓至億按罪中平元年破黃巾賊於宛獻帝遷許以廷尉徵當詣京道爲袁術所刼授以上公璆以死自誓術不敢逼術死軍破璆得其傳國璽還許上之并還前汝南東海二郡印綬後拜太常卒於官

陳琳字孔璋射陽人先爲何進主簿進欲誅宦官琳諫不可進不納其言竟以取禍琳避難冀州袁術使典文章爲檄討操袁氏敗琳歸魏操曰卿昔爲本初移書但罪狀孤可也何乃上及祖父耶琳謝罪操愛其才以爲司空軍諮祭酒管記室操苦頭風臨讀琳作翕然而起曰此愈我病數加厚賜琳爲建安七子之一

徐淑字伯進廣陵人博雅好學隨父愼在京師纘孟氏易春秋公羊傳禮記周書舉茂才除渤海令遷瑯琊都尉

魏**徐宣**字寶堅廣陵人太祖辟爲司空掾屬會馬超之亂大軍西征以宣爲左護軍留統諸軍太祖崩或言可易諸城守用譙沛人宣厲聲曰今者遠近一統人懷效節何必譙沛沮宿衛者心文帝聞曰宣所謂社稷之臣也帝踐祚旬月遷尚書明帝即位拜左僕射上疏陳威刑太過又諫作

宮殿窮盡民力帝手詔嘉納及卒遺令布衣疏巾斂以時服追贈車騎將軍謚貞侯

陳矯字季弼廣陵人太守陳登辟爲公曹廣陵爲孫權所圍登令矯求救於曹操操奇矯欲留之矯辭操乃遣兵往救辟矯爲司空掾遷魏郡太守繫囚千數至有歷年不決者矯悉覽罪狀一時論決操甞羣臣以爲太子郎位當須詔命矯郎具官備禮一日皆辦遷尚書令明帝郎位進爵東鄉侯一日車駕猝至尚書門矯跪問曰陛下何之帝曰欲案行文書耳矯曰此是臣職分非陛下所宜臨也帝慙回車尋遷司徒卒謚貞侯

吳呂岱字定公海陵人孫權名署錄事補餘姚長以督軍校尉討平會稽東冶賊拜中郎將取長沙三郡吳碭袁龍反岱擒斬之爲交州刺史高凉賊帥錢博乞降岱承制以博爲都尉又鬱林賊攻圍郡縣岱討破之生縛桂陽賊王金等廖式作亂岱自表討破斬之時年已八十體素精勤躬親王事初在交州歷年不餉家妻子饑乏權聞之加賜錢絹卒年九十六

張紘字子綱廣陵人

舉茂才公府辟皆不就孫策創業遂委質焉授紘長史從征合肥權率輕騎將往突敵紘諫曰此偏裨之任非主將所宜權納其言而止紘建計宜都秣陵權從之令還吳迎家道病卒時年六十

范愼 字孝敬廣陵人性純直著論二十篇名曰矯非後爲侍中出補武昌左都督治軍整頓孫晧移都甚憚之

袁曄 字思光廣陵人作獻帝春秋

皇象 字休明江都人幼工書官至侍中青州刺史人謂象章草入神八分隸入妙篆入能建業有吳時天發讖及吳大帝碑在江寧府皆象書也

華融 字德蕤江都人好學善屬文時吳郡張溫就皇象學借止融家與朝夕談論溫後爲選部尚書乃擢融爲太子庶子遂知名

晉

陳騫 字休淵矯季子少有度量既佐命晉室封高平郡公屢稱疾辭詔不許遣侍中敦諭固請乃賜几杖不朝安車駟馬以高年還第薨贈太傅諡曰武

劉頌 字子雅廣陵人文帝辟爲相府掾奉使於蜀時蜀新平人饑頌表求賑貸不待報而行由是除名武帝踐祚拜廷尉時人以比

張釋之轉河內太守郡界多公主水碓遏塞流水
爲害頌表罷之除淮南相在官嚴整舊修芍陂歲
用數萬頌使大小計功受分百姓歌其平惠

閔鴻 廣陵人與丹陽薛兼紀贍吳郡顧榮會稽賀循齊名號爲五俊初入洛司空張華見而歎曰此南金也陸機兄弟奇之曰北兒若非龍駒當是鳳鄒有集二卷

又上疏論律令事爲時論所美卒謚曰貞

戴淵 字若思廣陵人舉孝廉累轉振威將軍以討賊有功賜爵秣陵侯出爲征西將軍帝親幸其營勞勉將士臨發祖餞置酒賦詩至合肥而王敦舉兵詔遣淵還鎮京都石頭失守淵率麾下百餘人赴宮受詔於石頭見敦敦問曰吾此舉動天下以爲何如淵曰見形者謂之逆體誠者謂之忠敦笑曰卿可謂能言俄收淵害之賊平贈右光祿大夫儀同三司謚曰簡

戴邈 字望之淵弟少好學尤精漢史弱冠舉秀才尋遷太子洗馬出補西陽內史永嘉中邈上疏請興禮樂王敦作逆加左將軍及淵遇害邈坐免官敦誅後拜尚書僕射卒贈衛將軍謚曰穆

高嵩 字茂琰廣陵人少好學善史書除太學博士簡文帝輔政

引爲撫軍司馬時桓溫擅威率衆北伐軍次武昌簡文患之嵩爲作書諭以禍福溫即還鎮哀帝雅好服食嵩諫以爲非萬乘所宜後以公事免卒於家

華譚字令思廣陵人舉秀才武帝親策之譚時對策無逮譚者加散騎常侍以疾辭卒於家譚博學多通著書三十卷名曰辨道有文集二卷新論十卷

南北朝

宋

顧紳廣陵人永初二年駕幸延賢堂策試諸郡秀才紳所對詳明稱旨授爲著作郎

陳憲廣陵人魏太武攻懸瓠憲戰士不滿千人嬰城自守魏人晝夜急攻積屍與城平魏主乃還以憲爲龍驤將軍

呂安國廣陵人副劉勔征殷琰秩勳爲第一封鍾武縣男卒諡肅侯

齊

呂僧珍字元瑜廣陵人齊建武二年魏大舉南侵時長沙王懿爲梁州刺史被圍僧珍充使單舸至襄陽督遣援軍且獲書而返義兵起僧珍出入臥內宣通意旨師次江寧東昏侯遣李

居士率衆來戰僧珍大破之武帝受禪封平國侯卒謚忠敬

梁

杜僧明 字弘照廣陵人盧安興爲廣州刺史僧明及周文育並爲所用陳高祖霸先征交趾及討元景仲並有功侯景之亂隨高祖入援京師高州刺史李遷仕據大皐以逼高祖僧明擊走之侯景寇江南高祖命僧明爲前驅所向克捷及景平以功進爵爲侯卒謚曰威

隋

來護兒 字崇善江都人賀若弼鎮壽州常令護兒爲間諜授大都督平陳之役護兒有功焉進位上開府從楊素擊高智慧於浙江直掩其營賊潰走進位大將軍時盛道延擁兵作亂護兒進擊破之又破汪文進於黟歙進位柱國以擊高麗功封榮國公十年又出師渡海至卑奢城高麗震懼遣使上表請降旋師子楷弘整各進爵有差

曹憲 江都人仕隋爲秘書學士煬帝令與諸儒譔桂苑珠叢規正文字又註廣雅藏於秘書唐貞觀中除弘文館學士召不至即家拜朝散大夫當世榮之太宗嘗讀書有奇難字輒遣使者問憲憲具爲音註援驗詳確帝深嘉之卒年百餘歲

唐公孫羅江都人官參軍曹憲以梁昭明文選授諸生羅與魏模李善相繼傳授其學大行羅有文選註音義十六卷

李善江都人博學淹貫古今唐顯慶中累擢崇文館直學士註文選六十卷

上官儀字游韶父弘家江都大業末弘爲將軍陳稜所殺儀幼藏匿獲免涉獵經史善屬文貞觀初舉進士太宗聞其名授弘文館直學士每遣儀視草凡宴集儀常預焉既貴顯當時多斅之者謂爲上官體麟德元年上以武后專威福密召儀議之儀請廢后后詣上自訴上羞縮曰此上官儀教我耳后使許敬宗誣奏儀與宦者王伏勝及故太子忠謀大逆下獄死

李邕字太和江都人李善子也少謁李嶠顧一見秘書嶠乃假直秘書未幾辭去嶠試問奧篇隱帙了辨如響武后朝名拜御史中丞宋璟劾張昌宗等反狀武后不應邕立堦下大言曰璟所陳社稷大計當聽后色解爲可璟奏明皇即位爲御史中丞邕蚤有名後以讒嫉出爲汲郡北海太守李林甫忌之因傳以罪遣羅希奭就郡按邕杖殺之代宗時贈秘書監

王紹宗字承烈家江都

少貧嗜學工草隸書時以比虞褚客居僧舍傭書自給凡三十餘年徐敬業起兵以幣名之稱疾不起武后時名補秘書少監

李該字彥博廣陵人學使侍皇太子公卿慕之無不通尤好地理圖志考職方同異成一家言又作地志圖凡禹蹟所至漢譯所通莫不備載云

來濟護兒少子宇文化及之難濟以幼得免轉側流離篤志文章入唐擢進士累官同中書門下三品高宗將以武氏為后濟切諫乃止及立為后濟請去不許尋坐褚遂良黨貶台州刺史

李鄘字建侯邕曾孫建中間登進士第補秘書省正字李懷光辟至幕府懷光反河中鄘與母妻陷焉鄘紿懷光還洛刺賊虛實白之朝懷光聞因之及河中平馬燧破械致禮召以宣慰使持節諭徐州時張建封卒子愔上表稱兵馬留後以非詔命削去乃受拜淮南節度使王師討蔡鄘以兵二萬分壁鄆境貲餉不仰有司召拜門下侍郎同中書門下平章事引疾固辭以太子少傅致仕卒謚曰肅

王播字明剔其先太原人父恕為揚州倉曹參軍因徙家焉播善治獄為三原令課最改京兆尹時禁屯列畿

內者出入屬鞬佩劍姦人冐之剽刼又貴戚家馳獵近郊爲民害播一切禁止盜無所匿憲宗以爲能進刑部侍郎領諸監鹽鐵轉運使時討淮西急於餽餉播裒財用以給軍得無乏累封太原公卒贈太尉諡曰敬

王起字舉之播弟擢進士舉賢良方正異等元和末數上疏規諫穆宗畋遊以戶部尚書判度支靈武邠寧多曠土奏爲營田以省餽輓歷河中節度使方蝗旱粟價騰踊起下令出廥積民賴以生爲山南東道節度使修復濵塘堰後遂無凶年封魏國公卒贈太尉諡文懿

李磎字景望孫大中末登進士累遷戶部郎中分司東都黃巢陷洛磎挾尙書八印走河陽時留守劉允章爲賊脅遣人就磎索印拒不與允章悟亦不附賊入爲翰林學士辭職歸乾寧元年召同中書門下平章事王行瑜韓建擁兵闕下殺之都亭驛行瑜誅詔贈磎司徒諡曰文

王式起子大中間爲晉州刺史會河曲大歉活人甚衆時忠武戍卒與交趾通夜圍城合謀式盡捕斬之浙東賊作亂詔發諸道兵授使討賊大破賊於南陳鉅擒斬之戍通三年定徐州銀刀軍亂晉尚書

徙武寧節度使

辛讜太原尹辛雲京孫也居揚州五十不仕咸通九年徐州判官龐勛反攻泗州讜與刺史固守請將兵五百帥以進擊賊敗走復益兵圍城三月援絕糧盡讜再請兵淮南與壯士夜斬賊柵出見節度使令狐綯遣兵二千人輸米五千斛路梗不得進引兵死戰賊乃潰走以功授亳州刺史泗圍凡十月乃解卒全一州

王鐸字昭範播弟炎子中和元年拜同平章事二年黃巢陷長安鐸請討賊乃以爲諸道行營都統移檄天下時諸將環賊莫敢先發鐸檄至將士皆奮巢勢日蹙宦者田令孜料賊必破欲功出北司乃搆鐸於帝罷爲檢校司徒義成節度使

高郁廣陵人楚王馬殷引爲謀主初殷兵力寡弱畏楊行密成汭之彊郁策修貢京師又用郁策鑄鉛鐵錢湖南不事桑蠶郁命民輸稅者以帛代錢未幾機杼大盛鄰國皆疾之殷子希聲聽反間矯殷命殺郁明日吏以郁死告殷拊膺大慟曰吾老耄政非已出使勳舊橫罹冤酷吾亦何可久處此乎

五代南唐

李建勳字致堯廣陵人德誠子少好學能屬文家世將相杜門不預世

事所交皆寒素裘馬取具而已出爲撫州節度使召拜司空稱疾乞骸骨致仕賜號鍾山公營别墅於山中放意泉石卒贈太保謚曰靖

喬匡舜 字亞元高郵人弱冠能屬文仕南唐周侵淮南諸將屢敗元宗議親率六軍拒之匡舜上疏極諫見忤流撫州尋以老疾終謚曰貞

潘祐 廣陵人少貞介仕南唐爲秘書省正字改知制誥論時政無所避後主手劄敦諭祐七表不納因請休乃從祐專知國史與時輩不協因誣以他事劾祐祐自剄

馮延巳 字正中廣陵人以文雅博瞻稱南唐時同平章事卒年五十八謚忠肅延巳工詩雖老不廢識者謂有元和詞人氣格

徐鉉 字鼎臣廣陵人爲學士承旨隨煜至京師太祖責之鉉曰臣事江南國義不能死臣罪也太祖原之有集三十卷

宋翟希甫 高郵人有才畧江南平潘美薦於太宗召見拜太子中允賜金紫轉監察御史凡朝廷更置諸道事務及指揮沿邊將帥多命希甫乘傳處分輒稱上意賜金帶仍命懸魚時號

重金御史

杜鎬 字文周其先世居杜陵徙家楊子鎬好學博貫經史太宗將祀南郊彗出宰相趙普以問鎬對曰當祭而日食猶廢況謁見如此乎上從之以博學數被禮遇朝廷每有疑議輒咨訪焉奉詔修冊府元龜進拜龍圖直學士賜襲衣金帶班樞密直學士下時特置此職以處鎬累官上柱國京兆郡開國侯

查道 字湛然居如皐少以孝聞端拱初舉進士爲館閣對選秘書丞知果州時寇黨何彥忠等依險自固請發兵殄之單騎携數卒直趨賊所諭以詔意相率投戈請罪賜璽書褒諭咸平六年拜工部員外郎充度支副使賜金紫

陳知微 字希顏高郵人咸平五年舉進士累轉京東轉運副使奏還東平監所侵民田六百八十家又決古廣濟河道運路罷夾黃河歲減夫役數萬拜比部員外郎知制誥卒

孫長卿 字次公揚州人倅河南府天雨軍營壞民言衆將叛長卿馳往撫諭衆遂定歷浙江制淮發運使歲漕米至八百萬以備饑歲踰年知慶州州高亢旱苦無水長卿爲鑿百井皆及泉時泥羅州馬嶺棧道危險乃訪唐故制闢成通途加龍

圖閣直學士轉兵部侍郎卒

孫錫 字昌齡眞州人天聖二年進士充國子監直講提點淮南路刑獄考課爲天下第一尋知舒州發常平廣惠倉以活陳許汝潁蔡流人官至尚書度支郎中神宗即位遷司封賜金紫

張方平 字安道其先宋人徙揚州凡書一閱終身不忘舉賢良方正論中書樞密院不可以不合仁宗從之元昊之叛行師定策方平有力焉爲御史中丞嘗論河北榷鹽上大喜命密撰手詔下之河朔出鎭西蜀有卭部首領妄言儂智高在南詔將寇蜀朝廷聞之發步騎戍蜀方平言南詔去蜀二千餘里安能舉大兵爲寇哉臣當以靜鎭之蜀遂大安英宗不豫召方平至出書一幅曰來日降詔立皇太子方平請書其名上力疾書以付方平卒謚文定

王惟熙 字國和如皐人景祐元年進士擢大理寺詳斷官侍法堅正奏案成廷尉使易之惟熙不從廷尉怒促吏奏罷之不報儂智高反掠嶺南諸州吏棄城者皆罷於法惟熙議嶺南兵與城無足恃奈何以常法置之死上亦憫之皆免累官員外郎

胡瑗 字翼之如皐人景祐初范仲淹知蘇

州奏請立學延瑗爲教授仲淹薦其通知古樂授秘書省校書郎以保寧節度推官治湖州學慶遷太子中允既從其子杭州推官就養卒於杭瑗爲蘇湖二州教授置經義治事齋人各治一事在太學亦然明嘉靖間以瑗從祀孔子廟

呂溱字濟叔揚州人寶元中舉進士爲翰林學士疏論宰相陳執中罷溱知徐州賜宴資善堂遣使諭曰此特爲卿設宜盡醉轉運使李參劾其借官麴作酒以私貨往河東貿易事下大理議溱實無是帝知其過輕部貶秩知和州起知開封府累加樞密直學士卒神宗悼之詔中書曰溱立朝知事君之節方權領要劇而奄忽論亡家貧子幼宜優給賻禮官庀葬以勵臣節

周孟陽字春卿泰州人寶元中進士教授諸王府記室英宗時加直秘閣同知太常禮院數召至隆儒殿殿在邇英院中羣臣未嘗至人疑且大用帝亦諭以不次進擢孟陽固薦人以代乃遷集賢殿修撰同判太常寺兼侍讀神宗初立孟陽入奏事拜天章閣待制卒詔特官其壇及子孫二人

潘及甫字憲臣博通經史慶曆中與兄希甫同登進士

充楚王宮太學教授律宗室以禮法神宗嘉之曉得目疾每命子侄執策讀於前未卒前一日猶時聽周書漢史口占詩以遺親友

吳及字幾道通州靖海人年十七第進士累遷太常博士時仁宗春秋高無子書奏帝異其言嘉祐三年擢秘閣校理改右正言條上十餘事多施行奏論孫沔苛暴不法及罷籍輕動敢動久之

王觀字通叟推熙出爲工部員外郎知廬州卒從子天資英邁洽聞强記善屬文與從弟覲聲稱籍甚秦觀謂其昆弟高才力學無與比者試開封府相繼爲第一觀中嘉祐二年第遷大理寺丞知江都縣卒所著有天鬻子府元志及揚州賦

孫覺字莘老高郵人登進士第調合肥主簿嘉祐中擇名士編校昭文書籍覺首選進館閣校勘神宗即位直集賢院擢右正言王安石早與覺善驟引用之將援以爲助青苗法行覺奏條其妄安石怒出知廣德軍徙湖州松江隄没水爲民患覺易以石高丈餘長百里隄下悉化爲良田入爲太常少卿哲宗即位遷諫議大夫論宰相蔡確韓縝進不以德確竟去縝自遷覺給事中辭曰間者執政畏人議已

則遷官以餌之願與縝俱罷踰月縝去尋除龍圖閣學士求提舉舒州靈仙觀以歸遣使存勞賜白金五百兩紹聖中以覺爲元祐黨人追奪職徽宗復其官

孫洙 字巨源錫子十九擢進士第補秀州法曹舉應制科進策五十篇韓琦讀之曰今之賈誼也治平中求言洙應詔疏時弊要務十七事後多施行兼史館檢討王安石主新法多逐諫官御史洙力求外補知海州方春旱發運使調民濬漕渠以通鹽舸洙三上疏乞止其役旱蝗禱於朐山徹奠大雨蝗赴海死遷翰林學士卒帝臨朝嗟悼賻錢五十萬

崔公度 字伯易高郵人嘗作太行山賦歐陽修題其後曰司馬子長之流也韓琦薦其守道甚篤文章雄贍英宗召問特授彰德軍節度推官知海頴蔡潤宣通六州官終朝散大夫直龍圖閣

王覿 字明叟嘉祐四年第進士熙寧中爲編修三司刪定官覿不樂居職求潤州推官哲宗立進司諫疏論蔡確章惇韓縝張璪朋邪害正章數十上相繼斥去又劾竄呂惠卿時朱光庭訐蘇軾試館職策問呂陶辨其不然遂起洛蜀二黨之議帝以覿言置不問紹聖初以

寶文閣直學士知成都府地膏腴無閒田以葬親索官地表爲墓田疏治城渠遷御史中丞力請外乃安置臨江軍覲持正論始終再罹譴逐不少變無疾而卒

孫覽字傳師覺之弟也治平二年進士爲右司員外郎荆湖開疆命往相其便覽言沅州所招溪洞百三十宜從本郡隨事約束勿建官置戍以爲民困自誠州至融江口可通廣西鹽以省北道餉餽悉從之歷任江淮發運使徙渭州夏人入邊檄大將苗履禦之履稱疾移告覽立按其罪竄諸房陵軍中肅然拜戶部侍郎與蔡京論役法不合以龍圖閣直學士知太原夏人擾橫山並河爲寨秦晉之路皆塞覽謀復取葭蘆戍奮擊敗之遂城葭蘆而還策勳加樞密直學士卒贈開府儀同三司謚文安

孫升字君孚高郵人治平二年進士哲宗立爲監察御史論翰林承旨鄧伯溫草蔡確制稱其定策功比漢周勃不報紹聖初張商英撫升過劾之削職

喬執中字希聖高郵人治平四年進士王安石爲政引執中編修熙寧條例選提舉湖南時章惇討五溪檄執中取大田雖子二峒峒路險絶期逼執中但走一

校論其長卽相率歸命召爲司農丞提點開封縣鎮請於朝詔復民牧地河決廣武埽危甚執中不日成之紹聖初以寶文閣待制知鄆州京東西路安撫使執中寬仁屢典刑獄所活無數

孫蓍字叔靜錢塘人父直言徙江都用父任調武平尉趙抃薦其才知偃師縣徽宗初召爲屯田員外郎蔡京既相出蓍提點刑獄再徙鄆州又謫以他事提舉鴻慶宮起知單州遂致仕

張汝賢字祖禹眞州人第進士除監察御史元豐間以論尚書王安禮與俱罷元祐初使閩粵奏弛茶鹽增價除新額十之八又以赦令蠲民所負官錢米五十餘萬以左司郎中召還道卒

沈銖字子平眞州人父播以進士調貴池簿銖舉進士第授國子監直講坐虞蕃事免歸時被罪者爭自列銖獨不言紹聖初起爲秘書省正字編元祐臣僚章疏進講俄引疾以龍圖閣待制知宣州卒

張汝明字舜文汝賢弟元祐中登進士第大觀中召寘學制局克檢閱文字預考貢士徽宗日考校盡心寧復有此特擢監察御史卽日具疏劾政府市恩招權帝獎其介直徙漢陽判官田法受牒

按境內吏不得通賕賄而稅賦爲最晚知岳州卒於官

沈錫 字子昭銖弟崇寧初爲講議司檢討蔡京方銓次元符上書人欲定罪錫謂非敎世厲俗之道京不從遷祠部員外郎以徽猷閣待制知應天府張懷素詠朝廷疑其黨有脫者江淮間往往以誣告興獄錫至郡有告者按其妄具疏於朝由是他郡繫者皆得釋以通議大夫致政卒

時丹立 興化人元祐間任高郵司理蒞政仁恕遂家焉民咸德之郡人稱其所居曰時堡

周秩 字仲實與兄種同舉進士元符中當國者革元祐政時邢恕等令蔡確子渭上書訟劉摯等謀反引文彥博子爲證遣朝臣覆實命下郎以兵防二家悉囚其子弟名秩推治之秩到洛察其無他即釋禁防招二家子慰諭之具奏非有異意事乃寢大忤時相意仕終集賢殿修撰贈徽猷閣待制

王俊乂 字堯明龍從子游學京師資用之或薦之童貫欲厚聘之拒不答林靈素設講席寶籙宮詔兩學選士問道車駕將臨視司成以俊乂應詔俊乂辭不獲命至講所內侍呼姓名至再俊乂不出既罷太學上舍選奏名列下徽宗

親擢爲第一蔡京邀使來日見我左右史可立得從又竟不往僅拜國子博士進吏部員外郎爲王黼所惡以直秘閣知岳州卒

莊徽 字彥猷江都人政和初知平江府時朱勔被寵官吏無不傾身事之徽獨不假借朝廷命官造御於浙西持令徽與勔協畢尋詔罷徽日此天子盛德事大臣亟當承奉即日罷之在官六年乞閒不允久之提舉洞霄宮卒

劉大中 字立道揚州人大觀中修史極天下之選大中與焉屢遷禮部尚書參知政事與丞相趙鼎合議秦檜怒使蕭振劾罷之遂再知處州以疾乞閒提舉臨安洞霄宮卒括蒼志列賢守自唐李邕至宋黃葆光十人大中居其一

李正民 揚州人政和二年進士中詞學兼茂科進官初除校書郎再除給事中史部侍郎辭不拜上賜詔曰朕惟孔門文學政事別爲二科然西漢名臣列於九卿者未嘗不以儒術飾吏事也卿文章典雅直諒多聞獻納之餘敏於從政乃擢天官之貳聿專銓綜之權正民始就職仕至徽猷閣待制平原縣開國伯卒

王昂 揚州人徽宗策進士時嘉王楷考第一上不欲

以王子魁多士昂名在第二擢置榜首高宗即位除秘書少監時御府頒降書籍四百九十二種命晙家藏書二千六百餘卷昂請分爲經史子集四庫委官校讐除嶽猷閣待制知台州主管江州太平觀後卒於家

王居正字剛中揚州人熙寧中王安石以新經義頒天下居正獨非之舉宣和三年進士名對便殿條仁宗聖訓十事以獻上甚悅高宗初嚮規諫居正次前世聽納事爲集諫十五卷以開廣上意又獻時務疏數千言居中書舍人兼史館修撰爲毛詩辨學十三卷詩辨學二十卷周禮辨學五卷辨學外集一卷

李易字順之揚州人高宗策試進士易爲第一紹興元年爲太常博士請編次玉牒從之改直秘閣知揚州易以本貫辭不許官至敷文閣待制提舉江州太平觀以疾請卒於秀州

周麟之字茂振泰州人紹興進士中博學宏詞第一名對授著作郎以上疏極諍謫秘監分司南京居端州孝宗立復原官

沈度字公雅括四世孫紹興間令餘千乾道二年召赴行在詢吳中荒事度奏臣初到郡水歉郡食荷陛下捐馬料四萬餘石以賑

之全活甚衆上曰正頗良守措置郎以爲中書門下省仕終兵部尚書

秦觀字少游高郵人以賢良方正除國史院編修官紹聖初坐黨籍出通判杭州御史劉拯論其增損實錄貶監處州又徙雷州徽宗立復宣德郎放還至藤州出游花光亭爲客道夢中長短句索水欲飲水至笑視之而卒有淮海文集四十卷行世弟覯觀子湛俱以文名

仲并字彌性江都人紹興壬子進士好學强記每一展誦終身不忘其母嘗屏所觀書几上催臺曆一一册明日默記纖悉不遺所著有浮山集十六卷

陳造字唐卿高郵人年踰二十直院崔大雅奇其才勸之仕初調繁昌尉後分教姑蘇尋宰定海攸倅房陵攝郡事皆有政績有詩文雜著四十卷

李衡字彥平江都人登進士第知溧陽縣隆興二年北師至淮官江上者多遣孥歸衡獨自淅移家至邑民心大安名人爲監察御史外戚張說掌兵柄衡力疏不可改除起居郎衡章五上請老仍以秘閣修撰致仕時給事中莫濟不書勑翰林周必大不草制右正言王希呂與史衡相繼論奏同時去官人爲四賢詩以紀之

正志字志道江都人紹興進士丞相陳康伯薦於朝除樞密院編修乞築和州城壘及舒揚防守荊襄事宜孝宗即位除員外郎後因忤時相以散官蘄永州尋復原官所著有建康志十卷菊譜一卷

崔敦詩字大雅通州人紹興末進士歷任侍讀直學士院上疏論風俗任將經筵侍進救災五事及州縣括克之弊呂伯恭編文鑑後爲人所譖復令敦詩刪定卒贈太中大夫

孫洪字若谷高郵人隆興進士授繁昌尉乾道六年旱攝邑事者悉以餘米獻于郡洪請留米減價出糶以濟饑民自冬至春道無饑殍葺黎頌之

李直養字無害正民孫知平湖會沿海多溺屍暴露直養置塚瘞之復知海鹽縣擇朱流爲社學師風俗一變民爲立碑以頌

牛大年字隆叟江都人慶元二年進士歷仕州縣以廉敏稱累遷工部侍郎上以其清苦特除寶章閣待制卒大年家無姬侍一室清燈未嘗然官燭宴會屏去聲樂自海陵歸以餘俸置義莊給諸貧族家無餘財所撰有支山集行世

印應雷通州人嘉熙中進士知和州盱眙卒作副部以應雷

知溫州討之應雷擒一僕赴任賊來覘者捕得其魁斬之餘黨悉散咸淳六年爲兩淮安撫制置使知揚州尋卒贈端明殿學士

堯允恭 字克遜海陵人景定咸熙兩領鄉薦專意經傳尤邃於易安貧樂善有詩文二十卷

沈攸 字子宜揚子人建炎間賊邵青犯眞州攸擒揚子簿以所糾土兵禦之賊勢張甚攸拒敵北門死之

孫益 泰興人李全犯揚州益率衆力拒賊勢盛衆且却益遂身先赴敵死之

嵇聳 高郵人布衣尚義丈丞相天祥見逐於眞州聳迎事於家貲送航海達行在時有工部侍郎鄒岳進降表道經其莊聳憤岳賣國殺之

元

欒鳳元 高郵人任諸暨知州方國珍叛執鳳不屈與妻王素英俱被害

明

蔣宮 字伯雝眞州人十歲善屬文博極群書於制度沿革陰陽曆數之義無不通元至正初登第洪武元年授蘭陽縣兵燹之餘廣爲招徠復業伍千餘戶通商販開學校邑以大治

王鼎 儀眞人爲趙忠養子明初渡江從征有功沒於陣鼎襲職復姓王守太平陳友諒以重兵來

犯城陷鼎罵賊不屈死之**朱顯忠**如皐人從傅友德征蜀克文州令留守番寇數萬來攻力戰卻之詔且圍益急顯忠悉出兵開東門拒戰被傷衆創力不支城破爲亂兵所殺**李儼**字民瞻泰興人洪武元年充都督府斷事論輸治三計陞刑部侍郎宣諭陝西還加戶部尚書賜一品服金帶令從奉天殿服之以出學士宋濂等送歸第卒於官諭祭輟朝一日**翟善**字敬夫泰興人洪武丁卯歲貢授吏部主事上察其可大任超陞本部侍郎尋進尚書明於經濟上嘗欲爲善營第善曰江鄉地隘宗親且衆誠不忍奪人自益上又以善家戍籍欲免之善曰豈可以臣破例上曰卿可謂社稷臣矣**陳琰**字公信江都人洪武丙子歲薦授御史巡按雲南遇事明斷毋出入見院東民家烟樓中若有人狀如欲訴者遂名其人置諸後堂遣役給取其家文書檢閱之則有江民販客路引因呼訊曰汝何得於竈所謀害江西某販客乎其人驚伏蓋屍瘞烟樓下也官至陝西左布政使**陳晟**字克昭寶應人洪武中以能書薦入中書預詔勅尋擢五軍斷事一日當奏獄上收

其奏牘令晟背誦晟條對如流上曰汝年少朕特試汝耳授吏部主事後以年老乞歸

李義

其先沛人家揚州父榮洪武初以彭城歸附從徐達守徐州永樂初陞都指揮僉事從黔國公征安南至大安梅口與賊大戰力竭而死

茅誧

字大方泰興人洪武間以儒士累官副都御史靖難兵起駙馬梅殷統兵守淮南誧貽書勸殷忠憤激烈永樂初逮赴京師不屈而死妻及子二孫亦死獄中

顧成

江都人初侍太祖充帳前親兵鎮貴州征諸洞破一百三十七寨永樂初論功封鎮遠侯卒贈乾國公謚武毅

朱杲

字子濱泰興人洪武二十四年名對稱旨賜宴鶴鳴樓永樂時欲官以內秩杲奏曰臣事先朝三十餘年筋力衰憊無所建立願得如陶朱公易姓名於江湖疏太傳乞骸骨於田里上善其對賜資善堂三大字及白金寶楮放歸門人稱爲雪江先生

陸顒

字伯瞻興化人洪武中以明經薦爲禮部員外兩使朝鮮不辱朝命得專對之體

潘原明

泰州人與張士誠同起諸軍門納款太祖以原明全城歸附嘉之進雲南布政使卒賜葬鍾山之陰

陳珪泰州人洪武初副千戶燕王起兵以功封泰寧侯卒贈靖國公諡忠襄

曹義儀眞人永樂中從征有功宣德初平江西梅花洞賊正統間屢立戰功天順元年封豐潤伯卒贈侯諡莊武

蔣貴江都人永樂初累立戰功歷平蠻將軍正統三年轉戰二千餘里論功封定西伯與世券七年以功進侯爵卒贈涇國公諡武勇

高穀字世用興化人永樂乙未進士選庶吉士改春坊司直正統十年入內閣英宗北狩穀居守預立景帝進工部尚書及上皇將至穀言迎復禮宜從厚二年進少保東閣大學士丙子順天鄉試王文等以子落第奏誣考官劉儼穀爲辭曰大臣子與寒士並進已不可況又不安於命欲戕考官乎儼乃得免裕陵復辟內閣諸臣皆獲罪上曰穀在內閣每迎駕及南內事皆左右朕無他腸可致仕成化初加襃䘏詔贈太保諡文義

董璘字德文高郵人永樂戊戌進士授翰林院修撰與修宣廟實錄以忤王振謫歸卒於家所著有玉堂清餘集

龔謙字廷益正統戊辰進士授監察御史英宗北狩首疏迎復巡鹽兩浙悉祛奸蠹

復清軍湖廣他省俱　張晃字汝端江都人天順乙
以謙爲法卒於官　卯舉人任台州府同知
性清介官俸外一蔬不擾於民滿考解組家
居自甘澹泊畢運使亭助之金固辭不納　徐宗
字淑本通州人景泰甲戌進士授行人會有邊警
上命宗往視之至則宣布威德邊人讋服西南茶
禁嚴民盜販復命宗按視奏請疏通茶禁以憲
臣建節臨之遂著爲令擢職方員外郎致政歸　張
文字存簡泰州人鄉試第一成化丙戌進士任比
部郎錄囚畿內有馬平兒者報父仇抵罪文上
疏謂君父之仇必報反復累百言平兒　高銓字宗
遂得免死陞浙江按察副使全活甚衆　選江
都人成化己丑進士累官至南京戶部尚書歸德
有黃河退地千餘頃爲親藩所據銓按實奏還民
巡撫保定時有奸人獻民地爲皇莊者銓勘實以
聞歸其地於民又立九則均徭之法爲大司農改
衛士廩米折色每月兼　馬岱字伯瞻江都人成化
給著爲令卒賜祭葬　丙戌進士知泉州府
泉民有數世不葬其親者岱至諭以禮旬月葬以
千計性剛峭好面折人過不避權貴人倶而怨之

儲巏字靜夫泰州人成化癸卯甲辰鄉會試第一授南吏部主事調考功郎嘗覈一官尚書耿九疇欲改評巏不從嘗疏薦丁璣等可補諫職康陵初劉瑾擅權引疾致仕瑾誅起爲南吏部侍郎卒於官賜祭葬謚文懿所著有柴墟集　冑政字有恆泰州人成化乙未進士屢官山東參政弛南旺湖禁以恤貧民巡撫寧夏忤劉瑾逮下詔獄瑾敗復任致仕卒賜祭葬　黃瓚字公獻儀眞人成化甲辰進士屢遷江西右布政宸濠不法諸司多爲所制瓚獨不屈轉湖廣左布政吏部疏天下外官治行五人瓚第一巡撫山東武廟遣中使賚一品服帶入爲南京兵部侍郎江彬扈從南巡値生日部寺俱賀瓚獨不往嘉靖初致仕卒　顧雄字時俊通州人成化辛丑進士授戶部主事犒軍大同監守者欲餌以利怒卻之督江西福建道稅時例徵糧長紙價以供筆劄雄至革之竣事以病乞歸時京兆尹同郡人也郵其貧厚贈至揚或致賻皆固卻焉卒囊無餘貲鄉人稱爲清白吏　馬繼祖字崇功如皋人弘治庚戌進士屢進南京監察御史激厲風節寮吏肅然素爲

劉瑾所惡勒令致仕以禮經傳授鄉閭知名士多出其門**胡獻**字時臣典化人弘治丙辰廷對策語指陳時事尚書馬文升讀卷歎服選庶吉士驗年授監察御史會清寧宮災詔求直言即陳五事疏入詔逮錦衣獄謫宜陽知縣有廉名尋改福建提學副使卒於官無以爲殮同僚助之護其喪及妻子以歸**徐蕃**字宣之泰州人弘治癸丑進士授吏科給事中以論劉瑾逮杖幾死放爲民瑾誅起爲江西參議累陞工部侍郎以疾乞休**冒鸞**字廷和如皐人弘治癸丑進士授兵部主事有中官守備南京倚劉瑾索馬五十匹船五十隻鸞疏減其半陞福建左參議降大茂山劇賊地方獲安以母老告養歸**趙鶴**字叔鳴江都人弘治丙辰進士以戶部郎中督永平山海薊州糧草兼視屯田條上十六事閹瑾以規賂不得摟耗糧事左遷南安同知南安所屬縣流賊竊發鶴率兵往捕賊要擊之兵潰被執詢知鶴姓名驚相謂曰趙東衙好官不可害羅拜擁其馬入梅關百姓迎歸歷二載進山東提學副使上疏乞致仕歸嘗編維揚郡乘著具區文集若干卷**張**

羽字鳳舉泰興人弘治丙辰進士初令淳安有惠政擢爲御史彈劾中貴疏論時事甚剴切巡按雲南奏免開礦及中官怙勢者以言論不合出守保定以母疾乞歸

王軏字戴卿江都人弘治已未進士授戸部主事監崇文門稅司禮太監蕭敬家人隱稅軏執訊之奉命視直隸閩浙倉庫所至嚴覈欺隱改工部員外郎監遵化鐵冶劉瑾黨致書請託軏不顧巡撫四川芒部土官刼害地方二十餘年軏檄兵征之擒渠帥改其地爲鎮雄府事聞褒賞進戸部右侍郎會覈畿內勳戚莊田及牧馬塲租銀廷議推軏有風力任其事盡發諸侵沒者總督倉塲請罷京通二倉太監及重開會通河上疏乞致仕

朱應登字升之寶應人弘治己未進士時北地李夢陽信陽何景明等慫倡古文辭應登後出遂與齊名累陞雲南左叅政罷歸應登才華彪發旁觀奪氣故一時多蜚語娼忌之

楊果字實夫興化人弘治壬戌進士歷官戸部侍郎以疾卒於官果天性孝友居官時以母老不挈妻子自處恬退嘗謂人曰吾平生無所長唯不識劉瑾錢寧江彬三人差自慰耳

凌相字忠甫通州人弘治己未進士歷官廣東兵備僉事惠潮劇賊據大峯嶂十四巢爲亂相勦平之賜金綺陞苑馬寺卿署分巡事決大獄豪右不敢奪督造邊城奏聞賜金幣請告歸尋卒

葉相字良臣江都人弘治壬戌進士官給事中時劉瑾擅政相首疏劾瑾又上建儲及漕運庫藏等十餘疏出參政貴州歷江西布政陞貴州巡撫會苗部搆亂相討平之尋以病予告卒賜葬祭

盛儀字德章江都人弘治乙丑進士觀吏部政時劉瑾以事干尚書托儀爲致書儀拒不許歷官以清峻著名及致仕歸槖無餘貲尤篤於孝友卒祀鄉賢

高滂字顥之弘治己丑進士宸濠謀逆陰賂瑾請添設護衛滂抗疏陳不可許并疏治河討江西流賊之畧從之仕至南京光祿寺少卿

姚繼巖字元肖通州人弘治壬戌進士歷工刑二部主事時武皇銳意南狩巖偕部曹聯章諍留受杖陞太常少卿

馬節字信卿通州人正德己卯舉人授上杭令盜賊屏跡先是新析置永定縣割上杭數里隸之邑豪以田附永邑而遺其稅糧兩邑譬訟數十年節爲勾稽覈實

受賦定界衆皆悅服歸與邑人蔣山卿趙鶴朱應登爲古文詩詞有聲稱江北四子

景暘字伯時儀眞人正德戊辰進士授翰林編修劉瑾方橫凌轢儒臣告

陳言字汝行江都人正德丁卯領鄉薦授棗強令有權璫欲造橋衡水令棗強助費巨萬言執不可罷其役邑旱徒跣以禱邑以大稔遷處州通判

凌楷字瑞甫相弟正德戊辰進士監兌江西歲增漕萬石歸途遇盜索舟中無有驚歎而去嘗有五府傀千金祈請楷力却之遷戶部郎中

徐晉字文明江都人正德辛未進士歷任南京兵部郎中宸濠叛南都震恐大司馬喬宇悉以軍事委之及駐蹕南都供億旁午晉從容取辦陞青州知府

何棠字愛之泰興人正德辛未進士歷官郎中山東武宗南巡尋陞廣平知府奏收官租驛馬擒治大豪璫陞敝然嘉靖初錄諫南巡諸臣加從三品俸以疾告歸卒

王紀字理卿泰州人正德辛未進士授進賢知縣時洞蠻殺掠爲害紀討平之武廟南巡紀屢疏請還蹕謫嘉善縣丞陞武城知縣會滹沱河決拜治有功擢高唐州知州以賑饑積勞卒於官

儲洵字平甫泰州人正德辛未進士官沔陽守郡多水患請修隄防陞漳南僉事漳舊多盜洵督捕撲滅之致仕歸

蔣山卿字子雲儀真人正德甲戌進士以諫南巡被杖蠲嘉靖初復官知南寧府時討思田土官岑猛以功進廣西參政所著有南泠休園等集

張穗字潟舉泰興人正德甲戌進士初授禮部主事上疏諫武宗南巡受杖嘉靖初議大禮及大獄復兩受杖蠲知海鹽縣歷官副都御史巡撫延綏凡三奏捷賜金幣進戸部侍郎致仕

張綖字世文高郵人正德癸酉舉人守光州時歲凶民饑請於當道得穀數萬以賑全活甚衆歸居南湖貯書千卷

崔桐字來鳳海門人正德丁丑進士授翰林院編修諫武廟南巡詔跪午門外五日廷杖奪俸嘉靖初加俸一級三年伏闕諫大禮復逮詔獄再予杖後外補辰沅兵備平長沙安化山寇賜金幣陞南京禮部左侍郎致仕嘗自敘曰奉職太愚自處太高操持太執語言太直著東洲集續集

樓觀字國光江都人正德丁丑進士由郎中尋守興化仕遊苦海寇為擾觀鑿石築城民賴以安陞湖廣副使

致仕高遷字升之正德辛巳進士授寧波府推官攝郡事會日本貢使搆亂遷討平之尋知順德府時武宗幸承天經順德遷扺任甫及旬晝供帳無不立辦城沙河工竣陞河南按察司副使會河決睢州遷爲鑿孫繼口塞河二百二十五里以疏横流復屆運口九十里漕運賴之詔增俸一級所著有陸弼字無從江都人博涉多撰述錢鐸南兗州集徵入史館與纂修卒年七十

字振之海門人正德辛巳進士嘉靖初諫大禮杖闕下出守肇慶府改學校倡文教巳補鄖陽擢廣西按察副使備兵生縛賊首諭降三峒方岑字伯蠻功最多以性剛直取忌中蜚語罷高江都人正德丙戌進士知杭州府海寧令某引用巨猾數人恣營姦利巳乃逮諸巨猾下獄夜使人盆殺之以滅口事發岑按驗有狀庭詰逐之而令與故按臣相親善爲按臣所中傷罷免所著有竹素齋集王艮字汝止別號心齋父玨樂善不倦生艮艮嘗過闕里觀孔子廟及諸大儒從祀輒太息曰是聖人者可學而至邪乃究心道學武宗南巡內官以上命捕鷹經泰州境地里騷動

民躬詣其庭諭以理義瑲戛然感悟去時王守仁開府豫章以道學爲海內宗艮乃往謁持海濱生刺踞上坐與語良知大悅服願爲弟子已稍疑則又卽上坐反覆論難數日乃竟執弟子禮焉守仁語人曰吾將數萬衆擒宸濠未嘗動心今日爲此生心動矣艮益自任因製搖搖車將遍遊天下遂至燕京都人士聚觀如堵守仁卒於官艮迎喪桐廬營其家學益深造寢疾夜有光燭地逹旦語門人曰吾將逝乎遂卒年五十有八次子襞九齡從父謁守仁時大會客召諸童子歌餘皆囁嚅不能應襞意氣恬易聲出金石守仁詫曰越中無此兒也因授之學踰十年歸娶復之越留八年歸父沒四方從學者咨至與麻城耿定向論道大見歎賞居家必遵古禮學者稱東崖先生臨終屛婦女毋使近諭門人子弟親賢講學一如艮死時

王棟 泰州人艮從弟以嘉靖乙卯歲薦訓南城諭南豐遷滦州學正歷主白鹿洞等書院所著有一菴會語其闡誠意之旨尤與先儒互相發明崇祀鄉賢

沈珠 字汝淵江都人中正德丙子鄉試從祭酒湛若水游學漸進授永新令陞南京國子

監丞解組歸初湛若水徒滿四方而珠為都講時稱艾陵先生

許繼 字從志儀真人治蔡氏尚書時王守仁湛若水倡道東南並推重之嘉靖間巡撫唐龍劉節相繼按部躬造其廬

仇鉞 江都人世襲指揮同知以功陞指揮使克寧夏游擊將軍驍勇敢戰正德間安化王寘鐇反鉞稱病不出陰約諸兵至河上從中發為內應而誘寘鐇黨馬昂棲殺之即披甲上馬出門一呼諸兵皆至逐擒寘鐇械送京師論功封咸寧伯以平流賊劉六等功進侯爵

馬坤 字順卿通州人嘉靖癸未進士擢湖廣副使湖與川貴二省接壤苗寇兵連數歲坤叅贊撫賊平陞河南左布政使河南多宗室歲稟不繼輒恣橫犯法坤申嚴約束祿以時給皆悅服擢南戶部尚書嘉靖末名坤於西苑問錢穀歲入幾何坤一一條對前後所上事皆天下大計

李夢周 字希道海門人嘉靖癸未進士授寧都知縣士俗好鬼事五王廟歲市子女代牲周火其廟併毀諸淫祠有勢家橫里中周置於理籍所奪田歸之民遂為所中傷解綬歸及卒貧不能殯

蔣應奎 字文煥江都人

嘉靖丙戌進士授工部主事董九廟諸大工陞應天府尹時鎮田荒蕪耗悉徵之里人應奎親往勘爲出金築堤召民開墾成腴田陞兵部戎政致仕**朱承年**字仲開儀真人嘉靖癸巳歲薦授光山令時世宗寵方士陶仲文官宗伯奉命之興都監司臺使者皆先驅迎承年弗往迓既見又長揖不拜仲文大怒疏劾承年罷免歸杜門著書有集行世**葛澗**字子東江都人嗜古書構樓五楹所藏至萬餘卷江淮稱積書者無如葛氏嘗撰明人物編始洪武迄嘉靖數十卷**曾銑**字子重江都人嘉靖己丑進士擢監察御史巡按山東會兵亂銑單騎往諭密授將臣方畧不閱月倡亂者悉就縛奏報陞大理寺丞巳撫山東銑以臨清天下咽喉奏築新城爲重鎮移總督三邊銑感上知遇益思自奮議河套時咸寧侯仇鸞陰洩事機銑劾之詔奪鸞俸會相嚴嵩方謀傾閣臣夏言言故主河套議而與銑有姻鸞重賂嵩子世蕃及錦衣陸炳輩搆揑流言嵩疏劾銑開邊釁遣緹騎逮銑即訊北失陷城池例擬斬死於東市天下冤之隆慶初詔贈尚書謚襄愍賜祭葬**林春**

字子仁泰州人嘉靖壬辰會試第一授戶部主事改吏部文選員外郎介然自守講學蕭寺有州守贖而虐春言於尚書黜之赴都泊舟淮子守供帳甚薄從入覲詰於下考春獨言其廉得免人皆多之

桑喬 字子木江都人嘉靖壬辰進士以監察御史按山西劾將臣魯闢輩失機宜正典刑丁酉得代還適奉天殿災喬劾嚴嵩張瓚張雲林廷棉部罷雲廷棉而留嵩瓚直聲震天下改巡按順天遘疾疏乞歸都御史王廷相劾喬規避逮赴詔獄廷杖幾死讁戍九江二十六年不歸念母老治廬迎養卒於戍隆慶初贈光祿寺少卿

錢嶫 字君望通州人嘉靖壬辰進士授推官歲祲賑饑全活數萬擢監察御史巡按廣西時靖江王以僻遠自恣爲姦民藪嶫悉捕置法陞廣東按察副使以平黎功賜金幣陞浙江參政清諸郡徭法尋以病歸

陳堯 字敬甫通州人嘉靖乙未進士授工部主事治清江浦請鑿黃河上游避淮以達清江屢陞貴州按察使時三殿災役民採木堯畫策爲吏代其役御史奉部採丹砂及開永寧錢池堯力持毋擾民力陞廣西左布政裁省宗人虛祿數

十萬計巡撫四川天全宣慰司死二子爭立相攻殺堯檄令嫡長子承襲解之滇人鳳繼祖執堯臣緩之一力士可得耳繼祖果自歸進副都御史督漕河時高郵湖岸善崩堯畫策樹木以代石隄又江南漕艘皆膠淤堯遣水工採刁陽湖得故漕道通行無滯尋致仕歸

沈良才字德夫泰州人嘉靖乙未進士選翰林院庶吉士陞吏科給事中巡撫湖廣倭寇南訌嵩憾其嘗議已奏遣良才毅然請往尋罷免

曹守貞字子一江都人嘉靖戊戌進士知遂昌縣邑若採礦役守貞條上其害得罷歷陞戶部郎中尚書張舜臣集司屬議沿革守貞唯唯有頃羣小宣言部議軍士粟布有所裁損衆口沸騰約期爲亂尚書以問守貞守貞唯唯乃移尺籍大戒將士擇時日覈軍實稽詐冒給糧布若不喻其意者軍士相顧愕日何傳之謬邪衆心乃定轉平樂知府錄囚得末減者數百人

何堅字叔節江都人在臨江府判即請老歸以著書爲事買田射陽爲溝洫灌注疏洩以資畢潦審律以分五音製器候氣驗律聽聲傳之世又著漕渠七義

韓貞興化人聞王艮子襞

倡道海濵往從之游躬行力踐尤善提奬後進遠近來學者數百人有司餽遺一切謝絶督學耿定向與語性學大器重之學者稱樂吾先生 朱日藩 字子介應登子嘉靖甲辰進士歷南京兵刑二部詞翰擅海内知九江府有惠政卒於官橐無餘貲子爾之能世其家學著理學纂要孫克簡爲名御史 楊守誠 字惟一江都人南樂知縣致仕歸時患倭寇請于太守築揚州新城併瓜洲城爲守禦計 李春芳 字子實興化人嘉靖丁未廷試第一三遷至禮部尚書加太子太保時宗室繁衍祿不繼春芳請其冒濫制服室妾媵毋得過度嘉靖末命入閣受顧命隆慶初俺荅請貢市春芳預議請許之邊鄙安堵者數十年内廷興造爲請罷役進中極殿大學士以親老乞致仕馳驛歸卒贈太師謚文定 宗臣 字子相興化人嘉靖庚戌進士官吏部員外郎會楊繼盛以冤死臣率同舍郎解袍覆其尸爲文哭之嚴嵩出臣福建參議戊午倭犯福州臣合撫臣兵要擊之沉賊船於海是歲八月泰寧報粤寇急臣卽檄延郡諸郡縣兵夾勦而身與數騎馳之四面設伏遏其

衝突賊敗走自蓮賊遁永安又戰之陞按察司副使提督閩學卒

李承式 字敬甫嘉靖丙辰進士備兵榆林會倭犯朝鮮以邊才名用軍功甚著尋陞福建左布政卒祀鄉賢

張守中 高郵人嘉靖壬戌進士以工部郎中分署遵化鐵冶墾田數百畝歲得數百斛以給冶人調官貴陽丹平苗叛率兵攻之巢穴蕩平督府上功第一代督者爲龔所搆中以他事遂歸屢薦不起

王烈 泰州人世襲千戶嘉靖間倭寇通州巡撫鄭曉檄烈往援至黃茅港遇伏力戰不勝死之

李樹敏 江都人以隆慶丁卯選貢授嘉善丞修築海提補安福丞時值均田敏自治食貝出入阡陌不以煩民祀名宦

袁應祺 字肖海興化人萬曆甲戌進士任戶部主事先是典邑以隣邑誣訐欺隱增糧二萬石應祺在部請得改折銀一萬兩民稍蘇擢呂平道

張懋勳 字堯光江都人私淑王守仁所著有二劍齋日編及心學正統等書

章潤 字實甫江都人萬曆丁丑進士歷官瑞州知府會歲饑盜起潤捕渠魁餘悉逃竄備兵松潘甫至幕下騎士謀亂潤廉得其主名陰

授方略擒斬之陞廣東右叅政

李植字汝培江都人萬曆丁丑進士選庶吉士改監察御史時中官馮保橫恣植抗疏保十二大罪夜半傳旨逐保籍其家一時直聲震天下尋以爭壽宮降知州歷僉都御史巡撫遼東歸

宗名世字良弼江都人萬曆己丑進士知肥鄉縣田多荒蕪名世按形勢開渠治隄引漳河水灌溉遂成腴產民德之名曰宗公渠歷官工部主事著史略含香堂集十卷祀鄉賢

黃建中字良甫興化人萬曆戊戌進士授南陽府推官甫下車立置一奸掾於法諸猾法者皆震慴一邑令餽金擲而笞其使令解綬去擢南戸科給事中疏湖冊利弊復革汰湖役饒資節省繕修諸費積四萬餘金以論太監高宷內計詿罷卒年六十

范鳳翼字異羽通州人萬曆戊戌進士除戸部主事監南新濟陽二倉酌放軍糧清核所積計六十萬改吏部考功以執正不阿爲時忌歸里

李之達字武東海門人選雲南巨津令上官奇其才一時令攝五篆瀕僻善蠱達緝蓄蠱者置之法害遂止陞典化府丞有奸弁利嫂姪貲巨萬當事授達旨令

以資歸弁達不聽執法治弁銜者思中傷之遂歸里

鄭茂華字實符江都人萬曆甲辰進士累官浙江藩臬溫處多盜聞風遁去天啓間陞粵西布政魏璫所在立生祠惟粵西不應崇禎初舉卓異名對平臺晉秩副都御史巡撫廣西御書天下清官於屏尋擢兩廣總督以病乞休

史啓元字蓋卿江都人萬曆甲辰進士天啓初備兵衡永會岷藩有變中使往勘郡宗譁甚啓元至數語折服遂定岷封粵寇闌入楚境啓元於廣贛孔道設二關募兵守之賊不得奔逸藏其渠魁以病乞休

王繼美字稚敬興化人萬曆甲辰進士授福建順昌縣令縣居劍州上游山水暴發漂民舍數十家繼美多造舟募善水者救援所活無算總理密雲糧餉清省銀米二十餘萬歸諸朝備兵兗東白蓮賊蹂躪繼美藏渠魁宥脅從與大吏主勦意不合調簡歸

朱家民字天民江都人萬曆丙午舉人初知涪州舉邊才擢貴陽守值安寇攻圍省會餉道俱絕家民羅雀捕鼠以死自誓卒解黔圍尋進貴州左布政憫滇黔道險製飛絚鎔鐵橋以通往來築連雲等十一城修山路

千餘里行者德之敘平黔功　馬呈秀字君實萬曆
推宣大巡撫以年老乞休　甲辰進士知
延安賊入境親督兵捕擊擒其渠魁收
復流民萬戶墾荒田數萬畝卒祀名宦　王納諫字聖
俞江都人萬曆丁未進士授行人使榮藩卻餽榮
藩敬禮之以疾假家居著書起爲吏部主事力疾
赴召五閱月歷四司復　解學龍字石帆興化人萬
請告歸里匝月而逝　曆癸丑進士天啓
初以司李舉卓異擢給事中魏璫柄國惡學龍抗
直使智鋌劾之奪職歸崇禎初起補兵垣累官至
右僉都御史巡撫江西凡八年屢勦巨寇敘功進
南京兵部右侍郎初樞臣楊嗣昌奪情黃道周以
抗疏貶江西學龍薦道周詔　吳甡字鹿友興化人
同逮至京杖八十戍貴州　萬曆癸丑進士
以邵武令舉卓異第　擢御史以忤璫罷去崇禎
初復起臺班時東南正人林立皆倚甡爲重甡亦
風采自持一無所阿巡按河南擒大盜李思愼誅
之又建伊洛書院修李忠肅祠疏請立邵雍後爲
五經博士皆有關風教尋命賑撫延綏饑民爲變
單騎往諭之衆皆羅拜擢都御史巡撫山西治兵

守河賊不敢渡入爲兵部侍郎尋拜東閣大學士以譴歸里閉戶著書子元萊官保定副使　張伯鯨字繩海江都人萬曆丙辰進士巡撫延綏尋名爲戶部侍郎督餉同經畧楊嗣昌禦賊轉兵部尚書予告歸家　姜士望字宗林儀眞人以孝友聞萬曆丙辰進士授中書舍人奉使冊封德藩尋引疾予告返里布袍蔬食以終　劉永澄字靜之寶應人敦行孝友窮心理學萬曆辛丑成進士歷官兵部主事卒　冒夢齡字汝九如皐人以萬曆癸己選貢授江西會昌令縣僻萬山中吏治久墮毅立意振刷造逆橫江橋新學宮再令蜀之酆都値重慶之變夢齡立誅叛民計擒妖賊懾服土司重慶旣復口不言功量移寧州尋歸卜築洗鉢池上名曰逸園祀名宦鄉賢子起宗崇禎戊辰進士由南吏部出爲兗西僉事會流賊窺河南監軍河上賊不敢渡再備兵襄陽嬰城死守晚年著有拙存堂詩文孫襄文章孝友爲時所重屢徵不起　彭天翔字鵬甫江都人萬曆癸丑武進士歷官副總兵討山東白蓮賊大捷會魏璫建祠天翔不往拜被斥璫敗詔復其官

李長敷 字維興化人天啓辛酉舉人弟長祺早卒遺孤清長敷親愛如已子是歲同舉于鄉長敷狷介不苟於事無所關說工詩詞

俞都美 字士仲江都人以廩例入太學除安州判州瘠而多水都美爲治隄梁歲饑捐俸以賑熹宗保毋容氏子弟以幣交都美毀刺笞其使遂歸

徐耀 字蓼莪泰州人少孤奉母盧氏崇禎戊辰登進士郎請旨建坊授龍溪令收海寇劉香老泰州民賦歲苦鳳米乃嘉靖時江南飛派者特疏奏請歲省萬餘石終右僉都御史卒賜祭葬

閻汝梅 字和陽江都人崇禎辛未進士時知府劉鐸以觸魏璫被逮汝梅獨省焉鐸貧爲緹騎所窘歸貲百餘金贈之以刑部主事終

韓如愈 字唐山興化人崇禎辛未進士授安化令陞兵科給事中山東總兵劉澤清數失事機陰使人刺取兵垣章奏如愈疏發其奸下其人於理澤清恐走書幣請解詈而麾之澤清大恨甲申以督餉出都澤清遣麾下要於道遂遇害

郝景春 江都人萬曆壬子舉人崇禎間爲房縣知縣時賊張獻忠陽受撫旋叛衆圍房房兵少庚空景春

同子鳴鑾督兵固守城陷執景春以手畫頸曰此下不甚痛罵汝才說景春從賊罵曰天下有降賊知縣乎益大罵遂父子死之僕陳宜亦從死

許直字若魯如皋人崇禎甲戌進士由義烏縣擢爲吏部文選員外李自成破京城家人知其必死勸以從權爲報讐直瞋目不聽乃冠服向闕北面拜又南向遥辭其父作家書數行并絕命詩六首投繯死 皇清諭祭謚忠愍

倪可大字簡白儀眞人天啓丙寅歲薦爲霍丘訓導崇禎丁丑流賊圍城督民兵逆戰城陷可大嚙指噴血罵不絕口遂被害妻戴氏與女未笄皆自縊僕倪表亦從死

李思誠字次卿興化人父定春芳孫萬曆戊戌進士以庶吉士陞編修出爲福建屯鹽道遷浙江溫處道擒海盜百餘人陞江西按察使劉忠節珽以炎封疆功世襲子吉紉其從兄賄直指謀奪之思誠力持不可卒以予吉尋內召爲太僕卿歷官禮部尚書會都城多火災樞臣王承光疏請票擬還歸內閣以弭天變魏璫銜之而思誠疏稱永光有大臣敢言氣遂以贓罪誣思誠下鎮撫司許顯純治之顯純故駙馬子欲

以其女爲信王妃思誠奏舊制無戚里重姻者事遂寢至是遂坐思誠贓三千兩奪職璫敗起用尋卒

皇清王永吉高郵人天啓乙丑進士爲仁和令有聲遷戶部郎以才望備兵通州州爲畿輔重地多亡命爭倚內璫爲不軌永吉嚴治不少貸崇禎末山左兵荒交困擢永吉巡撫恩威並著時劉澤清後至讓之日我以書生開封疆有急即擐甲登程汝爲大將軍顧乃觀望不起耶自是澤清刻期奉調進薊遼總督歸

皇清受命兩奉薦起爲大理寺卿工戶二部侍郎入見上十三疏咸稱

旨由大司馬入相於天下事洞達曉暢爲奏疏皆關係民生吏治剴切無支辭

世祖聽之復由內院大學士出領吏部尚書上銓政二十餘疏著爲令愛惜人才風度峻飭人不敢干以私偶以他累自劾卒於官贈宮保謚文通予祭葬蔭其二子

喬可聘字聖任寶應人萬曆壬戌進士授中書舍人魏忠賢勢方張即請告

終養崇禎初補前官時呂黃鍾欲翻逆案出疏糾之授河南道御史巡視京畿出按浙江與時相忤歸田著書無疾而終

鄭俠如 字士介以先代業鹺家江都明末貢入京師未授官歸里杜門課子子爲光成進士爲名御史及歿崇祀鄉賢

鄭爲光 江都人順治己亥進士選翰林院庶吉士尋改監察御史革江都加派稅糧又清剔揚州鈔關積弊卒於官

李濂 江都人中丞植之孫篤學力行嚴督子弟閉戸工揣摩子宗孔孫錦俱成進士宗孔官給事中濂生平樂善好施捐金倡立育嬰社越三十餘年存活甚衆與人交重然諾鄉里以比陳太丘王彥方云

王相呂 泰州人順治丙戌授睢寧教諭適海氛亂攻睢寧城陷不屈死

劉欽鄰 儀眞人順治辛丑進士授富川知縣康熙甲寅粵西城陷被執不屈死

宮偉鏐 泰州人前丁丑進士繼蘭子也繼蘭爲工部主事視河夏陽倡義築城知兗州府清宿逋二百萬偉鏐中癸未進士以才名見推銓部擬授史局未就歸築春雨草堂著書自娛子夢仁康熙庚戌會元

許明賢 揚州人性至孝

侍親意少不豫立寢外三夕不就枕體宋儒慎獨不欺之學歲祲請於有司開廠設糜活人無算教子讀書取友有法子承宣丙辰進士官工科給事中承家丙午舉人皆克遵庭訓明賢三舉鄉飲賓年八十五卒

張幼學字詞臣泰州人丙戌舉人有詩才令鄞縣陞大興尹俱以廉能著稱卒於官有詩集行世

汪如江字觀瀾休寧人籍江都性孝友教子義方耀麟懋麟俱有才名蒞政者有所興革必諮之以齒德重賓筵因子懋麟貴封如其官歲丁巳無疾而終年九十有六

王巖字築夫揚州諸生生平言規行矩以古文擅名當代所著有白田集四十卷年踰七十卒

江南通志卷之第四十六終